Elisabeth Ströker/Paul Janssen

Phänomenologische Philosophie

Handbuch Philosophie

Herausgegeben von
Elisabeth Ströker und Wolfgang Wieland

Elisabeth Ströker
Paul Janssen

Phänomenologische Philosophie

Verlag Karl Alber Freiburg/München

Bei durch Schrägstrich getrennten Seitenangaben verweist die erste auf die deutsche Übersetzung, die zweite auf das Originalwerk.

CIP-Titelaufnahme der Deutschen Bibliothek

Handbuch Philosophie / hrsg. von Elisabeth Ströker u. Wolfgang Wieland. – Freiburg (Breisgau); München: Alber.

NE: Ströker, Elisabeth [Hrsg.]

Phänomenologische Philosophie. – 1989

Phänomenologische Philosophie / Elisabeth Ströker; Paul Janssen. – Freiburg (Breisgau); München: Alber, 1989
(Handbuch Philosophie)
ISBN 3-495-47499-4
NE: Ströker, Elisabeth [Mitverf.]; Janssen, Paul [Mitverf.]

Satz und Druck: Presse-Druck Augsburg
ISBN 3-495-47499-4

Inhalt

Vorwort 11

Teil A (von Elisabeth Ströker):
Die Phänomenologie Edmund Husserls.
Vorbedingungen, Ausarbeitung, Wirkungen 13

I. Die Ausgangslage 15

1. Neuorientierung der Philosophie um die Jahrhundertwende: Abschied von der Systemphilosophie und Metaphysik 15
2. Der Beginn: phänomenologische Psychologie 21
3. Phänomenologische Beschreibung. Anfangsprobleme 30

II. Husserls Ansätze zur Phänomenologie der Erkenntnis 36

1. ‚Deskriptive Phänomenologie'. Methodische Grundpostulate 36
2. Erste Analysen. Grundzüge und vorläufige Resultate 43

III. Der Göttinger Phänomenologenkreis 55

1. Phänomenologie als ‚Arbeitsphilosophie' 55
2. Die Hauptvertreter und ihre Studien 61

IV. Husserls Konzept der transzendentalen Phänomenologie 74

1. Der Zugang zum transzendentalen Erfahrungsfeld: Phänomenologische Reduktion und Epoché 74
2. Transzendentale und eidetische Reduktion: Zum Begriff der reinen Phänomenologie 83
3. Statische Phänomenologie: Noetisch-noematische Strukturanalyse des reinen Bewußtseins 90
4. Genetische Phänomenologie: Konstitutionsanalyse von Subjekt und Welt 96
5. Lebenswelt – Wissenschaft – transzendentale Phänomenologie 107

V. Nachfolge und Weiterbildung, Kritik und Umbildung der Husserlschen Phänomenologie 118

1. ‚Freiburger' und ‚Münchener' Phänomenologie – Partnerschaft und Gegnerschaft 118
2. Aneignung, Fortführung und Umgestaltung: Phänomenologische Forschung im internationalen Kontext 140

Teil B (von Paul Janssen):
Eigenständige Weiterentwicklungen
der Husserlschen Phänomenologie 159

Verwandlungen der Phänomenologie Husserls
in Deutschland 161

I. Schelers Wesens- und Wertphänomenologie 161

1. Schelers Stellung in der phänomenologischen Bewegung 161
2. Methodische Grundunterscheidungen der Schelerschen Wesensphänomenologie 165
3. Schelers materiale Wertethik und ihre methodische Problematik 175
   a. Zur Struktur der materialen Wertethik 177
   b. Das Wertreich und seine Rangordnung 180
4. Schelers ethischer Personalismus 188
5. Phänomenologie im späteren Werk Schelers 196

II. Heideggers Verständnis von Phänomenologie 203

1. Die Frage nach dem Sein des intentionalen Bewußtseins 203
   a. Kritik der Phänomenologie Husserls 203
   b. Transzendentales Bewußtsein und Seinsfrage 209
2. Phänomenologie in ‚Sein und Zeit' 213
   a. On und Logos 214
   b. Hermeneutik und phänomenologische Ontologie 221
   c. Seinssinn in der Bewußtseinsphilosophie und in der Existenzialanalyse 225

3. Phänomenologische Interpretationen der metaphysischen Tradition 229
a. Kants theoretische Philosophie als phänomenologische Ontologie 229
b. Die Abkünftigkeit der transzendentalen Phänomenologie als wissenschaftlicher Philosophie 234
4. Die „Sache des Denkens“ und die Phänomenologie 237

Positionen der französischen Phänomenologie 243

III. Die phänomenologischen Arbeiten Sartres 251

1. Die Grundlagen der phänomenologischen Ontologie 256
a. Vorentscheidungen 256
b. Die Negativität der menschlichen Realität 261
c. Das Für-sich-Sein als Nichts. Freiheit und Angst 264
2. Der Mensch als soziales Wesen 271
a. Der Andere als objektivierender Blick 271
b. Formen des „Wir“ 277
3. Freiheit als Voraussetzung und Ziel der menschlichen Realität 280
4. Die existentielle Psychoanalyse als Konsequenz der phänomenologischen Ontologie 286

IV. Merleau-Pontys Phänomenologie des der Welt inkarnierten Daseins 293

1. ‚Die Struktur des Verhaltens‘ 298
a. Verhaltensstrukturen und ihre Ordnungen 298

b. Bewußtsein als Erlebnisfluß und als Ort der Bedeutungen 303
2. Die ‚Phänomenologie der Wahrnehmung' 308
a. Methodische Grundprobleme 308
b. Inkarniertes Dasein 315
c. Das Problem der „Seinseinheit" des Zur-Welt-Seins und ihrer Erkennbarkeit 323
3. Die Ontologie des wilden, präreflexiven Seins 330

V. Im Gefolge der Phänomenologie: Emmanuel Lévinas 336

Literaturverzeichnis 351

Personenregister 396

Sachregister 398

Die Autorin des Ersten Teils dieses Bandes dankt dem Wissenschaftskolleg zu Berlin für die Gewährung einer einjährigen Mitgliedschaft 1988/1989, die auch für die Fertigstellung dieser Arbeit genutzt werden konnte.

Vorwort

Die Phänomenologische Philosophie, wie sie am Beginn unseres Jahrhunderts im Ausgang von Franz Brentano entwickelt wurde und durch das Werk Edmund Husserls zu einer lebendigen, weltweiten ‚Phänomenologischen Bewegung' geworden ist, hat die Philosophie unseres Jahrhunderts maßgeblich mitgeprägt. Ihre nachstehende Darstellung im *Handbuch Philosophie* trägt Ziel und Zweck dieser Handbuch-Reihe spezifisch dahingehend Rechnung, daß sie das Schwergewicht auf die phänomenologische Methodik legt.

Damit soll jedoch nicht einseitig allein Husserls Grundidee der Phänomenologie entsprochen werden – um so weniger, als auch Husserl sein anfängliches Programm, nur eine neue philosophische Verfahrensweise auszuarbeiten, weit überschritt. Vielmehr soll hier einem allgemeineren Tatbestand Rechnung getragen werden: Die Vielfalt und Fülle anfänglicher phänomenologischer Fragestellungen hat durch unterschiedliche Aufnahme und vielfach eigenständige Weiterentwicklung – nicht nur in der deutschen, sondern beispielsweise auch besonders ausgeprägt in der französischen sowie in der amerikanischen Philosophie – zu einer Reihe durchaus unterschiedlicher phänomenologischer Positionen geführt. Sie lassen indes Systematik und Zusammenhang nach Sachthemen und Inhalten kaum erkennen, so daß, wer in diesen nach Orientierungsgesichtspunkten für die phänomenologische Philosophie suchen wollte, schwerlich dem zuweilen geäußerten Diktum entgegenzutreten vermöchte, es gäbe

‚die' Phänomenologie gar nicht, sondern nur diverse Phänomenologen. Dem wird allerdings auch im folgenden nicht umstandslos widersprochen. Doch kann Struktur, Ordnung und bis zu einem gewissen Umfang auch Einheit in solcher Diversität sichtbar werden im Vorgehen, dem sich die phänomenologisch Fragenden und Forschenden jeweils verpflichtet haben. Der methodologische Gesichtspunkt war es somit vornehmlich, der Auswahl und Akzentuierung der hier zu Wort kommenden Phänomenologen bestimmt hat. Die Reihenfolge ihrer Darstellung konnte eine weitgehend chronologische sein, da sie der Entwicklung und Ausbreitung der phänomenologischen Philosophie bis heute entspricht.

Allerdings zwang der zur Verfügung stehende Raum zu mehr oder weniger drastischen Einschränkungen. Der Leser wird sie sowohl in der Ausführlichkeit der einzelnen Darstellungen als auch in der Bibliographie bemerken. Daß manche verdienstvolle ältere, durch die weitergegangene Forschung jedoch inzwischen überholte Arbeit nicht berücksichtigt wurde, erklärt sich auch aus dem Ziel dieses Bandes, vor allem über den gegenwärtigen phänomenologischen Forschungsstand zu informieren, und läßt sich wohl insbesondere in einem philosophischen Gebiet, das seine ‚Beweglichkeit' bis zur Stunde nicht eingebüßt hat, rechtfertigen. Nicht selten wurde zwischen gleichwertigen Arbeiten eine Auswahl unumgänglich. Dabei galt denjenigen der Vorzug, die durch ihre eigene weiterführende Literatur dem Leser zusätzliche Anregungen im Sinne dieses Handbuchs geben.

Besonderer Dank für seine Mithilfe während der Drucklegung des Bandes gebührt Siegfried Bushuven. Er hat nicht nur sorgfältig die Korrekturen ausgeführt, sondern auch in der Aufstellung des Sachregisters Umsicht und Sachkenntnis walten lassen.

Elisabeth Ströker — Paul Janssen

Teil A: Die Phänomenologie Edmund Husserls. Vorbedingungen, Ausarbeitung, Wirkungen

Von Elisabeth Ströker

I. Die Ausgangslage

1. Neuorientierung der Philosophie um die Jahrhundertwende: Abschied von der Systemphilosophie und Metaphysik

Die Lage der Philosophie war im ausgehenden neunzehnten Jahrhundert im wesentlichen zweifach geprägt. Dem immensen Fortschreiten der positiven Wissenschaften auf der einen Seite, wie es nicht zuletzt auch durch deren fortschreitende Differenzierung und Separierung von der Philosophie möglich wurde, entsprach auf der anderen Seite die allgemeine Erfahrung der Krise, gar der Bodenlosigkeit einer geschichtlichen Situation, die in dem Maße ihres metaphysischen Halts verlustig ging, wie seit dem vielfach konstatierten Niedergang der Idealistischen Philosophie Zuversicht und Vertrauen in den Gang der Geschichte schwanden, das zuletzt einzig Hegels Geschichtssystem noch einmal zu vermitteln vermocht hatte.

Für die Philosophie galt es somit, ein neues Selbstverständnis zu gewinnen. Es betraf die Frage ihrer Eigenständigkeit gegenüber den Einzelwissenschaften nicht weniger als die nach ihrem Zweck und Ziel angesichts der derzeitigen historischen Erfahrung. Unbeschadet aller Differenzen, welche die Verschiedenheit der philosophischen Schulen um die Jahrhundertwende auffällig machten, herrschte indes weithin Einigkeit in der Überzeugung, daß die Zeit der Metaphysik, ja der großen philosophischen Systeme überhaupt, vorbei sei. Was an deren

Stelle treten sollte, war vielmehr eine Philosophie, die selber sich als Wissenschaft zur Geltung zu bringen hatte – sei es, daß sie sich als Einheitswissenschaft zu formieren gedachte; sei es, daß sie den überlieferten Sinn des Begriffs der philosophischen Wissenschaft zu restituieren suchte. Diesen Anspruch neu einzulösen, mußte aber heißen, in kritisch geschärfter Reflexion auf das eigene Vorgehen auch die Auseinandersetzung mit den positiven Wissenschaften zu suchen: nicht in der Absicht methodischer Anleihe bei diesen, sondern im Gegenteil in der Einsicht, daß nur dezidierte Abgrenzung gegen sie die Autonomie der Philosophie garantieren und Recht und Notwendigkeit philosophischen Fragens künftig bewahren und festigen könne.

So verstand sich der Neukantianismus als kritische Erneuerung transzendentaler Untersuchungen im kantischen Sinn, welche nunmehr speziell im Hinblick auf die positiven Wissenschaften auszurichten war. Dilthey und seine Schüler fanden dagegen zunächst ihre philosophiegeschichtliche Aufgabe in der Deutung vergangener metaphysischer Systeme als je historisch bedingter und historisch gebundener Weltauslegungen des ‚Lebens'. Würde zwar dessen selber nur geschichtlich erfahrbare Einheit niemals abschließend rational faßbar sein, so schien ihre nähere Erforschung jedoch eine ‚beschreibende und zergliedernde', später zur ‚verstehenden' fortzubildende Psychologie zu verlangen, so daß mit dieser zugleich auch eine Grundlage der Geisteswissenschaften geschaffen wurde, welche, allererst dergestalt fundiert, als Wissenschaften zu sichern sein würden.

Wenn Dilthey sich dafür auch auf Husserls frühe Arbeiten berief, so war damit allerdings weniger die – durch gegenseitige Anerkennung wie auch durch wechselseitig bedingte Vorbehalte ohnehin schwankende – Nähe Diltheys und Husserls zueinander bezeichnet als vielmehr eine Affinität zwischen Lebensphilosophie und beginnender Phänomenologie (Misch *1967*), die sich vornehmlich aus der Einigkeit im Ideal einer metaphysikfreien wissenschaftlichen Philosophie nährte, unbeschadet ihrer Divergenzen, die auch schärfer erst mit Husserls fortschreitender Phänomenologie in Sicht traten (Seebohm *1985*; Ströker *1985*).

Von allem Anfang an aber war es die Phänomenologie, welche entschieden den Anspruch auf Wissenschaftlichkeit der Philosophie im tradierten Sinne verfocht. Mehr als der Neukantianismus bewegt von der nicht grundlosen Befürchtung, es könnte sich die unbestrittene Effizienz der naturwissenschaftlichen Denkweise in einem kurzschlüssigen Naturalismus als neuer Weltanschauung auswirken, anders auch als die Vertreter der Dilthey-Schule besorgt, es könne deren Historisierung der Philosophie und ihre lebensphilosophische Verankerung leicht in den Dogmatismus einer neuen Metaphysik des ‚Lebens' umschlagen, postulierte Husserl für die Phänomenologie – darin die positiven Wissenschaften noch überbietend – daß sie „strenge Wissenschaft" werde, Wissenschaft letzterreichbarer Gründe allen Wissens und Erkennens (Hua XXV, 3–62; dazu Diemer *1959*; Ströker *1987 c*), die indes „Tiefsinn" als „Anzeichen des Chaos" nicht kenne, sondern ihn umzuprägen habe „in eindeutige rationale Gestaltungen" (Hua XXV, 59). Nahezu weitere drei Jahrzehnte hindurch würde Husserl dieses 1910 dezidiert vorgetragene Programm bis zum Ende seiner Lebensarbeit verfolgen – unbeirrbar durch alle tiefgreifenden Wandlungen, Selbstzweifel, Neuanfänge seiner Forschungen hindurch; unbeirrt auch von mancherlei abweichenden phänomenologischen Strömungen und Richtungen, die bald schon sich bilden sollten. Denn so eindeutig die phänomenologische Philosophie zwar ihren Ausgang von Husserl nahm, so deutlich würden jedoch auch mancherlei Abgrenzungen gegen Husserl und mehr oder weniger große Differenzen auf den vielfach auch untereinander noch divergierenden Wegen ihrer weiteren Entwicklung sich abzeichnen.

Was die oft so bezeichnete *Phänomenologische Bewegung* (Héring *1946*; Gadamer *1963*; Spiegelberg *1982 a*), die im ersten Jahrzehnt des neuen Jahrhunderts kraftvoll in Gang kam, ausgemacht hat, ist denn auch für eine noch so kurze Zeitspanne niemals zu einem einheitlichen Strom gemeinsam fortschreitender phänomenologischer Arbeit geworden. Vielmehr bot sie sich als ungemein vielgestaltige, nach Themenstellungen wie Einzelresultaten außerordentlich facettenreiche Philosophie, welche ‚Bewegung' nicht zuletzt auch deshalb für sich reklamierte, weil sie jegliche Tendenz auf eine allgemeine und umfassende Systematik, a fortiori aber auch ein System – und sei es selbst ein metaphysikfreies –, in dem die Philosophie am Ende erstarren konnte, von sich wies.

Um so unabweisbarer stellt sich die Frage, was die zahlreichen Träger dieser Bewegung letztlich einte. Eine zureichende Antwort läßt sich nicht leicht finden. Denn ungewöhnlich ist nicht allein die Vielzahl derer, die sich, mit Gründen, Phänomenologen nannten, sondern auch der Umstand, daß selbst Gruppenzugehörigkeit nach Zirkelbildung und Schulgründung nur bedingt jene Identität geschaffen haben, wie sie sich im allgemeinen durch gemeinsame Aufgabenstellungen und grundlegende Sachprobleme herstellt – ganz abgesehen ohnehin von den wiederum nicht wenigen namhaften Vertretern der Phänomenologie, die gar keiner jener Sozietäten zugehört haben.

Dennoch läßt die heutzutage öfter anzutreffende Aufteilung nach ‚Münchener', ‚Göttinger', gar ‚München-Göttinger' und ‚Freiburger' Phänomenologie nicht den Schluß zu, als hätten mangels anderer Diskriminanten einschlägige Universitätsorte als Charakteristika der phänomenologischen Philosophie herhalten müssen. Die räumliche Unterscheidung, ohnehin nur eine erste grobe Orientierung, verweist durchaus auf Unterschiede in der Sache der Phänomenologie. Bedingt auch durch bestimmte Zäsuren in der Entfaltung der Philosophie Husserls (Biemel *1959*), deutet sie zugleich auf eine gewisse Phaseneinteilung der Phänomenologie und in beidem schließlich zurück auf Gemeinsamkeiten, die allererst von Unterscheidungen, Einteilungen und Entwicklungen sinnvoll sprechen lassen. Zumindest anfänglich muß Gemeinsames sich ausmachen lassen, das jene Divergenzen ermöglicht. Auch kann es sich dabei nicht bloß um Gemeinsamkeiten im Negativen wie Metaphysik- und Systemverzicht handeln, ferner auch nicht einmal um nur formale Affirmativa wie Autonomieforderung und Wissenschaftsanspruch der künftigen Philosophie. Vielmehr muß eine konkrete gemeinsame Basis, ein hinlänglich distinkter, allgemein zustimmungsfähiger Bezugsrahmen vorhanden sein, aufgrund derer und innerhalb dessen sich regelt, was hier als *Phänomen* verstanden und wie mit ihm philosophisch *verfahren* werden soll.

Die Phänomenologie dahingehend begründet zu haben, ist das Verdienst Edmund Husserls. Sein phänomenologisches Erstlingswerk in Gestalt der beiden Bände der ‚Logischen Untersuchungen' von 1900/1901 (Hua XVIII; XIX/1,2) wurde insoweit epochemachend.[1] Aller-

[1] Auf Husserls vorphänomenologische Arbeiten kann im Rahmen dieser Darstellung nicht eingegangen werden. Vgl. dazu Hua XII, XXI, XXII.

dings zeigt es sich noch nicht von einem bestimmten sachhaltigen philosophischen Konzept getragen, und nicht einmal andeutungsweise steuert es auf eine bestimmte philosophische Position zu. Der ausdrücklichen Zielsetzung einer Neubegründung der reinen Logik und Erkenntnistheorie soll denn auch, statt mit einer neuen philosophischen Theorie, mit Besinnung und Verständigung über das Wesen von Denken und Erkennen bereits entsprochen werden können.

Eine derartige Theorieabstinenz war nicht nur speziell in Anbetracht der Theoriekonzeption, die der einstige Mathematiker Husserl präzis nur in den deduktiven Systemen der exakten Wissenschaften anzutreffen fand, keineswegs trivial. Positiv entsprach ihr die Auffassung, daß dem gesetzten Vorhaben nur in einem Procedere nachzukommen sein würde, das lediglich auf sorgfältige Analyse und Beschreibung von ‚Gegebenem', auf präzise Exposition und Explikation seiner *Gegebenheitsweisen* sowie auf Durchsichtigkeit und Kontrollierbarkeit der benutzten *analytischen Mittel und Wege* abzustellen war.

Die Überzeugung, es könne ein derartiges Verfahren, das seine philosophische Fruchtbarkeit nur mehr auf bestimmte analytische Prozeduren setzte, auch schon die reklamierte Wissenschaftlichkeit der künftigen Philosophie garantieren, teilte Husserl anfänglich mit dem älteren Positivismus. Was ihn – und in seinem Gefolge alle Phänomenologen übereinstimmend – von diesem jedoch unübersehbar trennte, war der gänzlich andere Ort, an dem für Husserl das ‚Gegebene' aufzusuchen war, und war demgemäß auch ein völlig anderes Instrumentarium der Untersuchung.

Für beides gilt indes, daß Husserl nicht etwa geradewegs darauf stieß, als sei er lediglich eigenem Einfall und Impetus gefolgt. In der zeitgenössischen Psychologie fand er diejenige Situation vor, die einerseits verwirrend genug war, um vorhandenes Bestreben nach Klarheit und ordnender Einsicht weitgehend unerfüllt zu lassen, die andererseits jedoch auch und gerade in philosophischer Hinsicht problemgeladen genug sich bot, um philosophisches Denken von Grund auf und auf neue Weise herauszufordern. Husserl hat mit seinen ‚Logischen Untersuchungen' diese Herausforderung angenommen. Soweit in ihnen phänomenologisches Arbeiten zum Zuge kommt, ist es Reflex, aber auch Überwindungsversuch jener Situation. Sie sei hier wenigstens in knappen Zügen skizziert, damit vor ihrem Hintergrund Husserls eigene phänomenologische Linien, die er freilich sogleich kräftig und entschieden zu zeichnen begann, sichtbar werden können.

2. Der Beginn: phänomenologische Psychologie

Die Psychologie stand im letzten Drittel des neunzehnten Jahrhunderts vor allem im Zeichen der Abgrenzung gegen die Naturwissenschaften und einer durch sie bedingten Neubestimmung ihres Gegenstandes. Schien ihre Grenzziehung gegen die Philosophie, aus deren Verband sie sich seit langem zu lösen begonnen hatte, in dem Maße reibungslos zu gelingen, wie empirische und speziell experimentelle Methoden in sie Eingang fanden, so warf andererseits doch gerade die Eignung derartiger Verfahren nach dem methodischen Vorbild der Physik auch Probleme auf, welche die bis dahin fraglos reklamierte ‚Seele', auch wohl das ‚Bewußtsein', als ureigenste Domäne der Psychologie betrafen: Drohte auf der einen Seite der überkommene Cartesianische Dualismus in einen physikalistischen Monismus zu entarten, der dann freilich mit seinem methodisch restringierten Gegenstandsbegriff das Wesentliche der Seele preiszugeben forderte und einer Psychologie als Lehre von der Seele bloß eine metaphysische Restposition einräumte, so schien auf der anderen Seite der Ausweg aus einem solchen psychologischen Naturalismus oder Materialismus sich nur mehr in einer physiologischen Psychologie anzubahnen, die sich der experimentellen Methodik nicht verschließen, gleichwohl aber an einem spezifisch ‚Seelischen' festhalten wollte – und sei es auch nur so, daß sie es als ein körperlich Bedingtes begriff.

Anhaltende Schwierigkeiten in der angemessenen Fassung der Interdependenzen zwischen Körper und Seele verhinderten jedoch brauchbare Kategorisierungen. Das Gegenstandsgebiet der Psychologie blieb im Gefolge ihrer anfänglichen empirischen Unternehmungen umstritten, wenn nicht in seiner Selbständigkeit überhaupt fragwürdig, es schien nur vage und ungenau bestimmbar.

Abhilfe kam in den achtziger Jahren durch *Franz Brentano*. Sie sollte sich auch nicht nur in der Psychologie auswirken, sondern auch der phänomenologischen Philosophie wirksam vorarbeiten. (Dazu z. B. Spiegelberg *1936*; Mayer-Hillebrand *1959*.) Was sich in Brentanos ‚Psychologie vom empirischen Standpunkt' von 1874 in deutlichen, wenn auch nicht mehr zu weiterer Durcharbeitung gediehenen Ansätzen findet (vgl. Brentano *1955*), greift zunächst mit der Restitution eines umfassenderen Empiriebegriffs im Sinne ursprünglicher, natürlicher Erfahrung entschieden hinter das allererst aus ihr methodisch rekonstruierbare – und als dieses durchaus akzeptierte – Erfahrungskonzept der Naturwissenschaft zurück.

Brentano erörterte im Ersten Buch des genannten Werkes die Psychologie als Wissenschaft. Um ihr diesen Status zu verschaffen, schied er als erstes alle Fragen aus der Psychologie definitorisch aus, die sich mit empirischen Methoden nicht behandeln lassen. Keine ‚Psychologie der Seele' mithin, aber auch nicht die damals in Umlauf gebrachte ‚Psychologie ohne Seele' sollte fortan verhandelt werden. Denn für beide gab wissenschaftlich vertretbar nichts her, was in seelischen Hergängen, Zuständen oder wohl auch seelischen ‚Akten' in unmittelbarer eigener Erfahrung des Subjekts sich zeigt, ‚erscheint'.

Diese Hergänge dergestalt schlicht als *psychische Phänomene* zu nehmen, und zwar in dem ontologisch neutralen Sinn, der ihnen weder bloßen Schein zuschreibt noch auch die überkommene Differenzierung von Erscheinung und Ding an sich zum Hintergrund hat, schien Brentano das psychologische Gebot der Stunde (Brentano *1955*, 27f.). Da überdies jene Phänomene durch dasjenige charakterisiert sich zeigten, was Brentano bei den Scholastikern des Mittelalters als „intentionale (auch wohl mentale) Inexistenz eines Gegenstandes" angetroffen hatte, was er jedoch zur Vermeidung von Mißverständnissen angemessener als „Beziehung auf einen Inhalt", „Richtung auf ein Objekt" umschrieb (Brentano *1955*, 124; *1959*, 133ff.), schien das künftige Untersuchungsfeld der wissenschaftlichen Psychologie endlich klar absteckbar: Ist es jedem psychischen Phänomen eigentümlich, daß es ein Objekt – und zwar einerlei, ob es real existiert oder nicht – in der Weise „in sich enthält", daß es sich auf es „bezieht", so fallen auch diese Objekte, und zwar ebenfalls rein als Phänomene, in die Zuständigkeit der Psychologie. Nicht psychische zwar, sondern *physische Phänomene* (Brentano *1955*, 109ff.), zeigten sie sich jenen doch untrennbar zugehörig und ließen somit erstmalig auf eine eigentümliche polare Struktur des Psychischen aufmerksam werden.

Mit der Thematisierung der *intentionalen Beziehung* war der Schlüsselbegriff gefunden, der nicht nur einer Reihe bedeutender Brentano-Schüler – so neben Edmund Husserl vor allem Carl Stumpf, Anton Marty, Alexius Meinong, Kasimir Twardowski – die grundlegende Perspektive ihrer Forschung eröffnete, sondern der auch die Eigenständigkeit der psychologischen Wissenschaft sicherstellen konnte: Von jedem sonst empirisch Vorfindbaren klar unterschieden in der spezifischen Besonderheit ihrer intentionalen Struktur, widerstanden die psychischen Phänomene jeder elementenpsychologischen Veräußerlichung des Seelischen wie auch etwaig wiederauflebenden Ungereimtheiten eines Phänomenalismus Berkeleyscher Provenienz. Sie gaben somit ein genuin psychologisches, durch keine andere Wissenschaft fremdbestimmtes Untersuchungsfeld ab.

Darin war indes eine Grundvoraussetzung enthalten, die insbesondere die Philosophie im Gefolge Brentanos in prinzipieller Weise betreffen mußte. Denn nicht nur, daß Brentano mit der gewonnenen Eigenständigkeit der Psychologie auch deren Wissenschaftlichkeit um so fragloser ermöglicht sah, als die psychischen Phänomene eine distinkt angebbare Methode ihrer Behandlung und für sie eine Forschungshaltung – eine ‚Einstellung', wie es bei den Experimentalpsychologen hieß – verlangten, welche, recht verstanden und eingeübt, an nüchterner Unvoreingenommenheit und Sachlichkeit derjenigen der Naturwissenschaft nicht nachstehen würde. Ebenso unstrittig war für Brentano, daß eine dergestalt betriebene „deskriptive Psychologie" oder „beschreibende Phänomenologie", wie sie allerdings nur einmal im Titel einer Vorlesung zur noch schärferen Abgrenzung gegen die genetische, kausal erklärende Psychologie hieß, auch das einzig haltbare Fundament einer wissenschaftlichen Philosophie abgeben könne und diese nur insoweit Aufklärung und Lösung ihrer Fragen zu erwarten habe, wie sie in der Psychologie Klarheit über ihre Grundlagen anzutreffen vermöge (Linke *1953;* Kraus *1919*).

Gab diese früh gewonnene und mehrmals wirkungsvoll verteidigte Überzeugung Brentanos auf der einen Seite kräftigen Anstoß und Anreiz zu weiterer psychologischer Forschung, so evozierte sie auf der anderen Seite bald den Einwand eines überspitzten Psychologismus. Doch dieser wähnte sich um so sicherer, als sich jedwedes Verhalten des Subjekts zur Welt, sei es im Denken und Wollen, sei es im Glauben und Fühlen, doch letztlich auf die intentionale Struktur der Bewußtseinsakte und damit auf die Polarität der intentionalen Beziehung zwischen psychischen und physischen Phänomenen zurückführen ließ.

Eine Vielzahl zeitgenössischer sowie späterer einschlägiger Studien nicht nur zu den Fragen der theoretischen Erkenntnis, sondern auch des praktischen Wollens und Sollens, des ästhetischen Genießens, des religiösen Glaubens gingen aus dem phänomenologisch-psychologischen Grundansatz hervor und erwiesen, je scharfsichtiger und gründlicher im Detail, desto deutlicher die Fruchtbarkeit der neuen deskriptiven Methode – solange sie sich als psychologische Unternehmungen und nur solche verstanden. Kritik wegen psychologisch einseitiger, ‚psychologistischer' Problemverzeichnung hatten sie allerdings dann zu gewärtigen, wenn sie meinten, mit ihren Verfahren auch schon der ganzen Problematik Herr werden zu können, die sich vornehmlich aus der Gegenstandsbezogenheit der psychischen Phänomene ergab. Insbesondere für die intentionale Gegenständlichkeit sollten sich über kurz oder lang Fragen hinsichtlich ihrer Seinsweise, Objektivität, Gültigkeit auftun, die sich in bloßer Analyse der psychischen Phänomene nicht traktieren ließen.

Nicht nur, aber vor allem im Gebiet der Logik mußten sich übersteigerte psychologische Ansprüche verhängnisvoll auswirken. Daß später Husserl im Ersten Teil der ‚Logischen Untersuchungen' seinen phänomenologischen Analysen ‚Prolegomena zur reinen Logik' (Hua XVIII) voranschickte und in eingehender Auseinandersetzung mit zeitgenössischen Lehrmeinungen den damals vorherrschenden Psychologismus in der Logik bekämpfte, wird unmittelbar aus der Vielzahl psychologischer Grundlegungsversuche der Logik um die Jahrhundertwende verständlich.

Indem Husserl die Ungereimtheiten solcher Versuche, nach denen objektive Gültigkeit und Wahrheit der logischen Gesetze aus Eigentümlichkeiten der Akte des logischen Denkens begründbar sein sollten, lückenlos aufzeigte und mit bündigen Gegenargumenten abwies, hatte er natürlich nichts gegen das phänomenologisch-psychologische Vorgehen als solches bewiesen. Er demonstrierte nur, und auch künftig unangefochten, was später erst volle Einsichtigkeit durch seine weitere Arbeit gewann: daß eine phänomenologische Psychologie, bei aller Fruchtbarkeit ihres methodischen Neuansatzes im eigenen Bereich, zur Grundlegung der Logik und Erkenntnistheorie nicht tauglich war, daß sie demzufolge aber auch nicht Grundlage der Philosophie sein konnte. Zwar vermochte die Philosophie für ihre Neuorientierung manches aus der Psychologie Brentanoscher Herkunft zu lernen. Sie konnte durch deren neu eingeführtes Phänomenkonzept und die Exposition der intentionalen Struktur der Akte sogar unmittelbar an Brentano anknüpfen. Doch konnte dies nur in kritischer Sichtung der psychologisch durchgeführten Phänomenbeschreibungen geschehen.

Dabei stellten sich zwangsläufig neue Probleme ein. Bei der Untersuchung der psychischen Phänomene war

Brentano selbst auf die Frage gestoßen, in welcher Weise sie als ‚gegeben' zu verstehen seien. Anders als ihre Gegenstände, die in direkter Intention vorstellig werden – etwa ein Wahrgenommenes im Wahrnehmen, ein Phantasiertes im Phantasieren, ein Geliebtes oder Gehaßtes im Lieben oder Hassen – sind Wahrnehmen, Phantasieren, Lieben, Hassen wie alle weiteren intentionalen Beziehungen ihrerseits doch nicht im direkten Sinne gegeben. Als psychische Phänomene erschienen sie vielmehr erst in einer spezifischen Weise des Wissens von ihnen, die Brentano „innere Wahrnehmung" nannte (Brentano *1955*, 40f., 60f.).

Die damit anvisierte erkenntnistheoretische Problematik sollte erst später in voller Schärfe sichtbar werden. Brentano hatte hier vorerst zweifache Kritik zu gewärtigen. Zum einen konnte geltend gemacht werden, daß mit dieser scheinbar neuen intentionalen Beziehung das primäre psychische Phänomen, auf welches die innere Wahrnehmung sich beziehen soll, zwangsläufig modifiziert werde und also in der Deskription gar nicht mehr als das erscheinen könne, was es seinem phänomenologischen Bestand nach ist. Zum anderen richteten sich Bedenken auf die Objektivität solcher Form der Kenntnisnahme psychischer Phänomene, da diese, dem eigenen Innern verhaftet, intersubjektive Nachprüfbarkeit augenscheinlich ausschlossen.

Den erstgenannten Einwänden entging Brentano, indem er die innere Wahrnehmung nicht als einen selbständigen Akt, welcher die direkte gegenständliche Beziehung zum neuen Gegenstand hat, ansah, wie es allerdings für die „innere Beobachtung" zutreffen würde. Vielmehr meinte er mit der inneren Wahrnehmung nur ein begleitendes Wissen, wie es, mit der direkten Intention aufs engste verbunden und zu einem Akt verwoben, darin in

Erscheinung tritt, daß wir Akte nicht nur vollziehen, sondern auch wissen, daß wir sie vollziehen; und nur aufgrund dergestalt bewußt vollzogener Akte können psychische Phänomene als diese greifbar werden. Die Einsicht ferner, daß solches Wissen von den eigenen psychischen Phänomenen noch nicht aus Beobachtung hervorgegangen und in der Tat von ihr zu unterscheiden ist, ließ Brentano die innere Wahrnehmung ebenso entschieden vertreten wie innere Beobachtung für die Beschreibung der psychischen Phänomene ablehnen. Denn die innere Beobachtung schien ihm unvermeidlich dem Einwand verzerrender, weil durch die Reflexion verzeichnender Präsentation der psychischen Phänomene ausgesetzt. Von der inneren Wahrnehmung dagegen versprach sich Brentano maßgeblichen Aufschluß sogar über das Bewußtsein im ganzen.

Indem Brentano so der Kritik in einem Punkt – allerdings noch in Verkennung der methodischen Funktion der phänomenologischen Reflexion – recht gab, widerstand er ihr in einem anderen. Das Problem, wie sich die Wissenschaftlichkeit der phänomenologischen Beschreibungen sichern lasse, wenn ihnen nicht das fundamentale Rüstzeug der empirischen Wissenschaften, eben die Beobachtung, wenigstens in analoger Weise zur Verfügung stehen sollte, glaubte Brentano damit überwinden zu können, daß er vollwertigen Ersatz für sie im Gedächtnis fand. Indem Gedächtnis vergangene psychische Phänomene reproduzieren läßt, und zwar dasselbe Phänomen prinzipiell beliebig oft, so daß auf diese Weise auch Erinnerungstäuschungen korrigierbar werden, schien das Gedächtnis ein wenn auch vergleichsweise begrenztes, so doch für die Psychologie immerhin bedingt taugliches Mittel zu sein, die Objektivität der Aussagen über psychische Phänomene zu sichern (Brentano *1955*, 48 ff.).

In diesem Lehrstück Brentanos mochten sich Einflüsse auch aus dem älteren Positivismus von A. Comte und J. St. Mill, welche in der Erinnerung ebenfalls ein bevorzugtes Mittel der Kenntnisgewinnung über seelische Vorgänge erblickt hatten, gemeldet haben. Deutlich wurde indes schon bald, daß Brentano auch hier eine Reihe offener Fragen der künftigen Forschung überließ, die nun vor allem gewisse Zusammenhänge der psychischen Phänomene untereinander, und zwar sowohl hinsichtlich ihrer zeitlichen Folge als auch ihrer möglichen Stufenordnung, betrafen.

Brentano selber hat derartige Fragen speziell unter dem Gesichtspunkt der Klassifikation der psychischen Phänomene aufgenommen. Ihr größtes Gewicht gerade auch für die Psychologie als Wissenschaft beimessend, setzte er darin eine Tradition fort, die seit Aristoteles sich immer wieder um psychologische Klasseneinteilungen bemüht hatte. Die von Brentano getroffene Grundunterscheidung nach Vorstellungen, Urteilen und Gemütstätigkeiten ist in diesem Zusammenhang nur insofern von Belang, als damit nicht apriorischen Konstruktionen gefolgt, sondern eine Einteilung getroffen sein sollte, die „natürlich", nämlich „aus dem Studium der psychischen Phänomene selbst hervorgegangen" sei (Brentano *1959*, 29). Abermals wurde hier also der Anspruch erneuert, Psychologie rein deskriptiv und damit phänomengetreu zu betreiben; und noch ohne ernsthafte Bedenken in die Leistungsfähigkeit der Beschreibungsmittel oder gar in bestimmte Voraussetzungen ihres Einsatzes wurde an die bloße Klassifikation der psychischen Phänomene bereits die Erwartung geknüpft, daß sie nicht allein im herkömmlichen Sinne Ordnung in ihre Vielfalt bringe, sondern – gegebenenfalls in weiterer Subordination – auch Auskunft über ‚das Bewußtsein' zu erwerben gestatte.

Bewußtsein demnach als ein Insgesamt der psychischen Phänomene: Mit dieser Umschreibung des ohnehin bis dahin nie einheitlich verstandenen Bewußtseinsbegriffs war jedenfalls das Kernthema für die künftige Phänomenologie gestellt.

3. Phänomenologische Beschreibung. Anfangsprobleme

Die nächstliegenden Probleme taten sich für Brentano selbst im Bereich dessen auf, was er als *physische Phänomene* verstanden wissen wollte. Gerade auf der psychologisch besonders problematischen Objektseite der intentionalen Beziehung ist er allerdings seinen leitenden methodischen Prinzipien nicht ohne Zweideutigkeiten und Unstimmigkeiten gefolgt. Begrifflich ohnehin nur privativ gegen die psychischen Phänomene abgegrenzt, blieben die physischen Phänomene – beispielhaft demonstriert an Gegebenheiten aus den Gebieten der Sinnesempfindungen, der optischen Wahrnehmung sowie der Phantasievorstellungen – ohne zureichende positive Bestimmung, und dies auf doppelte Weise nahezu zwangsläufig.

Zum einen entging Brentano noch der wichtige Unterschied von Wahrnehmung und Empfindung. Indem er hier, dem üblichen Sprachgebrauch folgend, beides konfundierte, verfehlte er eine Differenzierung, die gerade phänomenologisch um so notwendiger war, als damit nicht allein unterschiedliche phänomenale Gegebenheiten – objektive Gegenständlichkeit dort, leibliche Zuständlichkeit hier – betroffen sind, sondern als auch die unterschiedlichen Weisen der Gegebenheit mit dem phänomenologisch grundlegenden Sachverhalt zusammenhängen, daß im Wahrnehmen eine intentionale Beziehung vorliegt, im Empfinden dagegen nicht. Brentanos Begriff des psychischen Phänomens, der beides umfaßt, war insoweit wenig geeignet, den maßgeblichen und nicht nur psychologisch bedeutsamen Unterschied von Wahrnehmung und Empfindung hervortreten zu lassen. Erst das später von Husserl begrifflich fixierte und von der künftigen Phänomenologie durchweg übernommene ‚Bewußtseinserlebnis' gestattete es, deutlicher zwischen *intentionalen* Erlebnissen – Bewußtseins*akten* im terminologischen Sinn – und nichtintentionalen Erlebnissen zu scheiden und legte einschlägige, allerdings später erst und genauer insbesondere von Scheler durchgeführte Analysen nahe.

Zum anderen aber krankten Brentanos Beschreibungen der physischen Phänomene an einer aufschlußreichen Inkonsequenz. Sie lag nicht in der synonymen Verwendung des Phänomenbegriffs für Psychisches und Physisches. Vielmehr resultierte diese Doppelsinnigkeit aus der rein methodischen Bestimmung des Phänomens im Sinne von ‚Erscheinung' lediglich als Erscheinung und konnte deshalb, wie auch Husserl später überzeugend erläutert hat, zu verwirrender Doppeldeutigkeit gar nicht führen, solange nur seine ontologische Neutralität gewahrt blieb.

Eben diese aber wurde von Brentano unbemerkt an einer bezeichnenden Stelle verletzt. Seine Erörterung der physischen Phänomene läßt kaum übersehen, daß er diese, anders als die psychischen Phänomene, als ‚bloße' Erscheinungen nahm, und dies mit der Begründung, daß ihnen keine objektive Existenz zukomme. Die Gründe für eine derartige phänomenologische Grenzüberschreitung liegen aus heutigem Rückblick nicht allzu fern. Da es sich bei Brentanos physischen Phänomenen um gegenständliche Gegebenheiten, speziell aus dem Bereich der äußeren Dingwahrnehmung, handelte, stand im Hintergrund die physikalische Wissenschaft mit ihrer methodisch exakt beschreibenden und kausal erklärenden Methode. Dem aus ihr resultierenden spezifischen Objektivitäts- und Wirklichkeitsanspruch wurde indes von Brentano hier methodisch unzulässig Gehör verschafft, weil die phänomenologische Beschreibung schlicht erfahrener Dinge und Sachverhalte – darin doch allererst als ‚phänomenologisch' etabliert und legitimiert – schlechterdings nichts von spezialwissenschaftlichem Arrangement zur Quantifizierung der Naturerkenntnis weiß. Folglich darf sie auch nicht die psychischen Phänomene als ‚bloß' subjektive Erscheinungen der objektiv nach naturwissenschaftlicher Erkenntnis anders beschaffenen Dinge darstellen.

Die heute leichter auffällige methodische Inkonsequenz Brentanos läßt weniger mangelnde deskriptive Sorgfalt als vielmehr eine charakteristische Anfangsschwierigkeit im soeben erst durch ihn in Gang gebrachten phänomenologischen Verfahren erkennen. Sie zeigt, daß die phänomenologische Grundmaxime unvoreingenommener Beschreibung ungleich schwerer zu befolgen als aufzustellen war und daß sie, wieviel auch immer an impliziten Voraussetzungen in ihr unerkannt stecken mochten, keineswegs eine banale Tätigkeit verlangte. Vor allem wies sie auf die leicht unterschätzte Schwierigkeit, Wissen aus den Wissenschaften, wie es längst selbstverständlich geworden ist und wie es auch in der außerwissenschaftlichen Alltagserfahrung unreflektiert stets mitfungiert, auszuklammern und tatsächlich nur dem Gegebenen, so wie es vor Augen steht, das Wort zu lassen. –

Ein weiterer Motivkomplex für das phänomenologische Vorhaben fand sich an anderer Stelle. Auch Vertreter des älteren Positivismus und des sogenannten Empiriokritizismus waren es, die, wie *Richard Avenarius* und insbesondere *Ernst Mach*, phänomenologisches Denken mit vorbereitet haben. Befaßt mit der zeitgenössischen Psychologie auch sie und ihrerseits bestrebt, den Cartesianischen substantiellen Unterschied von Physischem und Psychischem zu überwinden, gedachten sie jedoch weder die These Berkeleys, nach der die gesamte äußere Erfahrungswelt im Grunde im Subjekt befindlich und nur nach außen projiziert sein sollte, zu übernehmen, noch das Psychische allein den Körperwissenschaften zu überantworten. Sie untersuchten die Beziehung von Physischem und Psychischem vor allem, wie sie sich als funktionelle Beziehung beispielhaft in der äußeren Wahrnehmung darstellte.

Während es Avenarius dabei vornehmlich um die Begründung eines „menschlichen" oder „natürlichen Weltbegriffs" ging (Avenarius *1927*), verfolgte Mach, darin mit Avenarius einig, zugleich seine „tiefe Überzeugung, daß die Gesamtwissenschaft überhaupt, und die Physik insbesondere, die nächsten Aufklärungen über ihre Grundlagen ... von der Analyse der Sinnesempfindungen zu erwarten hat" (Mach *1886*, Vorwort). Weithin bekannt als Physiker, Historiker und Methodologe seines Faches, der seine Fortwirkungen denn auch rechtmäßig im späteren Neopositivismus gewinnen sollte, legte Mach mit seinem 1886 erstmalig, bis 1922 in neun Auflagen erschienenen Werk ‚Die Analyse der Empfindungen und das Verhältnis des Physischen zum Psychischen' eine Art Programmschrift vor, die in ihrer Durchführung zwar nicht eigentlich als phänomenologisch anzusehen ist, die aber wichtige Weichen auch für Husserls Phänomenologie gestellt hat. (Dazu Lübbe *1960; 1972,* 33–62; Sommer *1985*.)

Entscheidend dafür war weniger die Analyse im einzelnen, zumal sich Mach mit seinem Empfindungsbegriff in nicht unbedenkliche psychologisch-sensualistische Konstruktionen verstrickte, als vielmehr seine prononcierte Fragestellung, was denn, im Beispiel die Wahrnehmung *vor* aller sie erklärenden wissenschaftlichen Theorie sei, nämlich so, wie sie für ein wahrnehmendes Subjekt da ist. Dieses Subjekt, das in der objektiven Wissenschaft, weil methodisch eliminiert, schlechterdings nicht vorkommt, gedachte Mach voll in seine Rechte wieder einzusetzen, um so das strittige Verhältnis von Physischem und Psychischem nicht länger im kategorialen Rahmen einer wissenschaftlich konstruierten Fragestellung zu belassen, sondern es als ein Verhältnis des Menschen zur Welt in seiner natürlichen Erfahrung zu begreifen.

Wenn Mach hier unumwunden von „vorgefaßten Meinungen" sprach (Mach *1886*, 31 ff.) und damit die wissenschaftliche Erklärung des Vorgangs der Wahrnehmung meinte, durch die der Blick auf die Wahrnehmung selbst als Aktivität des Subjekts verstellt wurde, so lag darin auch die deutliche Forderung, die Wahrnehmung als diesen unmittelbaren Weltbezug des schlicht erfahrenden Subjekts – oder, mit Brentano, als psychisches Phänomen – nicht mit Fragen zu belasten, die sich dem wahrnehmenden Subjekt gar nicht stellen. In ihrer Beschreibung waren also nicht Begriffe der positiven Wissenschaften zu benutzen, welche nur geeignet waren, die Übung des schlichten Hinsehens auf das Phänomen der Wahrnehmung zu erschweren, die vorurteilsfreie Sicht auf das Wahrnehmen selbst zu trüben.

In der Einsicht, daß es außerhalb dessen, was wissenschaftliche Theorien über die Wahrnehmung auszusagen wissen, auch noch die Wahrnehmung selber gibt, nämlich als Wahrnehmung des Subjekts, welches gerade wahrnimmt, lag Machs entscheidendes Mitverdienst für die Exposition phänomenologischer Fragestellung. Unbeschadet seiner unzureichenden Fassung des Subjekts als eines bloßen Komplexes von Empfindungen im Sinne Machs war ferner der Blick über die Beziehung von

Wahrnehmen und Wahrgenommenem hinaus auch auf das Subjekt als Zentrum dieser Beziehung gelenkt worden.

Schließlich suchte Mach mit derartigen Untersuchungen auch zur Grundlegung der Wissenschaften beizutragen. Damit aber reklamierte er de facto die phänomenologische Analyse des Subjekts und seiner unmittelbaren Erfahrung nicht mehr bloß als neue Methode einer durch sie zu begründenden wissenschaftlichen Psychologie, sondern auch als Verfahren einer neuartigen Philosophie der Wissenschaft. So war durch Mach einmal mehr der Rahmen abgesteckt, in dem Husserls phänomenologische Arbeit beginnen konnte.

II. Husserls Ansätze zur Phänomenologie der Erkenntnis

1. ‚Deskriptive Phänomenologie'. Methodische Grundpostulate

Husserls Widerlegung des logischen Psychologismus hatte mit der endgültigen Durchsetzung der Idee der Logik im Sinne einer autonomen theoretischen Wissenschaft eines idealen Apriori unausweichlich vor die Frage der Neubegründung einer dergestalt ‚reinen' Logik gestellt. (Dazu Grünewald *1977*.) Zugleich aber war diese Frage auch als eine spezielle im Rahmen einer sehr viel allgemeineren Problematik vor Augen getreten: wie objektive Gültigkeit und Wahrheit von Erkenntnis schlechthin zu begreifen sei. So weitete sich die Begründungsaufgabe sogleich zu einer allgemeinen erkenntnistheoretischen Problematik aus: Für die Erkenntnis im ganzen war eine neue Grundlage zu schaffen, und zwar so, daß auch die spezielleren Fundamente der Logik sowie weiterhin alle anderen Wissenschaften durch sie getragen werden konnten.

Für Husserl konnte diese Grundlage nur phänomenologisch, nämlich aus der genaueren Erforschung der Akte des Erkennens, gewonnen werden. Im zweiten Teil der ‚Logischen Untersuchungen' nahm Husserl derartige Aktanalysen in der fünften Untersuchung erstmalig auf und setzte sie in der sechsten und letzten einstweilen fort, um dann ihre Thematik später im grundlegend gewandelten Rahmen seiner transzendentalen Phänomenologie abermals aufzunehmen.[2]

Als deskriptives Unternehmen will auch Husserl die Phänomenologie, zunächst im Gefolge von Brentano, verstanden wissen; wie er denn trotz zunehmender sachlicher Differenzen die Bedeutung seines einstigen Lehrers für die Phänomenologie wie auch für seinen eigenen Weg in die Philosophie als Lebensberuf dankbar gewürdigt hat (Husserl *1919*). Zugleich aber wird auch die Grundüberzeugung Machs die eigene, daß allem voran das Erkennen und sein Erkanntes freizulegen ist aus verstellender philosophisch spekulativer wie auch wissenschaftlicher Tradition, da diese hat unkenntlich werden lassen, was das Erkennen ‚selbst' ist. Die Phänomenologie sollte insofern ein Gebiet neutraler Forschungen werden und dem Prinzip der Vorurteilslosigkeit dahingehend genügen, daß sie, in radikaler Absage an Konstruktion und Deduktion, nur dasjenige gelten läßt, was allein mit phänomenologischen Mitteln ausgewiesen werden kann (Hua XIX/1, 6, 24 ff.) – und das würde schließlich auch für die Phänomenologie selbst zu gelten haben. Die umstandslose Entschiedenheit solchen Beginnens, das sich vom Bann jeglicher Überlieferung meinte lösen zu können und Traditionsfreiheit anfänglich zur methodischen Maxime erhob, konnte natürlich Tradition nicht beseitigen. Tradition sollte vielmehr ihrerseits später ein phänomenologisches Thema werden.

Was mit dem rigorosen Ausschluß aller theoretischen Vormeinungen das phänomenologische Verfahren negativ charakterisieren sollte, erhielt seine positive Bestimmung

---

[2] Es werden in dieser Darstellung nur die phänomenologisch wichtigsten, nämlich die fünfte und sechste der ‚Logischen Untersuchungen' Husserls berücksichtigt. Zur Thematik sämtlicher – allerdings nur lose miteinander verbundenen – Untersuchungen vgl. Sokolowski *1971*.

durch Husserls *methodisches Grundpostulat des Anschauens oder des Sehens.* Daß jede Anschauung eine gültige Rechtsquelle der Erkenntnis für das Gegebene sei, so wie es sich gibt, aber auch nur in den Schranken, in denen es sich gibt, wurde für Husserl zum „Prinzip aller Prinzipien" der Phänomenologie (Hua III, 43), das später im „Evidenzprinzip" als dem „konsequent normierenden" Prinzip der phänomenologischen Methode präzisiert wurde (Hua I, 54).

Erst aus Husserls Konzept der Anschauung gewann der Begriff des Gegebenen, aus der Evidenzleistung der Anschauung der Begriff des Selbstgegebenen seinen präzisen Sinn. Methodenbegriffe Husserls auch diese, erhielten sie ihre phänomenologische Bedeutung keineswegs schon mit dem, was gewohntes Hinsehen einfach vorfindet, sondern allererst aus einer Prozedur des ‚Aufzeigens', ‚Aufweisens', auch des ‚Aufdeckens', ‚Freilegens', ‚Enthüllens', in der sich phänomenologisches Sehen systematisch zu disziplinieren und zu üben, nicht zuletzt aber auch immer wieder zu korrigieren hatte. Denn wenn auch für Husserl phänomenologisches Sehen zwar „der Anfang aller Weisheit", aber „nicht ihr Ende" war (Hua XVII, 246), so blieb es doch unverzichtbare Grundlage aller Prozesse der Klärung sowohl der einfachen anschaulichen Dinge unserer Alltagswirklichkeit als auch der kompliziertesten abstrakten wissenschaftlichen Zusammenhänge.

Das heißt nicht, daß Husserl Anschaulichkeit für alle Erkenntnis gefordert hätte, im Gegenteil. Doch suchte er das Anschauliche *in* aller Erkenntnis. Phänomenologische Einübung und Schulung des Sehens, die Kultivierung des *noëin* im weitesten Sinne, wurde damit selber zu einem Ziel der Phänomenologie. Freilich sollte es nicht um seiner selbst willen angestrebt werden, sondern im Dienste dessen stehen, was Husserl zwar erst für die transzendentale Phänomenologie ausdrücklich in Aussicht genommen und zunächst zwischen 1907 und 1913 auch nur in wenigen Linien klar umrissen, danach aber distinkt und präzise als unverzichtbares Endziel gesetzt und in unbeirrbarer Forschungsarbeit verfolgt hat: die analytische Aufklärung des Grundverhältnisses zwischen Subjektivität und Welt durch systematischen Rückgang in seine konstitutiven Bedingungen.

Schon Husserls frühe deskriptive Phänomenologie ließ keinen Zweifel aufkommen, daß es sich bei dem phänomenologischen Sehen von Anfang an um eine reflektive Prozedur handelte. Sein häufig zitiertes Diktum, daß die Phänomenologie „auf die ‚Sachen selbst' zurückgehen" wolle (Hua XIX/1, 10) – oft mißdeutet wie auch von anderen Phänomenologen später eigenen Zielsetzungen entsprechend uminterpretiert –, läßt nicht übersehen, daß gerade und spezifisch Husserls Phänomenologie ihre ‚Sachen' nirgendwo anders als in den Akten des Erkennens, in prinzipieller Allgemeinheit also in den intentionalen Bewußtseinserlebnissen, findet und in den intendierten Gegenständen nur insofern – aber insofern notwendig auch in ihnen –, als die Akte in ihrem Gegenstandsbezug ihr maßgebliches Charakteristikum haben. Mögen diese zwar in der Reflexion erst zu dem werden, als was sie sich qua Gegebenes darstellen, womit die „phänomenologische Reflexion" ihrerseits für Husserl zu einem spezifischen Methodenproblem wird – allemal läßt sich nur aus der Untersuchung der intentionalen Beziehungsweisen auf ihre entsprechende Gegenständlichkeit deren gegenständlicher Sinn und, vermittels dessen, der Sinn von Wahrheit aufklären, der in allen als wahr prätendierten Behauptungen immer schon mitgemeint ist, in der Regel aber unentfaltet bleibt.

Richtet sich somit das phänomenologische Sehen Husserls wesentlich auf die intentionalen Beziehungen, so bestimmt sich von ihnen her auch grundlegend der Sinn des Analytischen, in dem sich die Phänomenologie von anderen, ähnlich ausgerichteten Verfahren des Trennens, Sonderns und Gliederns unterscheidet; gilt es doch, die Akte des Bewußtseins in ihren jeweils charakteristischen Strukturmerkmalen zu exponieren, sie in ihren je spezifischen Komplexionen aufzuschließen, damit genauere Einsicht in Bau und Funktionsweise insbesondere der erkennenden Intentionen gewonnen und Erkenntnis über das Bewußtsein im ganzen seiner intentionalen Aktivitäten erworben werden kann. Deskriptive Phänomenologie ist insofern deskriptiv-analytische Phänomenologie; und soweit die Phänomenologie Husserls als eine neue philosophische Methode konzipiert und von ihm selbst in einer Unzahl von Detailuntersuchungen erprobt, wieder und wieder verfeinert und korrigiert wurde, ist es gerechtfertigt, seine Phänomenologie mit phänomenologischer Analyse gleichzusetzen. (Dazu Farber *1928; 1943;* Funke *1966*.)

Unter methodologischem Aspekt schien Husserl demnach das Verfahren Brentanos übernommen, es lediglich weiter durchgebildet und auf präzisere, terminologisch fixierte Begriffe gebracht zu haben. Damit lag aber zugleich der Einwand nahe, daß Husserl selbst in den von ihm zuvor jedenfalls für die Logik widerlegten Psychologismus zurückgefallen sei. Erst später ließ sich das Mißverständnis aufklären, auf dem er beruhte. Denn Husserl hatte, allen Resten eines psychologistischen Vokabulars in der Schilderung seines Verfahrens zum Trotz, dessen effektive Durchführung von Anfang an als ‚eidetische Analyse' angelegt: Nicht galt sie einer empirisch-psychologischen Untersuchung von realen Bewußtseinsvorkommnissen, sondern der Erforschung reiner Wesensstrukturen des Bewußtseins, welche reale Erlebnisse lediglich in der Rolle eines „exemplarischen Grundes" für Wesenseinsichten in die Struktur des Bewußtseins zu Rate ziehen sollte.

Die methodische Maxime einer reinen Eidetik der Phänomene war das eine, mit dem Husserl die deskriptive Psychologie Brentanos und seiner Schule hinter sich ließ. In ihrer Besonderheit später erst ihrerseits von Husserl analysiert und noch später erst in phänomenologisch adäquater Weise modifiziert, hat die Eidetik Husserls nicht bloß seine frühe Phänomenologie als ‚Wesensphänomenologie' – und damit in folgenreicher Weise auch seinen Göttinger Schülerkreis – bestimmt; sie hat auch seine anders geartete ‚reine', nämlich reine transzendentale Phänomenologie ungebührlich lange mit dem alleinigen Stempel reiner Wesensforschung versehen, was dem Verständnis der transzendentalen Phänomenologie wenig förderlich geworden ist.

Allemal aber spezifizierte das Vorhaben der Wesensforschung Husserls Grundpostulat phänomenologischen Sehens unmißverständlich auch dahingehend, daß eine Klassifizierung der intentionalen Erlebnisse nicht im Interesse seiner Phänomenologie liegen konnte. Ihre dezidierte erkenntnistheoretische Zielsetzung verlangte andere Gesichtspunkte für die Analyse der Akte, ihrer Zusammenhänge und Beziehungen untereinander. Die Grundfrage der Möglichkeit objektiver Gegenstandserkenntnis aus subjektiven Erkenntnisintentionen ließ gegenüber deren Mannigfaltigkeiten Gegenstände vor allem als Einheiten, und zwar als jeweils bestimmte gegenständliche Einheiten oder *Einheiten eines bestimmten Gegenstandssinnes,* erscheinen. Diese wurden Husserl daher zu ‚Leitfäden' für die Analyse korrespondierender Akte.

Husserls grundlegender Aspekt war somit gar kein psychologischer; vielmehr richtete er die phänomenologische Analyse auf die Frage aus, wie gegenständliche Einheiten möglich und als möglich zu verstehen und wie sie als objektive Einheiten verläßlich auszuweisen sind. Damit galt Husserls aktanalytische Arbeit spezifisch der Erforschung bestimmter Aktsynthesen; und immer wieder rückten die Fragen der *gegenstandsidentifizierenden Synthesis,* der Stiftung oder ‚Konstitution' gegenständlicher objektiver Einheiten, ins Zentrum seiner Phänomenologie.

Daß in den ‚Logischen Untersuchungen' das Schwergewicht der Behandlung allerdings noch allzu sehr auf der Seite der Akte lag, änderte nichts an der grundlegenden Bedeutung von Husserls phänomenologischem Frühwerk. Auch wurden in ihm nicht bloß Vorarbeiten getan, als ob Husserls weitere Forschung sie hinter sich gelassen und überholt hätte. Vielmehr findet sich in ihm das methodische Grundkonzept entwickelt, finden sich die wichtigsten Schlüsselbegriffe und ihre methodische Funktion skizziert sowie erste phänomenologische Analysen durchgeführt, welche auch der späteren Phänomenologie, wenngleich vorerst noch relativ roh und ungenau, ihr Relief gaben.

Nun hatte Husserls Phänomenologie zwangsläufig mit der Schwierigkeit zu kämpfen, daß sie die methodischen Begriffe, in denen sie ihre Phänomene analysieren und und beschreiben wollte, nur klären konnte, indem sie sie bereits im Analyseverfahren verwendete. Sie ließ sich deshalb prinzipiell nur so voranbringen, daß die jeweils erreichten Resultate der Analyse an deren begrifflichen Mitteln überprüft und die Ergebnisse dieser Prüfung wiederum für die Verbesserung und Verfeinerung des analytischen Instrumentariums genutzt wurden. Einen demzufolge „schlechthin nicht auszugleichenden Mangel" (Hua XIX/1, 22) in der systematischen Folge der Analysen wußte Husserl allerdings aufzuwiegen durch zunehmende Schärfe und Genauigkeit im sachlichen wie im methodischen Detail, wie sie phänomenologisch auch unverzichtbar waren. Darum gehörten nicht nur die phänomenologischen Verfahrensschritte, sondern auch die immer wieder einmal notwendigen Unterbrechungen des Verfahrens und die Rückkehr zu früher ausgeführten Analysen zur Phänomenologie hinzu.

2. Erste Analysen. Grundzüge und vorläufige Resultate

Sollte die phänomenologische Analyse der Grundlegung der Erkenntnistheorie zugute kommen, so blieben zunächst einige Begriffe zu klären, die teils im populären Gebrauch nur vage verwendet, teils aber auch in der zeitgenössischen Psychologie vieldeutig geblieben waren. Vor allem war die Rede vom ‚Bewußtseinsinhalt' mit Verwirrungen belastet. Eine erste Sonderung verschiedener Bewußtseinsbegriffe führte Husserl anhand der – vorläufigen – terminologischen Bestimmung des Bewußtseinsaktes zu der wichtigen Grundunterscheidung von reellem und intentionalem Inhalt des Bewußtseins. Indem Husserl diese Unterscheidung aus dem Aspekt distinkter Akte anging, welche er aus der kontinuierlich zusammenhängenden Erlebniseinheit, als welche das Bewußtsein im ganzen sich darbietet, heraushob, konnte er zum *reellen* Inhalt eines Aktes alles das zählen, was den Akt in seinem – nach unselbständigen Teilen gegliederten – Bestand aufbaut. Als derartige Teile, Aktkomponenten oder Akt*momente* im präzisen Sinn, machte Husserl neben den sogenannten ‚Empfindungsdaten' oder hyletischen Daten noch gewisse Auffassungscharaktere aus. Diese waren es, die den intentionalen Bezug des Aktes nicht bloß auf Gegenständlichkeit überhaupt, sondern als Charaktere, welche die je besondere Aktqualität – etwa des Wahrnehmens, Vorstellens, Denkens – ausmachen, auf eine bestimmte Gegenständlichkeit garantieren.

Ließ diese Unterscheidung im reellen Inhalt der Akte auch noch etliche Fragen offen, so war gegen den reellen doch bereits der intentionale Inhalt des Aktes deutlich abzusetzen. Den Gegenstand, auf den der Akt sich richtet, als *intentionalen* Inhalt anzusehen, konnte schon durch die landläufige Wendung, daß man auch Gegenstände, Dinge, Sachverhalte ‚im Bewußtsein' habe, gerechtfertigt erscheinen. Doch war das offenkundig nicht im Sinne eines reellen Bestandteils der Akte zu verstehen. Das lag selbst dann auf der Hand, wenn es sich gar nicht um wirkliche, sondern um fiktive Gegenstände handelte. Auch sie gehören den entsprechenden Akten nicht reell zu, sondern sind deren gegenständliche Pole und als diese intentionale Aktinhalte.

Die Scheidung nach reellen und intentionalen Beständen der Akte ließ sich für Husserl zunächst auch für das Bewußtsein im ganzen in der Weise fortsetzen, daß Akte sich wiederum als reelle Teilbestände des Bewußtseins ergaben. Bewußtsein erwies sich insoweit als ein Insgesamt von Akten; wie sich denn ‚bewußt haben' eines Etwas oder sich seiner ‚bewußt sein' in der skizzierten Weise aktanalytisch in erster Näherung verständlich machen ließ.

Damit waren indes zunächst mehr Fragen aufgeworfen als gelöst. Das Bewußtsein als ‚Bewußtsein von etwas' ein sehr Selbstverständliches und zugleich höchst Unverständliches ist (Hua III, 180), sollte Husserl bis zum Ende bewegen, um so mehr, als er in der Bewußtseinsintentionalität die Grundlage für alle anderen Formen der Intentionalität sah. Doch blieb ihm die Intentionalität des Bewußtseins nicht nur das Wunder aller Wunder, sondern auch das Rätsel aller Rätsel selbst dann noch, als er über die bloße abstrakt erfaßte Aktintentionalität hinaus auf das konkrete intentionale Leben stieß und auch die Phänomenologie des Bewußtseins längst zu einer Phänomenologie der Subjektivität weitergebildet hatte, welche für ihn allererst die Kennzeichnung einer phänomenologischen Philosophie verdiente.

Auf fundamentale Probleme dieser Philosophie Husserls weisen die beiden letzten der ‚Logischen Untersuchungen' an mehreren Stellen voraus. Nicht allein stellte sich mit der Einheit des Bewußtseins, die Husserl sogleich als kontinuierlich zusammenhängende „Einheit der Veränderung" (Hua XIX/1, 369, 390) faßte und später mit William James als „Erlebnisstrom" bezeichnete, die phänomenologische Frage der *Zeit*, die Husserl dann ab 1905 als erste sich vornahm, um in ihrem Problemfeld auch sein aktanalytisches Rüstzeug erstmalig zu verfeinern (Hua X).

Mit der immanenten, die Bewußtseinserlebnisse in ihrem Ablauf regelnden Zeit und ihrer spezifischen Struktur ergab sich ferner das Problem der Einheitsform solchen Strömens. Es verwies offenbar auf ein Ich, welches dergestalt Bewußtsein als ‚sein' Bewußtsein ‚hat'. Daß Husserl 1901 jedoch, und zwar speziell in einer Auseinandersetzung mit Natorp, meinte (dazu Arlt *1985*), es lediglich als „phänomenologisches Ich", das einfach mit der Verknüpfungseinheit seiner Erlebnisse identisch sei, bestimmen zu können (Hua XIX/1, 372 ff.), geschah nicht nur in allzu rigoroser Verteidigung des deskriptiven Grundprinzips, welches anderweitige Bestimmungen des Ich als spekulativer Abkunft verdächtig auszuschließen schien. Es geschah auch in der noch völligen Verkennung der Problemlasten durchaus phänomenologischer Observanz, die Husserl damit unbemerkt auf seine künftigen Untersuchungen abschob.

Nicht unabhängig davon blieben offene Fragen auch auf der Seite der Akte. Lag anfangs Husserls Schwerpunkt der Analyse auf eben diesen, so daß auch der Begriff des Bewußtseinsphänomens sich im wesentlichen auf die Akte als solche bezog, so stand zwar die intendierte Gegenständlichkeit mit im Blick, wurde aber noch nicht in gleicher Weise wie die Akte genauer untersucht. Nicht zufällig blieb so die erkenntnistheoretisch grundlegende Differenz von intentionalen und intendierten Gegenständen noch verwischt, obgleich Husserl – Brentanos irrtümliche Gleichsetzung von Inhalt und Gegenstand des Bewußtseins auflösend und darin Twardowski *(1894)* folgend – sie prinzipiell von Anfang an berücksichtigt hatte. Doch vermittelt die fünfte Untersuchung zuweilen den Anschein, als sei diese Unterscheidung für die Aktanalyse von sekundärer Bedeutung.

Nun lag es zwar in der Konsequenz des Husserlschen Neutralitätspostulats, Distanz zu wahren von allen ontologischen Feststellungen über Sein und Nichtsein, Realität und Fiktionalität der Objekte, auf welche die Akte sich richten. Das konnte jedoch nicht bedeuten, daß jene Differenz aus der phänomenologischen Analyse herausfiel, als würde sie die intentionale Struktur der Akte, und der erkennenden zumal, nicht tangieren. Vielmehr würde sich sehr bald zeigen, daß unabweisbare Gegebenheiten, und zwar im Aktgefüge selbst, der Analyse entzogen bleiben mußten, solange diese sich lediglich auf die Unterscheidung reeller und intentionaler Aktbestände konzentrierte und nicht auch die weitere zwischen intentionalen und intendierten, beziehungsweise bewußtseinsimmanenten und bewußtseinstranszendenten, wirklichen oder ‚wahren' Gegenständen einbezog. Husserls analytisches Instrumentarium reichte allerdings vorerst nicht einmal aus, um auch nur den Sinn der zuletzt angedeuteten Unterscheidung deutlich zu explizieren, der die später so fundamentale Erörterung von Bewußtseinsimmanenz und -transzendenz notwendig machte.

Gleichwohl waren die anfänglichen aktanalytischen Einseitigkeiten nicht ohne Gewinn. Abgesehen davon, daß damit bereits spezielle und vielgestaltige Verhältnisse von Teilakten und Gesamtakten, von ein- und mehrgliedrigen Akten sowie verschiedene Fundierungsverhältnisse zwischen schlichten und höherstufigen Akten untersucht werden konnten, trat vor allem hier ein phänomenologisch bedeutsamer Untersuchungsaspekt hervor, mit dem Husserl erste wichtige Schritte auch für die Untersuchung der Immanenz intentionaler und der Transzendenz intendierter – sei es realer, sei es idealer und selbst fiktiver – Gegenstände tun konnte.

Indem Husserl die intentionalen Erlebnisse nicht nur als Akte, sondern auch als *Bewußtseinsweisen* begrifflich eingeführt hatte, stellte sich sogleich die Frage, ob verschiedenen Bewußtseinsweisen stets auch verschiedene Gegenstände entsprechen, oder ob es sich dabei gegebenenfalls lediglich um verschiedene *Gegebenheitsweisen* eines und desselben Gegenstandes handle. Diese scheinbar recht spezielle Frage ließ noch kaum erkennen, daß mit ihr, jedenfalls in vorläufiger Abmessung, bereits die gesamte Spannweite festgelegt war, innerhalb derer sich die phänomenologische Analyse im Rahmen der erkenntnistheoretischen Zielsetzung zu bewegen hatte. Husserls eher beiläufig aufgenommene Redeweise von ‚Gegebenheitsweisen' intendierter Gegenständlichkeit mochte freilich zunächst noch verdecken, daß mit ihr etwas völlig

Neues in seine Phänomenologie kam, das nicht nur für Art und Tiefe des Eindringens in die Struktur des erkennenden Bewußtseins maßgeblich werden sollte, sondern das für Husserls Phänomenologie auch eine ganz bestimmte Auffassung von Sinn und Leistung der Erkenntnis vorzeichnete.

Während auch Brentano mannigfache Weisen der intentionalen Beziehung unterschieden, ihnen aber jeweils eine eigene Klasse von Gegenständen zugeordnet hatte, während andererseits sein Schüler Meinong, vornehmlich der gegenständlichen Seite zugewandt, ebenfalls vielfältige Gegenstandsarten unterschied, ihre Beziehungen zu den entsprechenden Bewußtseinsweisen jedoch nicht als gegenstandskonstitutiv ansah (Meinong *1988*) wurden bei Husserl Gegebenheitsweisen so thematisiert, daß die Gegenständlichkeiten allein im Rekurs auf die Art ihres Gegebenseins untersucht werden sollten.

Das kündigte sich an in der weiteren Grundunterscheidung zwischen dem Gegenstand, *welcher* intendiert wird, und der Art und Weise, *wie* er intendiert wird. Denn nicht macht es nach Husserl die intentionale Beziehung aus, daß der Gegenstand jeweils in einem Akt bestimmter Qualität intendiert wird; entscheidend ist vielmehr, daß er darin stets auch in einem bestimmten *Sinn* erfaßt, ‚gemeint' ist (Hua XIX/1, 414 f., 427 ff.). Welche grundlegende Bedeutung dabei dem Aktmoment der *Sinnapperzeption,* der Auffassung eines jeden Gegenstandes *als* eines so und so bestimmten, tatsächlich zukommt, konnte allerdings erst hervortreten, nachdem Husserl nicht bloß qualitative Beschaffenheiten, sondern auch mögliche Seinsweisen des Gegenstandes in die Untersuchung einbezog. So sollte erst eine noetisch-noematische Analyse im Rahmen der transzendentalen Phänomenologie erkennbar machen, was Husserls Thematisierung gegenständlicher Gegebenheitsweisen einer phänomenologischen Grundlegung der Erkenntnistheorie eintragen konnte.

In den ‚Logischen Untersuchungen' hat Husserl dieser Grundlegung zunächst noch in einer anderen Hinsicht vorgearbeitet. Da alle Erkenntnisbemühung unter der Norm von Wahrheitserwerb und Wahrheitsausweis steht, galt es zunächst, den *Sinn von Wahrheit* zu explizieren. An die ersten aktanalytischen Klärungen unmittelbar anknüpfend, nahm Husserl diese Frage dahingehend auf, daß er zunächst der Gegebenheitsweise von Wahrheit nachging und nach entsprechenden Bewußtseinsweisen forschte. Ihre Besonderheit haben diese offenkundig darin, daß sie weder akt- noch gegenstandsspezifisch qualifiziert, sondern so beschaffen sind, daß sie prinzipiell in allen Akt- und Gegenstandsgebieten angetroffen werden können. Mithin können es auch nicht Akte oder intentionale Erlebnisse im bisher von Husserl eingeführten Sinne sein, die auf Wahrheit ‚gerichtet' sind.

Wenn Husserl gleichwohl – mißlich genug und alsbald auch Mißverständnisse schaffend (Patzig *1971*) – hier vom „Erlebnis der Wahrheit" sprach und es als „Evidenz" bezeichnete, so konnte das für den ersten Blick wohl verdecken, was seine Analyse solcher ‚Erlebnisse' im einzelnen zutage gefördert hat: daß zum einen dergleichen Erlebnisse nirgends eine eigene, ihnen strukturell zugehörige intentionale Gegenständlichkeit, etwa die Wahrheit, haben und ihnen also gar nicht spezifische Gegenstände entsprechen, sondern daß diese vielmehr in einer spezifischen Weise, und zwar in der Weise der Selbstgegebenheit, zugehörigen Akten korrelieren; daß zum anderen aber dergleichen Selbstgegebenheit von Gegenständlichkeit, welche das Evidenzerlebnis auszeichnen soll, nicht einfach vorfindlich wird, sondern daß sie jeweils in bestimmten Prozeduren der Selbstgebung allererst hergestellt werden muß (Hua XVIII, 31 f.). So ist hier Husserls Erlebnisbegriff in zweifacher Hinsicht nur in einem sehr erweiterten Sinne gerechtfertigt. Was er näherhin besagt, ergibt sich aus der Zusammengehörigkeit und Verschiedenheit von Wahrheit und Evidenz, die beide durch Husserls Begriff der *Selbstgegebenheit* vermittelt sind (Ströker *1987 b*, 1–34).

Selbstgegebenheit meint hier indes nicht Gegebenheit eines Etwas in Abgrenzung gegen ein anderes, sondern eine eigene ausgezeichnete Gegebenheitsweise. Gegeben ist etwas bereits in jenem bloßen Meinen, das den intentionalen Grundzug intentionaler Erlebnisse allgemein ausmacht. Es intendieren, es meinen, heißt indessen noch nicht es erkennen. Damit ein Gegebenes ein Erkanntes heißen kann, muß es auch als *so seiend wie gemeint* vor Augen stehen können, und das heißt mit Husserl, es muß als ‚es selbst' oder ‚evident' erfaßt werden können. So vermag ein bloß intendierendes Meinen des Gegenstandes Evidenz nicht herbeizuführen. Dazu bedarf es vielmehr bestimmter Anschauungen, in denen einem bloß Gemeinten, nur leer Intendierten, die „Fülle des Selbst" zuteil wird.

Damit wird für Husserls Evidenzkonzept eine Unterscheidung grundlegend, die er früher bereits im Bereich sprachlicher Ausdrücke behandelt hatte, die sich nun aber als bedeutsam für alle möglichen Gebiete erkennender Akte erwies: die Unterscheidung von Bedeutungsintention und Bedeutungserfüllung (Hua XIX/2, 582 ff.). Husserl präzisierte sie im Rahmen der Evidenzproblematik dahingehend, daß er die Erfüllung von Leermeinungen oder Leerintentionen in *erfüllenden Anschauungen* gegeben fand und Evidenz erst in der Deckungseinheit beider sich herstellen sah. Das vorgebliche „Evidenzerlebnis" entpuppte sich also bei näherem Hinsehen als ein Aktgefüge vom Typus einer identifizierenden Synthesis. Weit davon entfernt also, sich im unmittelbaren Hinsehen einzustellen, ist Evidenz vielmehr eine identifizierende Leistung, die eigens erbracht werden muß.

Sollen andererseits derartige Deckungssynthesen aus Leerintentionen und erfüllenden Anschauungen so etwas wie Wahrheit geben, so bedeutet dies, daß Wahrheit nicht nur als objektives Korrelat der Evidenz, sondern auch als Selbstgegebenheit des Gegenstandes verstanden wird. Darin kommt freilich nur einer von mehreren Wahrheitsbegriffen zum Zuge (Hua XIX/2, 652 ff.). Doch ist er phänomenologisch grundlegend. Er führt auch keineswegs zu einer einseitigen phänomenologischen Wahrheitstheorie. Vielmehr bildet er lediglich den Bedeutungskern aller höherstufigen Wahrheitsbegriffe insofern, als mit ihm ‚wahr' nicht Urteilsprädikat, sondern ein dieses allererst fundierendes Sachverhaltsprädikat ist. Husserls Hinarbeiten auf Selbstgegebenheit und damit auf den Erwerb von Evidenz der Einsicht bedeutet also nichts anderes als die phänomenologische Klärung und Sicherstellung eben jenes ‚Bestehens', ‚Zutreffens' und ‚Stimmens' eines in Rede stehenden Sachverhalts, das im gewöhnlichen Wortgebrauch in der Tat nicht einem Urteil über ihn, sondern ihm selber zugesprochen wird. Sinngemäß zielt auch im speziellen Fall einzelner Gegenstände Husserls Rede von ihrer ‚Wahrheit' auf deren tatsächliche Existenz, ihr Sein im Modus des Wirklichseins.

Daß Husserl sich mit dieser phänomenologischen Aufklärung des grundlegenden Verständnisses von Wahrheit hinter jene ‚Übereinstimmung' zwischen Sachverhalt und Aussage zurückbegibt, deren begriffliche Ungeklärtheit nicht allein die alte Adäquationstheorie der Wahrheit belastet hat, sondern auch die Wahrheitsdefinitionen der modernen Logik trotz ihrer formalen Präzisierungen beeinträchtigt, bedeutet nicht, daß sein Evidenzkonzept ein Wahrheitskriterium oder auch nur einen Vorschlag für andere als bisher erprobte Wege zur Wahrheitsfindung böte – das gerade würde Evidenz „zu einem Widersinn" (Hua XVII, 140) machen. Wahrheit als objektives Korrelat der Evidenz tritt für Husserl weder in Konkurrenz zur wissenschaftlichen Wahrheitsfindung, noch dient sie deren Korrektur. Mit ihr will seine Phänomenologie etwas ganz anderes – nämlich die Verständigung darüber, was allgemein den *Sinn* von Aussagen über ‚Sein', ‚wahr sein', ‚wirklich sein', schließlich auch über ‚evident sein' ausmacht, und zwar so, wie er auch in wissenschaftlich wahren Behauptungen wirksam, aber nicht entfaltet und begrifflich geklärt ist.

Der methodische Auftrag der Phänomenologie war damit im weitesten Rahmen vorgezeichnet. Ihm entsprang Husserls immense Detailarbeit, Gegebenes in allen Gegenstandsbereichen nicht in der vagen Unverbindlichkeit des bloß Gemeinten zu beschreiben, sondern es als Selbstgegebenes vor den Blick des erkennenden Bewußtseins zu bringen. Das geschah allerdings auch in der Einsicht, daß Erkenntnis die Gewähr ihrer Wahrheit nicht schon in der evidenten Selbstgebung ihrer Gegenstände allein haben kann; daß es dafür vielmehr noch jener „ausweisenden Erfahrung" (Hua III, 89) bedarf, welche, Einzelgegenstände übergreifend, allererst als Synthesen der *Bewährung* objektive Wahrheit hinreichend zu sichern vermögen. Der Notwendigkeit derartiger Bewährungssynthesen entspricht aber, daß Wahrheit niemals vollständig und abschließend erreichbar, sondern im kantischen Sinne *Idee* ist. Alle Erkenntnis bleibt somit prinzipiell Erkenntnis „auf Kündigung" unter stets möglicher Korrektur (Hua XVII, 245).

Angelpunkt des Gelingens würde dabei immer wieder die erfüllende Anschauung sein. Mit ihr stieß Husserl um so eher auf Kritik, als dabei nicht nur die sinnliche Anschauung, sondern – unentbehrlich für die Selbstgebung höherstufiger, zum Beispiel abstrakter und speziell wissenschaftlicher Gegenstände – auch eine „kategoriale Anschauung" ins Spiel kam (Hua XIX/2, 694). Obgleich Husserl sie unmißverständlich aus dem herkömmlichen Gegensatz von Anschauung und Denken herausgenommen und auch eine intellektuelle oder übersinnliche Anschauung ausdrücklich abgelehnt hat, trat in der sechsten Untersuchung dennoch nicht deutlich genug hervor, daß sein phänomenologischer Begriff der Anschauung ausschließlich von seinem Gegenteil her, nämlich dem Begriff der Leerintention, des bloßen Meinens, gefaßt werden und er insofern allein aus der *Funktion der Anschauung für das Erkennen* bestimmt sein sollte. Husserls Anschauungsbegriff läßt sich in der Tat nur im Rückgriff auf dasjenige, was Anschauung für erfüllungsbedürftige Intentionen ausrichtet, sinngemäß verstehen und gebrauchen.

Nur mit einem dergestalt funktional konzipierten Anschauungsbegriff war denn auch der Tatsache Rechnung zu tragen, daß jedem Typus von Gegenständlichkeit nur ein ganz bestimmter Erfüllungsmodus entspricht, so daß sich die kategorialen Anschauungen, je nach Komplexion und Stufenordnung der Erkenntnisgegenstände, in sich selbst noch als unterschiedliche und höchst vielfältige Synthesen der Anschauung erweisen mußten. Umgekehrt aber konnte Husserl auch überzeugend dartun, daß anschauliche Elemente in aller Erkenntnis, zumindest diese fundierend, es rechtfertigen, Erfüllungssynthesen als Anschauungen zu fassen.

Fragen höherstufiger Synthesen kategorialer Anschauung stellten sich prinzipiell in zwei Problemfeldern. Zum einen hatte die formal-kategoriale Anschauung der analytisch-apriorischen Selbstgegebenheit und mithin der logischen Evidenz zwecks Klärung des Sinnes logischer Wahrheit zu dienen. Zum anderen bedurfte es für Husserl einer material-kategorialen Anschauung zur Klärung des vielumstrittenen synthetischen Apriori der Wesenserkenntnis. (Dazu Eley *1962;* Seebohm *1962, 7* ff.; Janssen *1976,* 93 ff.) Daß Husserl deren Erfüllungssynthesen, und zwar noch ehe sie im einzelnen untersucht worden waren, terminologisch als „Wesensschau" entstellte, hat sich später mehr als einmal nachteilig auch für das Verständnis seiner transzendentalen Phänomenologie ausgewirkt, zumal Wesenserkenntnisse bestimmter Art eine unabdingbare Rolle für die Einlösung des Wissenschaftsanspruchs der transzendentalen Phänomenologie spielen mußten. Die Ausführungen dazu in der sechsten Untersuchung blieben jedoch hinter den eingehenderen Analysen zur formal-kategorialen Anschauung zurück. (Dazu Tugendhat *1967,* 107–168.)

III. Der Göttinger Phänomenologenkreis

1. Phänomenologie als ‚Arbeitsphilosophie'

Als Husserl 1905 nach Göttingen berufen wurde, konnte er nicht ahnen, welche tiefgreifenden und weitreichenden, ja nachgerade auch paradoxen Wirkungen sein noch aus der Hallenser Zeit stammendes phänomenologisches Frühwerk entfalten sollte. Selber seit seinen Analysen zum inneren Zeitbewußtsein von 1905 darüber bereits hinaus und entschlossen auf einem Wege zur transzendentalen Phänomenologie, deren erstes Stadium systematisch zunächst 1907 im Lehrvortrag (Hua II), 1913 dann programmatisch im Ersten Band der ‚Ideen zu einer reinen Phänomenologie und phänomenologischen Philosophie' (Hua III; III/1) dargelegt wurde, fand Husserl sich alsbald in der Rolle des Initiators einer Schule, deren Gründung und Gestalt philosophiegeschichtlich einzigartig war.

Eine Gruppe von Schülern im engeren und weiteren Sinne erkor sich die ‚Logischen Untersuchungen' emphatisch zum unangefochtenen Statut ihrer Arbeit, indessen sie ihrem Lehrer und Lehrmeister phänomenologischer Analyse die Nachfolge in seine eigene transzendentale Forschung nahezu geschlossen verweigerte. Darüber hinaus stilisierte sie Husserls Forderung der Hinwendung zu den ‚Sachen selbst' zum gemeinsamen Kampfruf, verfuhr jedoch mit den phänomenologischen ‚Sachen' durchweg in einer Weise, die eine denkwürdige Verschiebung des Sinnes jener Husserlschen Wendung mit sich brachte.

Denn nicht nur verlagerte sie Husserls Akzent vom ‚Selbst' der Sachen mehr und mehr auf die ‚Sachen', indessen Husserls methodenkritische Erwägungen zu ihrer Selbstgebung deutlich an Gewicht verloren; sie suchte auch ihre ‚Sachen' in der Regel woanders als Husserl auf: Nicht das erkenntnistheoretische Rätsel der Intentionalität, die Korrelation von Akt und Gegenstand, sollte die Grunddimension für die Arbeit seiner Göttinger Schüler bestimmen; vielmehr waren es die Gegenstände, die Objekte, die sich ihnen jeweils in allen möglichen Zuwendungen boten, so daß sogar der Vorschlag diskutiert wurde, die Bezeichnung der Phänomenologie gegen die der Gegenstandsphänomenologie auszutauschen (Linke *1931*). Wohl gab es etliche Untersuchungen, die sich auch mit der Aktseite der Intentionalität befaßten. Sie blieben jedoch im wesentlichen phänomenologisch-psychologisch orientiert.

Ungeachtet mancher Unterschiede der ohnehin nicht einheitlichen Phänomenologie im Gefolge Husserls läßt sich vereinfachend sagen, daß einige ‚Göttinger', bedingt durch ihre Herkunft aus dem Schülerkreis des einflußreichen Münchener Psychologen Theodor Lipps sowie Alexander Pfänders, im großen und ganzen die phänomenologisch-psychologische Ausrichtung gewahrt haben, während die vielzitierte ‚Wendung zum Objekt' gleichsam ein Markenzeichen des engeren Schülerkreises um Adolf Reinach wurde. Gemeinsam aber hegten sie die Überzeugung, daß Husserl durch seine Wende zur transzendentalen Phänomenologie zurückgeschwenkt sei in die neukantianistische Linie und – ungeachtet markanter Unterschiede (vgl. Metzger *1915*; Fink *1966*, *79*–156) – einem transzendentalen Idealismus traditioneller Prägung zusteuere. Dagegen sich als ‚realistische Phänomenologie', ‚phänomenologischer Realismus', ‚objektive Phänomenologie' absetzen zu wollen, bedeutete somit nicht bloß eine eigene Etikettierung und Identifizierung mit einer bestimmten phänomenologischen Einstellung; es implizierte auch den Argwohn eines Objektverlustes bei Husserl, der bis zum Einwand sogar seiner Verfehlung der Phänome geführt hat.

Nun ließ sich über den Phänomenbegriff so wenig streiten wie über die Auswahlgesichtspunkte, nach denen man Dinge, Sachverhalte, Beziehungen als Phänomene ansehen wollte. Als purer Methodenbegriff, wie Husserl ihn einführte, widerstand er einerseits dogmatischen Festsetzungen; andererseits gestattete er durchaus unterschiedliche Perspektiven und Richtungen phänomenologischen Hinsehens. Diese aber bemaßen sich nicht an den Phänomenen selbst, sondern an Zweck und Ziel ihrer Erforschung. Auch konnte es der Phänomenologie nicht zum Schaden geraten, wenn sie nicht ausschließlich Phänomenologie Husserlscher Prägung blieb. Überdies hatte Husserl selbst, indem er die Phänomenologie dezidiert als Methode einer wissenschaftlichen Philosophie auf den Weg brachte, ihr auch Bezirke eröffnet, die er in eigener Arbeit niemals durchmessen konnte und wollte. Auch und vor allem war es die Forderung gemeinsamer Anstrengung vieler und vielerorts in der unbegrenzten und vorerst recht unwegsamen Landschaft phänomenologischer Probleme, die das wissenschaftliche Ethos dieser Philosophie im Kern ausmachte und das eigentümliche Pathos des ,Forschens' ihrer Anhänger bestimmte.

Daß Husserl dies mit der rückhaltlosen Anerkennung jeder auch der seinen fernstehenden Arbeit stets bejaht hat, wo nur den phänomenologischen Grundprinzipien getreu verfahren wurde, reicht indes nicht aus, um bei aller Verselbständigung seiner Schüler und ihrer sachlichen Loslösung von ihm deren niemals aufgekündigte Bindung an Husserl zu verstehen. Was den Göttinger Kreis wie auch phänomenologische Zirkel anderenorts und selbst Einzelgänger auf eigenen Pfaden wie Max Scheler, Nicolai Hartmann und selbst noch Martin Heidegger nach immer wieder bekundetem gemeinsamem Empfinden Husserl verpflichtete und was bei aller Divergenz ihrer eigenen Themen spürbar auch als ein Gemeinsames fortwirkte, das war, mit einem Wort, die von Husserl auf den Weg gebrachte Phänomenologie als *Stil eines neuen, nie dagewesenen Philosophierens*.

Fernab von aller bislang gewohnten Rezipierung und Kommentierung tradierter Philosopheme, die stets mehr oder weniger an die Persönlichkeit ihrer Schöpfer wie auch ihrer Interpreten gebunden waren, wollte die Phänomenologie nach Husserls Grundmaxime der Kultivierung aller Kräfte des Sehens und Anschauens nicht mehr, aber auch nicht weniger sein als eine Art philosophischen Handwerks, dessen Solidität und Gediegenheit sich einzig nach der getreulichen Beschreibung und anschaulichen Ausweisung aller Schritte bemessen sollte, die zum philosophischen Erfassen einer Sache führten. Damit stellte es sehr spezifische Forderungen. Damit aber bot es auch und vor allem Möglichkeiten der Übernahme und Aneignung des phänomenologischen Rüstzeugs in eigener Handhabung und Erprobung. Die phänomenologische Methode schien lernbar, im Probieren und Üben erwerbbar – und sollte es sein. Denn auch dies war ein Novum der Husserlschen Phänomenologie: Sie wurde, wenn überhaupt, nicht für Leser geschrieben. Sie kannte nur Mitarbeiter. Ihre Dokumentierung – und das erklärt zugleich manche der vom Herkömmlichen abweichenden literarischen Züge vor allem in Husserls späteren Werken – war im Grunde nichts anderes als Arbeitsprotokoll, öffentlich zugänglich gemacht lediglich als Anweisung, daß jeder einzelne sich selbst auf den Weg mache, selbst suche und finde. Nicht zufällig hat Husserl die Phänomenologie als Arbeitsphilosophie proklamiert, ihr immer wieder „handanlegende“ oder auch „erledigende Arbeit“ zur Pflicht gemacht (Hua III, 314; V, 84; IX, 301), doch wissend zugleich, daß sie nur allmählich und schrittweise sich ihrem Ziel einer wahrhaft wissenschaftlichen Philosophie zu nähern vermöge; überzeugt indes auch, daß die Approximation an dieses im Unendlichen liegende Ziel gelingen könne.

Adolf Reinach, in Göttingen Husserls engster Mitarbeiter und bald der eigentliche *Spiritus Rector* des Göttinger Phänomenologenkreises, hat das Credo dieser Phänomenologie prägnant zusammengefaßt: „In dem Augenblick, wo an Stelle der Einfälle die mühsame Aufklärungsarbeit einsetzt, ist die philosophische Arbeit aus den Händen der einzelnen in die der fortarbeitenden und sich ablösenden Generationen gelegt. Spätere Geschlechter werden es nicht verstehen, daß ein einzelner Philosophien entwerfen konnte, so wenig, wie ein einzelner heute die Naturwissenschaft entwirft. Kommt es zu einer Kontinuität innerhalb der philosophischen Arbeit, so wird sich der welthistorische Entwicklungsprozeß, in dem sich eine Wissenschaft nach der anderen von der Philosophie ablöst, nun auch an der Philosophie selbst vollziehen. Sie wird zur strengen Wissenschaft werden – nicht indem sie andere strenge Wissenschaften nachahmt, sondern indem sie sich darauf besinnt, daß ihre Probleme ein eigenes Vorgehen verlangen, das zu seiner Durchführung der Arbeit der Jahrhunderte bedarf.“ (Reinach *1951, 72*)

Das verhaltene Selbstbewußtsein, das hier mitschwang, artikulierte sich zugleich und nicht zufällig als Gruppenbewußtsein. Ein nicht geringer Teil der Göttinger phänomenologischen Studien entstand in regelmäßig veranstalteten Gruppensitzungen, außeruniversitären Seminaren und Diskussionsforen, in denen die jeweils anstehenden Dinge gemeinsam betrachtet und in unermüdlicher Kleinarbeit hin und her gewendet und auf ihre Wesensstrukturen befragt wurden. Es geschah ohne einen im voraus festgelegten Plan: Weder für die Belange des Tages gefordert noch dem Druck eines in Aussicht genommenen Systems unterworfen, konnten abschließende Ergebnisse ohnehin warten. So hieß phänomenologisch arbeiten eben auch, Geduld haben und Zeit – so viel Zeit, wie sie nur der ungebrochene Glaube an die Zukunftswirksamkeit für ein säkulares Ziel bereitstellt.

Damit hängt zusammen, daß die literarische Produktion der Göttinger Phänomenologie, vergleicht man sie mit der außerordentlichen Intensität und Aktivität ihrer Verfasser, relativ schmal geblieben ist. Manche Arbeit aus der phänomenologischen Frühzeit ist niemals zur Publikationsreife gediehen, und mancherlei ruht bisher in unpublizierten Nachlässen. Die Spuren dieser frühen Phänomenologie in den Fachzeitschriften blieb, trotz ihrer unübersehbaren Wirkung in zahlreiche andere Fachrichtungen – die Psychologie, Psychiatrie, Soziologie, in die Kunstwissenschaft, Sprach- und Literaturwissenschaft, selbst in die Grundlagen der Mathematik und schließlich die Theologie – hinein,[3] auffallend spärlich. Das seit 1913

[3] Es liegt in der Eigenart der phänomenologischen Methode, daß sie in die unterschiedlichsten Sachgebiete hineingewirkt hat und bis heute darin ihre Fruchtbarkeit zeigt. Dergleichen Diffundierungen der Phänomenologie in andere Disziplinen nachzugehen, würde indes ein gesondertes Werk verlangen. So müssen hier Arbeiten, welche nicht die phänomenologische Methodik selbst, sondern deren Anwendungen betreffen, ausgespart bleiben. Das gleiche gilt auch für zahlreiche Darstellungen, die insbesondere in jüngster Zeit im Sinne von ‚Phänomenologie und …', die verschiedensten Beziehungen zwischen der Phäno-

von Husserl in Gemeinschaft mit Moritz Geiger, Alexander Pfänder, Adolf Reinach und Max Scheler herausgegebene ‚Jahrbuch für Philosophie und phänomenologische Forschung', anspruchsvolles und bald auch international renommiertes Forum der Phänomenologie, brachte es in den zwei Jahrzehnten seines Bestehens nur auf elf Bände. Eine Reihe selbständiger Publikationen spiegelt besonders deutlich die Vielfalt damaliger phänomenologischer Themen. (Dazu Schmücker *1956*.) Nur einige von ihnen lassen sich im folgenden exemplarisch skizzieren.

2. Die Hauptvertreter und ihre Studien

Von Husserls ersten Göttinger Schülern ist bis heute *Wilhelm Schapp* (1884–1965) bekannt geblieben. Seine Dissertation von 1909 ist in ihrer eindringlichen Analyse der Wahrnehmung auch durch die späteren, allerdings nicht systematisch und als geschlossenes Lehrstück durchgeführten Untersuchungen, die Husserl zu diesem für seine Philosophie insgesamt grundlegend wichtigen Problemkreis wiederholt vorgenommen hat (Asemissen *1957*; Ströker *1976;* Melle *1983*) nicht überholt (Schapp *1910*). In freierer Handhabung des Instrumentariums hat Schapp sich noch Jahrzehnte später, sozusagen im Nebenberuf des hauptamtlich juristisch Tätigen, einer ‚Philosophie der Geschichten' zugewandt, mit der er in einem dreiteiligen, diesseits sowohl aller Erkenntnistheorie als auch der Geschichtswissenschaft und Geschichtsphilosophie gehaltenen Opus (Schapp *1953; 1959; 1965*) den

menologie und andersartigen Problemstellungen zum Gegenstand haben.

„Verstrickungen“ des Menschen in seine mannigfachen Lebensverhältnisse nachgegangen ist. Dem deskriptiven Grundzug phänomenologischer Darstellung den narrativen hinzufügend, suchte Schapp insbesondere zu zeigen, daß jene Verhältnisse primär nicht durch beschreibbare Dinge und Sachverhalte, sondern nur durch erzählbare Geschichten von ihnen konfiguriert werden. (Vgl. Lübbe *1954; 1972,* 105–114; Wälde *1985.*)

Zum Göttinger Phänomenologenkreis dieses Namens kam es, als Husserl auch Schüler von auswärts anzog. Ihre vollständige Aufzählung ist hier nicht möglich; sie wäre auch für die Zwecke dieser Darstellung wenig aufschlußreich. Viele von denen, die den Kontakt zu Husserl mehr oder weniger lange Zeit, auch in sehr unterschiedlicher sachlicher Nähe und Distanz, hielten, sind später – sei es durch Aufnahme anders gelagerter Fragestellungen, sei es durch andere Weisen des Vorgehens – eigene philosophische Wege gegangen. Zwar blieb in ihrer Produktion das Ferment phänomenologisch-deskriptiven Arbeitens allenthalten wirksam; doch wären sie, sieht man von dem – ebenfalls nur kurz in Göttingen weilenden – Max Scheler ab, auch nach eigenem Selbstverständnis wohl kaum mehr als Phänomenologen zu bezeichnen.

Das gilt bereits für den Straßburger Theologen Jean Héring (1890–1966), der aus seinem Göttinger Studienjahr 1909 Impulse für seine späteren religionsphilosophischen Arbeiten empfing und der auch persönlich Husserl in den Freiburger Jahren verbunden blieb. Auch stammt eine erste kleinere Skizze der phänomenologischen Bewegung von ihm (Héring *1946*). Doch ist er kaum zu den Phänomenologen zu rechnen, so wenig wie sein einstiger russischer Kommilitone in Göttingen und späterer Kollege an der Sorbonne *Alexandre Koyré* (1892–1964), der zwar durch die Mitbegründung der ‚Recherches philosophiques' 1931 zum maßgeblichen Vermittler der Phänomenologie nach Frankreich wurde, der jedoch hauptsächlich durch wissenschaftshistorische Arbeiten hervorgetreten ist. (Dazu Schuhmann *1987a.)*

Göttinger Phänomenologe in einem engeren Sinne war dagegen *Hans Lipps* (1889–1941). Philosoph und Arzt, blieb er Husserl nicht nur durch das Thema seiner ersten längeren Arbeit über Phänomenologie der Erkenntnis verbunden, sondern nach eigenem Bekenntnis „auch dort nur sein Schüler" (Lipps *1976–1977,* Bd. 1, Vorwort), wo er seinen phänomenologisch geschärften Blick nicht nur auf andere Seiten, sondern auch auf neue Zusammenhänge der in Göttingen verhandelten Dinge lenkte. Die von ihm traktierten Phänomene – mochte es um Wahrnehmungsdinge, logische Entitäten, menschliche Verhaltensweisen und, nicht zuletzt, um Sprache gehen – nahm er jeweils auch in ihren praktischen Bezügen und suchte sie als Dinge des alltäglichen Umgangs aus der konkreten Lebenswirklichkeit des Menschen zu verstehen. Darin sah Lipps Bewährungsmaxime und Korrektur des phänomenologischen Vorgehens zugleich, wobei nicht von ungefähr pragmatische ebenso wie existenzial-philosophische und hermeneutische Sichtweisen befruchtend wirkten, mit dem Ergebnis, daß daraus nicht nur fällige Ergänzungen, sondern auch Gegenstücke zu Husserls Analysen resultierten. Insbesondere was Hans Lipps zur ‚Formalen und hermeneutischen Logik' vorgelegt hat, verdient als kritische Prüfung von Husserls Untersuchungen zur Logik größere Beachtung, als ihr bisher zuteil geworden ist (Lipps *1976–1977,* Bd. 2, V).

Wiederum anders stand es mit *Helmuth Plessner* (1891–1985), der in seiner eigenen Begründung der philosophischen Anthropologie Gesichtspunkte und Arbeitsweisen Husserls nur mittelbar zu erkennen gab, mehrfach jedoch, wenn auch aus charakteristischer ‚Göttinger' Perspektive, des einstigen Lehrers aus einer nur kurz währenden gemeinsamen Göttinger Zeit vor dem Ersten Weltkrieg gedacht und dabei vor allem den maßgeblichen Beitrag phänomenologischen Arbeitens für die Gegenwartsphilosophie herausgestellt hat (Plessner *1985*).

Zum Nucleus des Göttinger Phänomenologenkreises aber wurde eine Gruppe von Philosophen, die aus München zu Husserl gingen. 1905 kamen Johannes Daubert und Adolf Reinach, ihnen folgten bald Moritz Geiger und 1907 Theodor Conrad, schließlich 1909 Dietrich von Hildebrand und 1911 Hedwig Conrad-Martius. Sie alle hatten in München in einem mehr oder weniger engen Schülerverhältnis zu Theodor Lipps und Alexander Pfänder gestanden. Mit seinem psychologischen Grundlegungsversuch der Logik hatte auch Theodor Lipps Husserls Kritik in den ‚Logischen Untersuchungen' auf sich gezogen. Sein Versuch zur Verteidigung seiner Position war indes nicht nur ohne Widerhall bei seinen Schülern geblieben, sondern ihnen sogar Anlaß geworden, sich auch räumlich in Husserls Nähe anzusiedeln. Gleichwohl blieb auch in ihrer Göttinger Arbeit manches von dem bestimmend, was sie, vor allem in der Nachfolge Pfänders, aus München mitbrachten, zumal auch Husserl mit Pfänder über viele Jahre in engere fachliche Verbindung trat.[4]

Johannes Daubert (1877–1947) kamen vor allem Verdienste der Vermittlung zwischen dem Göttinger und Münchener Phänomenologenkreise zu. Von Husserl

---

[4] Zur sog. ‚Münchener Phänomenologie', die sich nicht auf die Arbeit ihrer Vertreter im Göttinger Kreise beschränkte, vgl. hier Kap. V, 1; S. 118ff.

wurde er, nicht zuletzt wegen seines geschärften Methodenbewußtseins, aufs höchste geschätzt. Doch hat er sich niemals entschließen können, aus seinen Untersuchungen zu publizieren. (Dazu Smid *1985*; Schuhmann/Smith *1986/1987*.)

Der eigentliche Initiator und Mittelpunkt des Kreises wurde *Adolf Reinach* (1883–1917). Bereits ausgebildeter Jurist und aus seiner Münchener Zeit mit der deskriptiven Analyse psychischer Phänomene gründlich vertraut, stieß Reinach jedoch erst durch Husserls Konzeption der Intentionalität auf die Bedeutung der Objektseite in allem Aktgeschehen. In Göttingen verschrieb er sich nahezu ausschließlich der Frage der angemessenen Erfassung intentionaler Gegenständlichkeit in ihrer Wesensallgemeinheit. Nachdem die Auseinandersetzung mit Hume und Kant ihn zu der Überzeugung gebracht hatte, daß es, allen nominalistischen Einwänden zum Trotz, so etwas wie allgemeine Wesenheiten gibt, wurde die Wesensproblematik Reinachs Hauptforschungsgebiet. Anders als den meisten anderen ‚Göttingern', obgleich diese sich seiner fachlichen Obhut anvertrauten, ging es ihm weniger um alle möglichen inhaltlichen Wesensbeschreibungen als vielmehr um grundsätzliche Fragen einer phänomenologischen Wesenslehre.

Was Husserl in dieser Hinsicht offengelassen, anscheinend sogar absichtlich in der Schwebe gehalten hatte, da das von ihm untersuchte Korrelationsgefüge von Akt und Gegenstand jedenfalls eine platonistische Wesensauffassung kaum zuließ, entschied Reinach indes insoweit zu deren Gunsten, daß er Wesen im Bereich eines aktunabhängigen materialen Apriori ansiedelte und sogar dafürhielt, daß sich jedwedes Apriori überhaupt nur auf Sachverhalte, in denen ein Sosein von Entitäten betroffen ist, beziehen könne – eine Auffassung, die durch Reinach erst unbestrittenes Allgemeingut der Göttinger Phänomenologen geworden zu sein scheint.

In der Grundhaltung des „Schauens“, das deutlich von der „Überlegung“ als einer die Phänomene bereits fernrückenden intellektuellen Stellungnahme abgesetzt wurde (Reinach *1921,* 122f.), suchte Reinach zunächst den Unterschied zwischen Anschauung von Einzelgegenständen und Wesensheiten, mit Bezug auf welche sie allererst als Einzelgegenstände zu erfassen waren, deutlich zu machen. Er gelangte aber schließlich dahin, daß er selbst in der Analyse von Wesenheiten kein letztes Ziel der Phänomenologie sah. Indem er gewahr wurde, daß jedes gegenständliche Wesen in einer Fülle von Beziehungen zu anderen steht und darin seinerseits bereits einen seiner Wesenszüge hat, stieß Reinach bei der Suche nach etwaigen Regularitäten im Bereich des materialen Apriori auf die Bedeutung von *Wesenszusammenhängen*: Obzwar mit empirischen Tatsachen und ihren Gesetzmäßigkeiten unvergleichlich, zeigten sich ihm gleichwohl auch für Wesen *Wesensgesetze*, so daß ihnen modal kein zufälliges Sosein zukommt, sondern notwendiges Sosein-müssen, so daß sie nicht nur sind, wie sie sind, sondern „dem Wesen nach“ nicht anders sein können. Daß etwa Sachverhalte nicht anders vorstellig werden können als in den Akten des Vorstellens; daß ein Sachverhalt sein Bestehen, also Tatsächlichkeit, nicht einschließt; daß negative Sachverhalte keine primären, sondern in entsprechend positiven fundierte Sachverhalte sind, wären einige Beispiele derartiger Wesensgesetze im Sinne Reinachs.

Insbesondere mit der Aufdeckung derartiger gesetzlicher Wesenszusammenhänge, von denen auch Husserl anerkennend später zuweilen Gebrauch gemacht hat, erhielt die Göttinger Phänomenologie ihr charakteristisches Profil. Daß nicht Husserl, sondern Reinach sie wesentlich geprägt hat, geschah nicht zuletzt durch Reinachs Auffassung, daß alle Wesensanalyse nicht Selbstzweck, sondern nur Mittel zur Erfassung von Wesensgesetzen sei, und daß nur von diesen her rückwirkend, in einer Art alternierenden Klärungsverfahrens, die volle Aufhellung von Wesenheiten gelingen könne.

Vor diesem Hintergrund stand bereits Reinachs Untersuchung der apriorischen Grundlagen des bürgerlichen Rechts von 1913, in der mit juristischer Sachkundigkeit die Idee einer apriorischen Rechtslehre entfaltet wurde. Deutlicher trat dann jener Hintergrund selbst in Erscheinung in einem Vortrag, den Reinach 1914 im neukantianistischen Marburg unter dem programmatischen Titel gehalten hat: Was ist Phänomenologie? (Reinach *1921*, 379–405). Hedwig Conrad-Martius hat vier Jahrzehnte später im Vorwort zur selbständigen Publikation dieses Vortrags, bewußt in der damaligen Ausdrucksweise formuliert, Reinach als *den* Phänomenologen unter den Phänomenologen, als Phänomenologen „an sich und als solchen" bezeichnet (Reinach *1951, 7*).

Da der Erste Weltkrieg 1917 das Leben des erst Vierunddreißigjährigen forderte, blieb Reinachs Œuvre schmal und läßt Mutmaßungen über die weitere Entwicklung, wäre sie denn möglich gewesen, nicht zu. Daß indessen Reinachs Tod, mehr noch als Husserls Wechsel nach Freiburg im Jahr zuvor, in ursächlichem Zusammenhang mit der baldigen Auflösung des Göttinger Phänomenologenkreises gestanden haben dürfte, wirft rückblickend abermals ein deutliches Licht auf die führende Rolle Reinachs und seine tragende Kraft für dieses Kreis (Schuhmann *1987 b*; Schuhmann/Smith *1987*).

Von Reinachs Wesensuntersuchungen beeinflußt sind auch die Studien der anderen Göttinger Phänomenologen. *Theodor Conrad* (1881–1961), mit einer Dissertation zur Ästhetik bei Theodor Lipps in München promoviert, nahm während seiner Göttinger Zeit in einer Abhandlung zur Sprachphilosophie Darlegungen aus Husserls I. Logischer Untersuchung auf. Ferner legte er einen Wesensvergleich über Wahrnehmung und Vorstellung vor, und er kennzeichnete, Ansätze sowohl von Lipps als auch von Reinach weiterführend, als Wesenslehre auch eine späte Arbeit über psychisches Erleben (Conrad *1911; 1968*).

Umfänglicher und langfristig wirksamer wurde die phänomenologische Produktion seiner Frau *Hedwig Conrad-Martius* (1888–1966). Von allen Göttinger Phänomenologen hat sie die Bemühungen Reinachs am konsequentesten fortgesetzt. Phänomenologie war für sie Wesensphänomenologie im Sinne Reinachs. Nach seinem Tod hat sie der Phänomenologie für lange Jahre noch in dem von ihr gegründeten Bergzabern-Zirkel ein Diskussionsforum ermöglicht.

In ihren eigenen Arbeiten zeigte Hedwig Conrad-Martius von allen Göttinger Phänomenologen wohl die größte Systematik im Vorgehen wie auch eine ungewöhnliche Spannweite ihrer Fragestellungen. Das Wesen der Realität, das Realsein der Welt, wurde ihr zum zentralen Thema, das sie ab 1913 in einer Reihe größerer Abhandlungen entfaltete.

An die Dissertation von 1913 zur Ontologie und Erscheinungslehre der realen Außenwelt schlossen sich, im Abstand von einem Jahrzehnt, die ‚Realontologie' (*1923*), ferner systematische Untersuchungen zur Zeit (*1954*) sowie zum Raum (*1958*) an. Durchweg Arbeiten nach langen Zwischenphasen der Beschäftigung mit vielfältigen anderen – etwa biologischen, naturphilosophischen, theologischen – Fragen, zeigten sie schließlich jedoch zunehmend weniger phänomenologische Observanz und nicht selten stark spekulativen Einschlag wie auch recht eigenwillige sprachliche Prägung. Die früh schon eingenommene Position eines ontologischen Realismus wurde zuletzt noch in einem Vergleich mit der transzendentalen Phänomenologie (*1959*) verteidigt. An dieser bedeutenden Schülerin von Reinach und Pfänder zeigte sich mit besonderer Deutlichkeit, wie im Göttinger Kreis die Phänomenologie als philosophische Methode allmählich zugunsten ontologischer Entscheidungen in den Hintergrund trat, zumal auch Husserl seit etwa 1907 über die Phänomenologie im Sinne bloßer Methode deutlich hinausging.

Für vier Jahre gehörte auch der Lipps-Schüler *Dietrich v. Hildebrand* (1889–1977) dem Göttinger Kreise an. Von Anfang an nahezu ausschließlich mit moralphilosophischen Themen beschäftigt, hat er sich in seinen zahlreichen Arbeiten zur Ethik und Wertphilosophie deutlicher ebenfalls Reinach wie auch Scheler als Husserl verbunden gezeigt. Er hat später den Weg nach München zurückgefunden, bis er 1933 in die Vereinigten Staaten emigrieren mußte. (Vgl. Hildebrand *1916; 1922.*)

Ein Mitglied des Göttinger Zirkels von wiederum anderem Zuschnitt war *Moritz Geiger* (1880–1937). Ebenfalls aus München nach Göttingen, wenn auch nur für ein Semester 1906 gekommen, war er von seinen phänomenologischen Mitstreitern dort wohl derjenige, der die größte Interessenvielfalt zeigte. Experimentell-psychologisch geschult noch unter Wilhelm Wundt, zugleich vertraut mit der phänomenologischen Psychologie von Theodor Lipps und den Arbeiten Pfänders, band ihn in Göttingen an Husserl, enger sogar als die anderen, zunächst dessen Akzentuierung der Korrelation von Akt und Gegenstand. Mit ihr suchte Geiger Klarheit auch in die experimentelle Psychologie zu bringen. Bald zog ihn jedoch, insbesondere unter dem Einfluß von Reinach wie auch von Meinong, die Gegenstandsseite mehr an, indessen er in späteren Arbeiten abermals die aktphänomenologische Untersuchungsrichtung bevorzugte. Disparate Sachthemen aus der Mathematik und vor allem der Ästhetik (Geiger *1913; 1976*), ferner der Existenzphilosophie und Metaphysik zeigen in ihrer Behandlung zumal in den späteren – größtenteils ebenfalls in Amerika durchgeführten – Arbeiten kaum noch die Hand des Phänomenologen, obgleich er immer wieder den Wert der phänomenologischen Methode und insbesondere bei Husserl betont hat. Daß Geiger auch die erste Brücke der Phänomenologie zum amerikanischen Kontinent schlagen konnte, ist für die Aneignung und Ausrichtung der phänomenologischen Philosophie dort nicht ohne bedeutsamen Einfluß gewesen.

Ein längerfristiger Zusammenhalt ist dem Göttinger Phänomenologenkreis nicht beschieden gewesen. Der Erste Weltkrieg schnitt auch hier tief in manches persönliche Schicksal und damit auch in die kaum begonnene Entwicklung der Phänomenologie ein. Außerdem trat Husserl 1916 die Nachfolge von Heinrich Rickert in Freiburg an. Beides erklärt aber wohl nicht allein die Kurzlebigkeit des Göttinger Kreises. Und hatte zunächst die Frage aufkommen können, was Husserls frühe Phänomenologie so rasch und mit so durchschlagendem Erfolg schulfähig gemacht hatte, so ergab sich bald die andere Frage nach den Gründen, weshalb diesem so lebendigen Kreis nicht nur kein späteres Fortleben, sondern auch kaum eine spätere Fortwirkung beschieden war – sieht man hier einstweilen von der phänomenologischen Arbeit ab, die gerade durch einige der frühesten Göttinger Schüler Husserls auch noch in dessen Freiburger Zeit und darüber hinaus fortgeführt worden ist.[5]

Womit Husserl seine Schüler und Anhänger beerbte,

das war vornehmlich das Analytische, Zergliedernde, ein Sezieren und Mikroskopieren von Phänomenen nach ihrem Wesensbestand. Das barg indes auch Gefahren. Nicht nur war nicht auszuschließen, daß ein unkontrollierter Umgang mit Wesensintuition und -ideation zu Wesenheiten auch avancieren ließ, was nach einigem Hin- und Herwenden der Sache nur ‚so ausschaut wie …' und dabei auch bloß Zufälliges, lediglich Faktisches erfassen mochte. Vor allem aber mußte die Phänomenologie, allein als Verfahren konzipiert, im Laufe der Zeit Mängel zeigen. Denn ihr Procedere als solches gab offensichtlich noch keinerlei Gesichtspunkt für dasjenige an die Hand, nach dem es auszurichten war und das es in systematische Bahnen hätte lenken können.

Allzu groß ist denn auch offenkundig die Verlockung gewesen, alles und jedes zum Gegenstand deskriptiver Analyse zu machen. Gewiß waren es nicht ‚die Göttinger', die sich zu ‚Wesensuntersuchungen' etwa des Fensters oder des Sonntags, des Tabaksrauchs oder des Kitsches verstiegen. Doch schloß die Phänomenologie rein als die proklamierte Methode Derartiges keineswegs aus. Wie die Produktion phänomenologischer Themen jener Jahre insgesamt und insbesondere auch bei philosophischen Außenseitern zeigt, blendete der Reiz der Vielfalt so sehr alle Erwägungen über die Bedeutung der aufgegriffenen ‚Phänomene' aus, daß das ironische Urteil über die „Bilderbuchphänomenologie", wer immer es gefällt haben mochte, nicht ganz aus der Luft gegriffen war.

Recht verstanden und diszipliniert geübt, vermochte phänomenologische Deskription allerdings ein höchst wertvolles Mittel zu sein: zur Klärung der Sprache und des Denkens; zur Aufklärung und Verhütung von Äqui-

[5] Vgl. dazu hier Kap. V, 1; S. 119ff.

vokationen, eine Waffe gegen Verflachung und Sinnentleerung der Sprache, ein Stimulans der Anschauung, der Sensibilisierung für begriffliche Klarheit und Differenzierung – für höchst Wichtiges mithin, das sowohl in der Philosophie als auch in den Wissenschaften wie in der Kunst unentbehrlich war. Konnte aber eine dergestalt gehandhabte phänomenologische Methode mehr bewirken als bloß eben dieses: eine Blickrichtung auf dieses oder jenes in voller Beliebigkeit der Wahl; eine Haltung; eine Einstellung, irgend etwas eben als Exemplum für ‚Wesensintuition' zu machen? Offenkundig fehlte hier ein Kriterium für dasjenige, was denn für die Phänomenologie selber wesentlich war und was nicht. Aus der deskriptivanalytischen Methode allein war es jedenfalls nicht zu gewinnen. Systematik und Kontinuität vermochte sie nicht zu garantieren, wie sie aber auch die Phänomenologie für eine geordnete Fortführung ihrer Forschung brauchte.

So geschah das verhältnismäßig rasche Abebben phänomenologischen Tuns im Stil der Göttinger Jahre kaum von ungefähr. Seine auffällige Zusammenhanglosigkeit dürfte ein wesentlicher Grund gewesen sein, der, mit zeitbedingten äußeren Umständen interferierend, die verhältnismäßig kurze Dauer des Göttinger Phänomenologenkreises erklärt – unbeschadet des Fortbestehens seiner Arbeitsweise bei einzelnen Forschern, die fruchtbare Wirkung auch bis in viele Einzelwissenschaften hinein gehabt hat.

Husserl indes, der die angedeuteten Gefahren früh schon erkannt hatte, blieb, auch wenn er sie nicht zu bannen wußte, selber gegen sie immun. Denn die phänomenologische Methode, wie er sie speziell auf den Weg gebracht hatte, sollte von vornherein nicht in ziellose Vielfalt führen können. Vielmehr hatte sie in der Neubegründung der reinen Logik und Erkenntnistheorie zunächst, in der Phänomenologie als Grundwissenschaft der Philosophie sodann, eine festumrissene Zielsetzung, der innere systematische Entfaltung auch nicht eigenmächtig vorgeschrieben werden konnte, sondern, wenngleich auch hier ohne Zwang zum System, durch distinkte Problemstellungen vorgegeben war.

Kernproblem für Husserl war das Problem der Transzendenz des Erkenntnisgegenstandes. Ist er es, welcher jeweils intendiert wird, jedoch so, daß er als transzendenter Gegenstand nur zugänglich wird in den Weisen wie er in der Intention gegeben ist, so wurde nun zur Hauptaufgabe der Nachweis, wie sich im Gefüge der Intentionen selbst Transzendenz ausweisen und von bloß vermeintlicher Transzendenz unterscheiden ließ.

Dafür war ersichtlich keinerlei Erkenntnis in Anspruch zu nehmen, in welcher Transzendentes als dieses bereits vorausgesetzt ist, also weder Erkenntnis aus irgendeiner Wissenschaft noch aus einer bestimmten Ontologie. Vielmehr war hier für Husserl jene transzendentale Fragestellung zu erneuern, wie Kant sie mit der grundlegenden Frage nach den Bedingungen der Möglichkeit von Erkenntnis aufgenommen, allerdings nicht mit phänomenologischen Mitteln verfolgt hatte. Mit ihrem Einsatz aber sollte eine transzendentale Phänomenologie entstehen, deren neuartige Idee einer wissenschaftlichen Philosophie sich nicht in traditionellen Systembegriffen fassen ließ. (Dazu allgemein Funke *1957;* Seebohm *1962;* Ströker *1987 a.)*

IV. Husserls Konzept der transzendentalen Phänomenologie

1. Der Zugang zum transzendentalen Erfahrungsfeld: Phänomenologische Reduktion und Epoché

Sollte die phänomenologische Methode tauglich sein, das Transzendenzproblem einer allgemeinverbindlichen Lösung zuzuführen, so war als erstes geeigneter Zugang zu ihm zu suchen. Husserl sah ihn in einer Maßnahme, mit der seine Phänomenologie von nun an allererst ihre charakteristischen Züge erhalten sollte –: der phänomenologischen oder, genauer, der transzendentalen Reduktion.

Einzigartig nicht nur unter mancherlei reduktiven Schritten, die Husserl je nach Sachbereich seiner Einzelanalysen vornahm, sondern auch in ihrer bisher vorbildlosen Durchführung, stieß sie nicht allein auf besondere – auch durch Husserls unterschiedliche Darstellung mitbedingte – Verständnisschwierigkeiten. Sie stellte auch, nicht zuletzt durch verschiedene ‚Wege', die Husserl für sie im Laufe der Zeit erprobte (Kern *1962*), immer wieder vor die Frage einer Begründung und Rechtfertigung ihrerseits, die überdies die Phänomenologie mit ihren eigenen Mitteln zu leisten hatte, um so mehr, als Husserl für sie den Anspruch einer strengen, letztbegründenden philosophischen Wissenschaft erhob. (Dazu Landgrebe *1963*, 82–97.)

Diese phänomenologische Reduktion, häufig in privativen Termen wie ‚Einklammerung', ‚Enthaltung', ‚Inhibierung' umschrieben, beruhte im Prinzip auf einer bereits getroffenen korrelationsanalytischen Unterscheidung und zielte dementsprechend auf eine phänomenologisch eigentümliche Thematisierung: Jeder Gegenstand, der in diesem oder jenem Sinne als seiender – sei es als existierender oder nicht existierender, als real oder ideal seiender; sei es als gewiß oder fraglich, wahrscheinlich oder hypothetisch wirklicher – Gegenstand vor Augen tritt und in natürlicher Einstellung unreflektiert gilt, bietet sich für die phänomenologische Reflexion auf den Korrelationszusammenhang zwischen einem gegebenen Gegenstand und den ihn intendierenden Akten dar als in seiner jeweiligen Seinsweise lediglich gemeint, geglaubt oder auch im ausdrücklichen Urteil gesetzt. Eben dergleichen *Seinsgeltungen, Seinssetzungen,* sollen durch die phänomenologische Reduktion ‚außer Funktion' gesetzt werden, ‚dahingestellt' bleiben, damit sie als diese phänomenologischer Analyse zugänglich werden können.

Mit solcher Thematisierung aller Seinsgeltungen bringt die phänomenologische Reduktion neue, eigenartige Bestände naiv vollzogener Akte ans Licht. Neben deren apperzeptiven Momenten, die jeden Gegenstand als einen so und so seienden, etwa als wahrgenommenen, vorgestellten, gewünschten, gewollten, präsentieren, kommen nunmehr außer derartigen aktqualitativen Komponenten noch *doxisch-thetische* oder *seinsmeinende Momente* zur Abhebung, welche ihr gegenständliches Korrelat in entsprechenden doxischen Charakteren oder *Seinsmodi der Gegenstände,* beispielsweise des Wirklichseins, Möglichseins, Zweifelhaftseins, haben.

Lediglich an Einzelgegenständen vollzogen, kann die phänomenologische Reduktion jedoch nicht dasjenige ergeben, was Husserl für die Lösung des Transzendenzproblems braucht. Dazu muß sie vielmehr universal vollzogen werden. Der Weltglaube insgesamt ist zu inhibieren, die „Generalthesis", in der die Welt unthematisch als wirklich existierende angenommen ist, soll außer Kraft gesetzt werden (Hua III, 53 ff.; VIII, 40 f.), weil sie so nur ins kritisch fragende Bewußtsein zu heben ist: in welchem Sinn, aus welchem Grund und mit welchem Recht sie beständig schon mitfungiert – nicht nur in allen ausdrücklichen Seinsbehauptungen, sondern auch in unexpliziten Seinsmeinungen und selbst noch in jeder Negierung von einzelnem Sein *in* der Welt.

Erst eine dergestalt universal vollzogene Reduktion läßt denn auch genauer erkennen, worin ihre Besonderheit liegt. Zwar kann sie einerseits dazu verleiten, eher als eine Unterlassung denn als eine positive Maßnahme verstanden zu werden; und Husserl selbst hat anfänglich – bedingt wohl auch durch die Schwierigkeiten des Einstiegs in das Reduktionsverfahren – mit unbedachten Formulierungen nicht nur mißliche Diskrepanzen zwischen verbaler Darstellung und faktischem Vollzug der Reduktion geschaffen. Er hat auch für diesen selbst das gravierende Mißverständnis heraufbeschworen, als ginge mit der ‚Einklammerung' der Welt diese die Phänomenologie nichts mehr an und sie habe sich fortan lediglich auf das reine Bewußtsein der Welt beschränken oder gar die Welt auf ein ‚bloßes' Bewußtseinsphänomen reduzieren wollen. Andererseits ist jedoch, zumal im weiteren Fortgang der Husserlschen Philosophie, die eminent positive Funktion der phänomenologischen Reduktion keineswegs zu übersehen. Denn den gemeinhin naiv betätigten Weltglauben zu inhibieren heißt nichts anderes, als diesen Glauben als Glauben allererst aufzudecken, der nun als ‚dahingestellter' Glaube für die phänomenologische Analyse Gegenstand werden kann (Fink *1966*, 79–156; Ströker *1987 b*, 35–53).

Nicht mehr, aber auch nicht weniger besagt Husserls phänomenologische Reduktion. *Reduktion* ist sie darin, daß sie bislang unreflektiert angenommenes Sein nicht etwa negieren oder auch nur irgend – und sei es selbst im methodischen Sinne Descartes' – bezweifeln läßt, sondern daß sie es auf ein Gelten als Sein zurückführt, um dieses gerade *als geltendes* näherer Untersuchung zu erschließen. Folgerichtig führt sie damit zu einem gegenüber der frühen deskriptiven Phänomenologie modifizierten Phänomenbegriff und ist darin spezifisch phänomenologische Reduktion: Nicht länger mehr fällt das vormals doxisch-thetisch noch undifferenziert belassene Korrelationsgefüge von Akt und Gegenstand unter ihn; vielmehr erscheinen die Intentionen nunmehr auch in ihren abhebbaren thetischen Momenten wie entsprechend die intendierte Gegenständlichkeit mitsamt ihren Seinscharakteren und weiterhin die Welt in ihrer Seinsgeltung im ganzen.

Die phänomenologische Reduktion führt damit subjektiv zu einer eigentümlichen Bewußtseinsweise, welche, für die Zwecke phänomenologischer Analyse auf Dauer gestellt, eine Einstellung herbeiführt, die Husserl als *Epoché* charakterisiert hat. Gegenüber der natürlichen ist sie als transzendentale Einstellung bestimmt. In ihr geht aus jener nichts verloren, im Gegenteil, was dem natürlichen Bewußtseins seit je Sein und Seiendes unreflektiert bedeutet, wird in der Epoché in reicheren Betrachtungsmöglichkeiten, die sonst unausgeschöpft bleiben würden, offenbar, da erst in ihr so etwas wie Seinsgeltung, Sein-in-Geltung-Haben, thematisiert werden kann.

Was die phänomenologische Reduktion und Epoché spezifisch zu einer transzendentalen machte, konnte allerdings mit ihrer bloßen Vornahme noch nicht deutlich werden. Diese Kennzeichnung Husserls erklärt sich einstweilen im Vorgriff auf dasjenige, was weiterhin innerhalb der Epoché analytisch zu geschehen hat: eben zu jenen Bedingungen der Möglichkeit von Seinsgeltung überhaupt und näherhin von gültiger, als gültig ausweisbarer Seinssetzung vorzudringen. So entsprach es nicht nur Husserls Postulat der Aufklärung aller Erkenntnis durch eine philosophische Grundwissenschaft, sondern auch der Selbstbegründung der von ihm konzipierten phänomenologischen Philosophie.

Das aber implizierte nicht allein die Aufgabe der Erkenntnisaufklärung in allen Erkenntnisbereichen nach Maßgabe phänomenologischer Evidenz. Darüber hinaus galt es, für alle Erkenntnis, und diejenige der Phänomenologie nicht ausgenommen, einen Bereich letztursprünglicher Einsichten, einen absoluten Boden, ausfindig zu machen, auf dem jedwede Erkenntnis allein Bestand haben und philosophische Rechtfertigung finden kann.

Ein derartiger ‚Boden' aber konnte, wenn überhaupt, nur mit der phänomenologischen Reduktion in Sicht treten. Bietet sich in ihr die Welt mit allem, was zu ihr gehört, als transzendentales Phänomen im spezifischen Sinn, nämlich als Welt, die nicht mehr umstandslos da ist, sondern die nunmehr *als* wirklich seiende *gilt,* so gehört zu ihr auch das natürliche Bewußtsein, gebunden an ein empirisch-leibliches Ich, das für Husserl wie alles andere Seiende in der Welt der Epoché verfallen mußte. Andererseits aber bedurfte es eines Vollzugsich der Reduktion, das als solches nicht unter sie fallen konnte. Die somit unabweisbare Doppelung von Bewußtsein, Ich, Subjekt sollte Husserl um so mehr in besondere phänomenologische Schwierigkeiten führen, als er die eigentümliche Doppelfunktion der phänomenologischen Reduktion, ihre *Inhibierung* und *Thematisierung aller Seinsgeltung* und füglich auch die für das eigene Ich wie für jedes andere Ich der Welt, nicht immer scharf genug betont hat.

Nun ergab sich jedoch aus der Möglichkeit des Subjekts, auf sich selbst und seine Bewußtseinsgegebenheiten zu reflektieren, durchaus die Zulässigkeit einer Scheidung zwischen empirischem und ‚reinem' Bewußtsein insofern, als in diesem – nach Vollzug der Reduktion – auch jenes als transzendentales Phänomen sich zeigt. Daß Husserl in diesem reinen Bewußtsein anfänglich jedoch einen „Zusammenhang absoluten Seins" zu finden meinte, der weltlicher Existenz nicht einmal bedürftig sei (Hua III, 91 ff.), ließ sich phänomenologisch nicht rechtfertigen. Es stieß auch später auf seine Selbstkritik (u. a. Hua VIII, 391 ff.), hat aber seine Phänomenologie der Subjektivität länger noch nachhaltig geprägt.

Das so freigelegte reine oder transzendentale Bewußtsein zugleich als *absolutes Bewußtsein* zu fassen, bedurfte besonderer Rechtfertigung. Auch als sich später seine Unabhängigkeit von der Welt nicht länger aufrechterhalten ließ, konnte es gleichwohl die Qualifikation der Absolutheit in einem ganz bestimmten Sinne behalten, dahingehend, daß es sich als ein Bereich letzterreichbarer Gegebenheiten darstellt, insofern seine Aktintentionalitäten nämlich von nichts anderem als wiederum von anderen Aktintentionalitäten abhängig sind. Sie auf etwas anderer Art zurückführen zu wollen, wäre widersinnig, da jeder derartige Versuch bereits von ihnen Gebrauch machen müßte.

Bot sich das reine Bewußtsein als Ganzes insofern in der Tat als ein Bereich von *absoluten,* letzten, weil *nicht hintergehbaren Gegebenheiten,* so ließ sich jedoch nicht im gleichen Sinne von absoluter Gegebenheit mit Bezug auf die *einzelnen Akte* sprechen. Die für sie behauptete Absolutheit konnte nur ihren *Gegebenheitsmodus* meinen und alsdann ihre tendenzielle Selbstgebung oder Evidenz mit der Maßgabe, diese im phänomenologischen Sehen herzustellen, wo sie darüber hinaus nicht gar absolute Gültigkeit der so zu erwerbenden Erkenntnis des reinen Bewußtseins zu bedeuten schien (Boehm *1959;* Ströker *1988 b*).

Der phänomenologische Zusammenhang von Evidenz und Wahrheit bei Husserl schien allerdings absolute Gegebenheit und absolute Gültigkeit so eng verklammert zu haben, daß diese bereits mit jener als gesichert angesehen werden konnte – falls die Selbstgebung so weit voranzubringen war, daß die benötigte Evidenz zugleich als apodiktische und adäquate Evidenz, also als unumstößliche wie auch als ohne Rest vollständig anschaulich erfüllbare zu leisten war.

Nun ergab es zwar durchaus einen Sinn, den Bewußtseinsgegebenheiten absolute Gegebenheit im Sinne apodiktischer Gewißheit zuzusprechen, sofern sich – in Anlehnung an die Cartesianische Argumentation, wenn auch bei Husserl nicht in völliger Übereinstimmung mit ihr – das schlichte Vorkommen der Akte, der cogitationes, nur um den Preis einer petitio principii hätte bestreiten lassen. Doch mußte für sie die Adäquatheitsforderung bereits in dem Augenblick bedenklich stimmen, in dem Husserl selber die unaufhebbare Inadäquatheit grundsätzlich aller phänomenologischen Gegebenheiten konstatiert hatte. Damit war aber auch für das Korrelationsgefüge des Bewußtseins absolut wahre, unumstößliche Erkenntnis lediglich als Erkenntnisziel und ihre Wahrheit als regulative Idee im kantischen Sinne begriffen. Zwar nicht in perspektivischen Einseitigkeiten wie Dingobjekte und insofern unabgeschattet gegeben, widerstanden bei genauerem Hinsehen die Bewußtseinsakte indes adäquater evidenter Erfassung bereits dadurch, daß sie nur reflektiv zugänglich wurden.

Die Aktreflexion oder *phänomenologische Reflexion*

par excellence, wie sie Husserl – gegen Brentanos bloße innere Wahrnehmung – methodisch zu Recht in Gang setzte und, im Rahmen der Epoché wohl auch als „immanente Wahrnehmung“ gekennzeichnet, in ihrer universellen Funktion für die Phänomenologie erkannte, gehört zwar zu demselben Erlebnisstrom wie die in ihr reflektierten Erlebnisse, ermöglicht aber darum doch auf keine Weise auch deren adäquate Erfassung. Denn die phänomenologische Reflexion bedeutet keineswegs eine abbildgetreue Widerspiegelung eines reflektierten Erlebnisses. Sie ist vielmehr eine Bewußtseinsmodifikation kraft einer Einstellungsänderung, von der das reflektierte Erlebnis nicht unbetroffen bleibt (Hua III, 144 ff.).

Überdies zeigt gerade die phänomenologische Reflexion jede cogitatio in einer erlebnismäßigen Umgebung, die sie deshalb nur in Abhebung gegen einen Horizont weiterer und ihrerseits thematisierbarer Erlebnisse faßbar macht, und zwar so, daß jede aktuell vollzogene cogitatio sich durch dergestalt potentiell Mitgegebenes mitbestimmt erweist. Mit der Entdeckung der *Horizontintentionalität* aber konnte, kraft der prinzipiellen Unabschließbarkeit phänomenologischen Eindringens in sie, adäquate Selbstgebung und insofern absolut gesicherte Erkenntnis über die cogitationes kein erreichbares Ziel phänomenologischer Analyse mehr sein; würde doch diese auf fortlaufend weitere Mitgegebenheiten der Akte stoßen, ohne sie jemals vollständig zu erfassen.

Dafür aber gewährte die Horizonthaftigkeit aller Gegebenheiten, sobald sie zum Titel phänomenologischer Aufweisungen gemacht wurde, die wichtige Einsicht in die prinzipielle Ergänzungsbedürftigkeit jedes aktuellen Erlebnisses und damit in ihren kontinuierlichen Zusammenhang mit anderen Erlebnissen. So bot sich eine Struktur des reinen Bewußtseins, die Husserl anschaulich auch mit dem Begriff des ‚Feldes' umschrieben hat. Er signalisiert eine zweifache Unabschließbarkeit: Bewußtsein, bereits als zeitliche Einheit des Erlebnisstroms in Sicht getreten, besteht nicht nur im beständigen Wechsel intentionaler Außenhorizonte eines jeden Erlebnisses durch das Kommen und Gehen fortlaufend neuer Erlebnisse; es hat auch seine Binnenhorizonte, die sich allerdings nur in dem Maße erschließen konnten, wie eine später verfeinerte Intentionalanalyse in die Näherbestimmung des Aktlebens und seiner intentionalen Zusammenhänge eindringen würde.

Allemal aber würde es sich um ein Feld transzendentaler Erfahrung handeln, der gewöhnlichen Erfahrung darin analog, daß nichts als Gegebenes und Gebbares analysiert und beschrieben werden sollte und das nur entsprechend seiner anschaulichen Selbstgebung und seiner Bewährung in kritischer Prüfung als phänomenologisch verstanden, erklärt und ausgewiesen gelten durfte. Daß es sich hier allerdings um reflektive Erfahrung zu handeln hatte, in welcher nicht geradehin Gegenständliches jenseits des natürlichen Bewußtseins zu untersuchen war, sondern in der es um Gegebenheitsweisen – und um diese weiterhin in Korrelation zu jeweils zugehörigen Bewußtseinsweisen – zu gehen hatte, schränkte die Verbindlichkeit phänomenologischer Erfahrungsnormen nicht ein. Es machte vielmehr ihre Einhaltung um so dringlicher, als hier in zweierlei Hinsicht vertraute Regeln für geordneten Erfahrungserwerb überschritten werden mußten. Sie sind angezeigt durch die bereits skizzierte transzendentale sowie durch die eidetische Reduktion.

2. *Transzendentale und eidetische Reduktion: Zum Begriff der reinen Phänomenologie*

Zum einen war das Erfahrungsfeld des reinen Bewußtseins nur in einer Reflexion freizulegen, die im Husserlschen Sinne transzendentale Reflexion war. Die Anfangsbedingung für seine genauere Erforschung, die phänomenologische Reduktion, welche spezifisch die in ihm auftretenden Seinsphänomene aufschließen sollte, konnte jedoch, streng genommen, nur auf singuläre Phänomene führen. Als philosophische Wissenschaft aber bedurfte die Phänomenologie der Erkenntnis von Allgemeinem.

Da sie als philosophische Grundwissenschaft und somit auch als Grundlegung aller Wissenschaften von den Regularitäten des Gesetzestyps der positiven Wissenschaften keinerlei Gebrauch machen durfte, mußte sie auf jene Grundformen von Allgemeinem aus sein, wie Husserl sie schon in seinem phänomenologischen Erstlingswerk als Wesen, Eidos, in Anspruch genommen und für dessen Erkennen er so etwas wie Wesensanschauung, Wesensintuition, reklamiert hatte.

Um Wesensallgemeines ging es Husserl allerdings ausschließlich im Bereich der Korrelation von Aktgefüge und zugehöriger Gegenständlichkeit. Sie reflektiv in reiner Wesensallgemeinheit zu erfassen, beinhaltete also eine weitere methodische Forderung, die Husserl als *eidetische Reduktion* von der transzendentalen oder phänomenologischen Reduktion im engeren Sinne unterschieden hat. Daß beide Reduktionen nicht eo ipso zusammengehören, wird allein daran deutlich, daß die eidetische Reduktion in jeder nichttranszendentalen Phänomenologie die maßgebliche und allein grundlegende methodische Maxime ist. Aber auch innerhalb des transzendentalphänomenologischen Rahmens ist sie unverzichtbar, soll die

Bearbeitung des transzendentalen Erfahrungsfeldes sich nicht auf einzelne Phänomene beschränken müssen.

So sollte denn Husserls Phänomenologie *reine Phänomenologie* in einem doppelten Sinne werden: Nicht allein um die transzendental ‚reinen', nämlich von allen undurchschauten Seinsmeinungen und Seinscharakteren befreiten Phänomene hatte es ihr zu gehen; vielmehr mußten diese auch in ‚reiner' Wesensallgemeinheit unter Absehen von allem, was hic et nunc zum jeweiligen Einzelphänomen gehören mochte, ins Auge gefaßt werden.

Im ersten zusammenhängenden Lehrstück zur reinen Eidetik, das Husserl im Ersten Buch seiner ‚Ideen zu einer reinen Phänomenologie und phänomenologischen Philosophie' 1913 vorlegte (Hua III, 10–57ff.), ging er allerdings kaum über dasjenige hinaus, was er schon 1901 in der zweiten logischen Untersuchung dazu ausgeführt hatte (Hua XIX/1, 124ff.). Gegen nominalistische Argumente verteidigte Husserl die Annahme „allgemeiner Gegenstände", ohne indes einem Begriffsrealismus oder Ideenplatonismus das Wort zu reden. Denn das Wesen oder Eidos von etwas war für Husserl, abgesehen davon, daß Wesen nicht einfach Begriffe waren, Gegenstand wie andere Gegenstände jedenfalls insofern, als er den Gegenstandsbegriff nicht anders als im Sinne eines Subjekts möglicher Prädikationen verstanden wissen wollte. Daß Wesen freilich als nichtempirische, ideale Gegenstände aufzufassen waren, änderte daran nichts; zudem waren auch sie stets nur mit Bezug auf die Akte ihres Erfassens zu erörtern. (Dazu Sokolowski *1974,* 57–85.)

Gleichwohl führte Husserls Verfahren der Wesensbestimmung in Schwierigkeiten auch insofern, als es sich dabei um Akte einer Wesensanschauung handeln sollte. Was dergleichen Anschauung, und zwar als spezifische Art material-kategorialer Anschauung, an analytischer

Klärung hatte vermissen lassen, wurde auch später nicht zureichend nachgeholt. Gerade das kategoriale Moment an ihr blieb vage. Da sich aber für Husserl der *Sinn* der Existenz von Wesenheiten ohnehin nur aus deren ‚Konstitution' in wesenserkennenden Akten explizieren ließ und Wesen sich schließlich lediglich bestimmbar zeigten je als Korrelat eines von ihm unabtrennbaren Systems seiner Konstitution (Hua XVII, 220), hing die angemessene Interpretation von Husserls Wesenslehre nicht zuletzt auch von dem für seine Phänomenologie so entscheidenden Begriff der Konstitution ab.

Unbeschadet dessen aber hat Husserl im Laufe der Zeit das Procedere der Wesenserfassung jedenfalls dahingehend modifiziert und korrigiert, daß er auch die Wesenserkenntnis nicht nur kritischen Korrekturmöglichkeiten geöffnet hat, wie sie allenthalben zu den conditiones sine quibus non wissenschaftlicher Arbeit gehören, sondern daß er die Wesen auch von dem anfänglichen Schein absoluter, erkenntnisunabhängiger Existenz befreit hat.

Sollte anfänglich die Wesensanschauung eine Ideation, nämlich eine abstrakte Hervorhebung eines Teilinhalts eines individuellen Faktums sowie eine in mehreren individuellen Anschauungen fundierte Synthesis der Identifikation von gleichen Teilinhalten in mehreren gleichartigen Exempla sein (Hua XIX/2, 632–644, 690 ff.), so fand Husserl später, daß dergleichen Wesen gar nicht an bestimmte, ihrer Ideation zugrunde gelegte faktische Vorkommnisse gebunden sind. Vielmehr erwiesen sie sich in ihrem Sinne nach als eidetische Möglichkeiten für offenendlos viele exemplarische Konkretionen. Mithin konnte nicht ideierende Abstraktion aufgrund einzelner vorgegebener Fakta, sondern nur Ideation auf der Grundlage imaginativer Sachverhalte und Vorkommnisse die Eigenart der Wesenserkenntnis ausmachen (Hua III, 129 f.).

Daß somit die Phantasie in frei imaginierender Abwandlung real gegebener Fakta eine entscheidende Funktion für Wesenseinsichten zu übernehmen hatte, bedeutete natürlich keine Gleichstellung von Phantasie- und Erkenntnisakten. Doch ließ sich in ihr ausschöpfen, daß das reine Wesen einer Sache, ihr Eidos, gegen den Seinsmodus der Sache völlig neutral ist; und deutlicher trat damit auch hervor, daß Wesenheiten ihrem Sinne nach ‚reine' Möglichkeiten sind, die nichts von dieser oder jener Seinssetzung ihrer exemplarischen Konkretionen implizieren.

Damit erhielt Husserls Wesensphänomenologie ihren entscheidenden methodischen Aspekt unter dem Titel der *eidetischen Variation* (Hua V, 29f.; IX, 76ff.; XVII, 219f.). War aber darin eine sinnliche Einzelanschauung als Basis für Wesenserkenntnisse endgültig verlassen, und zwar zugunsten eines Vorgehens, das in freiem Umfingieren eines Exempels und Durchlaufen aller seiner möglichen phantasiemäßigen Variationen – bis an die Grenzen des Denkunmöglichen seiner Beschaffenheiten – bestehen sollte, so endete folglich die Deckungssynthesis dessen, was sich durch alle derartigen Abwandlungen durchhält, nicht mehr bei einem Wesen als einem ein für allemal fixierbaren starren Sosein. Vielmehr war fortan als Wesen nur mehr das Invariante derartiger eidetischer Abwandlungen bestimmt. Als dergestalt in der eidetischen Variation sich Durchhaltendes aber, das somit jeweils in einem Spielraum offener und prinzipiell nicht abschließbarer Möglichkeiten weiterer Variationen stand, wurde auch jede Wesensbehauptung der Kritik zugänglich und stand geregelter Korrektur prinzipiell offen.

Husserls Wesenskonzeption auf der methodischen Grundlage der eidetischen Variation hatte zwei bemerkenswerte Konsequenzen. Sind Wesen als konstituierte

Gegenstände eidetischer Variation transzendent gegenüber der Aktmannigfaltigkeit des Variierens, so teilen sie, unbeschadet ihrer Idealität, mit aller transzendenten Gegenständlichkeit die phänomenologische Grundeigentümlichkeit, niemals adäquat gegeben zu sein. Zwar schatten sie sich nicht ab wie weltliche Erfahrungsgegenstände. Doch resultiert aus dem Hergang der eidetischen Variation, daß sie niemals endgültig bestimmbar sind. Husserls häufig in Anspruch genommene Wesensevidenz bleibt mithin, wenn auch in anderer Weise als Erfahrungsevidenz, ebenfalls grundsätzlich „Evidenz unter Präsumtion" (Hua VIII, 383).

Zu diesem denkwürdigen, von Husserl allerdings nur selten ausdrücklich festgehaltenen Resultat gesellte sich ein zweites. Bleiben auch Wesenheiten rückbezogen auf die Aktmannigfaltigkeiten eidetischer Variation, so ist, wie erwähnt, aus Husserls Wesenslehre damit jeder Anschein eines traditionellen Ideenrealismus getilgt, der anfangs ihr angehaftet haben mochte. (Vgl. Lowit *1954;* Ströker *1987 a,* 90 ff.) Für die genauere Klärung des Sinnes jedoch, der die Rede von Wesen bei Husserl schließlich bestimmt hat, ist nicht unwichtig, daß die eidetische Variation in eine Entwicklungsphase seiner Intentionalanalyse fiel, in welcher der Begriff der Konstitution eine deutliche Akzentverlagerung von der bloßen Präsentation oder Bekundung der intendierten Gegenständlichkeit zu ihrer aktiven Erstellung erfuhr. Auch damit war dem materialen Wesensapriori eine Deutung gegeben, die in einer Wesensontologie herkömmlicher Prägung keinen Ort haben konnte.

Husserl hat von seiner Wesenslehre außerhalb der transzendentalen Epoché im wesentlichen nur für die eidetische Klärung solcher sachhaltigen Grundbegriffe Gebrauch gemacht, welche als ‚regionale Kategorien' den einzelnen positiven Wissenschaften zugrunde liegen. Sie machen jeweils deren Gebiet oder Region in der Weise aus, daß sie als oberste Wesensallgemeinheiten deren Individuen umgrenzen. So entsprechen den Tatsachenwissenschaften regionale Ontologien, in denen die eidetischen Strukturen desjenigen Seienden anzutreffen sind, das in den einzelnen positiven Wissenschaften empirisch erforscht wird. Jene Strukturen erweisen sich dann als sachhaltige Voraussetzung dafür, daß wissenschaftliche Gegenstände jeweils wissenschaftsmethodisch als zusammengehörig erforscht und gegen andere abgesondert werden können (Hua III, 16ff., 307ff.; IV; Landgrebe *1963*, 143–162).

Derartige regionale Ontologien konnten Husserls Forderung einer Grundlegung der Wissenschaften nur in einem vorläufigen Sinne nachkommen. Dem Anspruch auf phänomenologische Letztbegründung aber konnten sie allein deshalb nicht genügen, weil jede Wesensphänomenologie, lediglich als diese, in der natürlichen Einstellung verbleibt, in welcher jedoch Sein und Sinn von Sein nicht radikal zu befragen sind. Die eidetische Reduktion sieht zwar von allem Faktischen im Zusammenhang der realen Welt ab, und Wesensaussagen enthalten über Tatsachen schlechterdings nichts. Doch betrifft sie die Grunddifferenz von *Faktum* und *Wesen* unter völliger Ausklammerung alles bloß Faktischen. Die transzendentale Reduktion dagegen mit ihrer anders gelagerten Unterscheidung von *Faktum* und *transzendentalem Phänomen des Faktums* macht dieses in seinem Seinsmodus befragbar, indem sie mit dessen Inhibierung zugleich seine Thematisierung bedingt. (Dazu Becker *1930*.)

Eidetische Reduktion und transzendentale Reduktion sind somit grundverschieden. Doch sind sie in der transzendentalen Phänomenologie dadurch aufeinander verwiesen, daß der Vollzug der transzendentalen Reduktion auch den der eidetischen Reduktion verlangt, da es deren Funktion ist, transzendental reduzierte Einzelphänomene lediglich als Exempla wesensmäßiger Allgemeinheiten zu erfassen. Daß die dergestalt notwendige Zweiheit von reduktiven Maßnahmen für die Erschließung des reinen Bewußtseins in seiner näheren Durcharbeitung bei Husserl nicht immer scharf hervortritt, liegt daran, daß Husserl eidetische Prozeduren innerhalb der Epoché kaum mehr eigens erörtert, sondern in der Regel unausdrücklich angewendet hat. Auch ging es ihm, seiner Zielsetzung gemäß, nicht um Wesensphänomenologie, sondern um transzendentale Phänomenologie – so allerdings, daß diese als eidetische Wissenschaft oder „als Wesenslehre des transzendental gereinigten Bewußtseins" zu begründen war (Hua II, 47f.; III, 111ff.; VIII, 328). Somit war es Husserl um die wesensmäßigen korrelativen Strukturen von Intentionalität und Gegenständlichkeit zu tun und um gegenständliche Einzelwesen nur insoweit, wie die Einsicht in sie der größeren Sehschärfe zugute kam, wo es galt, in die außerordentlichen Komplexionen jener Korrelationsstrukturen tiefer einzudringen.

Die transzendentale Phänomenologie als transzendentale Eidetik des reinen Bewußtseins in Gang zu bringen, brachte allerdings auch Schwierigkeiten, die vor allem das Problem einer konsequenten phänomenologischen Reduktion des Eidetischen betrafen. Sie ließen sich mit dem phänomenologischen Instrumentarium anscheinend nicht befriedigend lösen; und später sind sie, soweit wir bis heute wissen können, von Husserl nicht mehr grundsätzlich behandelt worden. Das hat aber Husserls Einzeluntersuchungen nicht beeinträchtigt, für welche die transzendentale und die eidetische Reduktion ohnehin nur den methodischen Rahmen zu schaffen hatten, indessen die genuin phänomenologische Arbeit, die effektiv durchzuführende Intentionalanalyse innerhalb dieses Rahmens, erst noch zu leisten war.

3. Statische Phänomenologie: Noetisch-noematische Strukturanalyse des reinen Bewußtseins

Die transzendentale Reduktion hat im Beziehungsgefüge von Akt, intentionalem und intendiertem Gegenstand erkenntnistheoretisch maßgebliche Unterscheidungen hervorgebracht. Sie sind bei Husserl angezeigt unter den Begriffen *Noesis* und *Noema*. Von ihrer wechselseitigen Zugehörigkeit erweist sich, daß sie durch sämtliche intentionalen Strukturen hindurchgreift. Auch ist genau sie es, durch welche sich für Husserl eine transzendentalphänomenologische Lösung der erkenntnistheoretischen Grundfrage anbietet. Denn speziell aus der analytischen Aufklärung noetisch-noematischer Strukturzusammenhänge ergab sich für Husserl allererst die Möglichkeit, die Realitätsfrage der Erkenntnisgegenstände präzise zu stellen und den Sinn aller Behauptungen ihrer Existenz und weiterhin der Existenz der Welt im ganzen verstehbar zu machen und im Lichte dieses Sinnverständnisses Gültigkeit und Wahrheit von Schein und Irrtum zu unterscheiden.

Schon in seinen ersten Analysen war Husserl die Identität des Gegenstandes im Hinblick auf die Mannigfaltigkeit der ihn intendierenden Akte zum phänomenologischen Problem geworden. Hatte sich dabei gezeigt, daß in jedem Akt einer solchen Mannigfaltigkeit der fragliche Gegenstand stets nur in einer begrenzten Perspektive erfaßbar ist, so wird also in einem Einzelakt ein Gegenstand jeweils nur in einem – und nur seinem – spezifischen Sinn vermeint. Dieser ‚Gegenstandssinn' erweist sich ferner als identisch einer gegenüber einer numerischen Vielheit von gleichsinnigen Akten, die sich auf ihn richten. Dieser gemeinte, wirkliche Gegenstand wiederum bietet sich seinerseits als identischer mit Bezug auf die Vielheit seiner gegenständlichen Sinne; und er läßt sich als der eine und wirkliche Gegenstand offenkundig gar nicht anders erfassen als im geregelten Durchlaufen dieser Vielheit, die ihn erst ‚im vollen Sinne' gegeben sein läßt.

Innerhalb der Epoché ließen sich hier weitere Sachverhalte ausmachen. Auf der Aktseite war aus dem apperzeptiven Aktmoment die doxisch-thetische Komponente abzuheben, die nun *Noesis* hieß. In Anbetracht ihrer Bedeutung wurden von Husserl fortan die Akte wohl auch insgesamt Noesen genannt. Durch sie tritt ein Gegenstand nicht bloß apperzeptiv im qualitativen Wie seines Gegebenseins, sondern auch zugleich in einem bestimmten *Seinssinn* hervor. Dieser Sinn ist gegenständlicher Sinn – nicht in den Akten, sondern am Gegenstand vorfindlich, nämlich als jener doxische Modus, in dem der Gegenstand als in dieser oder jener Weise seiender Gegenstand gemeint, thetisch ‚gesetzt' ist.

Der thematischen Hervorhebung des Gegenstandes als eines so oder so seienden wurde mit dem Begriff des *Noema* Rechnung getragen. Er ist für die Klärung dessen, was transzendentales Gegenstandsphänomen im Unterschied zum wirklichen Gegenstand besagt und in Beziehung zu ihm bedeutet und was diese Beziehung nach Husserl für die verläßliche Erkenntnis des Gegenstandes bedeutet, schlechthin ausschlaggebend geworden.

Nicht zufällig machte Husserl von der noetisch-noematischen Terminologie erst nach der transzendentalen Reduktion Gebrauch. Zwar hielt er ihre Verwendung auch in natürlicher Einstellung für bedingt zulässig. In ihr erschien dann der Begriff des Noema als eine Erweiterung des semantischen Begriffs der Wortbedeutung, mit deren Hilfe mannigfache Probleme von Bedeutung und Gegenstandsbezug unter neuen Aspekten aufzunehmen waren, in denen sich Phänomenologie und Analytische Philosophie teils durchdringen, teils ergänzen. (Dazu Føllesdal *1969;* Mohanty *1976; 1982; 1985,* 13ff., 167ff.; Solomon *1977*; Hoche/Strube *1985,* 135ff.) Doch konnten Noesis und Noema ihre für Husserls Phänomenologie maßgebliche Bedeutung allein im Rahmen der Epoché gewinnen.

Das mochte zunächst verdeckt bleiben, wenn Husserl das Noema apostrophierte als das „Erscheinende als solches" oder als das in der Epoché „wesensmäßig *Gegebene*" (Hua III, 183), ohne damit jedoch stets hinreichend deutlich zu machen, daß hier das Gegebene nicht immer in seinem vollen Sinne, nämlich einschließlich seines Seinssinns, sondern zuweilen auch unter dessen ausdrücklicher Ausschaltung in Betracht gezogen wurde.

Der erste, lediglich inhibierende Teilschritt der phänomenologischen Reduktion führte aber, streng genommen, nicht zum Noema des bezüglichen Gegenstandes, sondern nur auf das, was Husserl als „noematischen Kern" oder als eine abstraktiv gewonnene „Schicht" des „vollen Noema" unterschieden hat. Dieser Kern ist nun dasjenige am transzendentalen Gegenstandsphänomen, was einem wirklichen wie einem trügerischen, einem realen wie fiktionalen, einem leibhaftig gegebenen wie einem bloß vergegenwärtigten Gegenstand gleichermaßen zukommt. Dergestalt erkenntnistheoretisch indifferent, ist der noematische Kern gleichwohl darin erkenntnistheoretisch bedeutsam, daß genau an ihm das Problem der Unterscheidung von Erkenntnis und Schein, von wahren und falschen Urteilen über den betreffenden Gegenstand, in phänomenologisch gebotener Schärfe hervortritt. Denn wahres und falsches Urteil bezüglich desselben Gegenstandes haben ein Gemeinsames darin, daß sie dasselbe meinen, intendieren: Auch das falsche Urteil hat den fraglichen Gegenstand ‚im Sinn', und dies gar nicht anders als das wahre Urteil; es tritt, wie dieses, mit dem Anspruch auf Wahrheit auf.

Nichts anderes als dieses in beiden Fällen übereinstimmend „Erscheinende als solches" wird als der noematische Kern verstanden. Somit betreffen Wahrheit und Falschheit der Urteile nicht ihn, sondern erst das volle Noema. In ihm sind die Seinscharaktere des Gegenstandsphänomens nicht länger ausgeschaltet, sondern gerade vom noematischen Kernbestand abgehoben, damit sie, korrelativ zu den zugehörigen Noesen, thematisiert werden können.

Auf diese Weise verhalf die *Differenz* zwischen *noematischem Kern* und *vollem Noema,* dem gewöhnlich so bezeichneten „Gegenstandsnoema", Husserl zur Exposition der alten erkenntnistheoretischen Frage, wie wirklich Seiendes sich als wirkliches erkennen und wie bloß als seiend Gemeintes sich von ihm unterscheiden lasse. Ihre Brisanz erhielt diese Frage im Rahmen der Epoché offenbar durch die Forderung nach einem Differenzkriterium für echte und bloß vermeintliche Erkenntnis. Denn angesichts der Tatsache, daß mit der transzendentalen Reduktion jede Bezugnahme auf eine Welt außerhalb des Bewußtseins entfällt, indem sie jedwede Transzendenz des natürlichen Bewußtseins und selbst die der Welt im Ganzen auf eine transzendentale Immanenz des reinen Bewußtseins zurückführt, konnte Husserl nach dem gesuchten Kriterium nur fragen, wie sich am Gegenstandsnoema selbst untrüglich ausmachen läßt, ob es Noema eines wirklichen, wahrhaft existierenden Gegenstandes ist oder nicht.

In der Auffindung eines solchen Kriteriums lag für Husserl der Schlüssel zur Lösung der Vernunftproblematik überhaupt, nämlich der genuinen Aufgabe des Vernunftbewußtseins, Urteile über Seiendes als rechtmäßig zu legitimieren. Was Husserl dazu wiederholt unter dem Titel der „vernünftigen Ausweisung“ und näherhin der „ausweisenden Erfahrung“ ausgeführt hat, zentrierte sich um den „echten Begriff der Transzendenz“ (Hua III, 89), welche allein den Maßstab für vernünftige Aussagen über Transzendenz, Wirklichkeit, Wahrheit abgeben könne.

Zu einem solchen Transzendenzbegriff mit Hilfe der in der Epoché allein verfügbaren transzendentalen Transzendenzphänomene zu gelangen, schien jedenfalls dadurch möglich, daß auch nach der phänomenologischen Reduktion der wirkliche Gegenstand nicht mit seinem Gegenstandsnoema zusammenfiel; unterschied sich doch dieses selbst in seinem vollen Sinne, also der den Gegenstand als wirklich existierend vermeinende Gegenstandssinn, klar von dem wirklichen Gegenstand selbst.

Husserl hat verschiedentlich in subtilen Analysen dargelegt, daß der Ausweis der Transzendenz des Gegenstandes an keiner Einzelerkenntnis gelingen und nicht einmal im Falle ihrer originären Evidenz je erbracht werden könnte. Dazu bedarf es vielmehr „übergreifender Synthesen“ der „Bewährung“ und gegebenenfalls auch „Entwährung“, welche dasjenige ausmachen, was Husserl in einem rechtmäßig weit verstandenen Sinne Erfahrungs*zusammenhänge* nannte. Und nichts als derartige Bewährungssynthesen einschließlich ihrer privativen Modi des Durchstreichens von gesetztem Sein, welche insgesamt die ausweisende Erfahrung ausmachen, liefern nach Husserl die vernünftig vertretbaren Gründe für

Wirklichkeitsannahmen und Behauptungen von Transzendenz – und dies nicht nur im Hinblick auf einzelne Setzungen, sondern auch für die Generalthesis der Welt. Das beinhaltet aber zugleich, daß Wirklichkeitssetzungen jedweder Art niemals endgültig sein können, da jene Bewährungssynthesen prinzipiell nicht abschließbar sind und daß somit jedwedes Sein seinen Sinn nur hat gemäß dem Fortgang seiner Ausweisung durch Bewährung.

Was somit Husserls transzendentalphänomenologische Vernunftkritik im Kern ausmachte, zielte nicht auf irgendeinen Erweis echter Transzendenz, sondern auf die Einsicht, daß Sein, Wirklichsein, Transzendenz seinem Sinne nach gesetzt ist und jedwede derartige Setzung allein durch einstimmigen Erfahrungsverlauf vernünftig zu rechtfertigen ist.

Spätestens damit war indes die Phänomenologie als bloße philosophische Methode überschritten. Über alle vorsätzlich reine Analyse und Deskription hinaus zeichnete sich eine bestimmte philosophische Position ab, die eine keineswegs mehr gegen alle Metaphysik neutrale phänomenologische Philosophie bei Husserl entstehen ließ. Dies war Husserl selbst mit der Aufnahme seiner noetisch-noematischen Analysen deutlich bewußt, so daß er sogar mißverständlich früh diese Position als eine Spielart des Idealismus umrissen hat. Noch aber fehlte der 1913 in den ‚Ideen I' mehr angedeuteten als dargelegten Position das nötige analytische Instrumentarium zur Durchdringung und Klärung dieses Idealismus als eines konstitutiven oder phänomenologischen Idealismus neuer Prägung.

Eine grundlegende Funktion mußte dabei Husserls Konzept der Konstitution zukommen. Außerdem verwies die für seine Bestimmung der Transzendenz so fundamentale vernünftige Ausweisung durch einstimmige

Erfahrungssynthesen auf eine Vielfalt im Gefüge noetisch-noematischer Korrelationen, die über die Schranken eines Einzelbewußtseins – mochte dieses als noch so perfekte exemplarische Konkretion des Wesens Bewußtsein gedacht werden – hinausreichte. Damit aber verlangte die transzendentale Phänomenologie als transzendentale Wesenslehre des reinen Bewußtseins eine Konkretion in Richtung auf eine Transzendentalphilosophie der Intersubjektivität.

Beides war mit den Mitteln noetisch-noematischer Analyse allein nicht zu erreichen. Gedacht als phänomenologische Strukturanalyse des reinen Bewußtseins, erwies sie sich als zu sehr an statische Verhältnisse gebunden, indem sie wesentlich an konstanten, im intentionalen Bewußtseinsleben unverändert sich durchhaltenden Korrelationsverhältnissen orientiert blieb. Daß Husserl später in selbstkritischem Rückblick hier von bloß statischer oder auch bloß abstrakter Phänomenologie sprechen konnte, hatte natürlich eine Weiterentwicklung zur Voraussetzung gehabt, die bald schon nach der Arbeit am Ideen-Werk die phänomenologische Analyse zu einer genetischen, die abstrakte Phänomenologie des Bewußtseins zu einer konkreten Phänomenologie der Subjektivität hatte werden lassen.

4. Genetische Phänomenologie: Konstitutionsanalyse von Subjekt und Welt

Mit der noetisch-noematischen Strukturanalyse der Akte bahnte sich bei Husserl ein bezeichnender Wandel in seinem Grundbegriff der Konstitution an. Von Anfang an ein Schlüsselbegriff seiner Phänomenologie, gewann er mit der Ausarbeitung der phänomenologischen Methode zur Analyse der genetischen Konstitution – der Intentionalanalyse im engeren und eigentlichen Sinne Husserls – zunehmend an Bedeutung. Letztlich war es die Konstitutionsproblematik, die bei Husserl nicht nur etliche Differenzierungen seines phänomenologischen Verfahrens bewirkt, sondern auch Husserls philosophische Position maßgeblich bestimmt hat. Denn nur aus ihr ergab sich die Notwendigkeit tieferen und genaueren Eindringens in verschiedene Problemschichten der Phänomene; und nur als ‚konstitutive Phänomenologie' vermochte Husserl seine Position als die eines transzendentalphänomenologischen oder konstitutiven Idealismus zu präzisieren.

Husserls Begriff der Konstitution steht in enger Beziehung zum Intentionalitätsbegriff. Wenn auch niemals systematisch eingeführt, zeigt er doch vor und nach der phänomenologischen Reduktion zwei deutlich voneinander verschiedene, wenn auch eng miteinander zusammenhängende Bedeutungen (Sokolowski *1964*; Ströker *1987 b*, 54–74).

Zunächst im Sinne von Präsentation, Darstellung oder auch Bekundung intendierter Gegenständlichkeit verwendet, brachte Husserl mit der zusätzlichen Kennzeichnung ihrer Konstitution im Bewußtsein insbesondere zum Ausdruck, daß ein Gegenstand nicht mit einem Schlage, sondern erst durch eine fortlaufende identifizierende Synthesis seiner partiellen Erscheinungen erfaßt wird.

Innerhalb der Epoché brachte die Trias von Noesis, Gegenstandsnoema und Gegenstand qua transzendental reduziertes Gegenstandsphänomen mit der thematischen Abhebung der doxisch-thetischen Aktmomente und der ihnen korrespondierenden gegenständlichen Seinsmodi für die Konstitutionsproblematik neue Aspekte. Präsentation und Bekundung von Gegenständlichkeit jedweder

Art wurden nun transzendental zurückgeführt auf spezifisch noetische Aktivitäten. Insbesondere mit Bezug auf diese sprach Husserl fortan von konstituierenden Leistungen des Bewußtseins, die näherhin als seinssetzende oder sinnstiftende Leistungen zu qualifizieren waren. Damit war der transzendental-produktive Charakter der Noesen hervorgehoben. Zwar produzieren die noetischen Setzungen nicht Sein, wohl aber erzeugen sie Sinn von Sein und führen somit in letzter Konsequenz dazu, alle Rede in der natürlichen Einstellung von einem Sein an sich transzendental im Sinne eines an sich gesetzten Seins zu verstehen.

Dergestalt die Begreiflichkeit von Meinungen, Annahmen, Behauptungen über Sein an den Sinn zurückzubinden, den sie aus transzendentalen Leistungen gewinnen, verlangte indes, daß tiefer in das Gefüge solcher Sinnkonstitution eingedrungen wurde, damit die Prozesse ihrer vielfältigen Bildung einsichtig werden konnten.

Hatten bereits früher die intentionalen Horizonte jeder Gegenständlichkeit auf Aktualität und Potentialität ihrer Gegebenheitsweisen gelenkt, so war damit ihre Konstitution zugleich zeitlich als Eindringen in ein Vorher und Nachher erkannt, welches das Jetzt einer jeden aktuellen Zuwendung umgibt. Damit traten jene Zeitmodi erneut in Sicht, in denen Husserl schon 1905 durch seine eingehenden Analysen zum inneren Zeitbewußtsein die eigentümliche formale Grundstruktur des Bewußtseins erkannt hatte. Eine verfeinerte Korrelationsanalyse aber verlangte nunmehr, auch die Gegenstandskonstitution nicht mehr – wie noch in der noetisch-noematischen Strukturanalyse – am gleichsam fertigen Gegenstand festzumachen, sondern dem Tatbestand Rechnung zu tragen, daß sie Leistung eines wesensmäßig temporal strukturierten Bewußtseins ist.

Das führte jedoch über die bloße Erkenntnis des zeitlichen Ablaufs des Konstitutionsherganges entscheidend hinaus und schließlich zu der wichtigen Einsicht, daß diese ihrerseits konstitutiv für das Konstitutionsergebnis ist: Die einzelnen Phasen der Gegenstandskonstitution laufen nicht bloß *nach* den zeitlichen Bewußtseinsmodi, sondern auch ihnen *entsprechend* ab. Das wiederum bedeutet nichts Geringeres, als daß vormals erbrachte Leistungen, aber auch protentional bestimmte Vorerwartungen, mit eingehen in alle gegenwärtige Konstitution. Eben darin erweist sie sich als *genetische Konstitution*.

Um sie aufzuklären, war die phänomenologische Analyse dahingehend weiterzubilden, daß insbesondere in frühere konstitutive Sinnschichten eingedrungen und selbst längst anonym gewordene Sinnstiftungen, Vorleistungen aus früher getätigter Sinnkonstitution, freigelegt werden konnten, welche in die gegenwärtig konstituierten gegenständlichen Einheiten je schon eingegangen sind, in ihrer Auffassung im aktuellen Jetzt aber nicht mehr als solche erkennbar sind. Auf diese Weise wurde die phänomenologische Analyse zur *genetischen Konstitutionsanalyse* oder *Intentionalanalyse* im eigentlichen Sinn (Ströker *1987a*, 156ff.).

Im wesentlichen durch sie ist seit den zwanziger Jahren Husserls Spätphilosophie markiert. In ihrer immer weiter getriebenen Durcharbeitung besaß Husserl ein außerordentlich feines Instrumentarium, welches auch diejenigen Sinnzusammenhänge und Sinnstrukturen noch aufzulösen gestattete, die in allen aktiven Sinnbildungen vom Typus noetisch-noematischer Sinnkonstitution als vorprädikative und passiv vorkonstituierte Sinnschichten anzutreffen sind (Sokolowski *1964*, 167ff.; Landgrebe *1982*, 71–87; Holenstein *1971*).

Zu diesen für das Verständnis der Husserlschen Konzeption von Konstitution maßgeblichen Analysen zur passiven Synthesis, welche viele Konvolute aus Husserls Nachlaß füllen (Hua IX), sind derzeitig eine Reihe entscheidender Analysen, und zwar zur Zeitkonstitution, noch nicht ediert, und nur sehr weniges ist daraus indirekt zugänglich. (Vgl. Held *1966*.)

Die genetische Konstitutionsanalyse bot indes nicht nur neue Tiefenschichten transzendentaler Gegenstandskonstitution. Sie hatte auch eine gewandelte Auffassung von Intentionalität im Gefolge dahingehend, daß nunmehr als ‚Akte' nur intentionale Erlebnisse als distinkte, aktuelle einzelne Bezugnahmen auf Gegenstände galten. Auch waren sie nun als lediglich abstrakte Hervorhebungen aus einem „Ganzen intentionalen Lebens" erkannt, zu dessen konkretem phänomenologischem Bestand jedoch intentionale Verflechtungen aus inaktuellen und inaktuell gewordenen Sinnimplikaten unterschiedlicher Art und Stufe gehörten. Auch diese analytisch aufzuschließen, hieß also, von der ‚abstrakten' zur ‚konkreten' Phänomenologie fortzuschreiten.

Eine dergestalt konkrete Phänomenologie nach der Methode genetisch-konstitutiver Analyse aber konnte, da sie denn fortan auf ‚Leben' statt auf ‚Akte' zu gehen hatte, es nicht bei der Untersuchung des reinen Bewußtseins bewenden lassen. Nun war zwar auch vorher bereits bedacht worden, daß intentionales Bewußtsein stets Bewußtsein eines Ich, eines Subjekts ist, und nicht erst hat die genetische Phänomenologie es zutage gefördert. Doch hatte es vormals nur unvollkommen im Blickfeld Husserls gelegen und schien nun erst gründlicher analysierbar. Jedenfalls würde eine genetische Phänomenologie ihren Anspruch, konkrete Phänomenologie zu sein, nur als phänomenologische Philosophie der Subjektivität einlösen können.

War die phänomenologische Blickrichtung von Anfang an reflektive Blickrichtung gewesen, die direkt nicht intendierte Gegenstände, sondern intentionale Bezugnahmen auf sie und jene nur im Zusammenhang mit diesen im Blick gehabt hatte, so waren die Erlebnisse nicht nur als cogitationes, sondern auch in der Form des cogito in Sicht getreten. Der methodische Primat der ersteren hatte allerdings zum phänomenologischen Untersuchungsfeld zunächst nur das reine Bewußtsein bestimmt und nicht das reine Ich, welches Bewußtsein ‚hat'. Wenngleich nicht übersehen blieb, daß so etwas wie ein Ich allemal zu jeder cogitatio gehört, hatte anfangs die Analyse darin jedoch nicht mehr als lediglich ein „Bezugszentrum", einen „Quellpunkt" der Akte ausgemacht, welcher in allem Kommen und Gehen der Vorkommnisse des Bewußtseinsstroms unverrückbar derselbe bleibt – anscheinend nichts weiter als ein leerer „Pol", ohne phänomenologisch explikablen Inhalt (Hua III, 110, 160f.).

Damit blieben indessen nicht nur einige phänomenologisch durchaus beschreibbare Ich-Tatbestände verdeckt; es wurden auf diese Weise auch alle Probleme der Verhältnisbestimmung zwischen reinem, transzendentalem Ich als dem Vollzugsich der transzendentalen Reduktion und dem eben dieser Reduktion als eine vermeintlich untergeordnete Einzelrealität unterworfenen leiblich-personalen Ich einstweilen niedergehalten. Das hat später nicht nur die eigentümliche „Doppelung des Ich" wie auch seine zugleich gegebene Identität zu einem besonders schwierigen konstitutiven Problem gemacht (Broekman *1963;* Marbach *1974*). Es hat auch Husserl spät erst gewahr werden lassen, was er in der Erklärung seines Vorgehens vorausgesetzt hatte, wenn er empfahl, es möge für den eigenen Nachvollzug der in der Ich-Rede gehaltenen phänomenologischen Aufweisungen Husserls jeder für sich selber ‚Ich' sagen – ganz zu schweigen von den phänomenologischen Implikationen der zugegebenermaßen „zunächst ganz natürlichen, aber nicht zulässigen Ausdrucksweise im kommunikativen Plural" (Hua XVI, 41).

Erst die genetische Konstitutionsanalyse konnte hier frühere analytische Versäumnisse wenigstens so weit nachholen, wie sie das Ich als ein Konkretes erfassen ließ, das mit seinen gegenstandskonstitutiven Leistungen auch sich selber prägt und, alle Sinnstiftungen „durchwaltend", aus je vorausgegangenen konstitutiven Leistungen bleibende Eigenheiten oder „Habitualitäten" gewinnt (Hua I, 102ff.). Für das so verstandene konkrete Ich in der ganzen Vielgestaltigkeit seines intentionalen Lebens griff Husserl auf Leibnizens Begriff der Monade zurück. Auch in der Epoché, „die eine einzigartige und unverlierbare philosophische Einsamkeit" (Hua VI, 187f.) schuf, wußte sich das transzendentale Ich in der ganzen Vielgestaltigkeit und „vollen Konkretion" seines strömenden intentionalen Lebens im Grunde von Anfang an (Hua III, 70) als sinnkonstituierendes transzendentales Ego mit anderen Egos verflochten, somit andere Monaden voraussetzend und mit ihnen zu einem transzendentalen Monadenall gehörend. Husserls transzendentale Phänomenologie wurde so zu einer ersten transzendentalen Philosophie, der Subjektgemeinschaft, Intersubjektivität, zum Problem werden konnte. (Vgl. Brand *1978*.)

Einzigkeit des Ich in der Epoché und Miteinander mit anderen zugleich stellten indes vor doppelt schwierige konstitutive Untersuchungen: War einerseits jene anzunehmen methodisch nur folgerichtig, insofern jeder phänomenologische Ausweis von Gegebenem ansatzgemäß nur in mir vorgenommen werden kann, so schien andererseits doch dieser egologische Ausgangspunkt bereits darin verfehlt, daß demnach anderes Ich seinem Sinne nach in mir konstituiert wird, während ihm als Auch-Ich die gleichen sinnkonstitutiven Leistungen in bezug auf mein Ich zugesprochen werden müssen. Die Analyse meiner Konstitution anderer mußte also in Paradoxien führen, zumal nicht nur meine alleinige Konstitution anderer im vollen konkreten Sinne anderer monadischer Egos nicht gelingen konnte, sondern auch nicht meine eigene Selbstkonstitution, an der wiederum anderen Egos ihr Anteil von mir zuzudenken war.

Darüber hinaus mußte sich mit dem Auftauchen anderer in meinem transzendentalen Erfahrungsfeld aufs Neue und nun unausweichlich die Problematik von transzendentalem, extramundanem und innerweltlichem, menschlichem Ich aufs Neue stellen. Denn eine Vielheit von transzendentalen Egos war schließlich nur auszumachen, wenn sich der Sinn von anderen Egos durch deren leibliche Verfaßtheit erfüllen ließ. (Dazu Strasser *1975; 1983*.) So war nun wieder aufzunehmen und im Rahmen der Epoché zu untersuchen, was Husserl in seinen regionalontologischen Analysen der ‚Ideen II‘ (Hua IV) in vorläufiger Weise über die Konstitution von Leiblichem, Seelischem und Geistigem ausgeführt hatte.

Den traditionellen Dualismus von Leib und Seele im Sinne zweier metaphysischer Entitäten modifizierend, sah Husserl in beiden lediglich zwei verschiedene Gegebenheitsweisen des Menschen. Dennoch konnte er ihre ungeschiedene Einheit schwerlich phänomenologisch durchsichtig machen, da er im Ausgang von der unmittelbaren Wahrnehmung anderen Leibes dessen ‚Fremdseelisches‘ nur durch Einfühlung, später durch Appräsentation eigenen seelischen Lebens, zu interpretieren vermochte. Darin verriet sich deutlich der als Anfangsschritt zunächst noch legitimierbare, später jedoch mit einem modifizierten Konzept der ‚Paarung‘ von Ego und alter

Ego (Hua I, 141 ff.) nicht zureichend korrigierte methodische Primat der egologischen Betrachtungsweise, die auf vielfältige Einwände stoßen sollte. Ferner kam darin eine für das eigene Ich wenig phänomengerechte verdinglichte Auffassung des eigenen Leibes als bloßer „Leibkörper" zum Ausdruck, die zwangsläufig zu Unebenheiten in der Konstitution des empirischen Ich durch das transzendentale Ich und damit auch von dieser Seite in der Selbstkonstitution führen mußte. In der phänomenologischen Untersuchung der transzendentalen Intersubjektivität, wie sie Husserl schon seit 1910 immer wieder beschäftigt hat (Hua XIII–XV), setzten sich dergleichen Mängel nicht zuletzt auch darin fort, daß Husserl die sehr wohl wahrgenommene Gefahr, in einen transzendentalen Solipsismus zu geraten, solange nicht wirklich zu bannen vermochte, wie nicht in stringenter transzendental-genetischer Untersuchung die analytischen Mittel zur Aufklärung wechselseitiger Implikate im konstitutiven Verband von Ego und alter Ego tatsächlich genutzt wurden. (Dazu Yamaguchi *1982*.)

Husserl hat seine konstitutionsgenetischen Forschungen nur noch in verstreuten Ansätzen in Gang bringen können, und für die einzige zusammenhängende Darstellung der transzendentalen Intersubjektivitätsproblematik in der fünften seiner Cartesianischen Meditationen (Hua I, 121–201) hat er sie nicht einmal optimal genutzt. Zuletzt offenbar gewonnene angemessenere Einsichten in das Verhältnis von menschlichem und transzendentalem Ich wurden nur noch angedeutet (Hua VI, 189 f.) und blieben ohne zureichende phänomenologische Ausweisung.

Einwände gegen Husserls Lehre von der Intersubjektivität konnten, insbesondere mit Bezug auf die Cartesianischen Meditationen, die bis in die siebziger Jahre hinein im wesentlichen die einzige öffentlich zugängliche Quelle dafür bildeten, nicht ausbleiben – mochte Husserl sein analytisches Rüstzeug nicht zureichend eingesetzt und dadurch Unebenheiten und Mängel heraufbeschworen haben, die grundsätzlich vermeidbar gewesen wären und also im Rahmen des Husserlschen Verfahrens zu beheben waren; oder mochte Husserls egologischer Ansatz, heuristisch zunächst durchaus annehmbar, späterer Revision mit seinen eigenen Mitteln sich sperren und insofern auch diese nach Korrekturen verlangen. In Entgegnungen und Richtigstellungen konnte so der Akzent mehr auf dem egologischen Ansatz als solchem und seiner methodischen Funktion (Andrew *1982*) oder spezifisch auf den Bedenken gegen die die Gefahren eines transzendentalen Solipsismus (Pitte *1977*) oder auch auf der Problematik der Konstitution anderer Egos (Waldenfels *1971*; McGinn *1984*; Seebohm *1984*) liegen; sie konnten sich speziell auf Husserls fünfte Cartesianische Meditation beziehen (Carr *1987*, 45–70), wenn sie nicht der transzendentalphänomenologischen Problematik der Intersubjektivität allgemein und in grundsätzlicher Weise galten – mochten dabei wiederum Fragen im Mittelpunkt stehen, welche Husserls transzendentales Monadenall als letzte Instanz für die Sinnkonstitution der objektiven Welt aufwarf oder aber Probleme, wie sie sich von Husserl her für die mundane Intersubjektivität und ihre Konstitution aus der transzendentalen Monadengemeinschaft ergeben. (Dazu Kelkel *1956*; Sallis *1971*; Aguirre *1982*.)

In beiden Richtungen konnte sich eine Fülle unterschiedlicher Fragen auftun; und dabei von verschiedenen Richtungen zu sprechen, läßt sich insofern rechtfertigen, als in ihnen ganz unterschiedliche Distanz zu Husserls eigener Problematik, damit aber auch zu seinen transzendentalphänomenologischen Grundprinzipien allgemein, einzunehmen war. Husserl selbst hatte die konstitutiven Probleme der Intersubjektivität allerdings vornehmlich im Hinblick auf die Sicherung von Objektivität verhandelt: War doch in ihr aus dem leitenden Aspekt ihrer transzendentalen Konstitution ein ,Sinnüberschuß' anzutreffen, der durch einzelsubjektivische sinnstiftende Leistungen nicht erbracht sein konnte. Demgegenüber waren, vor allem in der in Rede stehenden fünften Meditation, die Konstitutionsprobleme mit Bezug auf weltliche Subjektivität und Intersubjektivität ziemlich in den Hintergrund getreten.

So gingen in der erstgenannten Richtung (dazu z. B. Hyppolite *1971*; Held *1972*; Hutcheson *1980*) die Erörterungen um Husserls Anspruch transzendentalphänomenologischer Sinnerhellung von Objektivität als intersubjektives Leistungsgebilde. Dagegen eröffnete die Frage weltlicher Subjektivität zugleich noch eine andere – schließlich, und nicht zufällig, über Husserl auch hinausführende – Problemdimension. Denn mit mancherlei kritischen Fragen, die sich an Husserls Konstitutionsanalyse weltlicher Subjekte und ihrer Gemeinschaften richteten, mußte sich hier zugleich die Aufgabe verbinden, diese selber allererst phänomenologisch gründlicher, als Husserl es in seiner Orientierung am Objektivitätsproblem getan hatte, in Augenschein zu nehmen.[6]

Diese Aufgabe stieß im Fortgang der Husserlschen Arbeit auf eine weitere, mit der sie, dank eines noch einmal neu aufgenommenen Fragenkomplexes, interferieren mußte: Offen oder unklar gebliebene Fragen der transzendentalen Konstitution mundaner Subjektivität begegneten sich zwangsläufig mit Fragen der ,Lebenswelt', der

---

[6] Weiteres dazu hier Kap. V, 2; S. 140ff.

in Husserls letztem Werk eine methodische Schlüsselrolle zukommen sollte.

5. Lebenswelt – Wissenschaft – transzendentale Phänomenologie

Als Husserl 1936 nach mehrjährigem Schweigen noch einmal mit einem Werk ‚Die Krisis der europäischen Wissenschaften und die transzendentale Phänomenologie' (Hua VI) an die Öffentlichkeit trat, ließ nicht nur das Thema aufhorchen. Analyse und Durchführung zeigten unübersehbar Neues – so sehr, daß darüber die Stetigkeit des Husserlschen Weges kaum wahrgenommen wurde, obgleich gerade die Untersuchungen im Umkreis dieses Werkes, unbeschadet seines fragmentarisch gebliebenen Charakters, sie eindrücklich bezeugen. Neu erschien vor allem Husserls Hinwendung zur Lebenswelt. Als Welt unserer Alltagserfahrung war sie von Anfang an die Ausgangsbasis seiner Analysen gewesen (vgl. z.B. Hua IV, 372ff.), jedoch bis dahin niemals phänomenologisches Thema geworden. Daß dies nun geschah und vor allem die Art und Weise, in der es geschah, warf auf Husserls Unternehmen im ganzen abschließend noch einmal neues Licht. (Dazu Biemel *1972*.)

Husserls Konzept der phänomenologischen Begründung der Wissenschaften war von Anfang an von der Überzeugung bestimmt gewesen, daß die positiven Wissenschaften der Freilegung verborgener Voraussetzungen und der Klärung ihrer undurchschauten Grundbegrifflichkeit bedürfen, und daß überdies nur durch eine derartige Begründung das gemeinschaftliche Telos aller Wisenschaft, die Erkenntnis der Welt, in ihrem Wahrheitssinn begriffen werden könne. Daß für Husserl im Verlust dieses Sinnes die eigentliche Krise der europäischen Wissenschaften und mit ihr der Kultur der westlichen Welt überhaupt lag, gab seinem Bemühen um die Wiedergewinnung dieses Sinnes jene Eindringlichkeit, die dazu nötigte, nicht nur das phänomenologische Instrumentarium dafür bis ins letzte methodisch auszuschöpfen, sondern auch die transzendentale Phänomenologie, die durch es wesentlich bestimmt war, in selbstkritischer Prüfung und Selbstbegründung zu rechtfertigen.

Nicht nur beiläufig aber hatten Husserls genetisch-konstitutive Analysen, die schon in den zwanziger Jahren angesichts der Tatbestände passiver Synthesis zu einem modifizierten Konstitutionsverständnis geführt hatten, Husserl auch zu einem bestimmten Konzept von Geschichte gebracht. Die bemerkenswerte Feststellung von 1921, daß *„die Geschichte das große Faktum des absoluten Seins"* sei (Hua VIII, 506; dazu Landgrebe *1982*, 38–57), daß mithin die transzendentale Subjektivität als geschichtliche begriffen werden müsse (Hua XV, 386, 392), bedeutete indes nicht allein, daß nur so mundane Geschichte ihre phänomenologische Aufhellung finden könne – ein Konstitutionsprogramm, das Husserl zwar über viele Jahre vor Augen gestanden hatte, aber von ihm nicht recht bewältigt werden konnte. (Dazu Carr *1974*; Ströker *1987b*, 139–159. Meist *1980*; Lembeck *1987; 1988.*) Es bedeutete nicht zuletzt auch, daß eine geschichtlich begriffene transzendentale Intersubjektivität der von ihr konstituierten Welt keinen anderen als geschichtlichen Seinssinn zuzuweisen und Objektivität jedweden Sinnes nur als letzthin historisch zu verstehende Objektivität zu stiften vermochte.

Wenn Husserl somit nicht zufällig seine Krisis-Arbeit mit geschichtlichen Erörterungen eröffnete, so darf an ihnen jedoch nicht übersehen werden, daß hier Geschichte ihrerseits in einem sehr spezifischen Sinn verstanden wurde. Anders als in seinen Vorlesungen Mitte der zwanziger Jahre, in denen Husserl die Phänomenologie aus der Kritik an der philosophischen Tradition zu legitimieren suchte (Hua VII), ging es ihm nun im Rückblick auf die Entwicklung des wissenschaftlichen Objektivismus der Neuzeit um eine *„innere Historie"* (Hua VI, 386), um Geschichte „in einem ungewohnten Sinn" (Hua VI, 20ff., 365ff.): Für die wissenschaftlichen Gebilde – Begriffe, Hypothesen, Theorien – galt es, da sie geschichtlich gewordene und gewandelte Begriffe sind, sich zurückzuarbeiten durch ihre vielfältigen Sinnschichten, welche sich im Laufe der Zeit in ihnen niedergeschlagen haben, und so ihre *sedimentierte Sinngeschichte* zu reaktivieren.

Eine dergestalt im Dienste der konstitutiven Phänomenologie betriebene Geschichte aber konnte nicht nur kein Stück mundaner Geschichte sein. Sie war, wenngleich als Geschichte innerhalb der Epoché, auch nicht einmal als deren transzendentale Grundlegung zu verstehen. Denn nicht ging es hier um die phänomenologische Klärung geschichtswissenschaftlicher Kategorien; vielmehr war die Aufgabe nunmehr die phänomenologische Aufhellung von Konstitutionshergängen in Sinngebilden, deren Prägungen und Umbildungen transzendentalphänomenologisch allein als Schichtung von einstmals gestiftetem und später vielfältig überlagertem neuem oder anderem Sinn in Erscheinung trat.

Daß somit Husserls innere Historie sich aus der konsequenten Weiterbildung seiner genetisch-konstitutiven Analyse, als letzte Ausschöpfung seiner methodischen Mittel, ergab, sollte für seine Phänomenologie von kaum zu überschätzender Tragweite werden. Sie deutete sich an zum einen in Husserls Hinwendung zur Lebenswelt, zum anderen in einer selbstkritischen Rückbesinnung auf

Sinn und Ziel des eigenen phänomenologischen Unternehmens im Horizont der gesamten philosophischen Tradition. (Dazu Janssen *1970;* Carr *1974.*)

Bezeichnenderweise trat im Krisis-Werk die Thematik der Lebenswelt bereits dort hervor, wo es um den sinngeschichtlichen Rückgang in die konstitutiven Schichten geometrischer und physikalischer Gebilde geht; war doch diese rechtmäßig bis auf vorwissenschaftliche Gegebenheiten zurückzuverfolgen, aus denen ihr Ursprungssinn dereinst in lebendiger Aktivität erzeugt worden war. So stieß die Rückfrage nach der Sinnesherkunft der neuzeitlichen Wissenschaft auf dasjenige, was Husserl, nicht ohne unvermeidliche Mehrdeutigkeiten, ‚Lebenswelt' nannte. (Dazu bes. Claesges *1972.*)

Im unmittelbar verständlichen Sinn Welt unseres alltäglichen Lebens, trägt sie in ihrer unaufhebbaren Subjektbezogenheit und geschichtlich-kulturellen Wandelbarkeit Züge, die sie als Fundament der objektiven Wissenschaften kaum geeignet erscheinen läßt. Doch galt es für Husserl zunächst nicht, sie als ‚konkrete' Lebenswelt in all ihren erfahrbaren Zügen in den Blick zu nehmen. Husserl hat ohnehin das Gesamtthema der Lebenswelt hier ausdrücklich nur aufgenommen „als ein partielles im vollen Thema der objektiven Wissenschaft überhaupt" (Hua VI, 125). So ließ die Art und Weise, in der Husserl die Lebenswelt vornehmlich thematisierte, einen ebenso bezeichnenden wie begrenzten methodischen Aspekt erkennen: zunächst als ‚Boden' der Wissenschaft befragt, trat sie in einer spezifischen transzendentalphänomenologischen Fragestellung in Sicht und sollte demgemäß eine ganz bestimmte transzendentale Funktion erfüllen, nämlich den sinnkonstitutiven Aufbau der positiven Wissenschaften phänomenologisch zugänglich machen. In dieser ihrer „Bodenfunktion" aber war die Lebenswelt nichts, was dem phänomenologischen Konzept des unmittelbar Gegebenen hätte entsprechen können; war sie in dieser Funktion doch allererst freizulegen im Rückgang von den vorgegebenen Wissenschaften.

Daß ein derartiges regressives Verfahren erhebliche methodische Schwierigkeiten mit sich brachte, hat Husserl sich so wenig verhehlt, daß er in ihm sogar Aporien meinte sehen zu müssen, die am Ende sein ganzes bisheriges Philosophieren ins Bodenlose gleiten ließen. Denn seinen Ausgang konnte es ansatzgemäß nur nehmen von einem transzendentalen Lebensweltphänomen in der Epoché, welches – abgesehen von der einstweiligen Inhibierung der Daseinsthesis – nicht nur weiterhin alle außerwissenschaftlichen lebensweltlichen Züge trug, sondern das sich als Phänomen einer konkreten Lebenswelt auch unabweisbar bereits als durch Wissenschaft geprägte Lebenswelt erwies.

So sah sich Husserl hier dem Zwang eines methodischen Zirkels ausgesetzt: Konnte die Wissenschaft hinsichtlich ihrer sinngenetischen Verankerung in der Lebenswelt augenscheinlich doch nur so untersucht werden, daß sie nicht nur aus dieser als aus ihrem Geltungsfundament hervorgehend, sondern auch auf die Lebenswelt zurückwirkend durchschaubar gemacht werden konnte (Hua VI, 132 ff.). Indessen konnte die Lebenswelt nicht zugleich als Geltungsboden der Wissenschaft fungieren und durch eben diese Wissenschaft bereits bestimmt sein. Was Husserl hier als methodischen Zirkel, gar als Paradoxie, gewahrte, indem die genetisch-konstitutive Analyse Lebenswelt zum einen als Ursprungsstätte wissenschaftlicher Sinnstiftung auszumachen und zum anderen in Rechnung zu stellen hatte, daß die Resultate solcher Sinnstiftungen wiederum „den Charakter von Geltungen für die Lebenswelt haben, als solche sich ihrem Bestande immerfort zuschlagend“ (Hua VI, 134), erweist sich bei näherer Betrachtung als eine sinngeschichtliche Aufgabe der Phänomenologie, die jene Paradoxie des Sowohl-als-Auch in ihrer intentionalhistorischen Struktur durchaus aufzulösen vermöchte. (Dazu Ströker *1987a,* 199ff.; *1987b*, 88ff.)

Husserl hat eine so verstandene sinngeschichtliche Analyse der objektiven Wissenschaften nur noch in wenigen Teilstücken konkret ausführen können (Hua VI, 20ff., 279ff.) und ihre Fortführung zukünftiger Forschung überlassen. Das geschah wahrscheinlich weniger in dem Gedanken an die große Bedeutung, welche dafür einer eingehenden mundanen geschichtlichen Wissenschaftsforschung zukommen mußte als vielmehr im Hinblick auf eine zweite und nicht weniger entscheidende Funktion, die Husserl der Lebenswelt zugeschrieben hat und die er ihr nicht zuletzt auch um des Selbstverständnisses seiner Phänomenologie willen und damit für die Selbstbegründung der phänomenologischen Philosophie zuschreiben mußte.

Zu der transzendentalen Funktion des ‚Bodens‘, welche der Lebenswelt für die phänomenologische Begründung der objektiven Wissenschaften zugedacht war, kam deshalb die andere des ‚Leitfadens‘ – nämlich für den Rückgang in die Tiefen der weltkonstituierenden Subjektivität.

Beide Funktionen hängen eng miteinander zusammen. Das Grundlagenproblem der objektiven Wissenschaften, wie es vom Boden der Lebenswelt aus für die konstitutive Analyse sich stellt, sah Husserl als das eigentliche und universale Problem (Hua VI, 137). Denn auch die Lebenswelt qua Geltungsfundament der Wisenschaften war für Husserl folgerichtig kein Letztgegebenes, sondern war konstitutionsanalytisch nach ihren eigenen Grundlagen zu befragen und als Leistungsgebilde der sinnstiftenden transzendentalen Subjektivität auszuweisen. Die Leitfadenfunktion der Lebenswelt erwies sich damit zugleich als die umfassendere, da sie der transzendentalphänomenologischen Begründung von Lebenswelt und Wissenschaft gemeinsam dienen sollte.

Damit aber verlangte die Lebenswelt auch eine veränderte Interessenperspektive. Husserl war sich völlig bewußt, daß ein wie immer ausgerichtetes philosophisches Interesse an der Lebenswelt diese niemals so geben kann, wie sie als unthematischer Horizont unseres schlichten, präreflexiven Hineinlebens in die Welt da ist. Wenn die Phänomenologie von Vorgegebenheit der Lebenswelt spricht, so bedeutet diese für sie also das Ergebnis einer reflektiven Thematisierung jenes naiven Lebensvollzugs, welche ein solches „Dahinleben" nicht einfach spiegelnd wiedergibt, sondern zum Zwecke der Untersuchung der in ihm vergessenen Welt stillstellt.

In zweierlei Richtung konnte indes eine derartige Untersuchung für die transzendentale Phänomenologie bedeutsam sein. So sah Husserl hier zum einen die Aufgabe einer „Ontologie der Lebenswelt" (Hua VI, 144f., 176ff.; dazu Janssen *1972*). Ihr oblag die Exposition lebensweltlicher Onta und ihrer allgemeinen Strukturen, in die alle Relativitäten und Veränderungen der Lebenswelt eingebunden sind. So ist jede Lebenswelt unter anderem eine Welt in Raum und Zeit, eine Welt materieller Dinge und kausaler Zusammenhänge; und aufgrund ihrer spezifisch lebensweltlichen Charakteristika konnte sich auch erst die Frage nach dem lebensweltlichen Fundament der Wissenschaften präzise stellen: wie die entsprechenden Gegebenheiten der objektiven Wissenschaften in ihnen fundiert sind und wie sich ihre Operationalisierung zu mathematisch bestimmbaren Größen verstehen läßt.

Husserl griff mit seinem Konzept einer Ontologie der Lebenswelt insofern hinter die früheren regionalen Ontologien zurück: Indem er nunmehr ein „lebensweltliches Apriori" (dazu Landgrebe *1968*, 148–166) freilegte, welches dem materialen Apriori der vormals untersuchten Seinsregionen vorauslag, mußten sich auch für deren regionale Kategorien neue Aspekte ihrer lebensweltlichen Fundierung für die konstitutive Analyse stellen.

Im Krisis-Werk blieben diese Probleme jedoch vorsätzlich und ausdrücklich nur andeutungsweise umrissen. Denn es ging Husserl hier um eine „sehr viel größere" und die Probleme einer Ontologie der Lebenswelt „mit umspannende" Aufgabe (Hua VI, 145): die Grundlegung der transzendentalen Phänomenologie von der Lebenswelt aus.

Daß nunmehr also – und zwar innerhalb der bereits etablierten Epoché – die Lebenswelt zum Leitfaden in die Tiefen der „universalen letztfungierenden Subjektivität" (Hua VI, 115) werden sollte, stellte Husserl vor neue methodische Probleme. Denn nicht nur, daß jetzt die Lebenswelt als Phänomen einer Welt in voller Konkretion untersucht werden mußte und dabei die Analyse auf Korrelationen stieß, die auf bisher übersehene Wesenszüge des universalen lebensweltlichen Apriori führten: In deren weitverzweigter Typik traten nun vor allem auch jene Korrelationen als *Relativitäten* hervor, die durch Menschenwesen in je verschiedenen kommunikativen Sozietäten bedingt sind, welche – sich bestimmend, sich teilweise durchdringend und deckend und damit einander fördernd und korrigierend in relativer Gleichzeitigkeit und Ungleichzeitigkeit – den beständigen geschichtlich-kulturellen Wandel von Lebenswelt ausmachen und insofern sinnentsprechend auch von verschiedenen ‚Lebenswelten' sprechen lassen. (Dazu Marx *1969*.)

Damit war präziser als bisher der Ort ausgemacht, an dem die Konstitutionsfrage der Intersubjektivität, und zwar nun in der vollen Ausschöpfung der Mittel genetischer Analyse, sachgemäß hätte aufgenommen werden müssen.

Für Husserl vordringlicher war indes ein anderer Tatbestand, der seinem Spätwerk eine spezifische methodische Struktur dahingehend gab, daß nunmehr auch eine neue Sinnklärung und Sinnverwandlung der transzendentalen Reduktion fällig wurde (Hua VI, 157f.). Zwar blieb ihre Funktion unverändert die gleiche wie bisher. Auch war mit der vorgängig durchzuführenden Analyse der konkreten Lebenswelt der Einsatz der transzendentalen Reduktion systematisch so fixiert, daß ihr Vollzug dem Subjekt qua Menschenwesen zufiel und es damit Sache seiner Selbstreflexion wurde, sich als bis dahin „anonym" gebliebenes transzendentales Subjekt allererst zu entdekken. Konnte und sollte damit zwar die Doppelung von empirischem und transzendentalem Ego nicht getilgt sein, so erlaubte sie damit doch eine annehmbarere Interpretation als bisher insofern, als jetzt ein Leben in schlichter Positivität alltäglicher Welterfahrung und transzendentales, sinnstiftendes und weltkonstituierendes Leben nur mehr als zwei mögliche unterschiedliche *Weisen personalen Lebens* in Sicht traten, in deren einer wie der anderen das Subjekt sich als eines in einsichtig sich vollziehender Identifikation mit sich zu erkennen vermochte.

Darin war ersichtlich nichts mehr von jenem anfänglichen unhaltbaren Dualismus zwischen einem angeblich notwendigen transzendentalen, transmundanen Ego und einem bloß zufällig existierenden innerweltlichen Menschenich, der Husserls Analyse der Subjektivität lange belastet hatte. Lag vielmehr der Sinn der transzendentalen

Reduktion in nichts anderem als in der prinzipiellen Möglichkeit des Menschensubjekts, sich in freiem Entschluß, in willentlichem Sichlösen aus alltäglichen Interessen (Hua VIII, 98) das äußerste an Fragestellung nach dem Grund der Welt und seiner selbst zu wagen, so geriet es damit nicht in einen in sich abgeschlossenen Bereich reiner Transzendentalität, der von seinem weltlichen Sinn unberührt blieb, sondern erkannte in ihm nichts anderes als sich selbst in den letzten Möglichkeiten seiner Selbstbefragung, deren Resultate schließlich auch der Erkenntnis seines weltlichen Daseins zugute kam (Hua VI, 21 ff., 267 ff.).

Bedingendes und Bedingtes nicht nur im Hinblick auf Motivation und Einsatz der transzendentalen Reduktion, sondern auch des mit ihr freigelegten transzendentalen Erfahrungsfeldes, Fundierendes und Fundiertes im sinngenetischen Hergang der Konstitution nicht nur der Welt, sondern auch der Selbstkonstitution des Subjekts traten so – in Überwindung vormals einseitiger und nicht allenthalben unstrittiger einseitiger Abhängigkeiten – in wechselseitige Beziehungen zueinander, kamen vor den phänomenologischen Blick als Verhältnisse „wechselseitiger Implikation“, die das analytische Procedere genetischer Konstitution methodisch vor neue Probleme stellen mußten.

Husserl war dessen mit der Selbstkritik und Überschärfe seines Sehens so deutlich gewahr, daß er vorbehaltlos sein Unternehmen letztlich in Aporien und Paradoxien gleiten sah, ohne indes die Hoffnung auf ihre Lösung preiszugeben. Unbeirrbar hat er, soweit wir bis heute wissen, an seiner Idee der Philosophie als strenger Wissenschaft festgehalten, wenn auch ihre anfänglichen Postulate – absolute Voraussetzungslosigkeit, restlose Ursprungsklarheit der Einsicht in die letzten Gründe allen

Seins und vollkommen evidente Selbstbegründung – zuletzt weniger einer Skepsis bei immer größer und reicher gewordenem phänomenologischen Wissen als einer „Weisheit“ wichen: An deren Anfang hatte freilich nach wie vor das geforderte phänomenologische Sehen, an deren Ende jedoch eine „letzte Kritik“ zu stehen (Hua XVII, 246, 255) – die transzendentale Kritik der phänomenologischen Erkenntnis selbst. Als die *an sich erste* Erkenntniskritik sollte sie die phönomenologische Naivität früher behaupteter Evidenzen aufheben, kraft der Einsicht nicht bloß in die geschichtlichen Bedingungen der transzendentalen Phänomenologie selbst als Sinneserbschaft ihres Beginnens, sondern auch in die Schranken, die ihrer Durchführung bis zu den letzten transzendentalen Ursprüngen aller Konstitution gesetzt sind.

Daß die transzendentale Phänomenologie gleichwohl für Husserl eine unverzichtbare Gestalt philosophischen Denkens blieb, gründete letztlich darin, daß sie nicht nur, wie alle Philosophie mit dem Anspruch, *prima philisophia* zu sein, ausschließlich durch die Idee der Wahrheit sich leiten ließ, sondern daß die transzendentalphänomenologische Philosophie ihr Tun auf nichts anderes als auf die Idee der *Sinnklärung von Wahrheit,* und zwar im Interesse an der Wahrheit rein um der Wahrheit willen (Hua VII, 203, 288 ff.), ausrichtete. Allein in solchem Tun würde sie dem Postulat philosophischer Selbstverantwortung entsprechen können, an das Husserl seine niemals aufgegebene Forderung einer Selbstbegründung der Phänomenologie letzthin untrennbar gebunden sah. (Dazu Hoyos Vásquez *1976*; Ströker *1987 c.*)

V. Nachfolge und Weiterbildung, Kritik und Umbildung der Husserlschen Phänomenologie

1. ‚Freiburger' und ‚Münchener' Phänomenologie – Partnerschaft und Gegnerschaft

‚Freiburger Phänomenologie' bezeichnet sowohl die Spätphilosophie Husserls, wie sie sich am Beginn der zwanziger Jahre mit der Ausbildung seiner genetisch-konstitutiven Methode abzuzeichnen begann, als auch die phänomenologische Arbeit von Schülern und jüngeren Kollegen Husserls. Ferner ist die hier abermals an jene Gruppe um Alexander Pfänder zu erinnern, die kritische Distanz zu Husserls transzendentalphänomenologischer Konzeption bezog und dementsprechend die von ihr geprägten Kurzformeln einer ‚Freiburger' und ‚Münchener' Phänomenologie als oppositionelle Distinktion verstand. (Dazu Kuhn et al. (Hrsg.) *1975*; Smid *1982*.)

Für sie alle ist, mehr oder weniger direkt, bestimmend gewesen, daß die Situation Husserls in Freiburg eine andere war als in Göttingen. Obgleich für ihn eine Zeit unausgesetzter Arbeit und die fruchtbarste für die Ausgestaltung seiner Philosophie, ließ sie Studierende bei Husserl, so zahlreich sie sich auch hier und sogar aus vielen Ländern einfanden, doch nur in seiner unmittelbaren räumlichen Nähe durch Einblick in seine ständig anwachsenden Manuskripte an seiner Forschung teilhaben, ohne daß ein neu vorgelegtes Werk einen weiteren Kreis von Schülern ähnlich wie in Göttingen um prinzipielle Fragen, Methoden und Resultate hätte sammeln können.

Daß lediglich der erste Band des Ideen-Werks für sechzehn Jahre Husserls einzige Veröffentlichung blieb, sollte noch Jahrzehnte für die Rezeptionsgeschichte der Husserlschen Phänomenologie kennzeichnend bleiben und nicht eben wenige Mißverständnisse und spätere Einstellungen seiner Phänomenologie mitbedingen. Hinzu kam, daß Husserl bald schon über jene – ohnehin in der Darstellung nicht eben geglückte – Programmschrift seiner transzendentalen Phänomenologie von 1913 weit hinausgelangt war und ihr nur wenig Eigeninteresse mehr entgegenbrachte. Nicht zuletzt auch in wohlbedachter Abwägung seiner verbleibenden Kräfte für seine weitere Forschung sah er von einem öffentlichen klärenden Dialog mit seinen Interpreten so gut wie vollständig ab. Seine ‚Formale und transzendentale Logik' von 1929 geriet dann allzusehr in den Schatten des zwar ebenfalls aus seiner Phänomenologie gespeisten, jedoch völlig neuen Lichtes der existenzialen Daseinshermeneutik Heideggers, so daß dieses relativ späte literarische Zeugnis einer gewandelten Methode Husserls nicht die öffentliche Beachtung fand, die es – gerade gegenüber seinem nach eigener Deutung noch „naiven" transzendentalen Erstlingswerk – hätte beanspruchen können. Diese Umstände bedeuteten mehr als nur biographisches Detail. Sie haben einschneidend auf die phänomenologischen Arbeitsgebiete sowie auch auf das Vorgehen der jüngeren Phänomenologen um Husserl in der Folgezeit eingewirkt und nicht zum wenigsten auch kritische Vorbehalte anderer Phänomenologen nicht ohne prinzipielle Berechtigung genährt.

So kam es erst in den zwanziger Jahren zur Zuspitzung eines Gegensatzes, der sich schon im Göttinger Kreis abgezeichnet hatte, aber dort noch nicht ausgetragen wurde, da Gemeinsames überwog: Volle Einigkeit herrschte, auch bei den aus München zu Husserl gestoßenen ‚Göttingern‘, über Sinn und Aufgabe der Phänomenologie als eines spezifisch neuen Stils, Philosophie zu betreiben, über Wesen und Eigenart ihrer Methode sowie über ihr säkulares Ziel. Nicht einmal Husserls ‚Ideen I‘ mit ihrer so einschneidenden methodischen Wende hatten sogleich zu jener Antithese geführt, wie sie sich später ausprägen sollte. Das von Husserl um die gleiche Zeit begründete ‚Jahrbuch‘ verzeichnete unter den Mitherausgebern mit Moritz Geiger und Alexander Pfänder auch zwei ‚Münchener‘; wie denn dieses damals führende Publikationsorgan der Phänomenologen nach Husserl ausdrücklich „keine Zeitschrift für orthodoxe Husserlianer“ sein sollte. Vielmehr fand ihr Herausgeber vieles in der Linie der reinen Phänomenologie liegend und auch ihrer Förderung durchaus dienlich, was er selbst nicht als rein und methodisch vollkommen ansehen würde. (Vgl. Schuhmann *1973*, Bd. 1, 119.)

Doch war es nicht in erster Linie Husserls diesbezügliche Liberalität, welche Divergenzen in den Grundauffassungen anfangs niederhielt. Vielmehr war es in den Gründerjahren der phänomenologischen Bewegung ein gegenseitiges Nehmen und Geben in gemeinsamer Arbeit nach der für sie alle zustimmungsfähigen phänomenologischen Methode der Deskription und Wesensintuition, die in veschiedenen Gegenstandfeldern zu erproben und zu üben war, wobei auch Husserl in vielem durchaus der Empfangende war. Und selbst in der ab 1907 bereits ins Spiel gebrachten transzendentalen Reduktion Husserls wußten gerade die namhaften Phänomenologen Münchener Herkunft sehr wohl eine phänomenologisch sinnvolle Maßnahme zu erkennen.

Gemeinsamkeiten wie auch zunehmende Spannungen zeigten sich nun ihren Anlässen und Auswirkungen beispielhaft im Verhältnis zwischen Husserl und *Alexander*

Pfänder (1870–1941), zumal beide in langjährigem wechselseitigem Austausch ihrer Probleme und Resultate gestanden haben. (Dazu Spiegelberg *1963*; *1981*; Schuhmann *1973,* Bd. 2; Spiegelberg/Avé-Lallemant (Hrsg.) *1982*.)

Im Mittelpunkt Münchener phänomenologischer Untersuchungen standen von Anfang an psychologische Themen. Angeregt durch Theodor Lipps, der ein besonderes Interesse auch ästhetischen Fragestellungen entgegengebracht hatte, entstanden hier neben einer Reihe kunstphänomenologischer Arbeiten, die zum Teil unter Husserl und Reinach in Göttingen durchgeführt wurden, vor allem einige größere Studien Pfänders. Husserl hat sie in ihrer phänomenologischen Solitität und methodischen Stringenz um so höher eingeschätzt, als sie nicht allein aus einer durchaus eigenständigen und von ihm unbeeinflußten Entwicklung kamen, sondern auch weitere neue Felder phänomenologischer Betätigung erschlossen, so etwa in Pfänders Arbeiten zum Wollen und zu den Gesinnungen (Pfänder *1900*; *1913*; *1916*). Wohl hat Pfänder diese Arbeiten sämtlich als psychologische gekennzeichnet und speziell diejenigen, die für Husserl selber vielfältige Bestätigung für seine phänomenologische Aktanalyse wie auch eine Reihe neu gewonnener Einsichten brachten, als Einführung in die Psychologie vorgelegt (Pfänder *1904*). Differenzen konnten daraus jedoch so lange nicht entstehen, wie Einigkeit in der Überzeugung herrschte, daß eine phänomenologisch betriebene Psychologie allemal die Grundlage der empirischen psychologischen Wissenschaften bilden müsse, insofern Wesen und Struktur des Bewußtseins und seiner intentionalen Beziehungen vorab zu klären waren, damit die experimentelle psychologische Forschung nach Sinn und Leistung verstanden werden konnte.

Husserl hatte dabei allerdings von vornherein eine eidetische Psychologie als phänomenologische Grundwissenschaft eines reinen Apriori psychischer Strukturen im Auge, die auf dem prinzipiellen Gegensatz von Faktum und Wesen basierte. Pfänders Begriff des Wesens wich indes davon insofern ab, als er durch die kategorial andere Differenz von Einzelnem und Allgemeinem bestimmt war, so daß Pfänders deskriptiv-psychologisches Vorgehen im einzelnen auch nicht ganz frei von induktiven Erwägungen blieb. Doch sollte dies zunächst ebensowenig als Diskrepanz zwischen Husserl und Pfänder hervortreten wie später eine auch aus ihr resultierende Verschiedenheit in der Auffassung der prinzipiellen Aufgabe der Phänomenologie: Sollte diese für Husserl nicht nur philosophische Grundwissenschaft aller Wissenschaften, sondern – in Gestalt der vollausgebildeten transzendentalen Konstitutionsphänomenologie – schlechthin Erste Philosophie sein, so blieb die Phänomenologie für Pfänder bis zuletzt zwar eine Grundlage nicht nur der Psychologie, sondern auch der Philosophie; doch galt sie ihm nicht selber als *die* Philosophie.

Pfänders betont psychologisch ausgerichtete Studien brachten für Husserl zunächst wertvollen Zugewinn darin, daß Pfänder, bei gleicher phänomenologischer Blickrichtung und analytischer Schärfe im Detail, größere Aufmerksamkeit im psychischen Phänomenbestand walten ließ als Husserl, der aus dem Blickwinkel seiner anfänglich rein logisch und erkenntnistheoretisch orientierten Aktanalyse vieles an seelischen Erlebnissen ausgeblendet hatte. Er hatte sie anfangs sogar ganz beiseite gelassen, weil das Ich als Subjekt der Akte und deren identischer Pol nichts für das Studium der Aktmannigfaltigkeiten in ihren Strukturzusammenhängen herzugeben schien. Überdies den Akten gegenüber, da es reeller Teil derselben nicht sein konnte, offenbar von einer eigentümlichen „Transzendenz in der Immanenz“, schien das Ich aktanalytisch kaum angehbar und, wie Husserl anfänglich meinte, ohne jeden phänomenologisch beschreibbaren Inhalt. Daß er in seiner Auseinandersetzung mit Natorp nach eigenem Bekunden zwar das reine Ich zu finden gelernt hatte, konnte ihn vorerst aber nur zu jener Unterscheidung von reinem und empirischem Ich führen, das ihm eher die logischen Probleme seiner Dopplung und seiner Identität anzuzeigen schien als Aufgaben der Konkretisierung, was phänomenologisch jeweils unter dem einen oder anderen Ich zu verstehen sei.

Erst aus der Perspektive Pfänders wurde Husserl der Problematik des Ich schärfer gewahr. Ein numerisch Identisches als Zentrum seiner Akte auch hier, faßte Pfänder es jedoch allein als empirisches, aber damit von vornherein auch als individuelles, personales Ich, dessen Einheit die seiner individuellen Lebensgeschichte ist (Pfänder *1904,* 199ff., 397f.). Aus dieser Einsicht aber mußte sich auch für Husserl schließlich jener Horizont der Fragen ergeben, die sich mit der Individualität und Habitualität des Ich sowie mit seinen intersubjektiven Verflechtungen stellten.

Gegensätzlich blieb freilich Pfänders Auffassung des allein psychisch greifbaren, als dieses indes nicht durch Reflexion hintergehbaren Subjekts als einer letzten, phänomenologisch nicht weiter befragbaren Gegebenheit auf der einen Seite und Husserls in Gang gesetzte Ich-Reflexion auf der anderen, in der allererst das Ich sich seiner Identität bewußt wird, indem es sich in eben jener Differenz von reflektiertem und reflektierendem Ich erfährt, die für Husserl die Problematik der Einheit des Ich von empirischem und reinem Ich ausmachte.

Tiefer wurde die Kluft mit Husserls Fassung des reinen

Ich als eines transzendentalen, wie es als Vollzugsich der universalen phänomenologischen Reduktion in Sicht trat. Diese Reduktion selbst war in ihren anfänglichen Erwägungen auch Pfänder allerdings so wenig fremd, daß vielmehr Husserl in lebhaftem Austausch mit Pfänder – und zwar speziell anläßlich der für beide sich mehr und mehr vertiefenden phänomenologischen Problematik der Dingwahrnehmung – zum Reduktionskonzept gelangt ist. (Dazu Schuhmann *1973*, Bd. 1, 162ff.) Denn die transzendente Wahrnehmung bot mit der Gegebenheitsweise eines äußeren Gegenstandes allein in Erscheinungsmannigfaltigkeiten und seiner gleichwohl einheitlichen Erfassung als des einen und selben Gegenstandes nicht bloß die Doppelaufgabe der Analyse einer kontinuierlichen und logisch identifizierenden Synthesis. Sie stellte auch – anders als die innere Wahrnehmung des Aktgeschehens – vor die Frage der Rechtmäßigkeit der Apperzeption des Gegenstandes als eines realen, wirklich existierenden Gegenstandes und mithin nach einem phänomenologischen Kriterium für den Ausschluß einer Täuschung im gegebenen Fall, zumal diese prinzipiell in jedem einzelnen Fall möglich ist.

Eine klare Lösung dieser Frage schien sich nur dadurch zu bieten, daß eine eingehende Korrelationsanalyse von gegebener Gegenständlichkeit, und zwar rein im Wie ihres Erscheinens, und zugehöriger Aktmannigfaltigkeit Aufschluß darüber gab, wie sich innerhalb dieses Korrelationsgefüges die Transzendenz des Gegenstandes ausweisen, gerade in ihrer Transzendenz bewähren und bestätigen ließ. Husserls erste Idee der phänomenologischen Reduktion entsprang somit keinesfalls einer „Einklammerung“ der Realität des Gegenstandes als vielmehr ihrer Thematisierung zwecks phänomenologischer Ausweisung, die freilich als diese ihrerseits nur Sache intentionaler Aktivitäten sein konnte. Was indes in diesem Zusammenhang als Reduktionsgedanke im Hinblick auf Einzelgegenstände der Dingwahrnehmung noch allgemein zustimmungsfähig sein mochte, konnte sehr wohl strittig werden mit der universalen Epoché. Dafür spielte jedoch nicht so sehr eine Rolle, daß durch deren Vollzug das reine Ich als transzendentales Ich bestimmt wurde, als vielmehr, daß Husserl dieses in einer ihren eigenen Sinn verdeckenden Darstellung in den ‚Ideen I' völlig unzulänglich bestimmt hatte. Vor allem aber war Husserl dort der phänomenologisch wenig durchsichtigen, jedenfalls kurzschlüssig vorgebrachten metaphysischen Behauptung erlegen, es sei das reine Bewußtsein auch ohne ein empirisches, leibgebundenes Bewußtsein prinzipiell möglich und sogar die Nichtexistenz der realen Welt widerspruchsfrei denkbar.

Daß Husserl über dergleichen transzendentalphänomenologische Naivität sehr bald hinaus war, hat, aus bereits angedeuteten Gründen, Skeptiker und Kritiker gegen die ‚Ideen I' nicht erreichen können. So mußte es in den zwanziger Jahren zu einem Hiatus gegensätzlicher Grundpositionen auch dort kommen, wo weiterhin gegenseitige Anerkennung in der phänomenologischen Detailuntersuchung herrschte. Das betraf zunehmend auch das Verhältnis der Husserlschen Transzendentalphänomenologie zu Pfänders psychologischer Phänomenologie, wobei der Klärung nicht zugute kam, daß eine prinzipielle Auseinandersetzung über Ziele und Methoden der Phänomenologie ausblieb.

Pfänder hat eine zusammenhängende Darstellung der phänomenologischen Methode nicht vorgelegt. Jedenfalls aber hat er ihren Sinn und ihre Funktion in der Erhellung der psychischen, allerdings der im weitesten Sinne intentionalen Strukturen einschließlich aller gegenständlichen

Gegebenheiten gesehen. (Vgl. Geiger *1933*.) Husserl dagegen begleitete ständig seine Einzelstudien auch mit methodologischen Erwägungen, und dies um so intensiver, je deutlicher ihm die Problematik der Rechtfertigung seiner Phänomenologie vor Augen stand und die postulierte reflektive Klarheit über die Phänomenologie selbst ihm um so mehr zum unabweisbaren Grunderfordernis wurde, als seine Phänomenologie nicht bloß spezifisch kritischen Fragen ausgesetzt war, wie jede andere Theorie auch, sondern als sie ferner auch ihrem Geltungsanspruch als Erste Philosophie und damit als Grundlegung aller Philosophie zu entsprechen hatte.

Angelpunkt der Kritik war die transzendentale Reduktion, doch war sie nicht ihr Kernpunkt. Sie mitzuvollziehen, waren prinzipiell auch einige Münchener Phänomenologen bereit, falls nur ihr Sinn als „Urteilsenthaltung" oder „Einklammerung aller Seinsgeltung" strikt genug gewahrt wurde. Denn dann konnte sie Zugang zur Domäne des reinen Bewußtseins und seiner Strukturgesetzlichkeiten bieten und diese, und zwar in voller Neutralität gegen die Frage des Idealismus und Realismus, befragbar machen und damit gerade die Phänomenologie vor metaphysischen Fußangeln bewahren. Es gab Versuche, im Dienste eben dieser Neutralität Husserls transzendentale Reduktion von der Epoché zu scheiden, indem man diese – als „Urteilsenthaltung" oder auch als „phänomenologische Reflexion" charakterisiert – nicht nur zuließ, sondern auch als methodisch entscheidenden Schritt in größere Tiefen phänomenologischer Analyse akzeptierte (so Celms *1928*; vgl. dazu Conrad-Martius *1923*), während man dagegen in der Reduktion den unzulässigen Schritt in den Idealismus fand.

Diese Unterscheidung traf freilich nicht den Sinn von Husserls Konzeption der Reduktion und verfehlte offenkundig vollends den der phänomenologischen Reflexion. Doch war sie in sich schlüssig zu treffen und hätte außerdem einen differenzierten Dialog um Husserls transzendentale Wende von 1913 und die von ihm bis dahin aus ihr gezogenen Konsequenzen sehr wohl gelohnt. Denn damit trat der Gegensatz klar in Sicht zwischen dem, was auf Husserls Seite transzendentaler kostitutiver Idealismus war, wonach aller Sinn von Sein letztlich gestifteter, aus transzendentalen Leistungen der Subjektivität geschöpfter Sinn ist, und was nach Pfänder die Phänomenologie für eine realistische Position hergab – und dies selbst noch innerhalb der Husserlschen Epoché. Denn für die Phänomenologen um Pfänder wies die Epoché Husserls, indem sie nämlich reduktive Schritte gar nicht implizierte, in die entgegengesetzte Richtung: Indem die Epoché nicht die Welt in ein Weltphänomen verwandle, sondern sie die gleiche sein lasse wie zuvor, wiese sie gerade die Welt als wirkliche, reale Welt aus. Nicht um ein transzendentales Phänomen der Wirklichkeit der Welt konnte es denn nach der Phänomenologie zu tun sein, sondern um die „wirkliche Wirklichkeit", wie die im Anschluß an Conrad-Martius öfter gebrauchte und durchaus untautologisch gemeinte Formel lautete. Denn mit Husserls methodischer Wendung auf das reine Bewußtsein zeige sich gerade. daß dieses Bewußtsein über sich selber radikal hinausweise und damit eine Wesensanalyse des realen Seins als eines solchen eröffne (Conrad-Martius *1923*). Eine andere Phänomenologie mußte demnach aber nichts Geringeres als die Phänomene und damit ihren ureigensten Sinn verfehlen.

Husserls transzendentale Phänomenologie konnte somit als strikte Gegenposition zur „ontologischen" Phänomenologie erscheinen; und gegen den Idealismus-Einwand der Münchener Gruppe half auch allzuwenig, daß

Husserl die „wirkliche Wirklichkeit“, die er selber einmal angeführt hatte (Hua IV, 55), keineswegs entmachtete, geschweige denn leugnete, sondern daß ihm gerade Sinn und Ausweisung jeder Wirklichkeitsbehauptung zum dauernden Problem wurde. So vermochte Husserl auf der Gegenseite nur einen transzendental naiven Objektivismus, Realismus und Ontologismus zu finden, der sich, in mundaner Einstellung verharrend, Funktion und Leistung der transzendentalen Reduktion nicht wirklich zu eigen gemacht habe und der Tiefen seiner Konstitutionsuntersuchungen nie ansichtig geworden sei.

Was sich hier als ‚Antithese Freiburg – München‘ (Avé-Lallemant *1975 a*) trotz einhelliger methodischer Grundsatzentscheidungen schließlich herausbildete, resultierte indes nicht so sehr aus einer unterschiedlichen Interpretation dessen, was in der immer noch gemeinsam anerkannten Domäne des reinen Bewußtseins an Phänomenen zur Wirklichkeitserfassung vorfindlich wurde, als vielmehr aus Grenzen des Argumentierens, die, auf beiden Seiten selbst gezogen, dem phänomenologischen Verfahren keineswegs inhärent waren.

So konnte Husserl zwar den Untersuchungen der Münchener Phänomenologen den Rang einer Alternative zu seiner Phänomenologie verweigern und in ihnen lediglich eine zwar durchaus solide, den Postulaten phänomenologischer Deskription aber nur auf erster Stufe standhaltende Erörterungen sehen, die sich jedoch, auch bei Zugeständnissen der Epoché, seiner Fragestellung nach den Bedingungen der Möglichkeit von Wirklichkeit und Wahrheit verweigerten und seiner sinnkonstitutiven Problematik kein Gehör schenkten. Auf der Gegenseite wurde denn auch einfach und auffällig pauschal von Husserls „Idealismus“ gesprochen, ohne daß seine Besonderheiten hinreichend genau diskutiert worden wären.

Andererseits aber konnte Husserl reflektive Überlegenheit, wie sie sich im transzendentalen Fragen allenthalben einstellt, kaum wirksam zur Geltung bringen, ohne daß er die Herausforderung des phänomenologischen Realismus im genaueren Prüfen ihrer Thesen annahm. Sein Einwand, hier einer ontologischen Vorentscheidung ohne phänomenologische Legitimation zu begegnen, mochte ihm die Problematik seines eigenen sinnkonstitutiven Ansatzes und sein noch diffuses Konzept der Kostitution, in den ‚Ideen I' zumal, allenfalls verdecken, konnte aber für die Gegenseite in der Tat ohne Auseinandersetzung mit deren Position nicht plausibel werden.

Damit ist in wenigen Linien, die hier nur grob zu zeichnen waren, die Lage umschrieben, in der sich auch die jüngeren ‚Freiburger' um Husserl fanden. Noch aus der Göttinger Zeit blieben Husserl in Freiburg drei hier vor allem zu nennende Schüler nahe, deren ungebrochene phänomenologische Prinzipientreue im Geiste Husserls sie dennoch auch eigene Wege gehen ließ.

Fritz Kaufmann (1891–1958), ähnlich weit gespannt und ausgerichtet in seinen Interessen wie Geiger, schöpfte jedoch aus Anregungen Husserls anders als dieser und blieb auch in seiner Freiburger Zeit ein Verfechter der Husserlschen Phänomenologie. Er ist wohl aus dem Göttinger Kreise der einzige gewesen, der Husserls Wende in die transzendentale Phänomenologie mitvollzogen hat. In seinem philosophischen Fragen von Anfang an dem Menschen als geschichtlichem Wesen zugewandt, nahm Kaufmann jedoch auch Ansätze aus der Lebensphilosophie Diltheys – dessen Freund und Weggenossen Graf Yorck v. Wartenburg 1927 seine Habilitationsschrift galt – sowie aus der existenzialen Hermeneutik Heideggers auf, die insbesondere seinem weiteren Interessenschwerpunkt, der Philosophie der Kunst, zugute kam.

In Deutschland ist Kaufmann vor allem durch seine Untersuchung zur Geschichtsphilosophie der Gegenwart von 1931 bekannt geworden. Seine mit der Freiburger Dissertation von 1924 zum Bildwerk als ästhetisches Phänomen begonnenen Studien zur Philosophie der Kunst konnte er eingehender erst in den zwei Jahrzehnten seines amerikanischen Exils verfolgen. Das vielfältige Material, das für eine Phänomenologie der Kunst geplant war, durch seinen plötzlichen Tod aber nicht mehr zu systematischer Darstellung gelangen konnte, wurde bisher nur zum Teil zugänglich. (Vgl. Kaufmann *1960*.) Kaufmanns ästhetische Arbeiten, wie sie in mehreren Einzelstudien – etwa zur Imagination, zur ästhetischen Stimmung, zum Begriff des Schönen, aber auch zur Gefährdung des Künstlers und der Zweideutigkeit seiner Existenz – phänomenologischen Zugang zum Wesen der Kunst suchen, gehen über die Analyse ästhetischen Betrachtens wie des künstlerischen Schaffens hinaus und suchen auch zur Frage der Wahrheit der Kunst und ihrer Funktion für das faktische Leben durchzustoßen. Sie gehören zu den besten und tiefsten Zeugnissen phänomenologischen Forschens, das sich getreu seiner Methode, jedoch ohne Bindung an starre Verfahrensregeln, in Souveränität und Freiheit den gewählten ‚Sachen' gewidmet hat.

Noch aus dem Göttinger Kreise gehörte auch *Edith Stein* (1891–1942) zu Husserls Freiburger Mitarbeitern. 1917 legte sie ihre Dissertation im ‚Jahrbuch' vor, indem sie mit dem Problem der Einfühlung zwar ein seinerzeit gängiges Thema aufnahm, es jedoch, angeregt auch von Reinach und Scheler, in neuer Weise bearbeitete. Geleitet von dem Ziel, zu einer phänomenologischen Grundlegung der Geisteswissenschaften beizutragen, belegte sie mit ihrer Untersuchung erstmals die Ergiebigkeit konsequent phänomenologischer Analyse in einem Problembereich, in dem mit dem Zugriff zum „Fremdseelischen“ nicht allein das etablierte phänomenologische Grundkonzept der Gegebenheit neue kritische Durchleuchtung verlangte, sondern in dem auch Phänomenbestände des eigenen Ich, weil nämlich durch anderes Ich rückbetroffen, anzutreffen waren, wie sie Husserl selber erst später beschäftigen sollten (Stein *1917*). Eine bald folgende Abhandlung über psychische Kausalität sowie eine größere 1919 über den Staat, der phänomenologisch nur zugänglich schien über eine eingehende Analyse vielfältiger Wechselbestimmungen zwischen Individuum und Gemeinschaft, dienten dem gleichen Zweck (Stein *1922; 1925*).

Der dabei ins Zentrum gelangende Begriff der Person rückte für Edith Stein seit Anfang der zwanziger Jahre aber auch in andere, christlich-religiöse und theologische Zusammenhänge; und sie wurden ihr während ihres klösterlichen Lebens nach ihrem Eintritt in den Karmel die wesentlichen. Früh schon hatte sie ihren „anderen Weg“ betont, der in die Richtung der transzendentalen Phänomenologie nicht gehen konnte, wenngleich sie 1916–1918 als Husserls Privatassistentin wichtige Vorarbeiten an Husserls Manuskripten für die spätere Drucklegung übernommen hat. Zwar in der immer bejahten Haltung der Phänomenologie arbeitend, hat sie jedoch ihr Weg, den sie sehr eigenständig und in persönlicher Freiheit ging, so weit aus der Gemeinsamkeit phänomenologischen Arbeitens hinausgeführt, daß ein späterer Versuch, Husserls Phänomenologie mit der Philosophie des Thomas von Aquin in Beziehung zu bringen, wohl „den Geist des Philosophierens hier und dort in ein paar wesentliche Linien“ aufwies (Stein *1929*, 315), jedoch auch den Abstand erkennen ließ, den diese gründliche und scharfsichtige Kennerin des Husserlschen Werkes zu dessen Autor inzwischen gewonnen hatte.

Die geschuldete Erinnerung an Edith Stein als eines der Opfer des Holocaust von 1942 in Auschwitz-Birkenau hat verdientermaßen andere ihrer Lebensleistungen bewahrt. Doch sollte auch ihr Beitrag zur Phänomenologie nicht vergessen sein.

Mit Edith Stein durch Göttinger Studienjahre sowie gemeinsamen Aufenthalt bei Husserls in Freiburg eng verbunden war *Roman Ingarden* (1893–1970), der später einer der weltweit angesehenen Gelehrten und zum Begründer der bis heute lebendigen Phänomenologie in seiner Heimat Polen werden sollte. (Dazu allg. Küng *1975*.) Ingarden kam über den Lemberger Brentano-Schüler Twardowski zu Husserl und wurde ihm bis zu dessen Tod, selbst über schwierige äußere Bedingungen der Jahre 1922–1928 hinweg, ein ebenso loyaler wir kritisch eigenständiger Weggenosse. (Vgl. Ingarden (Hrsg.) *1968*.) Das Einzigartige dieses Lehrer-Schüler-Verhältnisses läßt sich, kurz gefaßt, wohl darin sehen, daß Ingarden von allen früheren Schülern Husserls derjenige war, der an Klarheit und durchdringender Schärfe des phänomenologischen Blicks wie nicht zuletzt auch in seiner vorbehaltlosen Sachlichkeit seinem Lehrer nicht nachstand, an dessen transzendentalen Idealismus jedoch ebesowenig Konzession machte wie die Münchener Phänomenologen; der dennoch aber auf Husserl in einer Weise einzugehen und ihn nachvollziehend zu interpretieren wußte, daß seinen kritischen Einwänden gegen Husserl auch für diesen selbst das größte Gewicht zukam.

Im wesentlichen am Leitfaden dreier Problemkreise – der Phänomenologie des inneren Zeitbewußtseins, in der Ingarden Verwandtes bei Bergson fand; ferner Husserls Lehre vom Aufbau der Akte nach hyletischen und noetischen Komponenten, die kritisch insbesondere nach dem „Seinsgrund" der hyletischen Daten fragen ließ; schließlich der in beiden angelegten Problematik der Konstitution nach Eigentümlichkeit und Leistung – stritten hier über Jahrzehnte zwei einander phänomenologisch Ebenbürtige um grundlegende Thesen und Analyseergebnisse der Phänomenologie. Unvoreingenommener gegenseitiger Respekt vor der intuitiven Kraft und der aus ihr kommenden Argumente bestimmte die Auseinandersetzung, ohne jedoch in der philosophischen Grundposition zur Einigkeit zu führen (Ingarden *1929; 1959*).

Unter den deutschsprachigen Werken verdeutlicht Ingardens Untersuchung zum sprachlichen Kunstwerk (*1931*) mit seiner eingehenden, Husserls erste Logische Untersuchung aufnehmende und weiterführende Bedeutungsanalyse der Sprache beispielhaft die phänomenologische Akribie des Autors im Hinblick auf intentionale und reale Gegenstände, die Sorgfalt seiner ‚ontologischen' Betrachtungsweise, welche allenthalben der Analyse des Gegenstandes Priorität gegenüber derjenigen seiner intentionalen Konstitution einräumt, ohne jedoch diese zu vernachlässigen. Ingarden exemplifizierte damit – wie später entschiedener noch und abermals im Bereich der Künste (*1962*) – seine Auffassung von der phänomenologischen Prävalenz der Ontologie gegenüber der Erkenntnistheorie, die er in der „Seinsautonomie" des Realen begründet fand (Ingarden *1925*). Eben diese konnte er solange für erwiesen halten, wie ihm Husserls Konzept der Gegenstandskonstitution mit einem ungeklärten und deshalb unakzeptablen Moment des Kreativen behaftet schien, das er bei Husserl auch in den späteren transzendental-genetischen Analysen nicht zureichend geklärt fand.

Ingarden hatte damit in der Tat den neuralgischen Punkt in Husserls Phänomenologie berührt und um so nachhaltiger, als er nicht bloß Husserls konstitutivem

Idealismus bezüglich der idealen wie auch bestimmter kategorialer Gegenständlichkeiten sehr wohl zustimmte, sondern auch Husserls konstitutive Untersuchungen insgesamt sachlich würdigte, also dessen Position nicht, wie manche Kritiker von außen, kurzschlüssig abwies. So erkannte er letztlich „ein Schicksal der Probleme“ (Ingarden (Hrsg.) *1968*, 121) darin, daß das gemeinsame Verständnis in der Konstitution logischer und sprachlicher Gebilde Husserl zu einem radikalen konstitutiven Idealismus gelangen ließ, indessen er selbst aus dem Kontrast von idealer und realer Gegenständlichkeit bezüglich ihrer Seinsweise gegenteilige Konsequenzen für die reale Welt zu ziehen hatte. Die auch von Husserl konstatierte Bedeutungsdifferenz von natürlicher Existenz der Welt und ‚von mir erfaßter‘ natürlicher Existenz der Welt als Äquivalenz anzuerkennen, wie Ingarden Husserls sinnkonstitutiven Idealismus auslegte (vgl. Ingarden *1950,* 209ff.), konnte er sich aber auch deshalb nicht entschließen, weil er seine Herausforderung Husserls auf bessere Darstellung und Begründung der phänomenologischen Reduktion nicht wirklich angenommen fand. Schließlich wurde so sein umfängliches Werk über den ‚Streit um die Existenz der Welt‘ (1964–1965) weniger eine Streitschrift gegen Husserls transzendentalen Idealismus, der hier auch nur noch stark verkürzt und vergröbert erschien, als vielmehr die eingehende Dokumentation einer realistischen Phänomenologie, die mit Ingarden ihre phänomenologisch scharfsinnigste und analytisch eingehendste Darlegung gefunden hat. –

Drei ausschließlich dem Freiburger Schülerkreis Husserls entstammende Phänomenologen konnten – bei ebenfalls durchaus selbständiger Weiterbildung ihres philosophischen Denkens – die Arbeit am Werk Husserls bis in die Gegenwart hinein fortsetzen. Ihnen gebührt nicht zuletzt das Verdienst, Husserls Phänomenologie und zumal seiner Spätphilosophie auch zu einer Zeit, als diese öffentlich noch nicht zugänglich war, aus eigener Kennerschaft der Husserlschen Forschungsmanuskripte eine erste systematische Orientierung gegeben, die größeren Entwicklungslinien seiner Phänomenologie aufgezeigt sowie deren Kernprobleme eigenständig weiterreflektiert zu haben.

Oskar Becker (1889–1964), Husserls Freiburger Lehrassistent und späterer Kollege, wandte als erster die phänomenologische Methode konsequent auf die Mathematik an, der seine frühesten Studien wie auch später seine weithin anerkannten problemgeschichtlichen Darstellungen galten. Eine phänomenologische Begründung der Geometrie, später ausgeweitet auf Untersuchungen zur Logik und Ontologie mathematischer Phänomene allgemein (vgl. Becker *1923*; *1927*), kreiste mit ihrer Kernfrage mathematischer Existenz um die Husserlsche Konstitutionsproblematik in einem Gegenstandbereich, in welchem die transzendentalidealistische Lösung am wenigsten strittig schien. Gleichwohl taten sich Becker auch hier neuartige Fragen damit auf, daß er die grundlegenden Mathematisierungsprozesse nicht im reinen Subjekt allein, sondern von allem Anfang an im Menschenwesen in seiner Endlichkeit und Zeitlichkeit verankert fand und damit an einem systematischen Ort, den er grundsätzlicher bei Heidegger bestimmt sah. Ferner ging auch Bekker, wahrscheinlich im Austausch mit Fritz Kaufmann, ästhetischen Fragen nach.

Zur Philosophie Husserls stammt die erste systematische Darstellung aus seiner Feder (Becker *1930*). Sie fiel darin spezifisch aus, daß sie nicht nur den gedanklichen Duktus eines mathematisch und logisch ausgebildeten Husserl-Schülers zeigt, sondern auch, unter Berufung auf

Dokumente, ausdrücklich nur Husserls „Sache selbst“ sprechen läßt. Denn nur in deren genauer Beachtung, unter dezidiertem Verzicht auf eigene Reflexion, war für Becker das Werk Husserls durch die Weitervermittlung der Nachfolgenden dauerhaft gegründet, indessen distanzierende Reflexion es in seinen Anwendungen zu erproben wie auch an seine Grenzen zu führen hatte.

Gegen jenen Verzicht Beckers heben sich insoweit die Arbeiten zweier Husserl besonders eng verbundener Freiburger Mitarbeiter, Eugen Fink und Ludwig Landgrebe, ab, denen überdies durch die politischen Zeitumstände in den dreißiger und vierziger Jahren eine spezifische Aufgabe an der Husserlschen Philosophie zufiel und, nicht zuletzt durch eigene persönliche Entscheidungen, ein kaum zu überschätzendes Verdienst an der Bearbeitung und Erschließung des durch den belgischen Franziskanerpater Herman-Leo van Breda unter schwierigen Umständen 1938 nach Löwen geretteten Husserl-Nachlasses. (Dazu Breda/Taminiaux (Hrsg.) *1959a*.)

Eugen Fink (1905–1975), Husserls langjähriger und ihm bis zu dessen Tode auch durch räumliche Nähe besonders hilfreicher Mitarbeiter, dem ein guter Teil der Sichtung, Ordnung und Systematisierung unveröffentlichter Schriften seines Lehrers zu danken ist, wurde über mehrere Jahrzehnte hinweg auch Husserls beredter Anwalt und subtiler Interpret. (Vgl. Fink *1966; 1976*.)

Die ersten Arbeiten hatten der Handhabung des phänomenologischen Verfahrens im Bereich des Unwirklichen und der bildhaften Vergegenwärtigung (Fink *1966*, 1–78) sowie systematischen Untersuchungen zur Husserlschen Methodenlehre gegolten. Davon zeugen eindrucksvoll auch die Entwürfe Finks für die von Husserl geplante Umarbeitung und Erweiterung der ‚Cartesianischen Meditationen‘ und für eine systematische Darstellung seiner Philosophie (Fink *1988*). Als Fink dann 1933 zwecks Klärung grundlegender Mißverständnisse die Auseinandersetzung mit Husserls Kritikern aufnahm und die transzendentale Phänomenologie kontrastierend speziell gegen neukantianistische Positionen abhob, gewann dabei auch jene schärfere Kontur, und das in einer Weise, die Husserl versichern ließ, daß er sich hier jeden Satz Finks vollkommen zu eigen mache. (Vgl. Fink *1966,* 79–156 und VIIf. Vorwort Husserl.) In weiteren Abhandlungen Finks wurden die Entwicklungslinien der Husserlschen Phänomenologie aufgezeigt, seine Spätphilosophie dargelegt (dazu Fink *1976,* 45–74, 205–229) sowie Schlüsselbegriffe Husserls analysiert (z. B. *1976,* 180–204, 299–322).

Mehr jedoch als ein scharfsichtiger und reflektierend durchdringender Analytiker der Husserlschen Philosophie selbst, bot Fink nicht allein die ersten Anstöße, phänomenologisches Vorgehen mit anderen Formen des philosophischen Denkens, so des spekulativen und des dialektischen, zu konfrontieren. (Dazu *1976,* 139–157, 228–249.) Gerade die minutiöse Beschäftigung und Vertrautheit mit dem Œuvre Husserls ließ ihn vom Boden der Transzendentalphänomenologie aus auch eigene Schritte in die gesamte philosophische Tradition tun, dabei auch Ansätze Heideggers aufnehmen und, schließlich nicht unkritisch gegen die Methode der transzendentalen Phänomenologie, eigene Grundfragen zur Ontologie und zur philosophischen Anthropologie verfolgen.

Fink aus der Freiburger Zeit mit gleichen Arbeiten an der Ordnung und Gliederung der über vierzigtausend Seiten umfassenden stenographischen Manuskripte Husserls wie auch später in Löwen durch deren gemeinschaftliche Erschließung und Vorbereitung für die Kritische Edition eng verbunden war *Ludwig Landgrebe* (geb.

1902). Wie die frühen Arbeiten Finks zu Husserl sind auch die seinen weniger darstellend und kommentierend als reflektierend. Während Fink aber, ausgehend von der Erprobung der phänomenologischen Methode in einem bestimmten Anwendungsbereich und dann auch dieser als solcher zugewandt, mit seiner Reflexion auf Husserls Phänomenologie unmittelbar einsetzte, nahm Landgrebe seinen Weg von einem anderen Ausgangspunkt.

Geschichtsphilosophische Interessen, die zu einer Dissertation über Dilthey geführt hatten, rückten für Landgrebe bald in den größeren Rahmen einer ‚Kritik der historischen Vernunft', in dem er auch den eigenen Zugang zu Husserl wie zu Heidegger fand; rechtmäßig sah er in ‚Sein und Zeit' Husserls Arbeit weitergeführt. Diese Sichtweise Landgrebes wurde möglich mit der Vergegenwärtigung der historischen Situation der Philosophie, deren nicht mehr tragfähige Tradition von der als Neubeginn empfundenen Phänomenologie um so deutlicher abgelöst schien, als mit Husserl nicht allein ein neuartiger Weg des Philosophierens beschritten, sondern auch die Endgültigkeit eines neuen Systems nicht angestrebt war; sollte der Weg der Phänomenologie doch ins Offene einer nichtabschließbaren Erfahrung führen und insoweit auch eine neue Bedeutung für das konkrete Leben des Menschen und seine geschichtliche Selbstklärung gewinnen können.

Eben hier sah Landgrebe die Philosophie Husserls einen Platz einnehmen, der von der herkömmlichen Philosophie unbesetzt geblieben war; und Neuartigkeit wie Notwendigkeit der transzendentalen Phänomenologie wurden ihm früh bereits an jener Problematik der ‚Krisis der europäischen Wissenschaften' deutlich, die Husserl relativ spät erst im Zusammenhang behandelt, in seine Erwägungen jedoch von Anfang an einbezogen hatte.

Daß der transzendentalen Phänomenologie hier nicht nur besondere Aufgaben zuwuchsen, sondern auch Möglichkeiten ihrer Lösung, sah Landgrebe in der Besonderheit der transzendentalphänomenologischen Reflexion begründet: Probleme allererst sichtbar zu machen durch Abtragung alles dessen, was die Tradition verdeckt hatte, Vorurteile als diese freizulegen und zum Thema zu machen und, nicht zuletzt, die Sinnfrage aufzusuchen, die spezifisch mit Husserls konstitutionsgenetischer Analyse des Sinnes von Sein, Wahrheit, Wirklichkeit letzte Möglichkeiten dafür bot im Sichzurücktasten nach Gründen und Ursprüngen dessen, was ist; wenn sie sie auch nicht ohne verbleibende Aporien auszuschöpfen vermochte.

Vor diesem weiträumigen Hintergrund des Fragens schließen sich Landgrebes Arbeiten zur Phänomenologie Husserls zu einer Einheit zusammen (Landgrebe *1963; 1968; 1982*). Was in ihnen über die im wörtlichen Sinne handanlegende Arbeit an Husserls Manuskripten selber hinaus in vielfältigen eigenen Untersuchungen vorgelegt wurde, sind zum einen Teil erhellende, stets auch philosophiehistorische Kontexte einbeziehende Studien zu grundsätzlichen Themen Husserls (z.B. *1963,* 41–110; *1982,* 58–87), zum anderen Weiterführungen Husserlscher Fragestellungen, um nicht oder nur lückenhaft von Husserl Bedachtes ins Licht phänomenologischer Analyse zu rücken (dazu etwa *1963,* 111–124; *1982,* 88–101), und sind ferner eigene Ausarbeitungen von Problemen, die Husserl nur skizzenhaft umrissen hatte.

So läßt es insbesondere die Rahmenperspektive phänomenologischen Fragens bei Landgrebe verständlich werden, daß durch ihn klarer als zuvor, wo nicht gar erstmalig, die Problematik der Geschichte in Husserls Phänomenologie – der man lange Zeit fälschlich völlige Geschichtsfremdheit nachgesagt hat – ins Blickfeld gerückt wurde. (Vgl. *1968*, 11–33; *1976; 1982*, 38–57.) Als transzendentale Problematik bei Husserl die Historizität der weltkonstituierenden Subjektivität wie die der konstituierten Welt gleichermaßen betreffend, mußte sie vor allem die Frage nach dem konkreten Subjekt als Menschenwesen in seiner unmittelbaren Erfahrung und Selbsterfahrung inmitten seiner Lebenswelt (*1968*, 148–166; *1977*) wie letzthin in Tiefenbezirken seiner Individualität und Faktizität betreffen, in denen Husserls Verfahren wesensmäßig an Grenzen stößt. (Dazu u. a. *1982*, 102–116.)

Mit diesen Schwerpunktthemen aus dem Bereich der Phänomenologie kam Landgrebes Werk zugleich eine wichtige Vermittlerrolle zwischen der Phänomenologie in Deutschland und in anderen Ländern auch außerhalb Europas zu, in denen die Aneignung und Fortführung phänomenologischen Arbeitens naturgemäß auch auf andere geschichtlich-kulturelle Bedingungen als hierzulande stieß.[7]

2. *Aneignung, Fortführung und Umgestaltung: Phänomenologische Forschung im internationalen Kontext*

Wenn Husserl in seinen späten Freiburger Amtsjahren gelegentlich bemerken konnte, daß seine Hörerschaft es auf Angehörige aus zweiundzwanzig Nationen gebracht habe, so sprach dies für ein bis dahin in der Philosophie

---

[7] Auch hier nötigt das methodologische Schwergewicht dieses Bandes leider zu rigoroser Selektion, die andere, indes mehr durch ihre verhandelten Inhalte verdienstvolle Arbeiten nicht würdigen läßt. Der Leser orientiere sich dazu z. B. bei Spiegelberg *1981* und *1982a* sowie bei Sepp (Hrsg.) *1988*.

kaum wahrgenommenes, viele Ländergrenzen überschreitendes Interesse an der Phänomenologie, das vor allem in der Durchsichtigkeit ihres Verfahrens wie auch in der völligen Offenheit ihrer Problemhorizonte begründet gewesen sein dürfte. So wenig nun dies beides allein schon weltweite Verbreitung garantierte, so deutlich sollte jedoch die künftige Wirkung Husserls erweisen, wie vielfältig seine Ansätze weitergeführt, wie unterschiedlich auch Akzente und Schwerpunkte für die kritische Fort- und Umbildung seiner Philosophie gesetzt und wie verschieden die Rezeptionsgeschichte Husserls unter jeweils anderen soziokulturellen Aufnahmebedingungen verlaufen ist.

Alle diese Differenzen könnten im einzelnen nur verstehbar werden aus der Verflechtung der – heute noch nicht vollständig erfaßbaren – eigentümlichen Entstehungsgeschichte des Husserlschen Werkes mit den politischen Zeitumständen der dreißiger und vierziger Jahre. Im europäischen Austausch führte das zu tiefgreifenden Störungen und Unterbrechungen, bis schließlich die Wiederaufnahme speziell der phänomenologischen Forschung innerhalb eines breiteren Stromes philosophischer Themenstellungen geschah, welche, zum großen Teil nachkriegsbedingt, der Husserlschen Philosophie in der Aufnahme der jüngeren Generationen bis heute ihren Stempel aufgedrückt haben. Für ihre Rezeption in der amerikanischen Geisteswelt kamen teils besondere, teils die angedeuteten Umstände in spezifischer Ausprägung hinzu: Nicht nur war damals der Weg der Philosophie von hüben nach drüben noch allgemein weiter als heute; es war auch nicht selten der unfreiwillige, politisch erzwungene Weg in ein Exil, auf dem persönliches Schicksal und philosophischer Neubeginn doppelte Last, aber auch doppelte Lebensleistung bedeutete. Für die Entfaltung der Phänomenologie in den Vereinigten Staaten ist dabei von entscheidender Bedeutung geworden, daß sich an der New School for Social Research in New York, dem damaligen Zentrum und Sammelpunkt zahlreicher aus Deutschland vertriebener Gelehrter, auch zwei Phänomenologen aus dem weiteren Schülerkreise Husserls fanden, die hier ob ihrer spezifischen Ausrichtung und Auswirkung ihres phänomenologischen Arbeitens in weite, die amerikanische Philosophie bis heute mitformende Schülerkreise hinein vor allem anzuführen sind.

Alfred Schütz (1899–1959), zunächst Rechts- und Sozialwissenschaftler in Wien zu einer Zeit, als die methodologische Auseinandersetzung um die Beziehungen zwischen Natur- und Geisteswissenschaften nicht nur den philosophischen Disput in Deutschland beherrschte, sah sich insbesondere durch Max Weber und sein Bemühen um eine verstehende Soziologie in die tiefere Problematik einer philosophischen Grundlegung der Sozialwissenschaften geführt. Kategorien wie die des Lebens und der zu ihr gehörenden Sinnhaftigkeit, des Verstehens von Sinn und hier vornehmlich im Bereich sozialen Handelns, wie ihn Weber als „subjektiven“ oder „gemeinten“ Sinn aus dem Aspekt des Handelnden interpretiert hatte, schienen Schütz einer grundlegenden Erörterung bedürftig, die allerdings von spekulativen Konstruktionen oder metaphysischen Überhöhungen Abstand nehmen sollte. Eingehendes Studium der Lebensphilosophie Bergsons wie auch der bis dahin zugänglichen Werke Husserls führten Mitte der zwanziger Jahre zu einer Reihe von Einzeluntersuchungen über Sinnstrukturen, welche im Handeln, Sprechen, Denken je unterschiedlich konstituiert werden (dazu Srubar (Hrsg.) *1981*), ehe Schütz 1932 seine Analysen zum sinnhaften Aufbau der sozialen Welt vorlegte. (Vgl. Schütz *1974*.)

Die Zustimmung Husserls zu diesem Werk – die um jene Zeit freilich nicht mehr zu der beiderseits gewünschten Zusammenarbeit, sondern nur noch zu gelegentlichem mündlichem und brieflichem Kontakt führen durfte – konnte in mehrfacher Hinsicht vorbehaltslos ausfallen. Denn nicht nur hatte Schütz hier eine Diskussion mit Max Weber in einem phänomenologisch neuartigen Problemgebiet aufgenommen, die an durchdringender Schärfe des Blicks und analytischem Können schwerlich subtiler und präziser hätte ausfallen können. Überdies hatte Schütz auch sozialwissenschaftlich relevante, aber von Husserl kaum als solche markierte Themen seiner Transzendentalphänomenologie aufgespürt, weitergeführt und dabei auch manches aus Husserls Freiburger Analysen, die ihm nicht bekannt sein konnten, vorweggenommen. Das zeigte sich insbesondere im Bereich dessen, was aus Husserls Forschungen zur passiven Synthesis, zur vorprädikativen Erfahrung, zu seinen vertieften Zeitanalysen und zur genetischen Konstitution später erst zugänglich wurde.

Phänomenologische Weite und Tiefe dieses Hintergrundes, den außer Husserl wiederum Bergson mitfiguriert hatte, ermöglichten Schütz die volle Ausschöpfung des phänomenologischen Rüstzeugs für die Analyse des Handelns, wie es in seiner komplexen und mehrschichtigen Struktur nach Zielsetzung eines „Umzu“ und Motiv eines echten „Weil“ gleichermaßen auf künftige Ereignisse wie vergangene Erlebnisse und Erfahrungen des handelnden Subjekts bezogen ist. So zeigte sich ihm der Handlungsablauf insbesondere in einer eigentümlichen Zeitlichkeit wie auch nach gewissen Schematen der Erfahrung bestimmt. Diese erwiesen sich näherhin als konstitutiv für den spezifischen Handlungssinn, der auf diese Weise als Selbstauslegung des handelnden Subjekts kraft

Einordnung in den Gesamtzusammenhang seiner Erfahrung in Sicht trat.

Was Schütz hier in tiefdringenden und bisher unangefochtenen phänomenologischen Analysen des Handelns, zunächst ebenfalls aus dem Aspekt des handelnden Subjekts, darlegte, wurde alsbald auf die Problematik der Sinngebung in der Sozialwelt ausgeweitet (Schütz *1974*, 137 ff.). Beginnend mit dem Versuch, Strukturzusammenhänge des Fremdverstehens aufzuschließen, indem das Verstehen von Erlebnissen *des* alter Ego auf die Selbstauslegung der eignen Erlebnisse *vom* alter Ego zurückgeführt wurde, um von daher Fremdverstehen kraft mannigfacher Kundgabemöglichkeiten des anderen in nichtsprachlichem und sprachlichem Ausdruck mittels Zeichen und Symbolen einsichtig werden zu lassen, gelangte Schütz schließlich zur Strukturanalyse der Sozialwelt (*1974*, 198 ff.). In ihr gelang – dank distinkter Unterscheidungen nach sozialem Verhalten, sozialem Handeln und sozialen Beziehungen wie auch nach sozialer Umwelt, menschlicher Mitwelt und geschichtlich bedingter Vorwelt – die stufenweise Konkretisation der sozialen Welt. Bereits mit diesem Erstlingswerk hatte Schütz einen wesentlichen und bis heute nicht überholten Beitrag zur phänomenologischen Grundlegung der Sozialwissenschaften geliefert.

Damit war für Schütz zugleich die Richtung in die beiden großen Problembereiche eingeschlagen, die in Husserls Spätphilosophie ‚Intersubjektivität' und ‚Lebenswelt' hießen. Sie verlangten um so dringlicher weitere Nachforschung, als nicht nur Husserl mit ihnen durch seine anderen Perspektiven des Fragens nach der Konstitution von Objektivität und wissenschaftlicher Gegenständlichkeit vieles unberührt gelassen hatte, was im sozialwissenschaftlichen Problemhorizont von grundlegender

Bedeutung sein mußte, sondern als auch und vor allem Husserls Erörterung der Intersubjektivitätsfrage – abgesehen von ungelöst gebliebenen Schwierigkeiten – darin unzureichend geblieben war, daß sie hinsichtlich der Konstitution des anderen auf den aktuell anwesenden anderen im eigenen Wahrnehmungsfeld beschränkt geblieben war, ohne daß eine echte Wir-Gemeinschaft einbezogen worden wäre.

Was sich auch dazu in mehreren Abhandlungen von Schütz findet (vgl. *1971–1972*) und was an Ausarbeitungen und neuen Entwürfen erst in den letzten Jahren bekannt wurde (dazu Schütz/Luckmann *1970–1984*), waren neben Studien zu verschiedenen Einzelgegebenheiten innerhalb der sozialen Wirklichkeit, wie sie insbesondere der Idee des „Alltags" dieser Wirklichkeit konkrete Züge gaben (dazu Sprondel/Grathoff (Hrsg.) *1979*), stets auch Reflexionen zur adäquaten phänomenologischen Erfassung und Durchdringung dieser Welt selbst. Dafür blieb Husserls Vorgehen im Prinzip der methodische Maßstab; und selbst nachdem Schütz von der fünften Cartesianischen Meditation, in der die Schwierigkeiten des Intersubjektivitätsproblems allenthalben offenkundig wurden, hatte Kenntnis gewinnen können, schrieb er Husserl nicht allein die Erkenntnis der Bedeutsamkeit dieses Problems in „ungemein tiefdringenden Analysen", sondern sogar „bereits die wesentlichen Ansatzpunkte für deren Lösung" zu (Schütz *1974*, 193).

Nicht von ungefähr kam aber wohl diese zunächst ungeteilte Wertschätzung der Husserlschen Methode aus dem gemeinsamen Beginnen einer Konstitutionsanalyse von Fremdseelischem und Fremdverstehen im Ausgang vom eigenen Ich, dessen Analyse des Handelns Schütz denn auch konsequent in der Husserlschen Epoché durchgeführt hatte. Denkwürdigerweise aber verzichtete er ausdrücklich auf die transzendentalphänomenologische Einstellung, sobald es ihm um die Konstituierung von Intersubjektivität ging. Die Schwierigkeiten bei Husserl nur knapp erwähnend, begab Schütz sich für seine Untersuchung des Fremdverstehens ausdrücklich zurück in die natürliche Einstellung. Dafür gab er die nicht ganz verständliche Begründung, daß erst die Durchführung der von Husserl postulierten Analysen auf die Frage nach dem Sinn des Du überhaupt Antwort geben könne. Jedoch nahm er selbst nicht eben diese Durchführung sich vor, sondern setzte soziale Gemeinschaft als vorgegeben ausdrücklich voraus (Schütz *1974,* 137). Was für Schütz fortan ‚Konstitution' hieß, entsprach mithin nicht mehr Husserls Konzeption transzendentaler Sinnstiftung durch extramundane Subjekte. Vielmehr verstand er konstitutive Phänomenologie allein in jenem Sinne, wie Husserl etwa in den ‚Ideen II' „konstitutive Probleme" aufgenommen hatte, Probleme nämlich nur hinsichtlich des Sinnaufbaus der realen Welt, die indes auch dort als vorgegeben gegolten hatte.

Schütz konnte damit nicht nur Husserlsche Dilemmata umgehen, da er sich allein die deskriptive Analyse der sozialen Wirklichkeit als Aufgabe vorsetzte. Er entlastete sich auch in dem Maße, wie er in seinen späteren Arbeiten die Akzente von der Problematik der Intersubjektivität mehr auf die Analyse zur Lebenswelt verlagerte, von der anderen transzendentalphänomenologischen Frage der Konstitution der Welt durch intersubjektive Gemeinschaft. Eine allgemeine, später mehr am Rande geführte Diskussion, ob diese Konstitution als einseitige oder wechselseitige zu verstehen sei, scheint Schütz von vornherein damit entschieden zu haben, daß ihm, gewöhnlichem Verständnis gemäß, Intersubjektivität als sozial konkretisierte Gemeinschaftlichkeit nur in einer vorgegebenen Welt möglich schien, so daß er insofern der natürlichen Auffassung den Rang einer philosophischen Legitimationsinstanz einräumte.

Daß dies jedoch nicht einfach in der ungebrochenen Sicherheit eines reflexionslos-naiven Realismus geschah, zeigt sich wohl am deutlichsten darin, daß Schütz die transzendentale Intersubjektivitätsproblematik Husserls auch später noch immer wieder beschäftigt hat. Eine ausführliche Auseinandersetzung mit ihr (Schütz *1957*) sowie eine kritische Würdigung Husserls hinsichtlich der Bedeutung seiner Phänomenologie für die Sozialwissenschaften (Schütz *1959*) lassen allerdings auch erkennen, wie gering Schütz am Ende die Möglichkeiten einschätzte, aus Husserls transzendental-konstitutivem Aspekt Intersubjektivitätsphänomene befriedigend aufzuklären. Unüberwindbare aporetische Reste lagen für ihn vor allem in Husserls transzendental-egologischem Ansatz und, wesentlicher noch, in einer „Sinnverschiebung", die er bei Husserl im Konstitutionskonzept meinte konstatieren zu müssen; sei darin doch von einer Aufklärung der Sinnstruktur und Auslegung des Sinnes von Sein – dieser weiterhin zugestandenen ureigensten Domäne transzendentalphänomenologischer Forschung, in der Husserl auch noch von keiner Kritik betroffen worden sei – fortgegangen worden zu einem Begriff von Konstitution als „Kreation" und damit zu einer für die Phänomenologie nicht erreichbaren „Begründung einer Ontologie aus den Lebensprozessen der Subjektivität" (Schütz *1957*, 107; *1971–1972*, Bd. 3, 118).

Man darf Schütz diese und etliche andere Unebenheiten in der Interpretation Husserls um so weniger zur Last legen, als sie – ganz abgesehen davon, daß sie seine eigenen positiven Leistungen unberührt lassen – hauptsächlich auf der Rezeption jener von Husserl später selbst kritisierten „naiven" Form seiner transzendentalen Phänomenologie beruhten, die Fehlauslegungen – auch bei Schütz insbesondere wiederum im Zusammenhang mit der transzendentalen Epoché als „Ausschaltung", „Einklammerung" der Welt, aber auch bezüglich des Intentionalitäts- und Konstitutionskonzepts – geradezu herbeiführen mußten, da Husserls spätere Fortschritte noch nicht bekannt waren. Gleichwohl hielt Schütz bemerkenswerterweise an der Unersetzlichkeit der transzendentalen Methode auch und gerade für die Sinnerhellung der sozialen Welt fest (z. B. *1971–1972*, Bd. 3, 122) und nahm nur, mit unbestreitbarem Recht, für seine eigene Arbeit in Anspruch, eben nicht diese Erhellung von Sinn betreiben, sondern durch Strukturuntersuchungen der sozialen Wirklichkeit auf der Basis der vorgegebenen Welt zur Grundlegung der Sozialwissenschaften beitragen zu wollen. Schütz holte insoweit auch manches von dem nach, was Husserl als „Ontologie der Lebenswelt" der künftigen phänomenologischen Forschung hatte überlassen müssen.

In engem fachlichem Zusammenhang mit dem Werk von Alfred Schütz steht dasjenige von *Aron Gurwitsch* (1901–1973). Gleichen Antrieben aus der Phänomenologie Husserls folgend, verband ihn mit Schütz nicht zuletzt das gleiche Lebensschicksal erzwungener Auswanderung aus Deutschland, das sie, beide nach kurzem Pariser Zwischenexil, schließlich in Amerika neue Wirkungsmöglichkeiten finden und auch durch persönliche Freundschaft getragenen Gedankenaustausch pflegen ließ. (Dazu Grathoff (Hrsg.) *1985*.)

Anders als Schütz wählte Gurwitsch allerdings den Ausgangspunkt seiner Untersuchungen im Bereich der Wahrnehmung, deren damals einschlägige psychologische und insbesondere assoziationspsychologische wie auch psychopathologische Theorien ihm kritische philosophische Analyse zu fordern, teils aber auch – wie im Falle der Gestalttheorie – stärkere Beachtung in der Phänomenologie selbst zu verdienen schienen, zumal jene vom Ansatz her eine gewisse Affinität zur Phänomenologie zeigte. Wahrnehmung war zudem ein Kernthema der Phänomenologie: Wesentlicher Prozeß unserer alltäglichen Lebensorientierung und alle höheren geistigen Aktivitäten fundierend, hatte sie schon bei Husserl nicht nur eine grundlegende Rolle für die beginnende phänomenologische Analyse gespielt, sondern auch methodisch exemplarische Funktion gewonnen für die Untersuchung von Bewußtseinsintentionalität schlechthin und alle aus ihr resultierenden weiteren phänomenologischen Distinktionen.

Für Gurwitsch wurde die Wahrnehmung ein Leitthema in mehrfacher Hinsicht, das ihn bald auch in die Nähe von Schütz führte. Die Aufnahme gestaltpsychologischer Fragen ließ Gurwitsch einerseits das wahrnehmungsphänomenologische Instrumentarium immer wieder neu durchdenken; andererseits fand es dabei zugleich seine Erprobung in einem Phänomenbereich, welcher – der Erkenntnispsychologie wie der Husserlschen Transzendentalphänomenologie gleichermaßen zugehörig – auch verlangte, mehr als bisher in seiner Einbettung in lebensweltliche Bezüge betrachtet zu werden. Was Schütz aus handlungssoziologischen Aspekten zur Phänomenologie der gesellschaftlichen Wirklichkeit brachte, führte so bei Gurwitsch von der Basis der Wahrnehmungsgegebenheiten aus auf verwandte Zusammenhänge. Bemerkenswerterweise galt nach der Dissertation zu Problemen der Wahrnehmung von 1929 (vgl. Gurwitsch *1966,* 175–286) die nächste größere Arbeit von 1931 der Frage mitmenschlicher Begegnungen in der Sozialwelt. (Dazu Gurwitsch *1977.*)

So war die Metapher des angebohrten Tunnels, an dem Gurwitsch „das Klopfen" hörte, „das den Arbeiter von der anderen Seite ankündigt" (Grathoff (Hrsg.) *1985*, 135) überaus treffend auch dann, wenn nicht nur bei getrennten Anfangsbohrungen an beiden Enden unterschiedlich angetroffenes und interessierendes Grundgestein streckenweise auch verschiedene Wege gehen ließ, sondern wenn auch die zu erreichende Verbindung hier nicht in einer exakten Zielgeraden liegen sollte.

Während Schütz in seiner gesamten Arbeit sozialwissenschaftliche Themen unmittelbar behandelte und sein Augenmerk schließlich hauptsächlich auf eine Theorie lebensweltlicher Typik als Grundlage für eine phänomenologische Explikation von Typen sozialen Handelns legte, war es Gurwitsch um die Klärung grundlegender Begriffe der Husserlschen Phänomenologie im Rahmen seines Wahrnehmungskonzepts zu tun. Dabei kam seine philosophiehistorische Bildung auch historisch ausgreifenden Untersuchungen zugute. Begriff und Theorie der Intentionalität, der Konstitution, des Bewußtseins rückten ihm auf diese Weise in größere Zusammenhänge seit Locke, Hume und Kant. (Vgl. Gurwitsch *1959; 1964;* Embree (Hrsg.) *1984*, 153ff.) Darüber hinaus blieb ihm, begründet auch durch seine frühen Studien der Mathematik und Physik, stets diejenige Problematik gegenwärtig, die Husserl mit dem vergessenen Sinnesfundament der Naturwissenschaften aufgegriffen hatte. (Vgl. Embree (Hrsg.) *1984*, 3ff.) So gelangte die Lebenswelt bei Gurwitsch auch aus Husserls Perspektive nicht bloß schärfer ins Blickfeld, sondern zudem in einen spezifischen Horizont der Aufmerksamkeit. Denn dieser war schon durch die Art seiner frühen Untersuchungen zur Wahrnehmung in bemerkenswerter Weise konturiert: indem Gurwitsch die Beziehungen zwischen Phänomenologie und Gestaltpsychologie aufgenommen hatte, war er auf die wichtige Gegebenheit des „Feldes" gestoßen. Ihr ist er in einer größeren Monographie systematisch nachgegangen (Gurwitsch *1957*).

Die Explikation des phänomenologischen Schlüsselbegriffs der Intentionalität wurde hier zu einer Theorie des *Bewußtseinsfeldes* entfaltet. Daß intentionales Bewußtsein nicht lediglich durch seine Akte charakterisiert ist, daß diese vielmehr eingelassen sind in einen umfassenderen Kontext und für die Intentionalanalyse lediglich thematische Gegebenheiten vor mitgegebenem Hintergrund sind, der je nach Typusbeschaffenheit die thematische Zuwendung auf einen Gegenstand mitbestimmt, erinnert in vielem an Husserls Untersuchung der Außen- und Innenhorizonte der Akte, ihre Implikationsverhältnisse nach Aktivitäten und Potentialitäten. Doch ging Gurwitsch mit der Aufdeckung der „Feldintentionalität" über Husserls „Horizontintentionalität" noch hinaus und bot, im Bereich der Wahrnehmung, insoweit eine kritische Weiterführung und Revision der Husserlschen Ausführungen.

Die gestalttheoretische Unterscheidung von Figur und Grund aufnehmend, fand Gurwitsch darin eine wesentliche strukturelle Eigentümlichkeit des Wahrnehmungs- und schließlich des Bewußtseinsfeldes allgemein. Aus ihr heraus ergab sich indessen nicht nur, was jeweils in thematischer Zuwendung Gegenstand einer Intention und wie er es ist, sondern auch, auf welche Weise er als identische Einheit bestimmbar wird. Damit wurde zugleich Husserls Konstitution des Wahrnehmungsgegenstandes und insbesondere seine identifizierende Synthesis neu und schärfer beleuchtet. Gurwitsch zeigte auf, daß die Gegenstandskonstitution, und zwar schon in ihren Bedingungen, zunächst äußerlich durch die Zugehörigkeit des Gegenstandes zu einem Kontext und näherhin durch ein „thematisches Feld" als Bereich des für die Gegenstandserfassung Relevanten determiniert ist. Damit präzisierte und konkretisierte er Husserls Beschreibungen gegenständlicher Mitgegebenheiten bezüglich der Antizipationen und Verweisungen, deren Einlösung bei Husserl auf der noetischen Seite der Wahrnehmung die kontinuierliche und identifizierende Synthesis des Wahrnehmungsgegenstandes im wesentlichen ausmachte. Was nach Gurwitsch dieses Verweisungssystem charakterisierte, war dagegen auch eine gewisse Vorstrukturiertheit des thematischen Feldes. Gurwitsch suchte im einzelnen nachzuweisen, daß diese jedoch nicht auf „organisierende" Bewußtseinsleistung allein zurückzuführen ist, sondern daß sie zur unmittelbaren Gegebenheit des thematischen Feldes so gehört, daß seine Konstitution im Husserlschen Sinne zu modifizieren ist: Die mit ihr nach Husserl einhergehende Stiftung von Sinn und Setzung von Seinssinn konnte nach Gurwitsch nicht gänzlich spontan erfolgen, sondern nur so, daß sie gleichsam einem „Positionsindex" entsprach, den jede thematische Gegenständlichkeit zuvor schon durch seine Stellung im thematischen Feld hat.

Es ist auch hier nicht zu fragen, wie weit Husserls später erst bekannt gewordenen Untersuchungen, insbesondere zur passiven Synthesis, anfänglich hier erscheinende Unterschiede ausgeglichen haben, so daß im heutigen Rückblick sich Revisionen von Gurwitsch in Ergänzungen verwandelt haben. Aber nicht nur als jene, sondern auch als diese sichern sie dem Werk von Gurwitsch über das Bewußtseinsfeld ihren bleibenden Wert. Ursprünglich in französischer Sprache verfaßt, hat es besonderen Einfluß in Frankreich auf die dortige Ausprägung der phänomenologischen Philosophie gewonnen, bis eine englische – der deutschen noch Jahre vorhergehende – Übersetzung es zu einem phänomenologischen Grundbuch auch für die Phänomenologie in den Vereinigten Staaten werden ließ.

Die Konzeption des Bewußtseins und insbesondere des Wahrnehmungsbewußtseins als eines ‚Feldes' gab mit dessen gegenständlicher Entsprechung für Gurwitsch zugleich den Blick frei auf eine Welt sinnlicher Vorgegebenheiten, die sich bei näherer Betrachtung unschwer als jene Lebenswelt bot, die sich in ihren von Gurwitsch beschriebenen Zügen mit derjenigen von Schütz strukturell deckte – jedenfalls soweit es bei beiden um ihre Thematisierung innerhalb eines auch für diese relevanten ‚thematischen Feldes' im Prinzip gleicher phänomenologischer Forschungsinteressen und Verfahrensweisen ging.

Bei Gurwitsch kamen indes weitere Relevanzgesichtspunkte insofern hinzu, als ihn auch die Fundierungsproblematik der mathematischen Naturwissenschaften beschäftigte. Zwar fand die Exposition der Lebenswelt, wie Schütz sie aus der Perspektive der alltäglichen Welt sozialer Kommunitäten im Blick hatte, seine volle Zustimmung. Doch fand er auch Anlaß zu konstatieren, daß sie beide aus ganz anderen Problemstellungen heraus zu gleichen Resultaten kämen. Da Gurwitsch auch Fragen der Konstitution der Wissenschaften, zumal der mathematischen, aufnahm, blieb er insofern Husserlschen Grundfragestellungen näher als Schütz. Während dieser ausschließlich der Welt der Alltagserfahrung und ihr zudem in radikaler Entgegensetzung zur Weltbetrachtung und Weltbehandlung der Wissenschaften zugewandt blieb, so daß er darüber in eine pointierte Kontroverse mit dem Wissenschaftssoziologen Talcot Parsons geriet, sah Gurwitsch auch die Lebenswelt als Sinnesfundament der Wissenschaften und hier die entscheidende Aufgabe darin,

Husserls Idee der Sinnsedimente und sedimentierten Geschichte wissenschaftlicher Konzepte tiefer nachzugehen und diese überdies auch historisch im Sinne positiver Geschichte zu verfolgen. (Dazu Gurwitsch *1974,* Part 1; Natanson (Hrsg.) *1970,* 35–61.)

Schütz und Gurwitsch vermochten beide, nicht zuletzt durch ihre Lehr- und Forschungstätigkeit an der New Yorker New School, schulbildend zu wirken. Daraus erklärt sich zum einen die spezifische Affinität der phänomenologischen Philosophie zu den Sozialwissenschaften in Amerika, welche, teilweise im Rücklaufprozeß, in den letzten Jahren auch hierzulande zu verzeichnen ist. (Dazu z.B. Grathoff/Waldenfels (Hrsg.) *1983.*)[8] Zum anderen wird daraus verständlich, daß dort die Phänomenologie Husserls anfänglich nur in sehr selektiver Thematik oder unter speziellen Gesichtspunkten rezipiert worden ist, wofür allerdings auch der vielfach erst späte Zugang durch Buch und Schrift – wie er etwa im Falle der heute noch nicht abgeschlossenen Werkausgabe Husserls besonders augenfällig ist – nicht unbedeutend gewesen sein dürfte.

Um so höher ist das Verdienst derer, die neben den Genannten und unabhängig von ihnen phänomenologischem Denken und Forschen in Amerika den Boden bereiten halfen. Stellvertretend für viele andere können im Rahmen dieser knappen Darstellung hier nur zwei weitere Namen genannt werden, ohne daß damit Wirken und

---

[8] Husserls Schlüsselbegriff der Lebenswelt hat begreiflicherweise Eingang in unterschiedlichste philosophische und soziologische Problembereiche gefunden. Daß er auch außerhalb des Husserlschen Kontextes oder nur in lockerer Beziehung zu ihm Verwendung findet, ist durchaus legitim, macht aber einschlägige Arbeiten selbst dort, wo sie sich auf Husserl berufen, damit noch nicht eo ipso zu phänomenologischen im engeren, hier zu exponierenden Sinne. Auf diese kann hier allein aus räumlichen Gründen nicht eingegangen werden.

Wirkung, die sich mit ihnen, geschweige denn mit vielen anderen, verbindet, angemessen gewürdigt wäre.

Früh schon erwarb sich *Marvin Farber* (1901–1980) Verdienste um die Verbreitung der Phänomenologie. Auch er ehemaliger Freiburger Husserl-Schüler, wies er sich bereits 1928 mit einer methodologischen Dissertation zur Phänomenologie an der Universität Buffalo aus und führte später seine teils Husserl weiterführenden, teils gegen ihn kritischen Reflexionen in dieser Richtung fort (Farber *1928; 1943*). Mit der Gründung der ersten Phänomenologischen Gesellschaft 1939 und im Jahr darauf des bis heute fortgeführten Publikationsorgans ‚Philosophy and Phenomenological Research' trug Farber wirksam auch zur institutionellen Festigung phänomenologischer Forschung bei und schuf zugleich Modelle für zahlreiche und gegenwärtig noch im Zunehmen begriffene phänomenologische Zeitschriften und phänomenologische Gesellschaften innerhalb und außerhalb der Vereinigten Staaten.

Auf andere Weise wirkte *Herbert Spiegelberg* (geb. 1907) in Amerika für die Aufnahme der Phänomenologie. Insbesondere ihrer Geschichte zugewandt und dabei vor allem Belangen amerikanischer Philosophieausbildung Rechnung tragend, legte er eine umfängliche und auch bio- und bibliographisch detailliert informierende Darstellung vor, die auch der phänomenologischen Methode gerecht zu werden sucht (Spiegelberg *1982a*). Daß sie allerdings hinsichtlich Husserls Phänomenologie versagt und Husserls Problemstellungen vielfach schon im Ansatz entstellt, dürfte an der Herkunft des Autors aus der Pfänder-Schule liegen; wie sich denn Spiegelberg auch in seinen anderen Arbeiten als versierter und beredter Anwalt der Phänomenologie Pfänders zu erkennen gibt. (Vgl. Spiegelberg *1940/1941; 1963*.)

Für die Husserl-Rezeption in anderen außerdeutschen Ländern im Rahmen dieser Darstellung und ihrer Zielsetzung einen kurzen Leitfaden zu bieten, erscheint weder möglich noch zwingend geboten. Mutatis mutandis gilt auch dort, daß jeweils im Horizont der eigenen philosophischen Tradition diese Rezeption, begreiflicherweise, anders akzentuiert wird. Daß dementsprechend auch die Kritik an Husserl unterschiedlich ausfällt, ist nur selbstverständlich. Aneignung wie Kritik halten sich indes methodisch im Rahmen des bisher Ausgeführten, seine soweit dargelegten Problemstellungen, Verfahrensschritte und Lösungsversuche konstruktiv variierend oder kritisch destruierend, wo anders gelagerte Inhalte es nahelegen. Das trifft nicht nur für unsere westlichen und südlichen Nachbarn – und über diese auch für die Phänomenologie Husserls in Südamerika – zu; es gilt auch für die phänomenologische Philosophie in östlichen Ländern.

Dort hat insbesondere Polen seit Kasimir Twardowski eine lange, stetige und durch den Einfluß Roman Ingardens und seiner Schüler lebendige, auch der Phänomenologie in Deutschland besonders nahegebliebene und bis heute wirksame phänomenologische Tradition. Dagegen scheint das einstige phänomenologische Zentrum in Prag, dem bis 1977 Jan Patočka seine Bedeutung bewahren konnte, gegenwärtig weitgehend erloschen zu sein, indessen in Jugoslawien eine aufschlußreiche Auseinandersetzung zwischen Phänomenologie und Marxismus geführt wird, an der sich auch Vertreter anderer Länder des europäischen Ostens beteiligen konnten. (Dazu Waldenfels et al. (Hrsg.) *1977–1979*.)

Schließlich haben bereits zahlreiche japanische Schüler Husserls aus der Freiburger Zeit phänomenologisches Fragen und Forschen schon in den dreißiger Jahren in ihre Heimat getragen, und gegenwärtig gehören zu den intensiven Bemühungen zahlreicher japanischer Philosophen um Aufnahme und Aneignung europäischen Denkens auch solche, die sich zunehmend der Phänomenologie zuwenden. (Vgl. Nitta (Hrsg.) *1984*.)

So hat an dem heute weltweiten und längst nicht abgeschlossenen Dialog um die Philosophie allgemein die Phänomenologie, und nicht zuletzt auch diejenige Husserls, deutlichen Anteil. In ihm mag sich – wenngleich in anderer Weise, als Husserl selbst es erhofft hatte – erfüllen, was ihrem Begründer als eine Philosophie offener Zukunftshorizonte zeitlebens vorgeschwebt hat.

Teil B
Eigenständige Weiterentwicklungen der Husserlschen Phänomenologie

Von Paul Janssen

Verwandlungen der Phänomenologie Husserls in Deutschland

I. Schelers Wesens- und Wertphänomenologie

1. Schelers Stellung in der phänomenologischen Bewegung

Der Anfang seines Kontaktes mit der Phänomenologie ist von Scheler selber rückblickend auf eine Begegnung mit Husserl im Jahre 1901 fixiert worden. Scheler beschreibt das Ereignis, in dem er nach langem Suchen über die methodische Grundlage seines künftigen Philosophierens Klarheit gewonnen hat, folgendermaßen: „Als der Verfasser im Jahre 1901 in einer Gesellschaft, die H. Vaihinger in Halle den Mitarbeitern der ‚Kantstudien' gegeben hatte, Husserl zum erstenmal persönlich kennenlernte, entspann sich ein philosophisches Gespräch, das den Begriff der Anschauung und Wahrnehmung betraf. Der Verfasser, unbefriedigt von der kantischen Philosophie, der er bis dahin nahestand (...), war zur Überzeugung gekommen, daß der Gehalt des unserer Anschauung Gegebenen ursprünglich weit reicher sei als das, was durch sinnliche Bestände, ihre genetischen Derivate und logische Einheitsformen an diesem Gehalt deckbar sei. Als er diese Meinung Husserl gegenüber äußerte und bemerkte, er sehe in dieser Einsicht ein neues fruchtbares Prinzip für den Aufbau der theoretischen Philosophie, bemerkte Husserl sofort, daß auch er in seinem neuen, demnächst erscheinenden Werke über die Logik eine *analoge* Erweiterung des Anschauungsbegriffes auf die sogenannte ‚kategoriale Anschauung' vorgenommen habe. Von diesem Augenblick an rührte die geistige Verbindung her, die in Zukunft zwischen Husserl und dem Verfasser bestand und für den Verfasser so ungemein fruchtbar geworden ist." (GW VII, 308; ferner Spiegelberg *1982b*, 268 ff. und Dupuy *1959a*, T. 1, 209 ff.)

Es ist die Anschauung, welche Befreiung aus den Fesseln der überkommenen philosophischen Methodik (z. B. des Neukantianismus) verspricht und welche der Philosophie die Eröffnung einer eigenen Forschungsweise zu sichern scheint, aufgrund derer sie sich eine eigenständige Wissenschaft nennen kann. Eine an den geschauten Sachen gewinnbare Wesenserkenntnis vermöchte die Philosophie davor zu bewahren, zu einer allgemeinen Lebens- oder Kulturphilosophie zu verwässern, die sich damit abfindet, daß alle Gegenstandsbereiche bereits von Wissenschaften abgedeckt werden und für sie nur noch eine nachträgliche Synthese und allgemeine Lebens-Besinnlichkeit übrigbleibt. Diese Notlage der Philosophie und der durch Husserl eröffnete Ausweg sind sicherlich einer der Gründe für die Ausstrahlungskraft der frühen Phänomenologie, die allerdings an den Anschein einer Philosophie qua Wissenschaft mit einem eigenen Gegenstandsbereich, der sich einer besonderen Einstellung verdankt, gebunden ist. Diese Situation spiegelt sich exemplarisch im Einsatz des Schelerschen Philosophierens.

Scheler kann, wenn man von seiner spezifischen Umgestaltung der Phänomenologie absieht, dem Göttinger Phänomenologenkreis zugerechnet werden. Er ist einer der Wegbereiter und Ausgestalter der methodischen Grundüberzeugungen der sogenannten Wesensphänomenologie gewesen, die in diesem Kreise geherrscht hat, in dem Husserls Wendung zum Transzendentalen abgelehnt worden ist. Für Schelers eigene Wertlehre ist allerdings im besonderen Franz Brentanos Schrift ‚Vom Ursprung sittlicher Erkenntnis‘ (1889) relevant geworden. In einer gewissen Verwandtschaft hinsichtlich des Aufbaus der Ethik als Wertlehre sieht sich Scheler mit Meinong, Ehrenfels, Krueger, Münsterberg, Husserl u.a. (Vgl. GW I, 381f.)

Schelers Zuwendung zur Phänomenologie ist aufgrund seiner geistigen Herkunft keineswegs naheliegend. Der phänomenologischen Arbeitsmaxime geht bei ihm in den Anfangsjahren des Jahrhunderts eine Hochschätzung des Kantischen Konstruktivismus vorher. Scheler rühmt an Kant seine Modernität, die darin besteht, daß er gegen die machtvolle aus der Antike überkommene Tradition, welche Erkennen als Abbilden des Seins versteht, die schöpferische Ordnungsleistung des Verstandes, wie sie in aller modernen Wissenschaft am Werk ist, herausgearbeitet hat. Wissenschaftliche Erkenntnis ist demnach ein aktives Organisieren, in dem sich gesetzmäßige Gedankenreiche aufbauen. Es gibt also keine schauende Entsprechung zu Wesens-Tatsachen. (Vgl. Scheler: I. Kant und die moderne Kultur, GW I, 365. – Vgl. dagegen die kritische Stellungnahme zu Kant in der Abhandlung ‚Phänomenologie und Erkenntnistheorie‘, die kein Jahrzehnt später erfolgt ist, GW X, 415. Hier heißt es: „Der ‚Verstand‘ – mit Kant zu reden – schafft nichts, macht nichts, formt nichts.“) Die sich als konstruktive Erkenntnislehre äußernde philosophische Position ist derjenigen, die sich Scheler mit der Übernahme der phänomenologischen Weise zu philosophieren zu eigen macht, entgegengesetzt. Erst in dieser findet Scheler zu seiner eigenen Philosophie. Wenn man seine phänomenologische Philosophie durch eine gewisse, noch nicht problematisch gewordene Zentralstellung der Anschauung von Wesens-Tatsachen charakterisiert, so beschränkt sie sich zeitlich vor allem auf die beiden ersten Jahrzehnte unseres Jahrhunderts. Die Lehre von der Anschauung von Wesens-Tatsachen ist sowohl interpretations- wie fundierungsbedürftig. Dieses doppelte Ungenügen hat sich bei Scheler schon bald bemerkbar gemacht, ohne daß er deswegen diese Lehre je preisgegeben hätte. Er hat sich dies Ungenügen selber auch durch die Art und Weise, wie er denkt, verdeckt. Immerhin kennzeichnet Scheler noch 1922 in der Vorrede zur 2. Auflage der Schrift ‚Die transzendentale und psychologische Methode' (GW I, 201) das Spezifische seines Denkens in der Abkehr von Husserls Wende zur idealistischen Bewußtseinsimmanenz durch die Anschauung der „Wesensbestände der Welt und des Geistes". Diese Anschauung soll zugleich ontologisch und realistisch sein. Zwar liegt die phänomenologische Hauptleistung Schelers in seinen inhaltlichen Analysen zum Reich der Werte und des Emotionalen, aber in diesen Analysen liegen Darstellungs- und Konstruktionsschwierigkeiten verborgen, wie sich zeigen wird. Ihnen gilt unser Hauptinteresse.

Im Vorwort zur 3. Auflage seines ersten großen Werkes ‚Der Formalismus in der Ethik und die materiale Wertethik' (GW II) vom Dezember 1926 betont Scheler, daß seine in den zwanziger Jahren ausgearbeitete Metaphysik des einen und absoluten Seins zwar eine Änderung seiner Gotteslehre besage, daß dadurch aber die materiale Wertethik nicht berührt werde. In der Ethik sollen sich vielmehr Gründe und Motive für die Umbildung der Metaphysik finden. Die Abwandlungen sollen die Philosophie des Geistes und seiner gegenständlichen Korrelate gar nicht betreffen, sondern auf „Änderungen und Erweiterungen" von naturphilosophischen und anthropologischen Theoremen zurückgehen. (Vgl. GW II [1966], 17.)

Die folgende Interpretation folgt diesem harmonisierenden Selbstverständnis der eigenen Entwicklung durch

Scheler nicht. Sie sucht statt dessen problematische Bruchstellen in seinem Werk auf, um von ihnen aus einen engen und scharfen Begriff dessen, was in Schelers Werk phänomenologisch genannt werden kann, zu gewinnen.

Vom positiv ergriffenen Ausgangspunkt der Anschauung aus läßt sich das phänomenologische Opus Schelers nach zwei Seiten aufgliedern: 1) nach der Seite seiner an spezifischen „Sachen“ gewonnenen Erkenntnis und 2) nach der Seite seiner methodischen Reflexionen, die Voraussetzungen und Eigenart des phänomenologischen Erkennens klären. Die Fruchtbarkeit der Applikation des phänomenologischen Schauens durch Scheler hat zu einigen der bedeutendsten Publikationen der Phänomenologie geführt. Scheler hat das Reich des Emotionalen vom phänomenologischen Grundbegriff der Intentionalität her neu erschlossen. Sein Ruhm verdankte sich zunächst dieser Pionierleistung. (Vgl. Stegmüller *1978*, 96 ff.) Die ausgedehnten methodischen Reflexionen, in denen Scheler Rechenschaft über die Eigenart der Phänomenologie als philosophischer Wissenschaft abgelegt hat, sind zum großen Teil erst postum veröffentlicht worden.

Bevor unter methodisch-kritischen Gesichtspunkten auf materiale Einsichten der Schelerschen Phänomenologie eingegangen wird, sind einige der wesensontologischen Voraussetzungen, die über ihre Erkenntnisart entscheiden, herauszustellen.

2. Methodische Grundunterscheidungen der Schelerschen Wesensphänomenologie

Im Zusammenhang mit der Arbeit am Formalismus-Werk hat sich Scheler zwischen 1911 und 1914 auch ausführlich über die Eigenart der Phänomenologie als Wissenssystem im Unterschied zu anderen Weisen, die Welt zu erfahren und zu erkennen, Rechenschaft abgelegt. Zwei wichtige, erst postum erschienene Abhandlungen dieser Art sind: ‚Phänomenologie und Erkenntnistheorie' sowie die ‚Lehre von den drei Tatsachen' (GW X, 377 ff., 431 ff). Hier finden sich Grundzüge einer methodischen Selbstrechtfertigung der Phänomenologie. Die wichtige Frage nach ihrer Fortentwicklung in den zwanziger Jahren kann nicht verfolgt werden. Aber aus den abschließenden Bemerkungen zur Phänomenologie im Spätwerk Schelers erhellt einiges zu diesem Punkt.

Scheler trennt für den Fall der Phänomenologie deren Sacheinsichten von der Bestimmung der phänomenologischen Erkenntnisart. Es soll phänomenologische Einsichten geben, die als gerechtfertigt eingesehen werden können, ohne daß das phänomenologische Erkennen selber gerechtfertigt werden müßte. Man kann sich viele Ergebnisse der Schelerschen Studien zum Emotionalen in dieser Weise aneignen. Ob die Trennung von sachhaltiger Einsicht und Reflexion auf die Art der Gewinnung sich so problemlos durchführen läßt, wie Scheler in der Vorbemerkung zu ‚Phänomenologie und Erkenntnistheorie' annimmt, wird durch die Art und Weise, wie hier anschließend inhaltliche Einsichten der angewandten Phänomenologie analysiert werden, in Frage gestellt.

Scheler rechtfertigt den Namen Phänomenologie durch eine vom Phänomenologen einzunehmende Einstellung geistigen Schauens, das vom Beobachten unterschieden sein soll, weil das Geschaute im Akt des Schauens gegeben ist, wohingegen Beobachtung das zu schauende Wesensmäßige schon voraussetzt und auf unwesentlich Empirisches geht. Er hält an der Korrelationslehre Husserls fest. Es entsprechen sich Akt und Gegenstand. Der Gegenstand ist im Akt als das gegeben, was er ist. Die phänomenologische Einstellung bedingt, daß apriorische Wesenheiten und deren Zusammenhänge geschaut werden.

Die phänomenologische Schau ist von hinnehmender Art. Daher wird das Geschaute als Tatsache bezeichnet. Dieser spezifische Tatsachenbegriff nötigt dazu, mehrere Sorten von Tatsachen zu unterscheiden, die verschiedenen Lebens- oder Erkenntniseinstellungen zugeordnet sind. Scheler versucht nicht, die Einheit eines Oberbegriffs von Tatsachen zu erstellen, sondern gliedert das Erkenntnisuniversum nach unterschiedlichen Gegenstandsarten auf, die entweder daseinsrelativ sind oder nicht.

So sind Tatsachen für die natürliche Weltanschauung, die wissenschaftlich-technische Welterkenntnis und die philosophische Einstellung Grundverschiedenes. Die der philosophischen Einstellung zugehörigen Tatsachen bedürfen eines methodisch gesicherten Zugangsweges. Sie sind im Alltagswissen des gesunden Menschenverstandes verdeckt. Dieser hat einen natürlich-selbstverständlichen Zugang zu seinen Tatsachen, der sich in naturhaft-blinder Weise von selbst herstellt. Allerdings ist die Analyse dieser Tatsachen kompliziert, da sie auf menschliches Leben relative voraussetzungsvolle Einheiten von Subjektivem und Objektivem sind. Man muß aus dem Lebenszusammenhang heraustreten, um die phänomenologischen Tatsachen gewahren zu können. Die phänomenologische Reduktion, die zur Schau führt, ist der methodische Zugangsweg für sie. Die ihr unterstehenden Akte des Schauens sind aufgrund der für sie in Anspruch genommenen Erkenntnisleistung durch die Wesens-Tatsachen bestimmt. Nichts anderes besagt es, wenn die Tatsachen z. B. als Werte in ihrer Objektivität und in ihrem absoluten Sein, wie Scheler manchmal sagt, erfaßt werden. Sofern die Gegenstände der Schau eine ewige, an sich seiende Ordnung aufweisen, müssen die ihnen korrespondierenden Akte irgendwie der Zeit, die sie zu ihrem Vollzug benötigen, enthoben sein und an der Sinnselbigkeit des Wesens ihrer Gegenstände teilhaben, so läßt sich in einem Vorblick fordern. Diese Fassung des Wesens schlösse es aus, daß das „Wesen" im Vollzug läge. Es ist zu prüfen, ob Scheler diese Konsequenz in der Ausgestaltung seiner Personlehre durchhält.

In der natürlichen Weltanschauung bauen sich die Tatsachen um Leibzentren in Jetzt-Hier Perspektiven auf. Die Menschen sind als Lebewesen individuierte Umweltsichtzentren, die miteinander kommunizieren und sich über eine gemeinsame Welt verständigen. Zu dieser gemeinsamen Welt gehören allgemeine und allgemein verbindliche Selbigkeiten verschiedenster Art, worin sich Individuen und Gruppen geeint finden. Solange der Rückbezug der Gehalte der natürlichen Weltanschauung auf Eigentümlichkeiten des Lebensvollzugs von menschlichen Lebewesen besteht, sind diese von der jenem Lebensvollzug zugehörigen Realitätssetzung abhängig. Das besagt, gegenständlich gewendet: Im Leben wird Welt ihrem Dasein nach erfahren. Oder umgekehrt, von der Welt aus, formuliert: Welt ist für das Leben in der natürlichen Einstellung Widerstandserfahrung; denn ihr korrespondiert Dasein. (Vgl. GW X, 399 ff.)

Dagegen sind die phänomenologischen Tatsachen dadurch charakterisiert, daß sie in einer Anschauung, aus der Lebensvollzug, Widerstandserfahrung und Dasein getilgt sind, zur Selbstgegebenheit kommen. Diese Anschauung gilt in einem nicht-empirischen, nicht-induktiven Sinne des Wortes als Erfahrung. In ihr geben sich Wasgehalte (Wesenheiten, Wesenszusammenhänge). Ihre Tatsachen sind also daseinsfreie Wesen. Als solche sind sie nicht durch die (kategorialen) Bestimmungen des Allgemeinen und des Singulären betroffen, sondern überkategoriale Seinseinheiten.

Die ihnen zugehörigen (intentionalen) Akte sind ihnen gemäß und kommen in der Phänomenologie konsequent nur nach ihrer Wesensseite (als Aktwesen) vor. In diesen Aktwesen geben sich die Wesens-Tatsachen als nicht abhängig von den Aktwesen. In dieser Seins-Bedeutung unterscheiden sie sich von dem, was durch Verstandeskonstruktionen (und Verstandesfunktionen) geleistet wird. Immanent kann das phänomenologisch zur Erfahrung Kommende in folgendem Sinne genannt werden: In der phänomenologischen Erfahrung wird nur das angeschaut, was selbstgegeben ist. Es hat in ihr keine Differenz von Gemeintem und Gegebenem statt. Die Anschauung des Gegebenen erschöpft alles, was ist und was sich dementsprechend als seiend sagen läßt. (Vgl. GW VII, 446 ff.)

Phänomenologische Tatsachen heißen reine Tatsachen unter anderem deswegen, weil sie keinerlei Rückbezug auf Sinnesempfindungen mehr enthalten. Das sie eröffnende intentionale Schauen ist übersinnlich und bedarf keiner (intentional durchherrschten) Sinnlichkeit zur Fundierung. In diesem Punkt setzt sich Scheler scharf gegen Husserls Lehre von der kategorialen Anschauung (in der VI. Logischen Untersuchung) ab. Die Sinnlichkeit und ihr Gegebenes bringen für die Erkenntnis das Problem der Einheitsbildung mit sich – durch Aktivitäten des Subjekts. Reine Tatsachen sind dagegen apriorische Einheiten, die als solche unmittelbar geschaut werden.

Die Anschauung der reinen Tatsachen in ihrer Selbstgegebenheit besagt, daß solche Tatsachen nicht durch Symbole, Zeichen und Erscheinungen vermittelt werden. Ihre sprachliche Fassung ist ihnen daher außerwesentlich. Scheler übernimmt die in der Phänomenologie verbreitete These, daß die sprachlich artikulierte Darstellung des schauenden Erkennens von etwas unwesentlich ist für das, was die Sache selber ist. Was die Sache ist, zeigt sich vielmehr; als sich in einer erfüllten Anschauung gebende hat sie eben keinen wesentlichen Bezug auf das Sagen, auf den Logos. Indem Scheler das sprachliche Darstellen als symbolisch vermittelt versteht und ihm nicht-phänomenologische Weisen des Welterfahrens und -erkennens zuweist, ist für ihn das der phänomenologischen Schau des Selbstgegebenen zugehörige – und doch wohl angemessene – Sagen kein Problem. Dieses Sagen soll nur in der Funktion eines „Zeigestabes" stehen, der auf das zu Erschauende hinweist. Das Geschaute kann nicht als solches gesagt werden. Für alles Gesagte und Geschriebene gilt: „In ihm ist es notwendig das X, das durch alles, was in dem Buch steht, lediglich eingekreist wird – bis die ‚Tautologie' den Leser anweist: Jetzt sieh hin, dann siehst du es!" (GW X, 392; vgl. auch ebd. 412 ff., 465 f.) Es ist gegen Scheler einzuwenden: Also ist das Geschaute als das Sagbare gesetzt. Und das Sprachliche ist kein Zeigestab auf etwas Nicht-Sprachliches, sondern das angemessene Darstellungsmedium jenes Anderen, das in ihm zur Gegebenheit kommt. An diesem Ort, an dem Scheler die Selbstgegebenheit der puren Tatsachen gegen wissenschaftliche (aber auch natürlich-weltanschauliche) Tatsachen scharf abzugrenzen bemüht ist, zeigt sich der problematische Charakter der phänomenologischen Schaumethodik besonders deutlich. (Vgl. Good *1975*, 111 ff.)

Nach Scheler sind natürliche Weltanschauung und (natur-)wissenschaftliche Welterkenntnis, zu der auch eine bestimmt geartete Erkenntnis des Psychischen und Sozialen gehört, voneinander abzurücken – was z. B. bei Kant nicht geschehen ist –, weil sie gar keine Übereinstimmung aufweisen, sondern nur in einem mittelbaren Zusammenhang stehen. Ihre Gegenstände sind sowohl dem Gehalt wie der Relativitätsstufe des Daseins nach unterschieden. „Die Daseinsrelativität der Gegenstände der natürlichen Weltanschauung ist relativ auf die *menschliche* Organisation ..." – „Im Gegensatz hierzu ist die wissenschaftliche Weltbetrachtung auf Gegenstände gerichtet, die nicht relativ auf die Organisation der species homo sind, sondern – bezogen auf *alle möglichen lebendigen* Organisationen und ihre Organisationsdifferenzen – als ‚absolute' Gegenstände gelten dürfen." (GW X, 404 u. 405) Diese sich bei Scheler recht früh (1913/1914) findende Differenzierung färbt auf seine Fassung der Phänomenologie ab. Sie bringt für diese Schwierigkeiten mit sich und ist in ihrer Ausgestaltung für Scheler spezifisch. Die Daseinsrelativität der Gegenstandssphären, von der hier die Rede ist, besagt Daseinsabhängigkeit. Ohne daß es z. B. bestimmt geartete (Lebe-)Wesen gibt, gibt es die ihnen zugehörige Gegenstandsart nicht. Die phänomenologisch geschauten Wesen sind nicht daseinsabhängig. Daseinsabhängigkeit des gegenständlich Erkannten besagt auch eine selektive Beschränkung dessen, was gegenständlich zugänglich werden kann, von der die phänomenologische Schau frei ist. Ihre Gegenstände sind perspektivenfrei absolut da. Aber bedeutet Daseinsabhängigkeit nicht auch eine wesentliche zusätzliche Bestimmtheit der Tatsachen jener Sphären gegenüber den nicht-relativen Wesen des phänomenologischen Schauens, die in die Wesenserkenntnis nicht eingeht und der gegenüber Wesenserkenntnis nichts zu leisten vermag? Dann wären eventuell die „Wesen von..." so von „Begriffen von..." zu unterscheiden, daß sich zwischen ihnen kein sachlicher Begründungszusammenhang herstellen ließe. Das soll nach Scheler nicht der Fall sein. Scheler stellt die Philosophie qua Phänomenologie als eine unabhängige, selbständige Erkenntnisart, die absolute Erkenntnis gibt, neben, zugleich aber auch über natürliche Weltanschauung und Wissenschaft (GW X, 419). Die phänomenologisch reduzierte Gegenstandswelt läßt z. B. sichtbar werden, wie alle Welt-Tatsachen „in einer festen Ordnung zur Gegebenheit kommen", ohne die es sie nicht geben kann. Alle Wesensbeziehungen müssen für alle Weltwirklichkeiten erfüllt bleiben. (Vgl. z. B. GW II [1966], 69, 92.) Aber weisen jene andersartigen Tatsachen nicht Realitätscharaktere auf, die gar nicht zur Selbstgegebenheit kommen können? Diese Charaktere würden auch die Seinsbedeutung solcher Tatsachen bedingen. Aber dann erfaßten die geschauten Wesen nicht diese Art von Tatsachen in ihrem Sein, sondern evtl. nur in ihrem Sosein. Kann Daseiendes durch Sosein fundiert werden? Meint Wesen nicht, daß das Dasein als eine faktische Realisierung des Wesens diesem nachgeordnet ist?

Prüfen wir näher, wie es mit der Leistung phänomenologischer Erkenntnis für verschiedene Gegenstandsarten steht. Absolute Gegenstände sind solche, die es für ein Lebewesen, das Widerstand und darin Dasein erfährt, nicht gibt. Derartiges ist wiederum für ein schauendes Wesen irreal. Es ist also so etwas wie ein reiner (endlicher) Geist. Die Gegenstände der Wissenschaft dagegen gehören zu einem Reich der Realität, das relativ ist auf nicht-geistige Wesen, wie z. B. Lebewesen. (Vgl. GW X, 427f.) Für sie sieht die Welt ihrer Wirklichkeit nach anders aus als für Geister. Für sie fällt daher auch die Erkenntnis ihrer Welt anders aus als die Weltsicht von Geistwesen. Läßt sich die Einheit der Welterkenntnis in diesem Falle noch retten ohne eine passende Konstruktion der Einheit von Lebewesen und Geist?

Scheler erweckt an manchen Stellen seiner methodischen Abhandlungen den Eindruck von einem selbständigen Gegenstandsreich der Phänomenologie. Andererseits werden aber auch die Gegebenheiten der natürlich-weltanschaulichen und wissenschaftlichen Gegenstandssphäre Thema phänomenologischer Analysen. Werden deren Tatsachen durch phänomenologische Behandlung zu Wesens-Tatsachen? Offensichtlich ist das nicht der Fall, da die phänomenologische Analyse in diesem Fall nur klärt, wie solche nicht-phänomenologischen Tatsachen gebaut sind. Ein aufschlußreiches Beispiel für eine derartige Analyse, die ihren Gegenstand nicht zu einem Wesen hypostasiert, liegt in Schelers Prüfung des Bezuges der Tatsachen der natürlichen Weltanschauung zum sinnlich Gegebenen vor.

Scheler verwirft den Aufbauversuch der Gegenstands-Dingsphäre mittels eines bloß subjektiv Sinnlichen (z. B. der Empfindung) zugunsten einer intentional ganzheitlichen Erfahrung von dinglichen Einheiten. Man kann zwar auf dem Wege der Analyse eines komplexen intentionalen Ganzen, in dem Subjektives und gegenständlich Objektives vereint sind, zu subjektiven Komponenten wie rein sinnlichen Gehalten, Empfindungen, gelangen. Aber aus ihnen läßt sich die intentional erfahrene dingliche Einheit nicht verständlich machen, da sie einem anderen Bereich als der Dingsphäre angehören.

In der ‚Lehre von den drei Tatsachen' bringt Scheler die Differenz zwischen Empfindungsgehalt und dinglicher Einheit mit leiblichen Zuständen zusammen, denn, streng phänomenologisch genommen, gehören Empfindungen dem Zuständlichen zu. Als solche sind sie gar nichts Gegebenes. (Farben, Töne u. ä. als der Außenwelt Zugehöriges sind nur in einem weiteren Sinn Empfindungsinhalte.) Der Versuch, den anschaulichen Gehalt der Welt aus Elementen von leiblichen Zuständen aufzubauen, bedeutet, ihn relativ auf den Leib zu setzen, der doch selber nur ein „minimaler Bestandteil des Weltinhalts“ ist. (GW I, 434; zur Leibphilosophie Schelers vgl. Lorscheid *1962*.)

Aufgrund einer Weltrelativierung auf Empfindungen des Leibes bieten sich vier Möglichkeiten an, die Welt ihrem Sachgehalt nach zu bestimmen: 1) Die Welt ist ein Empfindungskomplex (Mach). 2) Eine an sich seiende Sphäre von Realem, die nur ein unbestimmtes x ist, gehört dem relativierten Weltinhalt zu. 3) Soll ein Reich von Objekten gewahrt werden, das nach Sinn und Geltung unabhängig von unserer sinnlichen Organisation ist, so bleibt nur die Hypothese von reinen Denkakten als Einheit stiftenden Funktionen übrig, welche den sinnlich-relativen Inhalt formen (Kant und seine Anhänger). 4) An die Stelle von transzendentalen Denkfunktionen treten im Pragmatismus praktische Bedürfnisse und Handlungen. In allen vier Fällen ist der Ausgangspunkt eine falsche Auffassung von der sinnlichen Empfindung als dem unmittelbar Gegebenen, von dem aus Welterkenntnis und Welt verständlich gemacht werden müssen. Eine phänomenologische Betrachtung gibt Rechenschaft darüber, was hier das Gegebene ist und wie dementsprechend die Tatsachen der Lebenswelt gebaut sind. Ihre positive Bestimmung durch Scheler lautet: Solche Tatsachen bilden ein Zwischenreich zwischen den Dingen und unseren Zuständen bei ihrer Erfahrung. Sie sind Symbole für die Dinge und zugleich Symbole für unsere Zustände. (Vgl. GW X, 436.)

Wenn dies eine Wesenserkenntnis sein sollte, so entspricht ihr keine pure Tatsache; auch wenn sie selbstverständlich nicht selber in die natürliche Weltanschauungssphäre hineingehört, denn die Enthaltung von deren Art der Realitätssetzung und ihre Schau erzeugen keinen neuen (daseinsfreien) Wesensgegenstand.

Die Rede von der Selbstgegebenheit von Wesen bringt

die Gefahr von Äquivokationen mit sich. Zur Selbstgegebenheit bringen kann, z. B. im Falle der Sinnlichkeit, besagen: Etwas in seiner Funktionsweise nehmen, der gemäß es dafür aufkommt, daß etwas anderes geleistet wird. Das Geleistete kann evtl. als solches zur Gegebenheit gebracht sein – aufgrund dessen daß Sinnliches fungiert hat. Wenn das sinnliche Fungieren seine Leistung so vollbringt, daß etwas zur Gegebenheit kommt, dann kann es in seinem Sinn qua Fungieren im folgenden Sinne nicht zur Selbstgegebenheit kommen: Ihm wird von der Erkenntnis seine Wirklichkeit qua Wirksamkeit belassen – ohne daß die Erkenntnis sich durch Seinsentsprechung bestimmte –, um mit dem späteren Scheler zu sprechen.

Bei Scheler finden sich auch derartige Erkenntnisse unter dem Titel der Wesenserkenntnis. Die von Scheler ergriffene Möglichkeit, Gegenstandswelten, in denen so etwas vorkommen kann, als daseinsrelativ zu qualifizieren, um evtl. von ihnen eine nicht daseinsrelative Wesenserkenntnis anzustreben, würde die Produktion einer neuen Gegenstandssphäre im Gefolge haben, die als selbstgegebene ihrem Sein nach von jener anderen getrennt wäre. Die Wesens-Selbstgebungsrhetorik kann dazu führen, daß solche Unterschiede verdeckt werden.

3. Schelers materiale Wertethik und ihre methodische Problematik

Sein Werk ‚Der Formalismus in der Ethik und die materiale Wertethik' hat Schelers Ruhm begründet. Für die phänomenologische Forschergemeinschaft stellt das Werk einen Meilenstein auf dem Wege allgemeiner Anerkennung dar. Es ist zunächst im ‚Jahrbuch für Philosophie und phänomenologische Forschung' erschienen; und zwar erschien der 1. Teil 1913 und der 2. Teil 1916. Persönliche Schicksalsschläge und die Kriegsunruhen haben die Publikation des 2. Teils verzögert.

Gleichzeitig mit dem ‚Formalismus-Werk' erschien von Scheler ein Buch des Titels ‚Zur Phänomenologie und Theorie der Sympathiegefühle und von Liebe und Haß', das 1922 umgearbeitet und erweitert als ‚Wesen und Formen der Sympathie' erschienen ist. (Vgl. GW VII, Nachwort, 333 ff.) Diese beiden Werke lassen sich ihren Themen und ihrer Entstehungszeit nach nicht trennen. Für eine Analyse der Differenzen zwischen der 1. und 2. Auflage des Sympathie-Werkes ist hier kein Raum.

Scheler hat die Eigenart seiner Ethik im Umfeld der zeitgenössischen Auffassungen und Thesen zum Ethischen folgendermaßen gekennzeichnet: „Einen Versuch, die Ethik auf die Idee einer apriorischen Gesetzmäßigkeit des intentionalen Fühlens und Vorziehens und einer ihr entsprechenden *objektiven* Rangordnung der Werte selbst aufzubauen hat *Scheler* in extenso entwickelt." (GW I, 384) Für die Göttinger Phänomenologie versteht es sich von selbst, daß das Gegenständliche in der Korrelation, das dem intentional Subjektiven Vorgeordnete ist, so daß sich das intentionale Fühlen und Vorziehen gemäß der objektiven Wertordnung vollzieht. Durch diese Konzeption einer Lehre eines Reiches von Werten als „aufweisbaren Tatbeständen" bricht Scheler, wie er sagt, prinzipiell mit der dominierenden Ethik-Tradition der Neuzeit, welche die Subjektivität und Relativität der Werte gelehrt hat. Gegen diese Tradition betont Scheler die Absolutheit der Werte. Da das Fühlen die Wertsphäre eröffnet und in ihr in Funktion bleibt, muß es ein den Werten sachlich angemessenes Fühlen geben, das sich nicht entwickelt, sondern der apriorischen Wertordnung gemäß ist. Solche subjektiven Wesen wie Fühlen, Vorziehen u.a. gehören den Werten zu. Erstes Thema einer Wertethik ist also das der geschichtlichen Entwicklung und dem Spielraum menschlichen Wertschätzens und -vorziehens Entzogene. Ein solcher „ethischer Absolutismus" schließt nicht aus, daß das Wertreich in seiner Fülle allmählich und einseitig den Menschen fühlbar und damit zugänglich wird (GW I, 386f.). Auf diese Weise sucht Scheler zu Beginn des Jahrhunderts die Absolutheit des Wertreichs und des ihm zugehörigen Subjektiven mit der geschichtlichen Relativität und variierenden Wertungsaktivität von Menschen zusammenzubringen.[1]

a. Zur Struktur der materialen Wertethik

Die Ethik Schelers läßt sich nach folgendem Schema strukturieren: 1) *Wertlehre*. Es gibt ein an-sich-bestehendes Reich von Werten, das sich in phänomenologischer Reduktion dem Fühlen und anschauenden Erkennen eröffnet. Die Werte sind (überallgemeine und überindividuelle) Wasseinseinheiten. Sie sind, *was* sie sind, und gehen in ihrem Sein dem phänomenologisch schauenden Erkennen auf (GW II [1966], 270 f.). Die Werte können in ihrer Abgetrenntheit und Reinheit gefühlt und geschaut werden, ohne in einen Zusammenhang mit solchem, was nicht von der Art des Werthaften an sich selber ist, gebracht werden zu müssen. Sie können mit andersartigem zusammentreten. Unterschiedliche Wertarten haben z.B. unterschiedliche Träger. 2) *Personlehre*. Scheler handelt von der Person ihrem Wesen nach. Diese

[1] 1914 hat Scheler das Reich des Wesenhaften und des geschichtlich Faktischen in einem Prozeß aufeinander bezogen, in dem das Wesenhafte das Maßgebende ist. Vgl. GW I, 387.

Bestimmung soll damit verträglich sein, daß die Person als Aktvollzieher und Aktzentrum nur im Aktvollzug ist. Werte sind demnach Seinseinheiten anderer Art als Personen. In einem ethischen Personalismus muß 3) die *Zusammengehörigkeit von Werten und Personen* im Zentrum stehen. – Gewisse Werte (z.B. die des Geistigen und des Heiligen) sind Personwerte, durch die Akte der Person sich bestimmen, sofern die Person Wertwesensschau vollzieht und in ihren Akten Werte verwirklicht. Eine Person, die sich durch gewisse Werte bestimmt, ist eine sittliche Person, weil sie objektiven Werten Wirklichkeit gegeben hat in ihrem Vollzugssein. Aber gleichzeitig sind Personen ihrem Sein nach durch Werthaftigkeit bestimmt, in deren idealem Licht sie gesehen werden.

Wertlehre und Personlehre sind – streng genommen – nur notwendige Vorbedingungen der eigentlichen Ethik, die über den Zusammenhang von Werten und Personen aufgrund irgendwelcher Akte handelt. Die Sachlage kompliziert sich, wenn Personen als Komplexionen behandelt werden, die Nicht-Personalem in sich – wie Menschlichem und Sinnlichem – Rechnung tragen und eine Herrschaft des Personalen über Andersartiges herstellen müssen. Dieser Punkt, der für Ethiken traditioneller Art und für Scheler selber später wesentlich ist, kommt zu Beginn des Formalismus-Werkes noch zu kurz, weil in ihm die durch den methodischen Ansatz der Wesensphänomenologie bedingte Ausrichtung an reinen Wertwesenheiten dominiert.

Es läßt sich nicht sagen, daß Schelers Ethik durchsichtig gemäß dem konstruierten Strukturschema aufgebaut ist.

Ihm zufolge könnten Werte und Personen in der folgenden Weise zusammengedacht werden: Es gibt Werte. Diese können so, wie sie an sich sind und sich geben, erkannt werden. Durch fühlende geistige Wesen? Durch den phänomenologische Schau vollziehenden Philosophen? Sicherlich nicht ohne weiteres durch Menschen. Werte sind als Sein geschaut und gefühlt. Es eignet ihnen daher unmittelbar kein Sollenscharakter. Allerdings gehört zu ihrer Seinserkenntnis auch die Erkenntnis der Vorziehungswürdigkeit eines Wertes vor anderen. Wenn Personen Akte vollziehen und ihre Akte durch Werte als Inhalte bestimmen, so müssen Werte und Personen unterschieden sein. Personale Akte und Aktvollzieher sind demnach keine Werte, sondern auf Werte angewiesen. Das Sichbestimmen durch Akte macht Personen zu Trägern von Werten. Wenn Personen unter dem Gesichtspunkt betrachtet werden, daß sie Träger von Werten werden können, dann werden sie unter eine Wertbestimmungshinsicht gerückt. Diese ist ein Moment für eine Wesensbestimmung der Person. Schelers Rede von Personwerten, z. B. dem Wert der Wahrheit, des sittlich Guten und des Heiligen deuten auf eine solche Sicht der Person hin. Aber im Verlauf des Werks wird der Anschein stärker, daß ein gewisses Vollzugssein der Person der eigentliche Höchst- und Selbstwert ist, ohne daß der Person ihr Wertsein selber gegeben sein dürfte, da sie nur für andere Personen und für die phänomenologische Schau dieser Selbstwert ist. Dann dürfte keine Rede mehr davon sein, daß Personales selbstgegeben würde. Wenn das liebende Verstehen von individuellen Personen z. B. besagt, diese als höchsten Wert anzuerkennen, dann hat sich die oben skizzierte Konzeption Schelers verschoben. Anstatt daß der wesentliche ethische Betrachtungsgesichtspunkt das Verhältnis der Person zu den überallgemeinen und überindividuellen Wertwesenheiten wäre, die an sich selber nicht personal sind, durch die sich Personen zu bestimmen haben, um selber wertvolle Träger von Werten zu sein, wären (individuelle) Personen (auch evtl. in ihren Wertbestimmtheiten als Wertwesen) die höchsten Werte für andere Personen, die sie liebend verständen. Brächten sie sich darin nur den Wert der Heiligkeit z.B. zur Selbstgegebenheit und sähen die Person im Lichte eines solchen Ideals?

b. Das Wertreich und seine Rangordnung

Es sind noch einige inhaltliche Grundzüge der Ethik Schelers zu erwähnen, um an ihnen die problematische Struktur der Wertwesenslehre weiter aufzudecken. (Vgl. Métraux *1973*.)

Die materiale, apriorische Wertethik Schelers ist gegen die formale Willensethik Kants gerichtet. Kant kennt keine Werte im Sinne Schelers, denn Werte bilden Scheler zufolge ein eigenes Reich von gegenständlicher Art, das eine spezifische Ordnung aufweist und von dem alles Subjektive des Schätzens, Begehrens und Wollens ferngehalten werden muß. Den Sachverhalten in der Sphäre der Dinge entsprechen Wertverhalte im Bereich der Werte. Auf der Seite des subjektiven Zugangs nimmt sich die Sachlage folgendermaßen aus: Zu jedem erstrebten Wert muß es ein fühlendes Haben des Wertes geben. Das Wertfühlen als Erschließen der Werte in ihrem Eigensein liegt dem Streben und Wollen voraus. Das Fühlen ist kein (theoretisches) Vorstellen von Materien, aber gleichwohl hat in ihm so etwas wie ein Erschauen des Wertmäßigen statt. Ein ihm gemäß erfolgendes Vorziehen richtet sich nach der objektiven Werthöhe aus. Die materiale Wertethik lehrt aufgrund ihrer phänomenologisch-theoretischen Eigenart, daß das Fühlen kein Moment von Kraft und Dynamik in sich aufweist. Von ihm her gesehen ist keine Verwirklichung von Werten erforderlich.

Halten wir fest: Die Beurteilung von Strebenszielen und Zwecken ist abkünftig gegenüber Werten und ihren Eigentümlichkeiten. „Nach *ihnen*, und nicht nur nach einem ‚reinen Gesetze' seines Vollzuges kann sich und soll sich das Wollen, das einen Zielinhalt zum Zwecke macht, ‚richten'." (GW II [1966], 61) Das Auftreten von Strebensregungen ist schon bedingt durch das sittliche Niveau eines Menschen. Ein wertindifferentes sinnliches Neigungschaos, in welches ein am Vernunftgesetz orientiertes Wollen Ordnung bringen müßte, pflegt im Menschen nicht vorzuliegen, sofern er strebend-wollend am Reich der Werte orientiert ist und von ihm her Direktiven erhält. Es ist konsequent, daß Scheler Kants These, daß durch die Materie des Wollens ein Bezug auf Lust und Unlust als sinnliche Zustände des empirischen Subjekts ins Spiel kommt, zurückweist. Allem Wollen sind gefühlte-geschaute apriorische Materien vorgängig.

Scheler bedient sich der phänomenologischen Lehre von den verschiedenen Zugangsweisen zu verschiedenartigen Gegenstandsgebieten, um die Eigenständigkeit der Werte und des emotional Geistigen gegen die Gegenstandswelt des theoretischen Erkennens zu sichern. Im Fühlen, Vorziehen, Lieben und Hassen vollzieht sich Werterschauung. „Auf dieser Werterkenntnis (resp. im besonderen Fall sittlicher Werterkenntnis) mit ihrem eigenen apriorischen Gehalt und ihrer eigenen Evidenz ist aber das sittliche *Wollen*, ja das *sittliche Verhalten* überhaupt so fundiert, daß jegliches Wollen (ja jegliches Streben überhaupt) primär auf die Realisierung eines in diesen Akten gegebenen Wertes gerichtet ist." (Vgl. GW II [1966], 87.) Mit Lieben und Hassen kommen werterschließende und wertverschließende Akte ins Spiel, die das interesselose Fühlen und Erschauen von Werten stören können. Gehen solche Bewegungen des Angezogenwerdens oder des Abstoßens den fühlenden und schauenden Akten vorweg? Sofern sie die Schau der objektiven Wertrangordnung nicht stören, sind sie gegenüber dem Fühlen und Schauen außerwesentlich. Führt in diesem Falle die These Schelers nicht zu einer Übermacht des Erkennens im Emotionalen, so daß der Widerstand, gegen den das Sittliche sich durchzusetzen hat, nicht mehr wesentlich der Sphäre des Sittlichen zugehört?[2] Es ist Kants Problem, die Eigentümlichkeit praktischer Vernunfterkenntnis aus der Differenz zur theoretischen zu entwikkeln und die ihr zugehörige Widerständigkeit der sinnlich-empirischen Bedürfnisnatur des Menschen als eines notwendig ganzheitlich nach Glück strebenden Wesens mit der Herrschaft der praktischen Vernunfterkenntnis und des Wollens zusammenzubringen. Es ist ein Grundproblem des späteren Scheler, daß Wirklichkeit, auch menschliche Wirklichkeit, Drang und Widerständigkeit besagt im Unterschied zum Sein (qua Sosein), das in einer durch Entwirklichung zustande gekommenen Erkenntnis zugänglich wird. Dieser Sicht der Dinge steht Scheler hier noch fern.

Die Werte unterstehen apriorischen Gesetzmäßigkeiten. Diese lassen sich in einer der reinen Logik entspre-

---

[2] Daß die Ethik Schelers der auf das Fühlen angewiesenen sittlichen Erkenntnis den ersten Rang zuweist gegenüber sittlichem Wollen und Verhalten, wird besonders in GW II [1966], 87f. deutlich. Bei absoluter Selbstgegebenheit des Wertes werden Wollen und Wählen „im Sein wesensgesetzmäßig notwendig". Scheler beruft sich auf den sokratischen Satz, daß das sittliche Wollen in der Erkenntnis des Guten fundiert sei. Die Ansetzung dieser Fundierungsordnung soll mit ethischem Rationalismus nichts zu tun haben, da sie strikt an die Sphäre des Fühlens und Schauens von Werten gebunden ist, die vom theoretischen Vorstellen und Urteilen gänzlich geschieden sein soll. Nichtsdestoweniger liegt hier eine Fundierung sittlichen Wollens und Verhaltens im (fühlend-schauenden) Erkennen vor.

chenden Axiologie herausstellen, die sich nach der Gegenstands- und nach der Subjektseite aufteilen läßt, in eine Lehre von den Werten selbst und in eine Lehre von den Werthaltungen. Zwar sind die Werte als materiale von inhaltlich unterschiedlicher Art (ethisch, ästhetisch usw.), aber sie werden von ihnen gemeinsamen formalen Gesetzen beherrscht. Jeder Wert hat einen Gegensatz. Werte stehen sich positiv und negativ gegenüber. Für Werte sind gewisse Existenzsätze in Kraft. Nur von Werten kann ideales Sollen ausgesagt werden; denn nur sie sollen sein oder nicht sein. Es gibt auch Werthaltungsprinzipien. Ein solches lautet z.B.: „Es ist unmöglich, *denselben* Wert für positiv und negativ zu halten ..." (GW II [1966], 100)

Unter dem Titel der Wertmodalitäten behandelt Scheler die Rangordnung, die zwischen den Wertqualitäten besteht. Auch hier soll wiederum gelten: „Die letzte und höchste Einteilung der Wertqualitäten, ..., muß von allen faktisch vorkommenden Gütern und allen besonderen Organisationen wertefühlender Naturen ebenso unabhängig sein wie die zwischen den Modalitäten bestehende Rangordnung." (GW II [1966], 122) Diese These ist vom Standpunkt des Fühlens und Vorziehens her gewonnen. Sie sagt nichts über die Relativität von Werten auf besondere Organisationen aus. Was liegt in dieser Diffenzierung? Die Wertreihe des Angenehmen und Unangenehmen bildet die erste niederste Modalität im Gesamtwertsystem. Ihr gehört die „Funktion" des sinnlichen Fühlens zu, in dem Lust und Schmerz (als Zustände) erfahren werden. Diese Werte sind relativ auf sinnlich verfaßte Wesen überhaupt. Mag auch das, was jeweils als angenehm oder unangenehm empfunden wird, subjektiv wechseln und nicht allgemein bestimmbar sein, so ist doch der Unterschied zwischen den Werten angenehm –

unangenehm absolut. Wird er von der subjektiv-sinnlichen Erfahrung des Angenehmen und Unangenehmen gefühlt/geschaut? Aber das Angenehme wird doch nur in subjektiv-sinnlicher Relativität erfahren. In dieser Erfahrung ist es. Seine Schau als Wert vermittelt zwar die Einsicht in seine subjektiv-sinnliche Relativität und seinen Rang, aber sie kann ihn nicht selber geben – so wie im sinnlichen Fühlen der Zustand der Annehmlichkeit „selbstgegeben“ wäre, wenn so zu sprechen erlaubt wäre. Apriorisch soll auch eingesehen werden, daß das Angenehme dem Unangenehmen vorgezogen wird. Dagegen soll in der Erfahrung nichts verstoßen können. Da aber von verschiedenen Wesen Verschiedenartiges als angenehm vorgezogen wird, läßt sich schwerlich unterscheiden, ob nicht angenehm oder unangenehm durch ein in empirischer Bedeutung genommenes Vorziehen definiert werden können. Aber das ist nicht im Sinne der apriorischen Wesenseinsichten Schelers.

Die Werte des vitalen Fühlens bilden eine zweite Wertmodalität. Was als edel – gemein, gut – schlecht gilt, hat hier seinen Ort. Zu den vitalen Werten gehört alles, was in den Bereich des Wohles und der Wohlfahrt gehört. Gesund-zu-sein, krank-zu-sein, mutig-zu-sein, feige-zu-sein sind im Falle des Menschen Bestimmungen, die den selbständigen Vitalwerten zugehören. Sie sollen auf das Leben – seinem Wesen nach – relativ sein.

Der Bereich der geistigen Werte bildet eine neue modale Einheit. Er ist nicht mehr auf Leben relativ, was sich in der Evidenz zeigt, daß Lebenswerte für sie aufzuopfern sind. Das Ästhetische, das Rechtliche, die Wahrheitserkenntnis von Philosophie und Wissenschaft sind solche Werte. Die Kulturwerte, die bereits zur Güterwertsphäre gehören, sind Abkömmlinge der geistigen Werte, denen spezifische Gefühle und „wertende“ Reaktionen zugehören. Die Wertarten gipfeln in den nicht weiter analysierbaren Werten des Heiligen und Unheiligen, denen die Gefühle von Seligkeit und Verzweiflung entsprechen und auf die wir mit Glauben, Unglauben und Ehrfurcht reagieren. An dieser Stelle führt Scheler eine bestimmte Art von Liebe als den Akt, in dem die Werte des Heiligen ursprünglich erfaßt werden, an. Heißt das: Es muß geliebt werden, damit gefühlt und geschaut werden kann? Für die Eigenart dessen, was in der phänomenologischen Reduktion geschaut wird, gilt das nicht, da sie nicht als eine sich der Liebe verdankende Eröffnung der Schau von Selbstgegebenem bestimmt worden ist. Wäre zu folgern: Also kann die phänomenologische Schau das Heilige nicht als selbstgegeben erfassen. Diese Leistung weist sie dem Lieben zu, das sie selber nicht „leistet". Liebe geht nur auf Personales. Was derartige Thesen für die Stimmigkeit einer Philosophie, die wesensphänomenologisch ansetzt, besagen, wird in den nächsten Abschnitten deutlicher werden. Hier sei nur in Kürze geprüft, wie sich die Lehre von den Wertmodalitäten und ihrer Rangordnung zur phänomenologischen Schau verhält.

Der Wertrangordnung als dem gegenständlichen Apriori entspricht emotional Geistiges. Ist dieses in einem Wesen verankert, das sich an den Werten orientiert? Ist die geistige Person (im Menschen?) dem gesamten Wertreich zugeordnet? Liebend, schauend? In der Weise triebhaften Dranges kann dies ja nicht der Fall sein. Sofern alle Werte als selbstgegeben gefühlt und geschaut werden, fallen sie in den Umkreis einer dem Leben überlegenen Geistigkeit. Sofern aber z. B. die Werte des Angenehmen und Vitalen nicht von Geistwesen, sondern von Triebwesen bevorzugt werden und das Leben beherrschen, sind sie nicht primär auf Geistwesen bezogen. Sie mögen als von niederer Rangstufe erkannt werden können. Darin liegt, daß sie als gegenüber höheren Werten nicht vorzugswürdig erkannt werden. Und wenn gegen diese Rangstufe verstoßen wird, so ist gegen eine apriorische Wesenserkenntnis verstoßen. Aber wie soll es dazu kommen können? Durch die Sinnlichkeit oder durch eine verkehrte, bösartige Geistigkeit? Im Rahmen des phänomenologisch reduzierten Fühlens, Erkennens und Schauens kann dies gar nicht vorkommen (bestenfalls als unwesentlicher Irrtum). Aber haben nicht auch die rangstufig niederen Werte ihr Eigenrecht und Eigengewicht? Sie können von Menschen ihrer Stellung im Wertreich gemäß erstrebt und gewollt werden. In diesem Falle spiegeln Menschen die Wertrangordnung. Zu ihr gehört, daß sich im praktischen Leben des Menschen eine Ordnung zwischen Verschiedenartigem, Geistigem und Ungeistigem, herstellt, so daß wertrangmäßig Höheres wertrangmäßig Niederem vorgezogen wird.

Das würde unter den bisher gemachten Voraussetzungen besagen: Im Fühlen und Schauen werden Werte als apriorische Entitäten zugänglich, die ihrem Wertsein nach Geistigem entsprechen. Es müßte zwischen der fühlenden Schau, welche die Werte ihrem Wesen und Sein nach erfaßt, und dem Lebensvollzug unterschieden werden, in dem Werte realisiert werden. Das Unterschiedene aber müßte auch als geeint gedacht werden. Andernfalls würde sich der folgende Fall ergeben: Für das Leben könnte die Erkanntheit der Werte des Vitalen und Angenehmen durch ein geistiges Subjekt irrelevant sein. Umgekehrt bestände die Möglichkeit, daß die untergeordnete Rangstellung dieser Werte zwar erkannt würde, diese Erkenntnis aber für das Leben ohne Bedeutung bliebe, so daß die untergeordneten Werte in ihm den ersten Rang behaupteten.

Halten wir fest: Wenn die lebensmäßige Unterordnung

solcher Werte ihre geistige Schau am rechten Ort des Wertreiches voraussetzt, damit das menschliche Wollen sich in der richtigen Ordnung vollziehen kann, so muß der Mensch als eine komplexe, vital-geistige Einheit angesetzt werden, die aufgrund geistiger Überlegenheit nichtgeistig Werthaftes beherrschen kann. Geistigkeit wäre dann mitzubestimmen durch den Bezug auf widerspenstige Sinnlichkeit. Dieser Gedanke paßt nicht zur erkenntnistheoretisch-ontologisch angesetzten Konzeption der materialen Wertethik; denn diese behandelt Werte (trotz ihres angeblichen Bezuges auf Emotionales) als Seiendes (d.h. theoretisch), weil sie reines Fühlen und Schauen in Abhängigkeit von sich bestimmen. Die Folge ist, daß sie nicht das Leben, sofern dies auch nicht-geistig ist, beherrschen und in ihm ihre Wirklichkeit qua Macht zeigen können. Diese Beherrschung würde bedeuten, daß Geistiges im Spannungsgegensatz gegenüber Nicht-Geistigem steht. Daß ein solcher Spannungsgegensatz möglich ist, aber wird durch Schelers Ansatz bei der Wesensschau ausgeschlossen. Das von ihm herausgestellte Emotionale bedeutet keine Spannung-zwischen…, sondern ist Zugangsmedium zu werthaft Ansichseiendem und fungiert also wie ein kontemplatives Schauen, das sich vom geschauten Gegenstand abhängig setzt, der seinerseits dem (evtl. zwischen Geist und Sinnlichkeit eingespannten) Leben enthoben ist. Man sieht also schon hier, daß Motive für den Umbau der Wesensphänomenologie des Formalismus-Werkes bestehen.

4. Schelers ethischer Personalismus

Schelers materiale Wertethik kulminiert in der Lehre von der Person. Wie diese mit dem phänomenologischen Ansatz und der Wertlehre zusammenhängt, ist nicht ohne weiteres durchsichtig. In der Personlehre des Formalismus-Werkes liegen Probleme, die, wenn sie radikalisiert werden, die phänomenologischen Voraussetzungen Schelers als ungenügend erscheinen lassen. Es ist für diesen Zeitabschnitt seines Philosophierens charakteristisch, daß er der Probleme wesensphänomenologisch glaubt Herr werden zu können. Für uns ist von Interesse, wie das geschieht, weil sich am Vorgehen Schelers Grenzen der Wesensphänomenologie sichtbar machen lassen. Wesensphänomenologisch Problematisches läßt sich z.B. in den Thesen über den personalen Aktvollzug, den Personwert und die personale Individualität finden. Es sei geprüft, was in Anbetracht derartiger „Gegenstände" die phänomenologische Wesensschau noch zu leisten vermag. Es kann nur an einigen zentralen Punkten die Problematik angedeutet werden, die Scheler später nötigt, seine phänomenologische Ausgangsposition zu überschreiten. Es hat nicht den Anschein, daß es Scheler später gelungen ist, ein in sich stimmiges Gesamtsystem zu konstruieren. (Vgl. Frings *1969* u. Leonardy *1976*.)

Scheler nähert sich dem Personbegriff, indem er die Person von Vernunft, Bewußtsein, Ich, Seele, Mensch absondert. Gleichzeitig hält er daran fest, daß Person eine Totalität sein soll, die alles derartige in sich einbeschließt. Wesensphänomenologisch konsequent wird auch vom realen (z.B. lebendig-menschlichen) Aktvollzieher abgesehen, um die Person in ihrem Eigenwesen in den Blick zu bringen. Es sind Aktwesen wie Lieben, Fühlen, Urteilen usw., an die die Frage gerichtet wird: „Welcher Vollzieher ‚gehört' wesenhaft zum Vollzuge von Akten so verschiedenen Wesens überhaupt?" (GW II [1966], 380) Sein Name lautet im Sprachgebrauch Schelers Person. In der Person sind alle verschiedenen Aktwesen geeint. Der Person-Aktseite entsprechend wird auch für die Gegenstandsseite die Frage nach der Einheit ihrer Wesen gestellt: „Denn genauso wie der Idee des Aktes die Idee des Gegenstandes, ... wesenhaft korrespondiert, – so korrespondiert der *Person* (als Wesen) eine *Welt* (als Wesen)." (GW II [1966], 381) Die Aktsphäre ist Geistsphäre, und die Person ist „die wesensnotwendige und einzige Existenzform des Geistes". (Vgl. GW II [1966], 389.)

Die Person ist Aktvollzieher und Aktzentrum. Sie sichert die Einheit aller verschiedenartigen Akte. Ihr Sein liegt einerseits im Vollzug von Akten, aber da sie allen Akten als Bezugszentrum Einheit sichert, muß sie andererseits auch vom Aktvollzug unterschieden sein. Sofern Akte außerdem an Wesenheiten wie Ideen und Werten ausgerichtet sind, muß sich ebenfalls die Person an solchen Objektivitäten orientieren und sich von ihnen her bestimmen können. Der Vollzug der Akte ist von zwei Seiten her von nicht-vollzugsmäßigem Sein abhängig.

Greifen wir das Problem des Aktvollzuges auf, um an ihm die Leistungsfähigkeit der wesensphänomenologischen Methode zu prüfen. Für jede (einzelne?) Person gilt: „Die einzige und ausschließliche Art ihrer Gegebenheit ist... allein *ihr Aktvollzug selbst* (auch noch der Aktvollzug ihrer Reflexion auf ihre Akte) – ihr Aktvollzug, in dem lebend sie gleichzeitig sich erlebt." (GW II [1966], 386) Es wäre in diesem Falle besser, das Wort Gegebenheit zu vermeiden. Denn die Bedeutung des Gemeinten ist: Aktvollzug kann nicht zur Selbstgegebenheit kommen, ist sich selber innerlich erschlossen, ansonsten aber als er selber unzugänglich. Wenn Personen sich primär nur im (eigenen) Aktvollzug ursprünglich gegeben sind, so heißt das, anders formuliert, daß es keine (überallgemeine und überindividuelle) Wasseinsselbigkeit von Personen gibt, die sich als Wesen in allen möglichen Zugangswegen zeigt. Dies aber ist für Wesen, die in der phänomenologischen Schau zugänglich werden, charakteristisch.

Halten wir diese von Scheler selber nicht gesehene Grenze der wesensphänomenologischen Methode in aller Schärfe fest: Personen als Seinseinheiten, die nur im Aktvollzug existieren (aber von ihm gleichwohl dem Sein nach unterschieden sind), bieten der phänomenologischen Schau keinen Zugang, aufgrund dessen sie sich als das zeigen, was sie an sich selber sind. Diese Sachlage hat nichts mit der Unterscheidung von Allgemeinem und Individuellem zu tun, sondern betrifft den Selbstgegebenheitsanspruch des phänomenologischen Erkenntnisvollzuges, durch den dieser sich gegenüber der Sache außerwesentlich setzt, da in der Erkenntnis (qua Aktvollzug) nur die gegenüber jedem Vollzug selbige Sache Thema ist. Diese These ist z. B. vorausgesetzt, wenn Scheler davon spricht, daß in jedem Wissensakt ein evidentes Transzendenzbewußtsein liegt als ein „unmittelbares Wissen der wesenhaften Unabhängigkeit des Seienden schon als Seienden vom *Vollzug* eines Wissensaktes“. (Vgl. GW II [1966], 378 f.) Die Selbstgebungsleistung der phänomenologischen Schau wäre – was bei Scheler nicht geschieht – dadurch zu definieren, daß die Differenz von Aktvollzug und ihrem Sein nach selbstgegebener Sache für sie insofern nicht besteht, als sie das selbstgegebene Seiende dem Aktvollzug als das ihn Bestimmende überordnet, ohne den Akt in seiner Vollzugseigenart als zu tätigenden als eigentlich Seiendes zu bestimmen. Statt dessen treten die Aktwesen als Gegenstände der phänomenologischen

Schau auf. Als unmittelbar getätigter und in diesem Vollzug leistender braucht ein Akt keinen Bezug auf fühlendes und schauendes Erkennen zu haben, das an sich selbst gebenden Wesenstatsachen ausgerichtet ist, die in keiner Abhängigkeit von geeinzeltem Vollzugssein stehen. Sofern jedoch ein Aktvollzug selber der Bestimmung unterstellt wird, in ihm habe ein fühlendes, schauendes Erkennen von vorgängigen Wesen statt, die als Einheiten alle Akte einer Art binden würden, wäre er selber im allgemeinen durch seine Abhängigkeit von den in ihm sich gebenden Wesenstatsachen bestimmt. Daran würde seine Vollzugseigenart nichts ändern. Diese wäre vielmehr übergriffen von Sein im Sinne von Ideen, von Wesen, das Nicht-Vollzugsein besagt. Und dies würde sich auf die Person als Seinseinheit insofern auswirken, als diese ihre Akte an den Gegenstandswesen orientierte. Ihnen entsprechend müßten die Aktwesen verfaßt sein. Soweit das der Fall wäre, wäre eben Aktvollzug für die phänomenologische Erkenntnis des Zusammenhangs von Aktwesen und Gegenstandswesen außerwesentlich.

Die aufgezeigte Aporie, die im wesensphänomenologischen Konzept Schelers verborgen liegt, drängt z.B. in den Analysen des Liebesaktes ans Licht, sofern die Liebe Bewegung von einem niederen zu einem höheren Wert ist und zugleich (schöpferisch) den höheren Wert erschließt. (Vgl. z.B. GW VII, 160f.) Wenn die phänomenologische Schau einen Liebesakt voraussetzen sollte, verdient sie nicht den Namen eines methodischen Erkenntniszugangs. Wenn sie ihre Erkenntnisleistung jedoch ohne Liebesbewegung vollzieht, so ist diese nicht wesentlich für die Rangordnung des Wertreiches, weil sie nur subjektiv für die Realisierung von Werten relevant ist. Falls aber nur Gegenstände als Träger von Werten (nicht aber die Werte selber) geliebt werden können oder falls die Liebe selber Träger des Wertes gut ist, kompliziert sich die Gesamtsachlage so, daß mit der Konzeption der phänomenologischen Wesensschau allein nicht weiterzukommen ist. Die geschauten Wesen erwiesen sich dann als etwas, das zum Sein auf Andersartiges angewiesen wäre, an dem und durch das sie wirklich würden. – Man kann sich des Eindrucks nicht erwehren, daß die sogenannten Werte von Scheler letztlich nur wie etwas Eigenschaftliches und nicht wie in sich ruhendes Seiendes gedacht werden, so daß ihr Wirklichkeits- und ihr Verwirklichungsbezug ihnen wesentlich zugehören müßte. Aber wie soll derartigen Verhältnissen durch die phänomenologische Wesensschau angemessen und ausreichend Rechnung getragen werden können. Es ist hier kein Raum, die sich aufdrängenden Schwierigkeiten zu explizieren. Im anschließenden Kapitel ergibt sich ein Ausblick auf einige von ihnen. Zuvor aber seien noch an einigen inhaltlichen Punkten der Schelerschen Personlehre Aporien der wesensphänomenologischen Methode aufgezeigt.

Es hat bisher den Anschein, als seien Werte sich in der Schau selbstgebende Wesenstatsachen, die den Vollzügen des Lebens und des Geistes vor- und übergeordnet wären und als solche in abgelöster Reinheit phänomenologisch zu erkennen wären. Dieser Anschein problematisiert sich in der Ausgestaltung des Schelerschen Werkes. Das Problem der Verwirklichung der Werte drängt in den Vordergrund. Die Verwirklichung von Werten ist aber von Faktoren abhängig, die keineswegs wie die phänomenologische Schau in völliger Abhängigkeit vom Wertreich und seiner Ordnung stehen. Die sog. Werte verlieren ihren Wesenstatsachencharakter und werden zu etwas, was den Lebens- und Geistesvollzug beherrscht und beherrschen soll.

Scheler unterscheidet Zustandswerte, Sachwerte und

Personwerte. Der Reihenfolge entspricht zugleich die Rangordnung. Alle Werte, die vom Wollen, vom Handeln, von Eigenschaften der Person getragen werden, sind rangmäßig der Person als Träger des sittlichen Wertes untergeordnet. (Vgl. GW II [1966], 499.) Da die Personwerte Höchstwerte sind und zunehmend verwirklicht werden sollen, sind Personen von der Verwirklichung anderer Wertarten zu entlasten. Daß dies möglich ist, zeigt die Zivilisationsgeschichte als Geschichte von Technik und Industrie. Letztlich ist nur die Person Selbstwert. (Vgl. GW II [1966], 494 ff.) Ist sie dies, weil sie aufgrund von Wertverwirklichung Träger der sittlichen Werte werden kann? Wie soll subjektive Verwirklichung von Werten dasjenige, was dies vermag, zu einem höchsten Wert, zum Selbstwert machen können?

Damit Schelers These vom Selbstwert der Person richtig verstanden wird, ist Folgendes im Auge zu behalten: Keine Person kann ihren eigenen sittlichen Wert intendieren in ihrem Werte verwirklichenden Wertwachstum. (Vgl. GW II [1966], 497.) Sittliches personales Sein ist Außersichgerichtetsein, ist „Nichtintention ihres Eigenwertes" (GW II [1966], 498). Nur in einer solchen Haltung vermag eine Person ihren Selbstwert zu realisieren. Der Personwert als der höchste Wert kann also gar nicht unmittelbar durch Wollen realisiert werden. Besagt das: Also bleibt es dabei, daß Personen (von sich absehend) an Werten und ihrer Verwirklichung ausgerichtet sind? Also kann für keine Person ihr Eigenwert Höchstwert sein, ja ihr Eigenwert kann nicht einmal ein Wert für sie sein? Also ist die Rede von Person als Höchst- und Selbstwert aus der Perspektive von Personen auf andere Personen genommen. In der Verwirklichung des höchsten Wertes der Heiligkeit ist z. B. eine Person außer sich gerichtet (auf Gott oder das Sittengesetz oder einen unpersönlichen Heiligkeitswert). Eine Person braucht sich in ihren Wertverwirklichungen auch nicht um das Personale anderer Personen zu kümmern – wenn sie z. B. Gutes tut, indem sie Armen hilft. Es braucht für sie gar keinen Personwert zu geben. Und derartige Personen können für andere Personen Höchstwerte sein. Und auch nur für diese anderen gibt es den Personhöchstwert.

Im Verlauf der Schelerschen Ausführungen zur Person drängen sich interpersonale Verhältnisse in den Vordergrund. Mit ihnen rücken auch interpersonale Abhängigkeiten in den Blick. Sollen auch derartige Sachverhalte als Wesensverhältnisse angesehen – und gerechtfertigt werden? Ist der ethische Personalismus Schelers in der Gefahr, sich zu einer (heteronomen) Lehre von einigen Personen als Höchstwerten für andere Personen zu verschieben?

Die Unzulänglichkeit der Methode der phänomenologischen Wesensschau läßt sich auch an den Thesen von der Individualität der Person und ihrem liebenden Verständnis aufzeigen.

Schelers Personlehre gipfelt in der Bestimmung der Person als Individuum. Als Individuum ist jede Person von jeder anderen in dem Sinne unterschieden, daß sie einmalig in Sein und Wert ist. (Vgl. GW II [1966], 483 ff.) Das Mit-, Nach- und Vorvollziehen des Sinngehaltes der Akte von Personen ist ein „durch Liebe zur Person selbst vermitteltes Verstehen ihres zentralen Springquelles". Ein solches Verstehen soll zur „Anschauung" des „idealen, individuellen Wertwesens" einer Person führen. (Vgl. GW II [1966], 480.)

Scheler läßt das liebende Verstehen individueller Personen gelenkt werden durch ein „konkretes Wertidealbild". Legt der liebend Verstehende dieses Idealbild in eine Person hinein? Oder versteht er liebend das Idealbild, das die Person von sich hat? Sind Idealbilder von Personen nichts konkret Individuelles, sondern Typisches? Individuum zu sein gilt für Einzelpersonen und für Gesamtpersonen wie z. B. Völker. Scheler steuert unter den Titeln Mikrokosmos und Makrokosmos einen Ausgleich zwischen allgemeingültig objektivem und individualgültigem Guten an. In dem Maße, wie die Allgemeinverbindlichkeit der Werterkenntnis in den Hintergrund tritt, schieben sich mit der Orientierung von Personen an Personen wesensphänomenologisch nicht zugängliche Richtmaße wie Tradition und Autorität in den Vordergrund. Denn die Individualität von Personen ist faktisch nie so radikal, daß sich nicht Personenzusammenschlüsse und Abhängigkeiten unter Personen ergäben. Diese Sachlage resultiert notgedrungen, wenn die Allgemeinverbindlichkeit von Werten einerseits zurücktritt und andererseits die reine Individualität den Individuen nur in den Augen eines Gottes und in einem Liebesreiche zukommt. (Vgl. GW II [1966], 527.) Der Ausblick auf eine unendliche Person und deren Perspektive auf die endlichen Personen steht bei vielen Ausführungen Schelers zur Person im Hintergrund. Kann ein solcher Rückgriff phänomenologisch ausgewiesen werden? Kann ein solcher Personalismus umhin, metaphysisch zu werden?

Abschließend sei zu Schelers These vom liebenden Verstehen von Personen durch Personen aus der Perspektive einer nicht personal orientierten Wesensschau bemerkt: Eine Wesenserkenntnis dessen, was das Personale von Personen ausmacht, wie sie von Scheler durchgeführt wird, ist kein durch Liebe vermitteltes Erkennen (= Verstehen) von individuellen Personen. Schelers Satz über ein durch Liebe vermitteltes Verstehen ist also ein Satz über etwas, das außerhalb seiner Ausführungen über das Wesen der Person erfolgt. Also sind alle seine Aussagen über das Wesen der Person unwesentlich, weil sie sich notgedrungen im allgemeinen halten und Bestimmungen formulieren, die sich nicht dem liebenden Verstehen des individuellen Wertwesens von Personen verdanken. Begründen solche Sätze, daß Personen liebend verstanden werden müssen? Hier kann in einem normalen Sinn des Wortes nichts begründet werden. Es wird dagegen wohl das Sein der Person so bestimmt, daß die (allgemeine) Erkenntnis des Wesens der Person nichts leistet gegenüber dem Sein der Person – weil dieses eben individuelles Wertwesen besagt, das nur in einer liebenden Zuwendung zugänglich wird. Unter dieser Voraussetzung läßt sich darauf hinweisen, daß Personen gegenüber liebendes Verstehen, nicht aber phänomenologische Schau ihres überallgemeinen und überindividuellen Wesens angemessen ist. Wird das nun phänomenologisch geschaut? Es wird bestenfalls geschaut, daß in solchen Sätzen das Wesen einer Person nicht zur Selbstgegebenheit kommen kann.

5. Phänomenologie im späteren Werk Schelers

Es ist aufgezeigt worden, daß bereits im Fortgang des Formalismus-Werkes Leistungskraft und Leistungsanspruch der phänomenologischen Schau-Wesenslehre überfordert und fragwürdig werden. Einige abschließende Bemerkungen sollen andeuten, wie sich Phänomenologisches im späteren Werk Schelers in modifizierter Weise in nicht-phänomenologischen Systemzusammenhängen wiederfindet. (Vgl. Spiegelberg *1982b*, *277*, 303.)

Vor allem dem I. Teil des Formalismus-Werkes zufolge bildet eine dem Werden und der Verwirklichung entzogene apriorische Wertrangordnung und die ihr zugehörige Sphäre von Aktwesen das Thema einer Wesens- und

Wertphänomenologie. Die geschichtliche Realität ist nicht der phänomenologischen Wesensordnung verschrieben. Diese vermag die Realität des Wertschätzens und der Verwirklichung von Werten allerdings an einem Maßstab zu messen und von ihr her zu beurteilen. In der Realität hat sich, wie Schelers spätere Werke bezeugen, eine Abweichung von der objektiven Wertrangordnung herausgebildet. Sofern das Formalismus-Werk nur das Reich des Werthaften in seiner Absolutheit zum Thema hat, sind in ihm andere weiterführende Theoreme zurückgedrängt oder ausgespart. Sie verlangen aber berücksichtigt zu werden. Damit drängen Probleme in den Vordergrund, die sich auf die wesensphänomenologische Position Schelers auswirken. Daß die Geschichte ihre Wirklichkeit in einer Abweichung von der objektiven Wertrangordnung hat, zeigt sich z.B. darin, daß Nützlichkeitswerte irgendwo und irgendwann zur Vorherrschaft gekommen sind und höhere Werte zurückgedrängt haben. Scheler glaubt im Formalismus-Werk noch zu sehen, daß die Realisierung des wertmäßig Niederen das wertmäßig höhere Personale in seiner Reinheit freisetze (vgl. GW II [1966], 496 ff.), aber später erkennt er in der herrschenden Wertrangordnung eine Verkehrung der wesenhaften Wertrangordnung. Die Darstellung eines tatsächlichen Zustandes der Herrschaft gewisser Werte hat darauf zu verzichten, die wesenhaften Verhältnisse zu ihrem Maßstab zu nehmen. Ihr Maßstab liegt in demjenigen, was menschlich-geschichtliches Leben wertend hervorgebracht hat, ohne philosophisch-erkennend an der objektiven Wertrangordnung ausgerichtet gewesen zu sein. (Vgl. z.B. die Analysen in GW VIII.) Dieses Faktum hat zur Voraussetzung, daß sich wesenhafte und tatsächliche Wertrangordnung nicht zu entsprechen brauchen, daß also die erstere die letztere nicht notwendig im Sinne eines Seinszusammenhangs fundiert – wie es Formulierungen Schelers zufolge sein soll. Vor allem in den oben analysierten phänomenologisch-methodischen Schriften Schelers aus dem zweiten Jahrzehnt unseres Jahrhunderts lebt noch das aus einer älteren philosophischen Tradition stammende Pathos der Fundierung des faktisch Wirklichen durch Rückgriff auf das notwendig vorhergehende Wesenhafte. Schelers Zuwendung zur geschichtlichen Realität und zu demjenigen Fühlen und Werten, das in ihr dominiert, lassen den wesensphänomenologischen Begründungsanspruch verblassen. – Allerdings bleibt es für Scheler immer naheliegend, Aussagen als Wesensaussagen auszugeben.

Welche Konsequenzen lassen sich für den Fall ziehen, daß die Erkenntnis gegenüber dem Gegenstand geschichtlicher Realität nicht mehr an der daseinsfreien Wertrangordnung orientiert ist, sondern an einem geschichtlichen Produkt faktisch vollzogenen Wertens? Nennt man dies einen „Wesensbestand" der Welt – wie Scheler es tut – so hat diese Rede vom Wesen mit der zuvor analysierten nichts zu tun. Ein Zusammenhang stellt sich erst her, wenn eine geschichtsphilosophische Konstruktion, die die Geschichte dem Wesensmaßstab unterstellt, ins Spiel gebracht wird. Dann wird die philosophische Erkenntnis, die sich durch das Wesenhafte bestimmt, vor dem Nicht-Wesens-Gegenstand der geschichtlichen Realität ausgezeichnet und ihr übergeordnet. Wenn die Zuwendung zur Geschichte besagt, daß dies gerade nicht geschehen soll, weil man keinen geschichtsvorgängigen Maßstab in der phänomenologischen Wesensschau zur Verfügung hat oder weil sich das Wesensapriori unvorgreifbar selber in der Geschichte entfaltet, dann nimmt sich die wesenhafte Wertrangordnung des Formalismus bestenfalls wie ein gesonderter Gegenstandsbereich aus, der evtl. von einer Sparte der Philosophie, der Phänomenologie nämlich, erforscht wird. Gegen eine solche Möglichkeit sträubt sich das Philosophieren Schelers in seinem Fortgang in wachsendem Ausmaß.

Es läßt sich folgende Grenzziehung vornehmen. Solange Scheler an einer Wesensschau festhält, die besagt, daß eine bestimmt geartete philosophische Erkenntnis, aufgrund von vorausgesetztem sich selbst gebendem Sein den Vorrang in der Welt hat gegenüber allem, was als Nicht-Wesenhaftes real ist, mag seine Philosophie phänomenologisch genannt werden. Wenn sich diese wesensphänomenologische Überzeugung als einseitig zu problematisieren beginnt und sich die Einsicht in die Kraftlosigkeit der Wesen in ihrer kontemplativ geschauten Seinsreinheit Bahn bricht, wird Scheler zu einer neuartigen Gesamtkonzeption der Philosophie genötigt. Zwar baut er Wesensphänomenologisches in dieses Konzept ein, aber dieses wird jetzt metaphysisch unterbaut. Ein solcher methodischer Umbau seines Philosophierens steht für Scheler an, sobald die Wirklichkeit von ihm als ein geistiger und/oder triebmäßiger Prozeß gesehen wird, in dem es darum geht, daß Wesen, Werte, Formen ins Dasein gebracht werden.

Es ist aufschlußreich, wie Scheler 1922 in einem Rückblick die phänomenologische Bewegung insgesamt charakterisiert. Für sie soll die Unterscheidung von Dasein und Wesen, existentia und essentia, grundlegend gewesen sein. (Vgl. GW VII, 309 f.) Dasein wird hier durch den Hinweis auf das zufällige hic et nunc der Gegenstände erläutert und die Welt als Gesamt der realisierten Wesenheiten angesehen. Diesen gegenstandsbezogenen Unterscheidungen wird die phänomenologische Einstellung als eine „Techne des schauenden Bewußtseins“ zugeordnet. Bemerkenswert ist an diesen uns schon geläufigen Thesen

Schelers vor allem, daß in ihnen von seinem eigenen metaphysischen Zentralproblem, dem Ins-Dasein-Treten von Wesen im Welt-Werden, nicht die Rede ist, sondern Phänomenologie in konsequenter Einseitigkeit als Platonismus angesprochen wird: „Sie kann, geschichtlich gesehen, auch als eine Erneuerung eines *intuitiven Platonismus* angesehen werden, freilich mit vollständiger Beseitigung der platonischen Ideenverdinglichung und aller mythischen Beisätze." (GW VII, 310)

Es wird in Schelers Äußerungen von 1922 die Möglichkeit offengehalten, daß man evtl. eine Metaphysik auf „wesenstheoretischer Basis" aufbauen könne. (Vgl. GW VII, 311.) Und Scheler spricht die Hoffnung aus, daß sich von der Phänomenologie aus ein „Einheitsboden" für die von ihm geforderte universale Sachphilosophie entwickeln lasse. Es ist aufgrund der hier vorgetragenen Analysen nicht ersichtlich, wie eine Wesensphänomenologie aufgrund ihrer eingeschränkten methodischen Eigenart eine Metaphysik des Weltwerdens sollte tragen können. Und es gibt „Sachen" in der Schelerschen Metaphysik, die wesensmäßig Nicht-Wesen sind.

Wenn Wirken, Weltwerden und erwirktes Dasein ontologisch dadurch bestimmt sind, nicht ins Seinsverhältnis des Wissens als dem Dasein nach Gewußtes eingehen zu können, dann vermag die Wesensschau ihnen gegenüber nichts zu leisten. Dann ist sie gleichbedeutend mit dem Verlust des Wirkens und Werdens für den Schauenden und für sein Geschautes.

Scheler hat viele Jahre hindurch mit dem Problem des Zusammenhangs von Wirken, Werden, Dasein einerseits und Geistigkeit, Wesen andererseits gerungen. Vielleicht sind seine wesensphänomenologischen Überzeugungen mit ein Grund für die Schwierigkeiten, die ihm der Versuch der metaphysischen Einigung von Werden, Dasein,

Geist und Wesen bereitet. (Vgl. die ausgleichende Darstellung von Frings *1973.*) Die Konzeption einer Schau (als Ideierung zum daseinsfreien Wesen) ist ohne Aufweis, wie die Wesen über das Weltwerden herrschen können, nur ein Bruchstück einer Philosophie. Deren Aufbau wird schwierig, wenn keine des Daseins mächtige Geistigkeit, wie z. B. ein persönlicher Gott, als letzte Instanz zur Verfügung steht, um die Wesen im Weltwerden durchzusetzen.

In Schelers Metaphysik findet sich die phänomenologische Reduktion an jenem zentralen Punkt wieder, an dem in einem Wesen, das selber Produkt des Weltwerdens ist, Drang und Geist auseinandertreten, aber sich zugleich in eben diesem Wesen, dem Menschen, geeint finden. Bevor die Reduktion von diesem Wesen realisiert werden kann, ist sie sozusagen schon Resultat des einheitlich dranghaft geistigen Weltwerdens. Sie ist der Ort des Umschlages des sich realisierenden zweiprinzipigen, absoluten Urseienden zu selbstbewußter Geistigkeit in personalen Einzelwesen, die den Prozeß des Weltwerdens weiterzutreiben haben – im Lichte von Ideen. Wenn es in diesem Prozeß z. B. um die Verwirklichung von Werten geht, so müssen diese zuvor als des Daseins bedürftig verstanden worden sein. Ihre Einbildung in die Wirklichkeit erfolgt gemäß der phänomenologischen Erschauung dieser Aufgabe. Sie tritt erst dort auf den Plan, wo sich ein Wesen von partiell geistiger Eigenart herausgebildet hat, das zur Wesensschau befähigt ist. Dasjenige, wovon sich die phänomenologische Reduktion ablöst, ist das für die Realitätserfahrung und -auffassung zuständige, den Realitätswiderstand vermittelnde Lebenszentrum als „Subjekt des triebhaft-motorischen Systems und des diskursiven Denkens“. (Vgl. GW IX, 245.) Die Reduktion ist also die Außerkraftsetzung des Vitalzentrums (als eines Subjektes eigener Art), das real heißt, sofern es individuiert ist. Diese Art von Individuation geht Raum und Zeit (als Individuationsprinzipien) noch vorweg. (Vgl. Avé-Lallemant *1975 c*, 159 ff.) In ihr wirkt sich das zweiprinzipige dranghaft-geistige Urseiende aus, das im personalen Einzelwesen Mensch zum Bewußtsein seiner gelangt. Die im Ideenwissen dieses Wesens auftretende Differenz von Dasein und Sosein ist primär Resultat der Entwicklung des absoluten Urseienden. Sie verdankt sich – metaphysisch gesehen – nicht einer methodischen Maßnahme, durch die ein in sich ruhendes, statisches Wesensreich erschlossen werden kann, das die Weltordnung fundiert. Sofern die Vereinigung des wißbaren Soseins mit dem Dasein Ziel des Weltwerdens ist und das Wissen selber Werdenszielen dient, dominiert die metaphysische Sicht über die phänomenologische Wesensschau-Methode, die vom Menschen als geistigem Wesen zu zeitüberlegenen Erkenntniszwecken gehandhabt werden kann und durch die er dem Verwirklichungsdrang entrückt ist. In ihrem Rahmen ist der Einigungsprozeß von Dasein und Sosein, in dem Kraft aufgewandt wird, gar kein Thema; denn er ist ihr nicht zugänglich. Er ist dasjenige, was sich im metaphysisch verstandenen, aus zwei disparaten Momenten zusammengesetzten Seienden zuträgt, in dessen Werdensprozeß die phänomenologische Reduktion einbehalten ist. (Vgl. Brenk *1975* und Rombach *1975*, 57 ff.) Sofern das der Fall ist, aber ist sie mehr als eine Methode und Techne zur Sicherung von Wesenserkenntnissen.[3]

[3] Die von Scheler in ‚Die Stellung des Menschen im Kosmos‘ (GW IX, 40 ff.) anläßlich der Entdeckung des Schmerzes angeführte Wesensschau Buddhas führt zur Welt-entsagenden Lebensweise. Sie hat nur in deren schwer lastender Wirklichkeit ihre Entsprechung. Sofern das der Fall ist, ist sie keine Methode und Techne der Entwirklichung von Welt und Selbst.

II. Heideggers Verständnis von Phänomenologie

1. Die Frage nach dem Sein des intentionalen Bewußtseins

a. Kritik der Phänomenologie Husserls

Im Sommersemester 1925 hat Heidegger in seiner Vorlesung eine ausführliche Auseinandersetzung mit der Phänomenologie Husserls vorgetragen (GA XX). Er entwikkelt aus der Kritik an der Phänomenologie Husserls Grundzüge der uns aus ‚Sein und Zeit' bekannten Daseinsanalyse, die der Suche nach dem Zeitbegriff unterstellt ist. Heidegger läßt sich an diesem Ort ausführlich auf Husserls ‚Ideen' ein, eignet sich dasjenige, was er für seine eigene Philosophie bewahren kann, an und kritisiert die Grundbegriffe der intentionalen Bewußtseinslehre.[4]

Als Ausgangspunkt ist die Krisensituation der Wissenschaften gewählt. Die Krise betrifft die Legitimierung der Wissenschaften „aus ihrem Sinn im menschlichen Dasein". Ihre Behebung wird von einem Rückgang auf die Sachen selbst, welche die Wissenschaften befragen, erwartet. Untersucht werden sollen zu diesem Zweck die den Wissenschaften vorgegebenen Gegenstandsgebiete Geschichte und Natur. Es soll ihre dem wissenschaftlichen Zugriff vorgängige Seinsart geklärt werden. Diese

[4] Zur denkgeschichtlichen Entwicklung Heideggers und zu seiner Aneignung der Phänomenologie bis 1925 vgl. die Beiträge von Gadamer, Gethmann u. a. in Rodi (Hrsg.) *1987* und Bast *1986*.

Angaben lassen noch manche Näherbestimmung zu. Sie rücken allerdings die wissenschaftliche und die phänomenologische Forschung in einen Zusammenhang, in dem es um Verhältnisklärung und Grundlegung zu gehen scheint.

Hält man sich vor Augen, daß eine Wissenschaft im modernen Verstande ein Unternehmen ist, für das eine Anzahl von methodisch abgesicherten Erkenntnisrealisierungsmöglichkeiten bestehen müssen, wie endgültig und sicher auch immer ihre Grundlagen sein mögen, und achtet man dann auf die philosophische Radikalität Heideggers, so ist von vornherein fraglich, ob eine Ausarbeitung der Seinsfrage im Horizont der Zeit eine solche Eröffnung von Erkenntnisrealisierungsmöglichkeiten, innerhalb derer eine Wissenschaft ein legitimierter, endloser Forschungsbetrieb ist, wird leisten können. Husserl hat nie einen Zweifel daran gelassen, daß seine phänomenologische Grundlegung, Forschungsfelder für eine neuartige Wissenschaft als Gemeinschaftswerk aufschließen will. Läßt sich etwas Ähnliches für Heideggers Philosophieren aufrechterhalten, so daß eine gewisse Parallelität zwischen wissenschaftlicher und phänomenologisch-philosophischer Forschung gewahrt bleibt?

Kann von philosophischer Seite der Wissenschaft ein Mangel an Grundlagenradikalismus vorgehalten werden, dem durch eine letztbegründende philosophische Wissenschaft abgeholfen wird, wie es bei Husserl geschieht? Oder bewegt sich die Fragerichtung Heideggers schon zu dieser Zeit aus dem für die Philosophie festgehaltenen Bezug zur wissenschaftlichen Erkenntnis heraus? Es heißt in der Vorlesung von 1925 immerhin: „So ist die Geschichte des Zeitbegriffs genauer am Ende *die Geschichte des Verfalls* und *die Geschichte der Verstümmelung der Grundfrage* wissenschaftlicher Forschung nach dem Sein des Seienden: Geschichte des Unvermögens, die Seinsfrage radikal neu zu stellen und in ihren ersten Fundamenten neu auszuarbeiten – ein Unvermögen, das im Sein des Daseins gegründet ist.“ (GA XX, 8) Die angedeutete Frage wird sich am Schluß dieser Skizze der Kritik der Husserlschen Phänomenologie durch Heidegger aufgrund eines Ausblicks auf das Ergebnis der Vorlesung in eine These überführen lassen.

Die Auseinandersetzung mit der von ihm vorgefundenen und aufgenommenen Phänomenologie führt Heidegger in drei Schritten durch: Es wird 1) die geschichtliche Situation skizziert, aus der die Phänomenologie erwachsen ist. Das Ungenügen von Positivismus und Neukantianismus wird artikuliert. Diltheys Suche nach einer eigenständigen Methodik der Geisteswissenschaften und sein Sinn fürs Geschichtliche sind ein wichtiger Markstein auf dem Weg zur Erneuerung der Philosophie. Erst die Fassung des Bewußtseins als Intentionalität durch Brentano und dann in gereinigter, philosophisch relevanterer Form durch Husserl bringt die Phänomenologie auf ihren Weg. Es werden 2) die fundamentalen Entdeckungen der Phänomenologie interpretiert. Der mit ihnen verbundene Fortschritt wird nachdrücklich herausgestellt. Es sind vor allem drei Entdeckungen, die Heidegger positiv aufnimmt: a) die Intentionalität, b) die kategoriale Anschauung und c) den ursprünglichen Sinn des Apriori. Es ist hier nicht der Ort, auf diese Husserl nahen Interpretationen einzugehen und die in ihnen liegenden Sinnverschiebungen aus der Perspektive Heideggers aufzusuchen. Auf dieser Basis bespricht Heidegger die Phänomenologie als eine eigentümliche Forschungsmethode. Er geht aus von der Maxime „zu den Sachen selbst“. „Das Feld der Sachen der phänomenologischen Forschung ist somit die *Intentionalität in ihrem Apriori*, verstanden nach den beiden Richtungen der intentio und des intentum.“ (GA XX, 106) Die Forschungsart wird angegeben als „analytische Deskription der Intentionalität in ihrem Apriori“. Es folgt eine Klärung des Namens Phänomenologie, auf die wir im Rahmen von ‚Sein und Zeit‘ zurückzukommen haben. Heidegger setzt 3) die Kritik an den Husserlschen Entdeckungen so an, als sei sie aus dem Prinzip der Phänomenologie heraus gefordert. Er unterzieht daher die Intentionalität einer vertiefenden Analyse. Er bezieht auch Scheler in seine Überlegungen ein und distanziert die gesamte bisherige Phänomenologie aus dem Rückblick auf die 25 Jahre ihrer Geschichte.

Die von Husserl in den ‚Ideen I‘ herausgearbeitete Bestimmung des reinen Bewußtseins als einer Seinsregion absoluter Setzung wird als Ausgangspunkt genommen. Die Auszeichnung dessen, was dem reinen Bewußtsein zugehört, liegt in seiner Gegebenheitsweise: Seine Erlebnisse sind absolut gegeben. In ihnen liegt, daß sie nicht nicht sein können, sofern sie gegeben sind. Dieser Vorzug hängt von ihrem Immanenzcharakter ab. Husserl identifiziert das absolute Gegebensein auch mit absolutem Sein – z. B. in der berühmten Formulierung, daß vom reinen Bewußtsein die alte Wesensauszeichnung der Substanz gilt: nulla re indiget ad existendum. Ein letztes Charakteristikum der Erlebnisse als der Artikulationen des reinen Bewußtseins ist ihr Wesenscharakter, durch den sie von aller Vereinzelung und Besonderung abgelöst sind. Heidegger kritisiert die aufgeführten Eigenschaften des reinen Bewußtseins einheitlich: Sie sind nicht aus dem Sein des intentionalen Bewußtseins geschöpft. Sie verdanken sich anderen Hinsichten als der Frage nach dem Sein. Das reine Bewußtsein wird durch sie nur betrachtet: „als *erfaßt, gegeben, konstituierend* und *ideierend*“ (GA XX, 146).

Um zu sehen, wie Heidegger 1925 von der Phänomenologie Husserls (und auch Schelers) abzweigt, muß sein Vorwurf des Versäumnisses der Seinsfrage weiter verfolgt werden. Das thematische Feld der Phänomenologie Husserls ist die Region der reinen Bewußtseinserlebnisse. Diese sind intentional verfaßt und haben als absolut gegebene auch absolute Seinsbedeutung im Unterschied zu solchem, was auf sie relativ ist – wie die Naturrealitäten. Eine Bestimmung einer Region ist nach Heidegger keine Seinsbestimmung und braucht es auch nicht zu sein, wenn Seinsbestimmung besagt: Es soll etwas nicht im Blick auf etwas Anderes, in seiner Funktion für etwas Anderes charakterisiert, sondern in sich, in seinem eigenen Seinssinn genommen werden. Wenn allerdings für Husserl die Region des reinen Bewußtseins als Erkenntnis-grundlegend auch für die Erkenntnis der Welt qua Natur relevant ist, dann legt es sich für ihn nahe, die Beziehung zwischen Bewußtsein und Welt zu nutzen, um in einem Gesamtzusammenhang Seinsbedeutungen der Rangordnung nach als absolut und relativ zu unterscheiden und zusammenzufügen. Und das geschieht in der Tat. Dabei wird die Seinsrede zunächst auf die Seite des sich im reinen Bewußtsein Bekundenden gerückt, weil die Bewußtseinsleistungen für die Erkenntnis des Seienden in Anspruch genommen werden. Der Seinssinn dieses Seienden ist transzendentalsubjektiv bedingt. Heidegger äußert zu dieser Sachlage, die Seinsfrage sei hier gestellt und sogar beantwortet (GA XX, 154 f.). Aber: Das Wort Sein wird von Husserl konsequent im Rahmen einer Transzendentalphilosophie benutzt, die sich durch reflexiv-methodische Operationen des Bewußtseinsmäßigen als eines Absoluten im Unterschied zu einem Relativen versichert hat und Seiendes im relativen Sinn auf Seiendes im absoluten Sinn zurückbezieht. Heidegger müßte also etwa formulieren: Husserl redet zwar vom Sein, aber er denkt Sein nicht. Husserls Vorgehen hat mit Heideggers Seinsfrage keinen unmittelbaren Zusammenhang.

Heidegger wendet sich gegen die Reduktion, die als Entrealisierung zu dem Zwecke, die Realität als solche ansichtig zu machen, und als Wesens-orientiert den Blick vom Sein ablenkt. Er wendet sich ebenfalls gegen die von Husserl als der Reduktion vorgängig gesetzte natürliche Einstellung. Husserls Charakterisierung des natürlich eingestellten Lebens soll dieses wie ein naturhaftes Vorkommnis in der Welt fassen, so daß auch in der mundan gerichteten Deskription das eigentümliche Sein der intentionalen Akte verfehlt worden sei.

Trotz der Annäherung von Husserl und Scheler an sein eigenes Anliegen durch ihre Konzeption einer personalistischen Psychologie und des Personalismus, wie sie sich im 2. und 3. Jahrzehnt des Jahrhunderts finden, bleibt Heidegger bei seinen Vorbehalten: Die Seinsfrage wird in den Phänomenologien Husserls und Schelers auch in späterer Zeit nicht gestellt. Heidegger verbindet diese Kritik mit einer für seine eigene Phänomenologie fortan bestimmenden These, die ihn noch weiter von den bisher vorliegenden Phänomenologien entfernt. Husserl und Scheler haben die Seinsfrage deswegen nicht stellen können, weil sie im Banne des Seinsdenkens der philosophischen Tradition gestanden haben. D.h. aber: Ihre Begrifflichkeit ist nicht ursprungsecht an der Sache selber ausgewiesen. Sie steht ihnen für die Gewahrung des Seins im Wege. Da sich Husserl und Scheler mittels ihrer Begrifflichkeit jeweils auf die Sachen selber bezogen, d.h. diese dargestellt und zu Worte haben kommen lassen, trennen sich demnach mit der Begrifflichkeit auch die Sachen selber zwischen Husserl und Scheler einerseits und Heidegger andererseits. (Vgl. GA XX, 178 ff.)

b. Transzendentales Bewußtsein und Seinsfrage

Die sich in Heideggers Auseinandersetzung mit Husserl zeigenden Differenzen sind in einigen Punkten so zu vertiefen, daß die Unvergleichbarkeit der verschiedenen Positionen deutlich wird.

Heidegger greift die Grundbestimmung, die Husserl dem reinen Bewußtsein in den ‚Ideen I' gibt, an, indem er nach ihrer Angemessenheit als Seinsbestimmung fragt. Es ist nicht ohne weiteres ersichtlich, was dies besagt, da die Seinsrede bei allen Phänomenologen vorkommt, aber jeweils etwas anderes bedeutet.

Wenn z.B. Bewußtsein nicht auf andersgeartetes Sein, d.h. auf Nicht-Bewußtsein angewiesen ist, kann es dadurch als in seinem Sein bestimmt gelten. Dann kann es in seiner intentionalen Gesamtstruktur auch nicht durch eine Negation gekennzeichnet werden – wie es z.B. bei Sartre geschieht. Das Intentum der Intentionalität ist für Husserl kein Nicht-Sein dessen, was Bewußtsein ist, sondern ein in die Bewußtseinsstruktur fallendes Anderes. Denn: „Absolut ist das konstituierende Sein. Jedes andere Sein als Realität ist nur in Beziehung zum Bewußtsein, d.h. relativ auf es." (GAXX, 144) Sofern die Seinsrede bei Husserl relativ auf die Beurteilung von Gegebenheitsarten ist, kann sie weder mit Sartres noch mit Heideggers Weise von Sein zu reden übereinkommen. In der Beurteilung des Gegebenseins aber liegt bei Husserl der Bestimmungsgrund für die Seinsrede unter der leitenden Voraussetzung, daß ein ausgezeichnetes Erkennen, nämlich ein gewisses und evidentes, gesucht ist. (Vgl. Ströker *1987 a,* 55ff.)[5]

[5] Für alle folgenden Vergleiche Heideggers und der französischen Phänomenologen mit Husserl sei auf das im Text erwähnte Werk von E. Ströker und auf Teil A dieses Handbuches verwiesen.

Es ist eine der selbstverständlichen Voraussetzungen Husserls, daß im Rahmen der Korrelation von Bewußtsein und Welt durch das Erkennen eindeutige Bestimmtheit erreicht werden kann. In dieser Bestimmtheit kommt die Erkenntnis an das Sein heran; zumindest gilt der Prozeß der Annäherung an das in seiner Bestimmtheit in Besitz bringbare Sein als möglich. (Vgl. z. B. Husserl *1972*, 59ff.) Das ist für Husserl konsequent, da er eine wissenschaftliche Arbeitsphilosophie aufbauen will, die es zu standhaltenden Wissensresultaten bringt. Diese Voraussetzung wird von Heidegger kritisiert. Husserl sucht demnach eine absolute Wissenschaft vom Bewußtsein als einem in Erkenntnissen zu fassenden Gegenstand. „Diese Idee: *Bewußtsein soll Region einer absoluten Wissenschaft sein,* ist nicht einfach erfunden, sondern die Idee, die die *neuzeitliche* Philosophie seit *Descartes* beschäftigt. Die Herausarbeitung des reinen Bewußtseins als thematisches Feld der Phänomenologie ist *nicht phänomenologisch im Rückgang auf die Sachen selbst* gewonnen, sondern im Rückgang auf eine traditionelle Idee der Philosophie. Deshalb sind alle bestimmten Charaktere, die als Seinsbestimmungen der Erlebnisse auftreten, keine ursprünglichen." (GA XX, 147) Das philosophische Wollen Husserls und seine Zielsetzung besagen demnach bereits einen Verstoß gegen die Maxime, es gelte sich an den Sachen selbst zu orientieren, an der Sache nämlich, die das Sein heißt.

Wenn die Frage nach dem Sein als der Sache selbst Husserls unbekannt ist, so besagt das: Zwischen Husserls und Heideggers Phänomenologie besteht ein Zusammenhang nur insofern, als dieser durch gedankliche Operationen hergestellt wird, die zeigen, wie das eine System mit dem anderen in einen Zusammenhang gebracht werden kann. Es braucht sozusagen Übersetzungsvorschriften.

Diese hat Heidegger verborgenerweise in seinem Begriff vom Seinsverständnis zur Verfügung.

Hinter Heideggers Behauptung, Husserl habe nicht nach der Seinsart des intentionalen Aktvollzugs des Bewußtseins gefragt, verbirgt sich, wie im Verlauf der späteren positiven Untersuchungen deutlicher werden wird, die Frage nach der Seinsstruktur und dem Seinssinn des Daseins als Sorge und Zeitlichkeit. Diese Frage beträfe für Husserl nur ein der transzendentalphänomenologischen Konzeption eingeordnetes Thema. Für Heidegger ist umgekehrt dieses Thema fundamental, weil mit ihm die Seinsverfassung des Intentionalen ansteht. Und die intentionalen transzendentalen Bewußtseinsleistungen Husserls sind für ihn eine abkünftige Möglichkeit, deren Ausbildung dem Dasein möglich ist. Heideggers Rede vom Versäumnis der Seinsfrage durch Husserl ist also deswegen mißlich – wie er aus späterem Rückblick auch selber sagt, weil es die transzendental-subjektive Denkweise ist, die die Frage nach dem Sein des Intentionalen nicht zuläßt.

Die positiven Analysen Heideggers kulminieren in der Freilegung der Zeit selber. Die Freilegung erfolgt so, daß die (zeitliche) Endlichkeit des Daseins als eines sterblichen sichtbar wird. Die Bestimmung des Todes als Daseinsphänomen bringt vor die Ganzheit des Daseins. Er ist aus der Sorge zu verstehen, die aus dem Sich-selbst-vorweg-Sein entspringt. Mein Sterben steht für jeden Augenblick aus. Es ist Seinsmöglichkeit. „Sie ist eine ausgezeichnete, denn *ich bin selbst diese ständige, äußerste Möglichkeit meiner selbst,* nämlich nicht mehr zu sein.“ (GA XX, 433) In diesem Zusammenhang spricht Heidegger von wissenschaftlicher Vergewisserung bezüglich der Ganzheitserfahrung des Daseins (GA XX, 430). Die äußerste Möglichkeit meines Sterbens aber ist ein Sich-Verschließen aller jener menschlichen Vermöglichkeiten, die sich nicht durch das entschlossene Vorlaufen ins Sterben selber ergreifen lassen, wie sie vom eigentlich existierenden Dasein ergriffen wird. Wissenschaftliche Erkenntnismöglichkeiten und ihre Realisierung haben gar keinen Bezug auf die äußerste Möglichkeit meiner Unmöglichkeit. Wenn die „phänomenologische Interpretation des Todes als Daseinsphänomen" wissenschaftlich sein soll, so muß dieser Kennzeichnung hinzugefügt werden, daß das Sterben das Gegenteil der Eröffnung von Erkenntnismöglichkeiten ist. Von ihm zu sagen, es sei absolut gewiß, aber unbestimmt, heißt dem Wort Gewißheit eine theoretisch nicht einlösbare Bedeutung geben; also diejenige Bedeutung, die es für die Philosophie und Wissenschaft der Neuzeit gehabt hat, stillschweigend verändern. Und wissenschaftlich sollte eine Erkenntnis nur heißen, sofern sie als Erkenntnis gewiß ist und Erkenntnisse grundlegt und Erkenntniserweiterung zuläßt. Dies alles trifft auf die in endlicher Zeitlichkeit verwurzelte Sterblichkeit, sofern diese phänomenologisch-wissenschaftlich anerkannt wird, nicht zu. Sie aber ist bei Heidegger der zu-erkennende Gegenstand, dessen Erkenntis die Kennzeichnung wissenschaftlich rechtfertigen sollte, nicht dagegen das phänomenologische Sehen, von dem gar nicht die Rede sein darf, da es um die anstehende Sache, um die Zeit und die Zeitlichkeit des Daseins, geht.

Heidegger vereinnahmt 1925 die Phänomenologie für sich. Seine Ausrichtung am Sein des Intentionalen als der Sache macht ihn demnach zum Phänomenologen. Husserl und Scheler werden dagegen in die undurchschaute Abhängigkeit einer von Platon und Aristoteles an herrschenden Tradition gerückt. Diese Abhängigkeit soll aus der dem Dasein wesentlichen Bewegtheit des Verfallens resultieren. Dies ist eine philosophische Uminterpretation vorhandener Systeme durch Rückbezug auf ein anderes System. Mit diesem Gewaltstreich hat Heidegger sein eigenes daseinsanalytisches und zugleich gegenüber der Tradition destruktives Unternehmen im Namen der Phänomenologie gerechtfertigt und an den Ausgangsort gebracht. „Das phänomenologische Fragen führt seinem innersten Zuge nach selbst zur Frage nach dem Sein des Intentionalen und vor allem vor die Frage nach dem Sinn des Seins überhaupt. So ist die Phänomenologie in ihrer eigensten Möglichkeit radikalisiert nichts anderes als das wieder lebendig gewordene Fragen von *Plato* und *Aristoteles: die Wiederholung, das Wiederergreifen des Anfangs unserer wissenschaftlichen Philosophie.*“ (GA XX, 184) Wenn Heidegger sagt, daß Phänomenologie zunächst ein reiner Methodenbegriff sei, der nur das Wie der Forschung angibt, wenn diese Forschung aber zugleich radikal nur im interpretierenden Sinne am Sein des Seienden als ihrer Sache orientiert ist, dann läßt sich die Methode nicht von ihrer Sache trennen. Die Reklamierung der Phänomenologie als Methode, gemäß der evtl. viele Forschungsrichtungen arbeiten könnten, täuscht in diesem Fall.

2. Phänomenologie in ‚Sein und Zeit‘

Heidegger kennzeichnet seine Philosophie in ‚Sein und Zeit‘ zusammenfassend so: „Ontologie und Phänomenologie sind nicht zwei verschiedene Disziplinen neben anderen zur Philosophie gehörigen. Die beiden Titel charakterisieren die Philosophie selbst nach Gegenstand und Behandlungsart. Philosophie ist universale phänomenologische Ontologie, ausgehend von der Hermeneutik des Daseins, die als Analytik der *Existenz* das Ende des Leitfadens alles philosophischen Fragens dort festgemacht hat, woraus es *entspringt* und wohin es *zurückschlägt*." (SZ, 38) Es ist zunächst der phänomenologisch gefaßte Bezug von On und Logos, alsdann dessen hermeneutischer Charakter zu analysieren. Das Phänomenologische und Hermeneutische sollen zur Einheit einer hermeneutischen Ontologie zusammengehen. Das Postulat entbindet nicht von der Pflicht, dieses Gebilde kritisch zu prüfen.

a. On und Logos

Heidegger greift auf die griechischen Bestandstücke des Terminus zurück, um zu erläutern, was für ihn Phänomenologie bedeutet. Dieses Vorgehen ist für ihn insofern vorteilhaft, als das griechische Denken noch nicht durch die neuzeitliche Subjektivitätsproblematik belastet ist, in deren Umkreis ein bestimmter Begriff von Phänomen qua Erscheinung zu Hause ist. Dieser bedingt eine durch den Rückbezug aufs Bewußtsein modifizierte Bedeutung von Sein. Dagegen ist Heideggers Rückgriff auf das Phainomenon und den Logos im griechischen Sinn der Versuch, den Horizont der neuzeitlichen Subjektivitätsphilosophie zu verlassen.

Im Titel Phänomenologie erfolgt keine sachhaltige Bezeichnung von etwas. Er deutet nur an, daß das Sich-Zeigende in seinem Bezug zum Logos gemeint ist. Phainomenon meint das Sichzeigende, Offenbare; und zwar genauer gesagt: das Sich-an-ihm-selbst-Zeigende, das also nicht als Bedingungen des Subjekts unterstehend angesprochen ist. Die Gesamtheit des Sich-Zeigenden wird von den Griechen auch τό ὄν, das Seiende genannt. Diese Angaben werden von Heidegger allerdings durch eine modern anmutende Zusatzbestimmung eingeschränkt. Je nach Zugangsart kann sich Seiendes von ihm selbst her zeigen. Ohne rechte Zugangsart vermag sich Seiendes also gerade nicht von ihm selbst her so zu zeigen, wie es an ihm selbst ist. Bei falscher Zugangsart kann das Seiende verdeckt werden, so daß sich (falscher) Schein erzeugt. Aber die Zugangsart ist nicht als notwendige Bedingung der Möglichkeit für das Seiende, sondern als das, was das Subjekt richtig wählen muß, so daß das Seiende sich von ihm selbst her zeigen kann, verstanden.

Das Zu-sein-Scheinen, ohne zu sein, wie es scheint, gehört dem Sich-als-seiend-Zeigen als privative Modifikation zu (SZ, 29). Die Rede von Erscheinungen kann auch bedeuten: indizieren von etwas, das sich nicht selber zeigt. Erscheinendes zeigt sich in diesem Falle; aber so, daß es Sich-nicht-Zeigendes anzeigt. Indizieren dieses Sinnes darf nicht mit dem scheinhaften Aussehen-wie verwechselt werden.

Alle symbolischen Darstellungen haben die Grundstruktur des Indizierens von etwas, das sich in den Symbolen selber nicht zeigt. Naturwissenschaftliche Erkenntnis dürfte es also nicht mit Sich-Zeigendem zu tun haben. Sie begnügt sich damit, daß das von ihr Erkannte nur in Symbolen erscheint. Hat sie es gar nicht mit Phänomenen zu tun? Es drängt sich die Frage nach der sprachlich-symbolischen Vermittlung des Erkennens auf, welche für die Anschauungs- und Selbstgebungsmethodik der Phänomenologie kein Problem darstellt. In der Philosophiegeschichte steht an dieser Stelle besonders Kants Ding-an-sich-Problematik an. Kann sich etwas, weil es Nicht-Offenbares ist wie ein Ding an sich, gar nicht zeigen und hat es gleichwohl eine Auswirkung, aufgrund derer es etwas zum Erscheinen bringt, indem es selber verhüllt bleibt?

Husserl zufolge ist das An-sich-Problem widersinnig gestellt, da alles Ansichsein in den Bewußtseinsbezug hineingehört. Heidegger schafft das Kantische An-sich im Sinne seines phänomenologischen Begriffs von Erscheinen auf die Seite. Sartre aber depotenziert das intentionale Bewußtsein gegenüber einem sich ihm entziehenden An-sich, aus dessen Spaltung es in sein eigenes Sein qua Für-sich-Sein gelangt. Im Spielraum dieser Bedeutungsmöglichkeiten von Scheinen, Erscheinen und Sein hält Heidegger daran fest, daß Phänomen ein sich an ihm selbst Zeigendes bedeutet, gegenüber dem das Erscheinen von etwas abkünftig ist.

Der formale Vorbegriff von Phänomen besagt noch nichts über den Bezug des Seienden zum Sein, der für das philosophische Anliegen entscheidend ist. In der phänomenologischen Philosophie wird der formale Vorbegriff von Phänomen entformalisiert, denn sie läßt etwas für sie Spezifisches als das Sich-von-ihm-selbst-her-Zeigende in die Sicht gelangen. Heidegger versteht die phänomenologische Maxime „zu den Sachen selbst" im Sinne seiner formalen Definition von Phänomenologie. Phänomenologie ist Forschung, welche die Aufgabe verfolgt: „Das was sich zeigt, so wie es sich von ihm selbst her zeigt, von ihm selbst her sehen lassen." (SZ, 34) Sie hat direkte Aufweisung und Ausweisung zu leisten.

Erst nach diesen formalen Charakterisierungen erfolgt die bestimmte Angabe dessen, was in den Augen Heideggers die Phänomenologie philosophisch relevant macht. Phänomenologie hat zur Aufweisung zu bringen, „was sich zunächst und zumeist gerade nicht zeigt". Was so verborgen ist, wird aber Thema der Phänomenologie, weil es notwendig als „Sinn und Grund" dem zugehört, was sich zunächst und zumeist zeigt: dem Seienden. Das Sein ist durch das Seiende verdeckt, obwohl nur von ihm her das Seiende ist. Weil es sich so verhält, fordert es zum Sichzeigenden, zum Phänomen zu werden. Damit ist die sachliche Bestimmung des Themas der phänomenologischen Methode als Ontologie erreicht. Die Zugangsart zum Sein des Seienden heißt phänomenologisch. Sein besagt also, daß das Sich-Zeigende nicht in einer Differenz zu etwas Andersgeartetem steht wie Erscheinungen zum Nicht-Erscheinenden. Mit Sein ist gemeint: das, was vom Seienden her so aufgezeigt werden kann, daß sich nichts zurückhält (SZ, 35 f.).

Dem Phänomenbegriff entsprechend greift Heidegger auf eine ursprüngliche Bedeutung von Logos zurück. Es ist der Logos, der sehen läßt, der offenbar macht; nämlich dasjenige, worüber in ihm die Rede ergeht. Die dem Logos in der späteren Philosophie zugewachsenen Bedeutungen wie Vernunft, Urteil, Aussage, Begriff, Grund haben ihren Ursprung in der griechischen Bedeutung. Sie liegt auch der synthetischen Struktur des Logos zugrunde, gemäß der etwas als mit etwas beisammen sehen gelassen wird. Die Wahrheitsfähigkeit des Logos hängt nach Heidegger nicht primär an der synthetisch-dihairetischen Struktur des Logos. „Das ‚Wahrsein‘ des λόγος als ἀληθεύειν besagt: das Seiende, *wovon* die Rede ist, im λέγειν als ἀποφαίνεσθαι aus seiner Verborgenheit herausnehmen und es als Unverborgenes (ἀληθές) sehen lassen, *entdecken*. Im gleichen besagt das ‚Falschsein‘ ψεύδεσθαι soviel wie Täuschen im Sinne von *verdecken* ...“ (SZ, 33) Um seine These vom Wahrsein als Entdecktheit des Seienden auch für den Logos zu stützen, weist Heidegger darauf hin, daß die Aisthesis, das schlichte sinnliche Vernehmen, in einem ursprünglicheren Sinn als der Logos wahr sei. Sofern ein Vernehmen das Seinige aufdeckt, ist es immer wahr. „Sehen entdeckt immer Farben, Hören entdeckt immer Töne. Im reinsten und ursprünglichsten Sinne ‚wahr‘ – d. h. nur entdeckend, so daß es nie verdecken kann, ist das reine νοεῖν, das schlicht hinsehende Vernehmen der einfachsten Seinsbestimmungen des Seienden als solchen." (SZ, 33)

Es ist kein Zufall, daß Heidegger das Sich-Zeigen des Phänomens in die Nähe der griechischen Aisthesis und des griechischen Noein rückt, die beide unmittelbares Sehen sind, das nicht die Urteilsstruktur des „Etwas von Etwas" aufweist. Ein solches Sehen des Sich-Zeigenden besagt zunächst ein Zugänglich-Werden von etwas, das der Fragemöglichkeit nach wahr oder falsch noch vorausliegt, weil in diesem Sehen das Seiende, das es in der Urteilsgestalt zu bestimmen gilt, allererst aufleuchtet. Heidegger kennzeichnet den urteilsgestaltigen-zweigliedrigen Logos selber als einen abkünftigen Modus des Sehen-Lassens (SZ, 33). Bei einer solchen Akzentuierung des Sehens von Sich-Zeigendem wird das eigentliche Erkenntnisgewinnungsgeschäft, der Fortgang zum Wissen durch bestimmendes Denken, das sich in einen Sachbereich einläßt, an den Rand des Interesses geschoben. Konsequenterweise gilt: „Was nicht mehr die Vollzugsform des reinen Sehenlassens hat, sondern je im Aufweisen auf ein anderes rekurriert und so je etwas *als* etwas sehen läßt, das übernimmt mit dieser Synthesisstruktur die Möglichkeit des Verdeckens." (SZ, 34) Aber auch, so ist hinzuzufügen, die Möglichkeit des als wahr Rechtfertigens gegen andere auszuschließende Möglichkeiten. Dann ist aber die Urteilswahrheit nicht nur der Gegenfall zu diesem Verdecken, sondern sie kommt durch Ausschluß jener anderen Möglichkeiten erst zustande. Das heißt aber wiederum: Sie ist nicht mittels des Begriffspaares Entdecken-Verdecken zu charakterisieren, sondern durch die Art und Weise, wie in ihr bezüglich des Sich-Zeigenden verbunden und getrennt wird, wie in ihr im Spielraum von wahr und falsch für etwas gegen etwas entschieden wird. Dafür aber ist das Wahrsein im Sinne des ursprünglichen

Entdeckens von Sich-Zeigendem bestenfalls eine Voraussetzung. Liegt hier etwa bei Heidegger ein Rückgang auf vorprädikative Evidenzen vor, die der Logos-Evidenz vorgelagert sind? Wenn die vorprädikativen Evidenzen solche der Sinnlichkeitssphäre sind und angemessen sprachlich artikuliert werden können (in Urteilen), muß das Entdecken von Sich-Zeigendem den vorprädikativen Evidenzen Husserls z. B. noch vorausliegen. Denn es geht Husserl auch im Fall des vorprädikativ Evidenten um seine vernünftige Rechtfertigung im Rahmen der Korrelation Bewußtsein – Gegenstand. Bei ihm liegt der Akzent nicht auf dem Entdeckungscharakter des phänomenologischen Sehens, sondern auf der Eröffnung eines Bereiches, der ein System von gesicherten, evidenten Erkenntnissen zuläßt.

Halten wir kritisch gegen Heideggers phänomenologische Interpretation des Bezuges von Logos und On fest: Die phänomenologisch interpretierte ontologische These besagt die Ansetzung der Vorgängigkeit des Seienden und des Seins als eines Offenbaren für..., für das Wesen nämlich, das über den Logos verfügt, das dem Seienden und dem Sein offensteht und sich erkennend durch dieses bestimmen kann. Die Wahrheits- und Falschheitsmöglichkeit ist für den Fall der onto-logischen Entsprechung noch nicht akut. Sie besagt nämlich, daß dem des Logos (der Aussage) fähigen Wesen Verhaltens- und Kontrollmöglichkeiten zur Verfügung stehen müssen, gemäß denen die Entscheidung wahr oder falsch von ihm getroffen werden kann. Diese Entscheidung mag sich zwar am Seienden orientieren, aber sie kann sich nicht an seinem Sich-Zeigen ausrichten, da sie auf Verhältnisse des Zukommens oder Nicht-Zukommens am Seienden rekurrieren muß. Was aber Seiendem zukommen und nicht zukommen kann, betrifft es nicht in seiner Offenbarkeit, sondern in seinem Bezug zu anderem Seienden. Seine Offenbarkeit besagt seine Entdeckbarkeit durch den Logos, also etwas, dem der Logos nicht entgehen kann. Urteilswahrheit aber erfordert, daß der Urteilende so und anders kann und im Gefolge dieses am Seienden orientierten Könnens Wahrheit von Falschheit unterscheiden kann. Der Möglichkeit des Verdeckens wirkt das Urteilswahrheit erstrebende Wesen entgegen. Es kann der Verdeckung entgehen, und so geht in die Entdeckung ein Aktivitätsmoment ein, das es sich selber zuschreibt und nicht dem Seienden. In diesem Punkt besteht schon eine gewisse Übereinstimmung zwischen der klassischen griechischen und der späteren Philosophie. Der Titel Logos kann so genommen werden, daß auf diese grundlegende Übereinstimmung im Begriff der Urteilswahrheit zwischen Antike und Neuzeit abgezielt wird – gegenüber einer ursprünglicheren „Wahrheit", die Entdeckung des Seienden in einem offenbar-machenden Sagen bedeutet. Wenn dies Vorausliegende zu Zwecken der (Wahrheits-) Erkenntnis nicht wesentlich ist, bringt der Rückgang auf den ursprünglich griechisch gefaßten Logos für eine Phänomenologie als auf wissenschaftliche Erkenntnis abzielendes Unternehmen wenig ein. (Vgl. Tugendhat *1967*.)[6]

---

[6] Tugendhat weist nach, daß es im Rahmen von ‚Sein und Zeit' erforderlich ist, in verschiedenem Sinne von Wahrheit zu sprechen. Er hält Heidegger einen „Verlust des spezifischen Wahrheitsphänomens" vor, so wie es zu Aussagen im Spielraum der Möglichkeiten von wahr und unwahr gehört. Dieser Verlust hängt mit einer unangemessenen Interpretation der apophantischen Erschlossenheit zusammen, zu der die Differenz von Intention und Erfüllung gehört, an der Husserl stets festgehalten hat. Zur Würdigung des „positiven Beitrages" Heideggers zur Lehre von der Aussagewahrheit vgl. Tugendhat *1967*, 337ff. u. 376.

b. Hermeneutik und phänomenologische Ontologie

Unspezifisch allgemein gesprochen hat die Phänomenologie als Ontologie das Sein des Seienden zum Thema. Sie benötigt als Ausgangspunkt Seiendes, um zum sich-zeigenden Sein, von dem her Seiendes sich zeigt, vordringen zu können. Der Begriff Seiendes verleitet zu einem universal-abstrakten Verständnis seiner, das von sachhaltigen Differenzen absieht. Sachhaltige Differenzen aber sind solche, die gegeneinander unterschieden sind, deren Differenz also nicht im seiend liegt. Heidegger benötigt als Ausgangsgegebenheit Seiendes bestimmter Art, keineswegs das Seiende. Dies Seiende aber ist durch ein bestimmtes Seinsverständnis ausgezeichnet. Von einem hermeneutisch unspezifischen Begriff des Seienden her wäre die Möglichkeit offen, Seiendes mit und Seiendes ohne Seinsverständnis zu unterscheiden und zu übergreifen, also eine innerhalb des Seienden liegende sachhaltige Differenz zu setzen. Eine solche Denkweise ist mit der Konzeption von ‚Sein und Zeit' unverträglich. Diese benötigt Seiendes als im Seinsverständnis verstandenes. Die Pluralität des Verständnisses von Sein läßt verschiedenartiges Seiendes in der Weise zu, daß das Verschiedenartige nicht in die Einheit des Seienden eingeht. Das ist eine gewaltsame Abänderung des im Rückgang auf die Antike aufgenommenen Begriffspaares Sein-Seiendes. Die hermeneutische Auffassung des Bezuges Sein-Seiendes macht den Ansatz bei demjenigen Seienden, das Seinsverständnis ist, notwendig, weil dadurch allein eine übergreifende Einigung des Seienden durch verstandenes Sein möglich wird. Seiendes ist relativ auf Verständnis von Sein. Dieses aber ist keine die Einheit des Seienden für die Erkenntnis verbürgende Macht.

Ontologie muß von einer Fundamentalontologie des

Sein-verstehenden Daseins aus aufgebaut werden. Sie ist dasjenige, was an die Stelle früherer Ontologie tritt. Die Seinsverfassung des Sein-verstehenden Seienden ist das unmittelbare Thema von ‚Sein und Zeit'. Innerhalb des Rahmens dieser Seinsverfassung tritt Seiendes als gemäß irgendeinem Sinn von Sein verstandenes auf. Der Rückgriff auf die antiken Ursprungsbedeutungen für Phänomen und Logos gibt dafür wenig her. Das Hermeneutische dominiert über das Phänomenologische. Heidegger geht konsequent den Weg einer hermeneutischen Phänomenologie. Er strebt nämlich eine Auslegung an, durch die dem Sein-verstehenden Dasein sein eigener Seinssinn und der Sinn von Sein überhaupt kundgegeben werden. Nur über die Grundstrukturen des Sein-verstehenden Seienden läßt sich der Sinn von Sein überhaupt aufschlüsseln.

Es wird also zunächst ein Seiendes thematisiert, das Sein versteht, indem es existiert und nicht philosophierend Seiendes und Sein thematisiert. Sein Seinsverständnis läßt eine Explikation zu, die kundgibt, welcher Seinssinn es im Verstehen beherrscht und welche Seinssinne, die die Seinsweisen von Seiendem bestimmen, aus ihm heraus zur Herrschaft gelangt sind. So gesehen wird die hermeneutische Auslegung der Seinsverständnismöglichkeiten der Ontologie vorgelagert, wohingegen die Fundamentalontologie die Seinsverfassung des Sein-verstehenden Seienden zum Thema hat und zugleich die Seinsverständnismöglichkeiten, in denen Sein irgendwie verstanden ist, behandelt. Im Sein-verstehenden Dasein scheint demnach der nicht-pluralisierbare Einheitsgrund von Möglichkeiten und Vielheiten des Seins als verstandenen zu liegen. Man hat diese Struktur von ‚Sein und Zeit' transzendental genannt. Das ist nur teilweise berechtigt, weil Seinsverständnis das Ganze, in das es hinaussteht, nicht in eine erkennbare Einheit des Seienden zu nötigen vermag – wie es z.B. der Fall ist, wenn alles Seiende als Korrelat eines transzendentalen Seinssinnes sich in die Einheit des wissenschaftlich Wißbaren fügt (Husserl).

In ‚Sein und Zeit' hat Heidegger die folgende Teilaufgabe behandelt: Das Seiende Dasein wird auf die Zeitlichkeit als seine Seinsverfassung hin analysiert. Der durch Zeitlichkeit bestimmte Seinssinn des Daseins ist die Sorge. Wenn Zeitlichkeit den Seinssinn des Daseins ausmacht, so braucht sich deswegen noch nicht der Sinn von Sein überhaupt aus der Zeit verständlich machen zu lassen; z.B. dann nicht, wenn Dasein nicht gemäß der Konzeption von ‚Sein und Zeit' gefaßt wird, sondern vage allgemeinverständlich als menschliches Dasein. Dies ist ja die Grundüberzeugung älterer Metaphysik, für die der Transzensus zum Sein ein Überstieg über die Zeit ist, der die Zeit in ihre Befugnis einsetzt. Und diese Philosophie hat nicht daran gezweifelt, daß das menschliche Leben der Zeit unterworfen ist. Diese Abgrenzung soll andeuten, daß Heidegger die Frage nach dem Sinn von Sein so an die zeitliche Verfassung der Existenz bindet, daß nur aus dem Zeithorizont heraus so etwas wie Sein verstehend zugänglich wird. Dies ist von vornherein eine Antithese zur gesamten philosophischen Tradition, die über eine begrenzt verstehbare These von der Zeitlichkeit als Seinssinn des Daseins hinausgeht. Darüber ist schon zur Zeit der Abfassung von ‚Sein und Zeit' entschieden, denn der geplante zweite Teil der Ausarbeitung der Seinsfrage sollte den Titel tragen: „Grundzüge einer phänomenologischen Destruktion der Geschichte der Ontologie am Leitfaden der Problematik der Temporalität." (SZ, 39)

Außer dieser Kombination des phänomenologisch-ontologischen mit dem hermeneutischen Moment zur Einheit eines spezifischen Ansatzes ist ein grundlegender

Differenzpunkt zu erwähnen, der Heidegger von einigen anderen Phänomenologen trennt und der vornehmlich ‚Sein und Zeit' betrifft. Mit Platon bricht sich die Zuordnung der Erkenntnis zum Seienden Bahn. Das Wort Seiendes deutet die Zuordnung zur Erkenntnis und den erkennenden Überstieg seiner auf Sein hin bereits an. Seiendes dieses Sinnes hat den Weltüberstieg der Philosophie und die Erhebung des Menschen über die Welt qua Sinnenwelt lange Zeit zu rechtfertigen vermocht. Mit der fortschreitenden Neuzeit und ihrer Wissenschaft sind derartige Erkenntnisansprüche obsolet geworden. Die Rede vom Seienden ist im Verlaufe dieses Prozesses zurückgedrängt worden. Das ist vorübergehend so geschehen, daß dasjenige, was durch Erkenntnis erfaßt werden kann, in eine Differenz zum Seienden gesetzt worden ist (Kant). Oder es ist die Leistung des Erkennens so depotenziert worden, daß das Wort Sein anzeigt, daß sich etwas dem Erkennen entzieht, weil das Erkennen selber ihm inadäquat ist. Vor dem Hintergrund dieser geschichtlichen Wandlungen kann Heideggers Rückgriff auf das Sein des Seienden als Thema der Phänomenologie den Anschein erwecken, als würden ältere vorneuzeitliche Erkenntnisansprüche repristiniert, indem der Logos durch sein Vermögen im Durchgang durch alle Verdekkungen, das Sein des Seienden zu erfassen, ausgezeichnet würde. Die zu dieser Annahme führenden methodischen Vorentscheidungen Heideggers führen in ‚Sein und Zeit' jedoch keineswegs zu einer Lehre von der Entsprechung von Erkennen und Sein zurück. Heideggers Existenzialanalyse ist vielmehr unverträglich mit einer solchen Entsprechungskonzeption. Sie lehrt nämlich, daß nur im Existieren als Vollzugssein dem Seinssinn des Existierens Rechnung getragen werden kann, daß also dem Sinn des Seins eine gewisse Art zu existieren entspricht, nicht dagegen die Existenzialanalyse qua philosophische Erkenntnisleistung. Das besagt aber: Die philosophische Erkenntnis des sich im eigentlichen Existieren erfüllenden Seinssinns des Existierens ist nicht ein Sich-in-die-Entsprechung-zum-Seinssinn-des-Existierens-Bringen. Von ihr wird vielmehr das Sich-Ereignen dieser Entsprechung ins (eigentliche) Existieren und nicht in sich selber, in das philosophische Erkennen nämlich, hineingelegt. Die Existenzialanalyse qua philosophische Erkenntnis ist, was ihre Leistung angeht, von entgegengesetzter Art als das dem Sein zugehörige Erkennen, Platons z. B. Das Sein qua sich erfüllender Seinssinn des Existierens geht einem bestimmt gearteten Existieren, nicht dagegen der philosophischen Erkenntnis auf, da sie es sich durch seinen Nicht-Vollzug in der Existenzialanalyse vermittelt.

c. Seinssinn in der Bewußtseinsphilosophie und in der Existenzialanalyse

Eine radikalisierende Vertiefung kann den Unterschied zwischen der transzendental-phänomenologischen und der hermeneutisch-phänomenologischen Seinsrede gegen alle harmonisierenden, angleichenden Interpretationen scharf fixieren.

„Mit der Existenz des Menschen geschieht ein Einbruch in das Ganze des Seienden dergestalt, daß jetzt erst das Seiende in je verschiedener Weite ... an ihm selbst, d. h. *als* Seiendes offenbar wird." (Heidegger *1965*, 206) Also: Das Seiende als Seiendes geht auf im Seienden als Ganzem. Das „als" deutet an, daß Seiendes auf Sein hin überstiegen wird. Dies ereignet sich durch ein Seiendes, dessen Sein Sein-Verstehen ist. Im Verstehen geht es dem Existierenden (in ‚Sein und Zeit') um das Sein des eigenen Sein-Könnens – als um das, was es zu sein hat.

In Husserls Phänomenologie kann sich aufgrund geeigneter Maßnahmen für das Bewußtsein der natürliche Seinssinn der Welt wandeln, so daß die Welt im (transzendentalen) Bewußtsein erscheint, das Seinssinn und Seinsgeltung konstituiert. Das in seiner Transzendentalität verstandene Bewußtsein transzendiert die in natürlicher Weise seiende Welt auf ihren konstituierten Seinssinn hin. Die Komplexion Mensch gehört in das Bewußtseinsgeschehen hinein. Der Mensch ist Knotenpunkt und Umschlagplatz für verschiedenartige Bewußtseinsvollzüge, in deren Spielraum die Verwandlung von Seinssinn statthaben kann. Wenn Heidegger nicht von Operationen an verschiedenen Weisen von Bewußtsein handelt, sondern von der Existenz des Menschen, so besagt das nicht, an der Konkretion des Menschen gegen die erkenntnistheoretisch bedingte Bevorzugung seiner Bewußtseinsseite abstrakt festzuhalten, sondern das Transzendieren zum Seienden als solchen und im Ganzen anders zu verstehen, als dies bei Husserl geschieht. Auch für dieses Transzendieren ist der Ansatz beim Menschen wesentlich. Und Heideggers Analysen in ‚Sein und Zeit' erwecken gelegentlich den Anschein, als handelten sie vom Menschen, der existiert. Diese Annahme drängt sich z. B. auf, wenn vom (vorprädikativen) Seinsverständnis, von Stimmungen u. a. die Rede ist. Das würde besagen, daß Menschen existierend (vorwissenschaftlich lebend) zum Sein des Seienden transzendierten. Ein solcher Transzensus vollzöge sich unbekümmert um die Erkenntnisfähigkeit der Menschen und ihre sinnlichen Basisvoraussetzungen. Er würde dem nicht um standhaltende Erkenntnis bemühten, vorwissenschaftlichen Existieren zugesprochen werden, ohne daß er an reflexive Bewußtseinsmaßnahmen gebunden wäre, durch die eine neue Art von Erkenntnis über den Seinssinn der Welt gewonnen würde – wie es bei

Husserl geschieht. Dieser Anschein, der sich in ‚Sein und Zeit' finden läßt, wenn man es anthropologisch liest, darf nicht darüber hinwegtäuschen, daß es hier philosophisch nur darauf ankommt, aufzuweisen, wie im Existieren das Transzendieren sich ereignet, in dem das existierende Wesen so in das Ganze des Seienden hinaus steht, daß ihm dies als Welt aufgeht. Sofern diese Leistung durch einen (nicht auf einen erkennenden Überstieg des Ganzen) ausgerichteten Vollzug des Existierens bereits geleistet wird, muß die Existenzialanalyse eine ihr vorbehaltene Erkenntnisleistung vollbringen. Zwar soll das Transzendieren vom Existieren geleistet werden, aber die Analyse des Existierens klärt auf, wie sich dies zuträgt. So verteilen sich zwei verschiedenartige Leistungen auf zwei verschiedene Instanzen. Im Falle der Husserlschen Phänomenologie des Bewußtseins ist die den Seinssinn verwandelnde Leistung, durch die Bewußtsein sich seines transzendentalen Charakters vergewissert und dadurch die transzendente Welt sich einbehält, eine Erkenntnisleistung, die zu neuen Erkenntnisaufgaben befähigt. Erkannt aber ist durch die getätigten Bewußtseinsvollzüge die Einheit eines Wesens, das über verschiedene Seinssinne erkennend verfügt und ihnen gemäß die Einheit der Welt in einer Pluralität von Seinssinnen *weiß*. Die Seinssinnverwandlung ist als Transzendierung der natürlich-naiv genommenen Welt eine Leistung des in der Verwandlung Einheit wahrenden erkennenden Subjektes. „So kehrt sich der gemeine Sinn der Seinsrede um. Das Sein, das für uns das Erste ist, ist an sich das Zweite, d.h. es ist, was es ist, nur in ‚Beziehung' zum Ersten." (Hua III, 118) Die Realität der Welt entbehrt der Selbständigkeit. Sie hat das Wesen von etwas, „das prinzipiell *nur* Intentionales, *nur* Bewußtes bzw. Vorstellbares, in möglichen Erscheinungen zu Verwirklichendes ist" (ebd.). Dagegen liegt in der Phänomenologie von ,Sein und Zeit' eine Aufteilung der Leistung und der Erkenntnis des Transzendierens auf das Existieren und die Existenzanalyse vor, die nicht notwendig in der Einheit und Selbigkeit eines Wesens verankert sind. Dies ist konsequent, wenn die Existenz ihr Sein zu sein hat und dies ihr Sein nicht länger etwas dem Erkennen Entsprechendes und das Erkennen Bestimmendes besagt. Hat sie aber ihr Sein zu sein aufgrund dessen, daß sie nicht ist, wie immer weltlich Seiendes ist, sondern so, daß sie im Überstieg von derart Seiendem Welt hat aufgehen lassen, so ändert diese Erkenntnis ihrer nichts daran, daß sie ihr Sein zu sein, d. h. nur in einem durch sie jeweils selber zu leistenden Vollzug hat. Und er ist der existenzialanalytischen Erkenntnis entzogen. Diese leistet etwas, wovon das Existieren selber nichts zu wissen braucht, demgegenüber es in einem unmittelbaren Leistungsvollzug verharren kann, ohne daß der Zustand dieses Nichtwissens seine über den Seinssinn entscheidende Leistung beeinträchtigte. Solange das Sein als das sich im Wissen Zeigende und als das Wissen Bestimmende gilt, treten solche Verhältnisse nicht auf; denn die (erkennende) Vollzugsleistung setzt sich als abhängig vom Sein resp. das Sein als sich korrespondierend. Wenn das Sein dagegen, wie in der neuzeitlichen transzendental subjektiven Philosophie geschehen, theoretisch genommen, gar keine bestimmende Macht mehr hat und die für die Welterkenntnis vorauszusetzende Objektivität im Subjektiven festgemacht wird, dann ist das Subjektive von der Art, daß Wissen ihm angemessen bleibt, weil sein Vollzugscharakter das Wißbare bedingt. Diese Konzeption ist mit dem Entwurf von ,Sein und Zeit' nicht verträglich.

3. Phänomenologische Interpretationen der metaphysischen Tradition

a. Kants theoretische Philosophie als phänomenologische Ontologie

In der Wintersemester-Vorlesung von 1927/1928 hat Heidegger eine phänomenologische Interpretation von Kants ‚Kritik der reinen Vernunft' vorgetragen. Diese will eine Auseinandersetzung mit Kant „aus der heute lebendigen philosophischen Problematik" sein und beruft sich im übrigen auf ihre Durchführung. (Vgl. GA XXV, 6.)

1927/1928 hält Heidegger noch daran fest, den Wesensgrund der Wissenschaft phänomenologisch zu bestimmen; und zwar im Anschluß an ‚Sein und Zeit' in existenzialer Weise, also von der Seinsart des Daseins her. (Vgl. GA XXV, 17ff.) Aufgrund eines immer schon herrschenden vorontologischen Seinsverständnisses begegnet dem Dasein Seiendes in der Welt. Wissenschaft bildet sich durch die explizit getätigte Vergegenständlichung eines Gebietes des Seienden aus. Diese wird mit der Ausbildung des Verständnisses der Seinsverfassung des jeweiligen Seienden gleichgesetzt, aber sie vollzieht sich naiv unreflektiert. Das besagt: Die Selbstbegründung der Wissenschaft hat ihre Wesensgrenzen. Die Wissenschaften bedürfen daher einer Begründung durch die Philosophie. Durch die Philosophie werden sie als regionale Ontologie bestimmt. Erst so entfaltet sich das vorontologische Seinsverständnis zur Wissenschaft vom Sein des Seienden, die das Sein selber vergegenständlicht. Die Philosophie ist demnach über das Seinsverständnis vermittelte Fundamentalontologie des Sein-verstehenden Daseins und ontologische Wissenschaft der aus ihm erwachsenen positiv wissenschaftlichen Erkenntnis von Seinsgebieten. (Vgl. GA XXV, 38f.)

Unter diesen Voraussetzungen steht Heideggers Interpretation von Kants theoretischer Philosophie als Ontologie. Kants Unternehmen nimmt sich dann folgendermaßen aus: „Den ontologischen Erkenntnissen, dem in ihnen im vorhinein Erkannten gemäß, muß sich alle erfahrungsmäßige Bestimmung des Seienden vollziehen. Die Kopernikanische Wendung besagt einfach: *Ontische Erkenntnis von Seiendem muß zuvor schon orientiert sein nach ontologischer.*" (GA XXV, 56)

Die skizzierte Fassung des Verhältnisses von Einzelwissenschaft zur grundlegenden phänomenologisch-ontologischen Wissenschaft weist gewisse Übereinstimmungen mit Husserls Sicht der Stellung der Phänomenologie zu den Wissenschaften auf; übrigens auch zu der Schelers. Es sei an die Letztbegründungsfunktion der philosophischen Wissenschaft bei Husserl erinnert. Das Seinverstehende Dasein scheint demnach an der Stelle des transzendentalen Bewußtseins zu stehen. Vom transzendentalen Bewußtsein resp. vom Sein-verstehenden Dasein aus ist den Wissenschaften ihr Seinsbereich zuzuweisen. Philosophische und wissenschaftliche Erkenntnis gehören trotz ihrer Unterschiedenheit in *ein* Reich der Erkenntnis zusammen. Heidegger wird sich von diesem phänomenologisch-ontologischen Zug der Wissenschaftsbegründung freimachen, wie sich sogleich anläßlich einer Hegel-Auslegung zeigen wird. Allerdings bringt auch bereits die Kant-Vorlesung – unbeabsichtigt – ans Licht, daß das phänomenologisch-ontologische Vorhaben sich nicht gewaltlos mit dem hermeneutischen zur Deckung bringen läßt. Das sei angedeutet, bevor an einem Punkt in concreto eine der Konsequenzen der phänomenologischen Kant-Interpretation aufgezeigt wird.

Sein als „Korrelat“ von Seinsverständnis – als einer pluralisierbaren, durch Dasein getätigten Möglichkeit – ist nicht das die Erkenntnis schlechthin in ihre Leistung Nötigende, sondern tritt zunächst auf im Spielraum von Seinsverständnismöglichkeiten; z.B. wenn es auf die Seinsweise der Vorhandenheit hin ausgerichtet ist. Von den Anfängen der griechischen Philosophie her ist die Rede vom Sein und Seienden in dem Sinne nicht-hermeneutisch gewesen, daß sie auf die eindeutig bestimmte Erkenntnis der einen, der Welt zugrundeliegenden Verfassung abgezielt hat. In einer solchen Konzeption ist kein Spielraum für Möglichkeiten des Seinsverstehens in Pluralität – für die, was Sein besagt, Verstehensvollzügen des Daseins zugeordnet ist, welche verhindern, daß es zu einer endgültigen eindeutigen Bestimmtheit des Verstehens durch eine ihm vorgängige Übermacht, namens Sein kommen kann.

Da für Kant der Erscheinungsbegriff (mit)bestimmt ist durch die Entgegensetzung zum Seienden, läßt sich seine Philosophie nicht mittels desjenigen (zur vorkritischen Metaphysik gehörenden) Begriffes vom Seienden beschreiben, den er selber kritisch handhabt. Charakterisiert man seine Philosophie positiv mittels der Rede vom Sein und Seienden, so muß diese interpretativer, d.h. nicht traditionell-ontologischer Art sein. Eine solche Interpretation erfolgt durch Heidegger. Daß in einer solchen hermeneutischen Konzeption unentfaltet das Problem angelegt ist, die traditionellen metaphysischen Leitbegriffe des Seienden und des Seins unterlaufen zu müssen, weil sie jede metaphysische Philosophie bestimmt haben und daher als Interpretationsschlüssel für alle Philosophen der Tradition tauglich sind, wird durch ein solches Vorgehen verdeckt, das den Anschein erweckt, als würde mit den Worten Seiendes und Sein Bedeutungsselbiges gemeint. Diese Schwierigkeit läßt sich zentral in Heideggers Schrift ‚Kant und das Problem der Metaphysik' aufdecken, in der die Zeit dasjenige ist, von dem her das Weltsystem der ‚Kritik der reinen Vernunft' verborgener Weise determiniert ist. (Vgl. Janssen *1985*, 73 ff.) Wenn die Zeit dasjenige ist, was das die philosophischen Gedanken beherrschende Sein dirigiert, kann sie nicht für Kant und Heidegger Selbiges sein. Was für Kant Sein besagt, d. h. die Fügung seines Gesamtsystems, verhindert dies. Indiz dafür ist – wie auch in krasserer Weise im System Hegels –, daß von ihm die Zeit so bestimmt wird, daß sie zur Fügung des Ganzen des Seienden in seinem Sein paßt, also diese Fügung nicht selber bestimmen kann. (Vgl. den folgenden Unterabschnitt.)[7]

Es kommt in diesem Zusammenhang nur darauf an, auf eine sich anbahnende Differenz zwischen der in ‚Sein und Zeit' noch betonten Einheit von phänomenologischer Ontologie, hermeneutischem Seinsverständnis und wissenschaftlicher Philosophie hinzuweisen. Heidegger hält auch nach dieser Wegscheide am Titel Phänomenologie für sein Vorhaben fest, stößt sich aber entschieden aus der Nähe der Husserlschen Phänomenologie ab.

Im besonderen Falle Kants führt die phänomenologische Interpretation dazu, daß die durch Kants Erscheinungsbegriff festgehaltene Differenz zu … und damit auch die Ding-an-sich-Problematik interpretativ beseitigt werden – was auch noch im Sinne Husserls sein könnte. Dies sei abschließend angedeutet.

---

[7] An dieser Stelle kündigt sich diejenige Entscheidung auf Heideggers Denkweg an, die ins spätere Werk hineinführt. Vgl. die Kritik der von Heidegger als Konsequenz seines Seinsdenkens vollzogenen Kehre bei Tugendhat *1967*, 382 ff. Tugendhat kritisiert die in der Kehre eindeutig werdende Abkehr von der Subjektivität als Freiheit und Verantwortlichkeit. Vgl. auch Rosales *1984*, 241–262.

Für die phänomenologische Ontologie gilt: Das Seiendes Zum-Vorschein-kommen-Lassende ist das Sein. Es ist das zu Erkennende, und bezüglich seiner Erkenntnis gibt es für das menschliche Erkennen nicht so etwas wie Schranken, die eine Einschränkung des Erkennens und für es Differenzen ihm gegenüber bedeuten würden. Es ist vielmehr das von sich aus Erkennbare, das uns Menschen zwar, sofern wir dem Seienden zugewandt sind, in Alltag und Wissenschaft verborgen ist, das aber in der phänomenologischen Philosophie als das vorgängig das Seiende Beherrschende erkannt wird.

Wendet man derartige phänomenologische Grundüberzeugungen auf Kant an, so läßt sich sagen, daß Raum und Zeit als das Sein des Seienden konstituierende Weisen (des Seinsverstehens des Menschen) aufgedeckt worden sind, indem durch die apriorische Raum- und Zeitanschauung mit darüber entschieden wird, was das Seiende ist – für uns. Denn Raum und Zeit lassen das Seiende zum Vorschein kommen. Sie sind weder subjektiv noch objektiv, sondern eröffnen den Spielraum für Objektivität auf der Seite der Subjekte, aber so, daß sich mittels ihrer das Subjekt immer schon auf die Möglichkeit von Objekten hin überstiegen hat. (Vgl. GA XXV, 160.) Interpretiert man so, dann verschwindet derjenige Charakter an Raum und Zeit, den Kant zu betonen nicht müde wird, daß sie nämlich Bedingungen für das Gegeben-werden-können von etwas, das in einem Unterschied zum Gegeben-werden-können festgehalten wird, darstellen.

b. Die Abkünftigkeit der transzendentalen Phänomenologie als wissenschaftlicher Philosophie

Heidegger hat im Wintersemester 1930/1931 Hegels ‚Phänomenologie des Geistes' interpretiert und im Rahmen dieser Interpretation so zu Husserls transzendentaler Phänomenologie in wissenschaftlicher Absicht Stellung genommen, daß eine wichtige Abweichung seines Phänomenologie-Verständnisses von Husserl deutlich werden kann.

Nach Hegel ist die Philosophie und ihre Weise des Erkennens *die* Wissenschaft. Diese Position ist in Anbetracht der Neuzeit und ihrer zur Selbständigkeit gekommenen Wissenschaften rücksichtslos. Die gemäß neuzeitlichem Selbstverständnis erst in der Neuzeit Wirklichkeit gewordenen Wissenschaften nötigen oft die Philosophie zur Reaktion, die darin liegt, daß Philosophie die Wissenschaften grundzulegen hat. In der Grundlegungsfunktion für die Wissenschaften aller Art muß die Philosophie selber wissenschaftlich sein. Eine solche Funktion zu ergreifen und sich selber durch ihre Wahrnehmung zu definieren, gehört zur aporetischen Situation, in welche die Philosophie in der Neuzeit durch die alle Gebiete in Beschlag nehmende Wissenschaft hineingedrängt worden ist. „Diese Fassung des Wesens der Philosophie – ‚im Geiste radikalster Wissenschaftlichkeit' – erlangte aber erst für Husserl eine positive, eigenständige und radikale Gestalt …" (GA XXXII, 15) Heidegger beruft sich für diese Fixierung der Phänomenologie Husserls auf dessen ‚Nachwort' zu den ‚Ideen zu einer reinen Phänomenologie und phänomenologischen Philosophie', das 1930 im 11. Band des ‚Jahrbuches für Philosophie und phänomenologische Forschung' erschienen ist. (Abgedruckt als

Anhang zu Husserls ‚Ideen zu einer reinen Phänomenologie und phänomenologischen Philosophie', 3. Buch, Hua V, 138 ff.) – Diese späte Äußerung Husserls wird Heidegger in seiner früheren Sicht der Stellung der transzendentalen Phänomenologie bestätigt haben.

Es wird von Heidegger notiert, daß man aus einer solchen Perspektive der Wissensbegründung weder die antike Philosophie noch den Deutschen Idealismus begreifen könne. Das „abendländische Leitproblem" der Philosophie ist die Frage gewesen: Was ist das Seiende? Im Gefolge dieser Frage steht Hegels Versuch, die Philosophie als Wissenschaft des absoluten Wissens zu entfalten. Das absolute Wissen aber ist, abgekürzt formuliert, das wahrhaft Seiende, in dem die Differenz von Wissen und Anderem des Wissens getilgt ist aufgrund der vorausgesetzten Zuordnung von Logos und On. Hatte Heidegger 1925 noch für seine eigene Daseinsanalyse den Titel Wissenschaft in Anspruch genommen, obwohl der Gegenstand der Analyse keine Grundlegung und Eröffnung des Erkennens und seiner Möglichkeiten zuließ, so kennzeichnet er jetzt sein Vorhaben durch Absetzung von der Wissenschaft und damit auch von wissenschaftlicher Philosophie; und zwar radikal gegen alle bis ins 20. Jahrhundert hinein überkommenen wesentlichen Begriffe eines wissenschaftlichen Philosophierens. „Wenn ich nun behaupte, die Philosophie ist *nicht* Wissenschaft, dann heißt das – aus dem Sachgehalt des Problems der Philosophie verstanden –: Ihr Leitproblem kann nicht im Stadium der antiken Fragestellung und demzufolge auf dem Boden der Hegelschen Problematik stehenbleiben. Damit ist freilich zugleich einschlußweise gesagt: Die Philosophie kann erst recht nicht zu ihren Grundproblemen zurückfinden, wenn sie sich primär als Grundlegung des Wissens und der Wissenschaften am Leitfaden der Idee strengster Wissenschaftlichkeit versteht.“ (GA XXXII, 18) Heidegger beruft sich 1930/1931 für diese These auf ‚Sein und Zeit‘ – m. E. zu Recht, denn das ist die Konsequenz, die der Titel des Werks von 1927 bereits eindeutig anzeigt. Sofern das Erkennen es sich zumutet, aufgrund der Eigenart der es leitenden Grundbestimmungen, das Seiende zum Sein zu transzendieren, indem es für das Erkannte in Anspruch nimmt, daß in ihm die Zeit getilgt oder verfügbar gemacht sei, ist die Aufgabe, Sein und ein ihm entsprechendes philosophisches Denken aus der Zeit zu bestimmen, gegen es gerichtet. Es handelt sich bei der Durchführung dieser Aufgabe nicht um eine bloße Thematisierung der Zeit. Diese Angabe wäre zu unspezifisch. Es handelt sich vielmehr um eine so geartete Thematisierung der Zeit, daß sich aus ihr die dem Denken offenstehenden und verschlossenen Möglichkeiten bestimmen.

Es ist aufschlußreich, daß Heidegger diese explizite Entscheidung über die Aufgabe der Philosophie mit einer Absage an die Existenzphilosophie, als welche ‚Sein und Zeit‘ teilweise gelesen werden kann, verknüpft. Er verbittet sich damit die naheliegende Eingrenzung des Seinsverstehens aufs Existieren und seine Probleme und rückt dagegen den phänomenologisch-ontologischen Charakter seines Anliegens in den Vordergrund, indem er die Philosophie durch diejenige Frage nach dem Sein definiert, die ihr aufgetragen ist, da die bisherigen philosophischen Antworten auf diese Frage sich erschöpft haben. Zu dieser Fragestellung gehört der Verzicht auf den Titel der Wissenschaft im Namen der Sache selbst, die der Philosophie zu bedenken aufgetragen ist. Aber in einer solchen Akzentuierung ist die hermeneutische Verwandlung dieses Anliegens wiederum nicht ausgedrückt. Phänomenologie wird von nun an für Heidegger nicht selber auf wissenschaftliche Erkenntnis abzielendes, unmittelbar an den

Sachen selber ausgerichtetes Bedenken der Seinsbestimmtheit der metaphysischen Tradition und Suche nach *der* Zeit sein, die in der Gewährung des jene Philosophie bestimmenden Seins Entzug hat walten lassen.

4. Die „Sache des Denkens" und die Phänomenologie

In den sechziger Jahren hat sich Heidegger noch mehrmals über sein Verhältnis zur Phänomenologie geäußert. Er hat nicht darauf verzichtet, sie für die Sache seines Denkens in Anspruch zu nehmen. Die Art und Weise, wie das geschieht, ist esoterisch, weil völlig auf seine eigene Denkweise bezogen. Dieses Geschehen sei abschließend in seiner Befremdlichkeit in einer unheideggerischen Darstellungsweise durchsichtig gemacht.

Der Vortrag ‚Zeit und Sein' ist 1962 gehalten worden. Zu ihm hat später im Jahre 1962 ein Seminar stattgefunden, dessen Protokoll Heidegger überprüft hat. ‚Zeit und Sein' versucht ein Sagen vom Ereignis, das Zeit gibt, in der sich Sein zuschickt – in der metaphysischen Philosophie zugeschickt hat. Diese Philosophie hat sich in Aussagesätzen artikuliert, resp. ihre eigene, sprachlich artikulierbare, Logik aufgebaut oder sich an Evidenz orientiert, die erkennende, sprachlich geäußerte Darstellungen ermöglicht. Dem Sein scheinen also auf jeden Fall gewisse Darstellungsmedien und -möglichkeiten zu entsprechen. Es schickt sich in ein bestimmt geartetes Sagen. Heidegger nennt dieses Sagen Aussagen. Er weist darauf hin, daß auch sein Vortrag nur in Aussagesätzen gesprochen hat. Aber das von ihm angezielte „Sagen vom Ereignis" versucht das der heutigen Wissenschaft aus der Metaphysik überkommene Sagen beiseite zu lassen und sich denkend in das Ereignis einzulassen – „um Es aus ihm her auf Es zu – zu sagen" (Heidegger *1969*, 25). Wir sind nicht befugt, die angezielte Weise des Sagens, an metaphysischen, logischen, wissenschaftlichen Kriterien zu messen. Es kommt hier nur darauf an, sie in ihrer Eigenart gegenüber einer Denkweise, die sie hinter sich zu lassen bemüht ist, zu verdeutlichen. Das geht nicht, ohne Grundbegriffe ins Spiel zu bringen, die alles Denken beherrschen und die daher wohl zum Sagen des Ereignisses ungeeignet sind. Heidegger rückt in den sechziger Jahren vermittels der ‚Sache des Denkens' die Phänomenologie auf die Seite des Sagens vom Ereignis. Was geschieht dabei?

Das Problem eines angemessenen Sagens, das nicht das der metaphysischen und wissenschaftlichen Erkenntnis ist, durchzieht das Werk Heideggers. Husserl kennt es m. E. nicht. Husserl hält sich an das Prinzip der Prinzipien, d. h. er vertraut der selbstgebenden Anschauung, auf die sich zu berufen hat, wer in gerechtfertigter Weise ausweisen will. Die dieser methodischen Basis zugehörige Überzeugung vom sprachlichen Darstellungsmittel der Erkenntnis hat den Charakter des Glaubens, daß sich die Sprache dem Geschauten deskriptiv anpassen lasse und deswegen für den angemessenen Zugang zu den Sachen selber kein grundsätzliches Problem sei. Wenn Heidegger in den sechziger Jahren noch einmal seine Nähe zur Phänomenologie mit der Berufung auf die Sachen selber zu rechtfertigen scheint, so liegt in dieser Stellungnahme eine Vereinfachung gegenüber früheren Stellungnahmen vor, die aus textnahen Auseinandersetzungen mit Husserl hervorgegangen sind. Die Sachen Husserls sind verschiedenartig und müssen in ihrer Verschiedenartigkeit erkannt werden – so z. B. das kategorial Angeschaute im Unterschied zum sinnlich Angeschauten. Jede Sache geht in eine sprachlich angemessene ausgedrückte Erkenntnis ein, z. B. die Wahrnehmungsstruktur. Alle Sachen sind auszuweisen im transzendentalen Bewußtsein. Dieses ist die alles Präsente und Präsentierbare ausweisende Instanz. Diesen Gedanken Husserls nennt Heidegger anderswo *die* Sache der Husserlschen Phänomenologie. So gesehen gehört Husserls Werk für Heidegger in den Kreis der Seinsgedanken hinein, welche *die* Sache der abendländischen Philosophie ausgemacht haben, die zu verabschieden er sich aufgetragen wähnt. Davon ist im Vortrag ‚Zeit und Sein' die Rede, in dem versucht wird, das Sein ohne Rücksicht auf die Metaphysik zu denken. Dies besagt, sich auf das uranfängliche Geschehen, das die abendländische Metaphysik gestiftet hat, einzulassen. Dies Uralte, das sich im Namen ἀλήθεια verbirgt, ist aber durch die Metaphysik verdeckt worden zugunsten der Wahrheit des Seins des Seienden, deren fester Halt die Präsenz ist. Darin liegt ein erkennender Überstieg der Zeit zum Sein des Seienden in seiner Ganzheit. Dieser Überstieg der Zeit aber ist gleichbedeutend damit, daß die Metaphysik blind gewesen ist, das Darreichen der Zeit im Sein zu gewahren. Also ist die Metaphysik als Seinsdenken gar nicht in der Lage gewesen, Sein als Geschick zu denken. Und deswegen gibt es zwischen ihrem „Seinsbegriff" und Heideggers „Verständnis des Seins" als Geschick keine sachliche Selbigkeit. Der Zusammenhang zwischen dem Sein und dem als Geschick verstandenen Sein wird nur durch die Art und Weise des Heideggerschen Denkens hergestellt. Dieses denkt ins Ereignis zurück. Das Ereignis aber läßt keine denkende Bestimmung zu, wie das Sein sie fordert; denn: „Das Ereignis *ist* weder, noch *gibt* es das Ereignis. Das Eine wie das Andere sagen, bedeutet eine Verkehrung des Sachverhalts, gleich als wollten wir den Quell aus dem Strom herleiten." (Heidegger *1969*, 24) Damit sind gegenüber dem Ereignis alle Möglichkeiten des denkenden Bestimmens abgeschnitten. Der Titel Sein aber bedeutet, daß sich Möglichkeiten des philosophischen Bestimmens eröffnet – und erschöpft haben.

Dieser Wandel im Phänomenologie-Verständnis Heideggers ist noch ein wenig zu konkretisieren. Die Aufgabe des Denkens läßt sich negativ angeben: Es müssen Metaphysik und Wissenschaft vermieden werden. Die positive Ausarbeitung dieses neuen Denkens liegt nicht als überblickbare Aufgabe vor Augen. Für die in ihr Ende gehende Metaphysik läßt sich dagegen präzise angeben, was die Sache gewesen ist, die sie ins Reine gebracht hat. Heidegger bezieht sich in der Abhandlung ‚Das Ende der Philosophie und die Aufgabe des Denkens' (*1969*, 61 ff.) auf zwei Belege für die von ihm benutzte Redeweise „Sache" der Philosophie: auf Hegels ‚Phänomenologie des Geistes' und auf Husserls ‚Philosophie als strenge Wissenschaft'. Hegel hat demnach die Sache der Philosophie im Sein des Seienden gesehen, das in der absoluten Einheit von Substanz und Subjekt anwesend ist. Husserl fordert den Rückgang auf eine sachlich orientierte wissenschaftliche philosophische Forschung, die sich auf das Prinzip der Prinzipien, die selbstgebende Anschauung, stützt. Dies Prinzip aber nötigt zur Absicherung aller Erkenntnissse in der selbstgewissen transzendentalen Subjektivität, dem einzigen absolut Seienden. Der Rückbezug auf es macht die radikale philosophische Klärungsweise der Phänomenologie bei Husserl aus. Für Hegel wie für Husserl ist, wenn auch in verschiedener Gestalt, die Subjektivität die eigentliche Sache der Philosophie. Dies liegt für beide Denker schon fest. Auf dieses Ziel geht der Ruf zur Sache selber unbeirrt zu. „Für den Ruf ist nicht die Sache als solche das Strittige, sondern ihre Darstellung, durch die sie selbst gegenwärtig wird." (*1969*, 70 f.)

Die eigene Sache des Denkens bringt Heidegger in einer schlicht anmutenden Weise ins Spiel, indem er nachfragt, was sich in dem Ruf „Zur Sache selbst" verbirgt. In der diesem Ruf folgenden Darstellung der Sache selbst als absolutes Wissen und als evidente Ausweisung vor dem transzendentalen Bewußtsein soll sich etwas verborgen haben. Offenheit, freie Gegend muß schon walten, wenn das Ganze des Seienden ins absolute Wissen oder im absoluten Bewußtsein zur Präsenz gebracht wird. Heidegger bezeichnet das, was ein „mögliches Scheinenlassen und Zeigen" gewährt, als die Lichtung (*1969*, 71).

Die Lichtung läßt zu, daß etwas an- und abwest. Sie ist das Offene, in das alles hineinsteht und aus dem alles sich entzieht. Diese Lichtung wird „Urphänomen" genannt und dem Denken als aufgegebene Sache zugewiesen. Husserls originäre Intuition und die in ihr sich herstellende Evidenz sind genauso auf das Offene der Lichtung angewiesen wie das spekulative Denken Hegels, denn sich als evident zeigen kann etwas nur, wenn die Lichtung der Intuition und Evidenz die Möglichkeit ihrer Realisierung gewährt haben. Also ist von der Phänomenologie Husserls, indem sie ihre Sache ins Reine gebracht hat, die dem Heideggerschen Denken aufgegebene Sache, in die Lichtung hineinzudenken, nicht gesichtet worden. Die Sache Heideggers bleibt außerhalb des Gesichtskreises Husserls, innerhalb dessen dieser dem Ruf zu *seiner* Sache selbst folgt. Heidegger ist es, der über die Differenz zwischen den Sachen verfügt und damit auch seine eigene Sache als die eine, nicht pluralizierbare Sache des Philosophierens anzugeben vermag. Er artikuliert die Sache seines Denkens – mittels der Worte Wahrheit, Lichtung, Verborgenheit, welche das Problem der philosophischen Erkennbarkeit und Sagbarkeit betreffen –, so, daß sie in einen nicht durch Bedeutungsselbigkeit übergreifbaren

Unterschied zu aller überkommenen Philosophie und Wissenschaft tritt. Wenn Heidegger zur Kennzeichnung seines eigenen Denkweges an dem Namen Phänomenologie festhält, so ist diese Entscheidung im Auge zu behalten. Er kann dies nur, sofern er das Wort Phänomenologie jeder inhaltlichen Bedeutung beraubt, so daß es, wie oben formuliert, für Verschiedenartiges, das keine sachliche Bedeutungsselbigkeit aufweist, verwendet wird. Dieser Bruch im Bedeutungszusammenhang wird dadurch hervorgerufen, daß er distanzierend-aneignend die Philosophie als ein in sein Ende gelangtes Vollendungsgeschehen diagnostiziert. Dies läßt sich auch folgendermaßen ausdrücken: Wenn die dem Denken aufgegebene Sache das Anliegen der Phänomenologie ist, dann ist dort von Phänomenologie zu sprechen, wo es um die Sache des Denkens geht. Da diese Sache sich auf dem Weg der abendländischen Philosophie zu Heidegger hin gewandelt hat, kann sich Heidegger einen wahren Phänomenologen nennen. Er könnte aber auch, da die Sache des Denkens entscheidend ist, auf den Titel Phänomenologie verzichten. Dies ist nur noch ein Spiel mit dem Wort Phänomenologie. Heidegger drückt dies indirekt selber aus, indem er zum Schlusse seines Rückblicks auf den eigenen Weg in die Phänomenologie bemerkt: „Und heute? Die Zeit der phänomenologischen Philosophie scheint vorbei zu sein. Sie gilt schon als etwas Vergangenes, das nur noch historisch neben anderen Richtungen der Philosophie verzeichnet wird. Allein die Phänomenologie ist in ihrem Eigensten keine Richtung. Sie ist die zu Zeiten sich wandelnde und nur dadurch bleibende Möglichkeit des Denkens, dem Anspruch des zu Denkenden zu entsprechen. Wird die Phänomenologie so erfahren, dann kann sie als Titel verschwinden zugunsten der Sache des Denkens, deren Offenbarkeit ein Geheimnis bleibt." (*1969*, 90)

Positionen der französischen Phänomenologie

Es ist das Anliegen der folgenden Darstellung, die wichtigsten eigenständigen Positionen der französischen Phänomenologie aus dem Gesichtspunkt der sie beherrschenden philosophischen Methodik zu skizzieren und durchsichtig zu machen. Es werden die Philosophien von Sartre, Merleau-Ponty und Lévinas vorgestellt, von denen beachtenswerte geistesgeschichtliche Wirkungen ausgegangen sind und noch ausgehen. Ricœur, der ebenfalls der Phänomenologie verpflichtet ist, aber im Unterschied zu den hier dargestellten Autoren den Weg zur Hermeneutik als Textauslegungslehre eingeschlagen hat, wird in dem später erscheinenden Hermeneutik-Band des Handbuches Philosophie behandelt werden.

Gegenüber der aktuellen Gegenwart und ihren interessanten und nicht unbedeutenden Fort- und Umbildungen der Phänomenologie wird Enthaltung geübt. Für die facettenreiche Geschichte der Phänomenologie in Frankreich ist auf die Darstellungen von Spiegelberg (*1982a*) und Waldenfels (*1983*) zu verweisen. Vorweg sei zu Einleitungszwecken ein kurzer Blick auf die Eigenart der französischen Phänomenologie im allgemeinen und die wichtigsten Stationen ihrer Entfaltung geworfen.

Die deutsche Phänomenologie fand in Frankreich in den zwanziger und dreißiger Jahren eine durch Aufnahmebereitschaft gekennzeichnete günstige Ausgangslage. Es war, als hätte man auf sie gewartet – wie Merleau-Ponty im Vorwort zur ‚Phänomenologie der Wahrnehmung‘ bemerkt. Eine wichtige Voraussetzung der Rezeption war die Offenheit der geistigen Atmosphäre, in der für nationale Selbsthochschätzung und Enge wenig Spielraum war.

Gewisse Eigenarten der französischen Phänomenologie zeichnen sich bereits frühzeitig ab. Sie lassen sich an den ausgeprägten Positionen, die sich noch während des Krieges und unmittelbar nach dem Krieg herausgebildet haben, ablesen. Ricœur hat sie zur Definition der Eigenart der Phänomenologie in Frankreich benutzt. (Vgl. Ricœur *1957*.)

Auszugehen ist von der produktiven Aneignung der Phänomenologie Husserls, die durch Sartre in den dreißiger Jahren erfolgte. Diese weicht bereits entschieden von Husserls ‚Ideen I‘, aus denen sie sich vornehmlich inspiriert, ab, auch wenn sie sich mittels des Husserlschen Grundbegriffes des Bewußtseins artikuliert. Es sollen die Menschen Sartre zufolge durch ein ichloses-unpersonales Bewußtsein so in die Welt eingetaucht sein, daß keine Möglichkeit verbleibt, irgendeine Parzelle des Menschen aus der Welt zu retten. Eine solche Ausweichmöglichkeit besteht nur für Philosophien, die an einem Ich als einer Struktur des absoluten Bewußtseins festhalten. Gegen derartige Idealismen steht der „Realismus“ der Phänomenologie. Dies ist die These Sartres im Jahr 1936 (Sartre *1982 c*, 86). Der von Sartre apostrophierte Realismus ist im Sinne des späteren Begriffs der réalité humaine zu verstehen. Der Mensch ist trotz der Absolutheit des Bewußtseins faktisch-kontingent in die Welt verstrickt – ohne daß irgendeine Erkenntnis an dieser Wirklichkeit etwas zu ändern vermöchte.

Ricœur hat im Rückblick die französische Phänomenologie ihrem vordringlichsten Grundzuge nach als phénoménologie existentielle gekennzeichnet. Das Attribut existentielle darf nicht zu eng verstanden werden, denn das gemeinte Existentielle speist sich aus divergenten Quellströmen: aus Kierkegaards Existenzphilosophie, Heideggers Existenzialontologie und Husserls später Lebensweltkonzeption. Ricœur zieht darüber hinaus den Umkreis, aus dem sich die Triebkräfte der Phänomenologie in Frankreich nähren, noch weiter: Hegel, Marx und Nietzsche gehören wesentlich in ihn hinein – was für die deutsche Phänomenologie nicht zutrifft –, so daß die Herkunft der französischen Phänomenologie sich in Disparatem verliert, das durch ein aktuelles Problembewußtsein zusammengefügt wird. Das Phänomenologische der existentiellen Phänomenologie wird von Ricœur auf die Seite der Methode gerückt, deren Sachproblem die Existenz ist. Existenz besagt vornehmlich menschliche Existenz und nicht Entfaltungspunkt universalen Seinsverstehens, aufgrund dessen sich der Mensch in die Welt einordnet, auch wenn er deren Sinn- und Seinsquelle ist. In dieser Weise lassen sich die philosophischen Unternehmen Husserls und Heideggers auf jeden Fall besser kennzeichnen als in anthropologisch-existentieller Manier. Diese Unterscheidung ist allerdings nicht unproblematisch, weil sich bei näherem Zusehen z. B. auch im Werk Sartres wie Merleau-Pontys zeigt, daß die anthropologisch-existentielle Begrifflichkeit überschritten wird. Allerdings bleibt es dabei, daß ein anthropologisch-existentielles Verständnis des Philosophierens unter dem Titel der Phänomenologie in Frankreich zunächst im Vordergrund des allgemeinen Bildungsbewußtseins steht. Folgende Themen ziehen das Interesse besonders auf sich: Das In-der-Welt-Sein des Menschen, seine Zeitlichkeit und Leiblichkeit, die Freiheit, das Problem des Anderen. Im übrigen herrscht Offenheit für viele Perspektiven. „Der deskriptive Stil in der Existentialphänomenologie ist so vielfältig wie der Sinn, der der menschlichen Existenz zugeschrieben wird.“ (Ricœur *1957*, 19.10.10)

Im Gegensatz zum Husserlschen Bemühen um eine reine Philosophie, das auf scharfe Abgrenzungen von Gegenstandsbereichen und Arbeitsfeldern zum Zwecke einer eigenständigen phänomenologischen Wissenschaft aus ist, ist die französische Philosophie durch ihre Offenheit gegenüber all jenen Aspekten der Welt interessiert, die außerwissenschaftlich sind und komplexe, vielseitige Phänomene darstellen, deren Erfassung gemäß einer einzigen wissenschaftlichen Methode zum Scheitern verurteilt ist. Konflikte und Krisen aller Art haben das Interesse einer derartigen für sich nicht auf strenge methodische Wissenschaftlichkeit sistierenden Philosophie auf sich gezogen. Die Scheu, sich der empirisch wissenschaftlichen Erkenntnis zu bedienen, ist, weil die Unterscheidung von empirisch und apriorisch nicht als grundlegend für das Philosophieren gilt, weniger stark ausgeprägt als in Deutschland. In diesem Sinne eines um die methodische Absicherung von Erkenntnisergebnissen weniger bekümmerten philosophischen Arbeitens ist Husserls Maxime „Zu den Sachen selber“ in Frankreich aufgenommen worden. Man kann diese Einstellung im Anschluß an Merleau-Ponty so beschreiben: Die Philosophie läßt sich in allen Tatsachen finden; sie darf nicht vor der „ansteckenden Wirkung des Lebens“ behütet werden.

Einige konkrete Daten mögen den Weg andeuten, auf dem sich die Phänomenologie in Frankreich zu einer selbständigen philosophischen Größe von unverkennbarer Originalität entwickelt hat.

Die Phänomenologie ist in Frankreich mit Verspätung zur Auswirkung gekommen. Hatten Husserls ‚Logische Untersuchungen‘ von der Jahrhundertwende an in Deutschland eine rege phänomenologische Tätigkeit ausgelöst, so lassen sich deutliche Spuren der Phänomenologie in Frankreich erst nach dem Ersten Weltkrieg finden. Jean Héring, Schüler und Freund Husserls aus den Göttinger Tagen, lehrte in Straßburg Phänomenologie. Seine These ‚Phénoménologie et philosophie religieuse' ist 1926 erschienen. Auch Alexandre Koyré hat Husserl schon in Göttingen kennengelernt. Bereits 1928–1930 hat Georges Gurvitch an der Sorbonne in Vorlesungen, die 1930 publiziert worden sind, die deutschen Phänomenologen vorgestellt (‚Les tendances actuelles de la philosophie allemande'). Husserl selber hat 1929 an der Sorbonne eine ‚Einführung in die transzendentale Phänomenologie' vorgetragen, zu deren Zuhörer G. Marcel, M. Merleau-Ponty und E. Lévinas gehört haben. Schon 1931 ist eine von E. Lévinas und G. Pfeiffer besorgte Übersetzung der ‚Méditations Cartésiennes' erschienen, denen die Pariser Vorträge zugrunde lagen. 1950 folgten als zweites großes Werk Husserls in französischer Übersetzung die von Ricœur übersetzten ‚Ideen I'. Für die einsetzende kritische Auseinandersetzung mit Husserls Phänomenologie ist E. Lévinas Studie ‚Théorie de l'intuition dans la phénoménologie de Husserl' (*1930*) ein Exempel. Lévinas hat wesentlich an der Verbreitung der Philosophien Husserls und Heideggers mitgewirkt.

Schelers Rezeptionsgeschichte in Frankreich beginnt früh. Husserls Einfluß bleibt sogar zunächst gegenüber dem Schelers zurück. Scheler selber hat bereits in den zwanziger Jahren Kontakte mit französischen Kollegen geknüpft. 1928 ist eine Übersetzung des Schelerschen Werks ‚Wesen und Formen der Sympathie' erschienen. Die speziell von Scheler als sein Eigenstes ausgearbeitete Philosophie des Emotionalen hat sich als besonders anziehungskräftig erwiesen. Es finden sich z. B. in den dreißiger Jahren Stellungnahmen von G. Gurvitch, Lavelle und Merleau-Ponty, der 1935 Schelers ‚Das Ressentiment im Aufbau der Moralen' ausführlich besprochen hat.

Auch Heidegger wird recht früh, aber anfangs nur mit kleineren Arbeiten in Frankreich bekannt. 1931 sind sein Beitrag zur Husserl-Festschrift und seine Vorlesung ‚Was ist Metaphysik?' in französischer Übersetzung publiziert worden. Erst 1938 folgt ein umfänglicherer Auswahlband, der einen Eindruck über verschiedene zentrale Themen Heideggers vermittelt und zu dem der Autor ein Vorwort beigesteuert hat, das sein eigenes Seinsdenken gegen existenzphilosophische Verdeckungen abhebt.

Es seien als weitere Merkzeichen für die Ausbreitung der Phänomenologie in Frankreich noch die folgenden Daten und Begebenheiten erwähnt: 1932 hat ein Kongreß stattgefunden, auf dem die Phänomenologie Thema gewesen ist. Das 1931 gegründete Jahrbuch ‚Recherches Philosophiques' hat sich der Phänomenologie intensiv angenommen. Jean Wahl ist als wirkungskräftiger Vermittler des phänomenologischen Denkens in seinen verschiedenen Spielarten tätig gewesen. Von seinen Ausführungen in ‚Vers le concret', die den ersten Band der ‚Recherches Philosophiques' eingeleitet haben und 1932 im Rahmen eines Buches mit gleichnamigem Titel erschienen sind, hat Sartre laut eigener Auskunft einen Anstoß zur Philosophie erfahren.

Auch G. Marcels Phänomenologie des Habens ist in den ‚Recherches Philosophiques' veröffentlicht worden, deren letzter Band von 1936 Sartres Studie ‚La transcendance de l'ego' enthält. Mit dieser Arbeit eröffnet sich die französische Phänomenologie mit kritisch eigenständigem Methodenbewußtsein ihren Weg. 1938 hat Merleau-Ponty sein erstes Werk ‚La structure du comportement' fertiggestellt und R. Aron ein Buch des Titels ‚Introduction à la philosophie de l'histoire' veröffentlicht, in dem

Husserls Zeitlehre für die Fassung der geschichtlichen Zeit fruchtbar gemacht ist. So läßt sich die zweite Hälfte der dreißiger Jahre als Beginn der produktiven Phase der französischen Phänomenologie bezeichnen (Waldenfels *1983*, 40).

Das 1938 durch van Breda in Löwen gegründete Husserl-Archiv ist für die Aneignung vor allem der Husserlschen Phänomenologie im französischen Sprachraum sehr hilfreich gewesen. Die sich hier bietenden Forschungsmöglichkeiten sind intensiv genutzt worden. Das französische Interesse an der Philosophie Husserls zeigte sich auch in den frühen Planungen zur Errichtung eines Husserl-Archivs in Paris, das allerdings erst 1957 offiziell gegründet wurde. Nach Merleau-Pontys frühzeitigem Tod hat P. Ricœur die Leitung dieser als Forschungszentrum wichtigen Arbeitsstätte übernommen. Grundlegende Werke Husserls erschienen nach dem Krieg in schneller Folge in französischer Übersetzung. Den Anfang bildeten: die ‚Ideen I' 1950 (übersetzt von P. Ricœur), ‚Die Philosophie als strenge Wissenschaft' 1955 (übersetzt von Qu. Lauer), ‚Die Formale und Transzendentale Logik' 1957 (übersetzt von S. Bachelard).

Im Gegensatz zum breiten Bekanntheitsgrad und zur weiten Rezeption des Husserlschen Werkes seit den fünfziger Jahren bleiben Heideggers originale Schriften zunächst recht unbekannt. Erst 1964 kam ein (unvollständig) übersetztes ‚Sein und Zeit' auf den Buchmarkt, nachdem allerdings 1953 schon Heideggers Kant-Buch erschienen war. Neben J. Wahl, Lévinas, Koyré und de Waelhens sind vor allem Jean Beaufret und Henri Birault als diejenigen zu nennen, die zur Verbreitung der Gedankenwelt Heideggers in Frankreich am meisten beigetragen haben. In den sechziger und siebziger Jahren ist allerdings der Einfluß Heideggers groß und verflicht sich mit aktuellen Themen, die das Phänomenologische überschreiten. (Vgl. Brague *1982*.) Die Kritik hat nicht auf sich warten lassen. (Vgl. z. B. Bourdieu *1976*.)

III. Die phänomenologischen Arbeiten Sartres

Sartre ist hier nur als phänomenologischer Methodiker und Ontologe thematisch. Die Grenze der Phänomenologie Sartres wird dort gezogen, wo Sartre sie selber zieht, wenn er nämlich nach der Vollendung seines ersten philosophischen Hauptwerkes ‚Das Sein und das Nichts' beginnt, auf den Titel Phänomenologie für seine Aufgabenstellungen zu verzichten. Das geschieht in seinem Versuch, Existentialismus und Marxismus zu versöhnen und eine Philosophie konkreter Praxis in zugleich geschichtsphilosophischer und politisch-sozialer Absicht zu entwerfen. Das schriftstellerische Werk, die großen biographischen Arbeiten eingeschlossen, obwohl sich in ihm philosophisch Relevantes findet, wird ebenfalls außer Betracht gelassen. (Vgl. zum Werk als Einheit z. B. Jeanson *1955*.)

Sartre hat während eines Aufenthaltes in Berlin 1933–1934 als Stipendiat des dortigen Institut Français einige Schriften von Husserl, Heidegger, Jaspers und Scheler studiert. Er hat sich vor allem, wie es scheint, auf Husserls ‚Ideen I' konzentriert. Als Frucht seiner Husserl-Lektüre hat er bereits in Berlin die erst 1939 erschienene Skizze ‚Eine fundamentale Idee der Phänomenologie Husserls: die Intentionalität' (Sartre *1982 b*, 33–37) verfaßt. Die frühen Schriften der dreißiger Jahre arbeiten teilweise dem Hauptwerk ‚Das Sein und das Nichts' vor, enthalten aber auch charakteristische, interessante Abweichungen. Ihre Themen sind: das Bewußtsein im Verhältnis zum Ich, die Seinsweise des Bildes, die Einbildungskraft im Unterschied zur Wahrnehmung. Neben der Studie ‚La Transcendance de l'Ego' von 1936/1937 erschien 1936 die Arbeit ‚L'Imagination' und 1938 das 1. Kapitel der Arbeit ‚L'Imaginaire', die 1940 vollständig gedruckt wurde. Neben diesen Schriften ist noch die ‚Skizze einer Theorie der Emotionen' (‚Esquisse d'une théorie des émotions') von 1939 zu erwähnen, die ein Fragment aus einem nie publizierten Manuskript ‚Psyche' darstellt. In allen diesen Schriften arbeitet Sartre gemäß der phänomenologisch deskriptiven Methode, obwohl sich in ihnen auch radikale fundamentalontologische Thesen z. B. zum Sein des Bewußtseins, zum Ich, zum Nichts finden, zu denen eine phänomenologische Beschreibung engeren wissenschaftlichen Sinnes keinen Zugang hat, weil sie sich auf mundane Gegebenheiten beschränken kann. Sartre wähnt während dieser Zeit, der Husserlschen Methode am nächsten zu stehen. In das 1943 erschienene erste philosophische Hauptwerk Sartres, ‚Das Sein und das Nichts', ist vieles von dem, was sich Sartre in den dreißiger Jahren erarbeitet hat, eingegangen, ohne daß zu jener Zeit die systematische Struktur des Werkes Sartre schon klar vor Augen gestanden hätte. Der 1938 erschienene Roman ‚Der Ekel' schlägt zwar philosophische Themen wie Existenz, Kontingenz und Freiheit an, verhindert aber aufgrund seines literarisch-fiktiven und biographisch besonderten Charakters eine eindeutige philosophische Interpretation. (Vgl. Astruc/Contat (Mitarb.) *1978*, 36 ff.; s. auch Berlinger *1982*, 45 ff.)

Es ist für Sartre charakteristisch, wie er in den dreißiger Jahren Husserl gelesen hat. Er empfindet die Entdekkung der Intentionalität des Bewußtseins durch Husserl wie auch Heideggers In-der-Welt-Sein als Befreiung von jeder Immanenzphilosophie und Epistemologie, welche den Ausbruch in die Welt durch Einbeziehung der Welt in die Sphäre des Bewußtseins verhindern. Sartre kann mit einem gewissen Recht so reagieren, denn für die Phänomenologie hat das Bewußtsein kein „Drinnen“; „es ist nichts als das Draußen seiner selbst, und diese absolute Flucht, diese Weigerung, Substanz zu sein, konstituieren es als ein Bewußtsein“ (Sartre *1982 b*, 35). Aber mit dieser allgemeinen phänomenologischen Überzeugung ist noch keineswegs darüber entschieden, was das so gefaßte Bewußtsein des Näheren ist. Sartre ist schon in den frühen dreißiger Jahren davon überzeugt, daß die Intentionalität des Bewußtseins besagt: Bewußtsein ist Bewußtsein von Nicht-Bewußtsein. Diese Ausgangsthese ist und bleibt derjenigen Husserls von Anfang an entgegengesetzt. Husserls Grundauffassung lautet: Bewußtsein ist ein universales Bezugsmedium für alles, so daß nichts in der seinsmäßigen Entgegensetzung zum Bewußtsein, sondern alles nur als Bewußtes im Bezug auf Bewußtsein auftreten kann. Erfahren und Erkennen sind die unhintergehbaren bewußtseinsmäßigen Vermittlungsinstanzen für alles Seiende. Es ist daher nicht Bezug auf das Andere seiner als Nicht-Bewußtsein, sondern vermittelnder Bezug auf alles andere, das nicht es selber ist, als Bewußtes.

Im Essay ‚Die Transzendenz des Ego‘ radikalisiert Sartre eine Unterscheidung, die sich bei Husserl nicht in ausgeprägter Weise findet. Er trennt scharf zwischen reinem, vorreflexivem, unpersönlichem Bewußtseinsfeld und (psychischem) Ich. Das Bewußtsein ist absolut und spontan, aber trotzdem unreflektiert und nicht-setzend. Das Ich soll anläßlich eines reflexiven Aktes erscheinen, der seinerseits in einem nicht-reflexiven Bewußtsein verankert ist, welches Bewußtsein von etwas ist. Auch das transzendentale Ich ist Objekt eines reflexiven Aktes.

Ihm verdankt es seine Existenz. Phänomenologische Reduktion besagt für Sartre 1936, daß das transzendente Objekt Ich einem ichlosen Bewußtsein zu weichen hat. (Vgl. Sartre *1982c*, 53f.) Diese Wendung der Phänomenologie akzentuiert Sartre gegen Husserl – und auch gegen Kant. Alle Arten des Ich (transzendentales, psychisches, psychophysisches) sind materiale, reflexionsbezügliche Bewußtseinsobjekte, die sich einer unreinen Reflexion verdanken, welche die Eigenart des Bewußtseins verfehlt. Absolutheits- und Nichtigkeitscharakter entsprechen sich in diesem Bewußtsein, denn es ist als Nichts der Welt und des Ich absolut. Zugleich stellt das Bewußtsein eine Sphäre eigener Phänomene dar, die sich nur durch seinen Möglichkeitscharakter und die durch ihn ausgelöste Angst erklären lassen. Mit dieser Entscheidung glaubt Sartre auch das Solipsismusproblem überwunden zu haben. Sofern für den Husserl der transzendentalen Phänomenologie das transzendentale Ich als notwendiger Einheitspol im Konstitutionsgeschehen fungiert, auf den alle Erkenntnis der Welt qua Phänomen zurückbezogen bleibt, hat sich Sartre bereits mit den Thesen seiner ersten Schrift von Husserl entfernt. Niemals wird sich für ihn das als cogito apostrophierte Bewußtsein dem Transzendentalsubjektiven Husserls wieder annähern.

Auch in seinem Entwurf einer Theorie der Gefühle beruft sich Sartre wiederum auf Husserl und Heidegger. Im Namen einer phänomenologischen Psychologie wird den Emotionen ihr Sinn und ihr Ort im menschlichen Dasein angewiesen. Er übernimmt aus der Phänomenologie die Intentionalität des Fühlens, geht aber dann zu einer magischen Interpretation des Emotionalen über, das einem rationalen Weltverhalten entgegengestellt wird. Die intentionale Strukturierung der Gefühle dient bei Husserl und in Schelers Ethik dazu, die Sphäre der Emotionen in ihrer rational durchsichtigen Eigentümlichkeit zu analysieren. Sie gehört als eigengearteter Bereich in den Gesamthaushalt des vernünftigen Menschenwesens hinein. Die Gestimmtheit des Daseins ist bei Heidegger nichts intentional-gegenständlich Gerichtetes. Für Irrationalität steht derart Emotionales in keinem Fall.

In seinen Schriften über die Einbildungskraft und das Imaginäre stellt Sartre seine phänomenologische Deskriptionsmethode in den Dienst der Aufgabe, die Bildvorstellung ihrer spezifischen Bewußtseinsstruktur gemäß als Vorstellung (im Unterschied zur Wahrnehmung) und diese wiederum als ein gesetztes Nichts zu bestimmen. Er reiht verschiedenartige Abwesenheits- und Nicht-Seins-Phänomene in die Familie der Vorstellungen ein. Die irrealisierende Imagination ist dem Bewußtsein wesentlich. Sie „nichtet“ die realisierende Wahrnehmung. Aufs Ganze gesehen kündet sie von der durch Bewußtsein ereigneten Nichtung (néantisation) der Welt. Diese ist nichts anderes als die Kehrseite der Freiheit des Bewußtseins, die sich auf dem Hintergrund der Welt, des Realen, abhebt. Mit dieser Radikalisierung der Leistung der Einbildungskraft, die über die Sphäre der Variabilität und der Möglichkeiten hinaus das Nichts des Bewußtseins offenbart, ist Sartre in den Vorhof derjenigen Grundbegrifflichkeit gelangt, die die Basis seiner phänomenologischen Philosophie bildet.

1. *Die Grundlagen der phänomenologischen Ontologie*

a. Vorentscheidungen

Sartres ‚Das Sein und das Nichts' will eine phänomenologische Ontologie sein. Was dies besagt, ist nur aus dem Werk selber zu entnehmen. (Zur Diskussion seiner Methode vgl. Seel *1971*; zur Gesamtbeurteilung s. Wahl *1962*, 152 ff.)

Eine kritische Destruktion philosophischer Positionen führt dazu, durch Phänomenalität hindurch auf Sein zurückzugreifen, das sich als Für-sich-Sein und An-sich-Sein herausstellt. Das Phänomen des Seins verweist so auf das Sein des Phänomens, daß das nichtphänomenale Sein als grundlegend für die phänomenale Sphäre auftritt. Sofern die Differenz zwischen Sein und Phänomenalität gesetzt ist, kann die Sphäre der Phänomenalität durch Seinsphänomenalität gekennzeichnet werden. Andernfalls würde die Bedeutung von Sein im Erscheinen liegen. Diese These kann gegen Husserls transzendentalphänomenologischen Idealismus und gegen einen kritischen Realismus des Dinges-an-sich gerichtet werden. Systematisch wesentlich ist die Frage, ob und wie die getroffene Unterscheidung durchgeführt und durchgehalten wird. Die Antwort auf diese Frage ist entscheidend, auch wenn Sartre den Anschein erweckt, daß seine einleitende Diskussion aporetischer philosophischer Positionen keine andere Lösungsmöglichkeit des Seinsproblems zuläßt.

Ein kritischer Durchgang durch die neuzeitlich idealistische Bewußtseinsproblematik, die sich in die Aporien des Zusammenhangs von Wahrgenommen-werden, Wahrnehmen und Wahrnehmendem verstrickt, führt zum präreflexiven Sein des Bewußtseins. Die den wahrgenommenen Erscheinungen zukommenden Charaktere der Relativität und Passivität betreffen nur Weisen zu sein, nicht aber das Sein selber. Also kann das Sein der Phänomene nicht im Wahrgenommen-werden liegen, und das transphänomenale Sein des Bewußtseins kann nicht das transphänomenale Sein der Phänomene begründen. Das Sein des Bewußtseins, das im Bezug auf Objekte steht, darf selber nicht wiederum durch die Dualität von Subjekt und Objekt bestimmt sein. Andernfalls würde sich ein unendlicher Regreß aufdrängen. Es muß vielmehr in einem unmittelbaren (d.h. durch kein Bewußtsein vermittelbaren) Selbstinnesein liegen. Das Bewußtsein ist, indem es setzendes-bewußtes Bewußtsein vom Objekt ist, dem Sein nach nicht-setzendes Bewußtsein von sich selbst. (Vgl. SN, 18/19.) Bei diesem Stand der Dinge könnte der setzende Objektbezug des Bewußtseins Außerwesentlichkeit für das Bewußtsein besagen, wie es ja für das zwar nur auf dem Wege der Reflexion gesicherte, aber dem Sein nach durch Unabhängigkeit gegenüber dem Objekt qua res extensa bestimmte cogito-sum Descartes' der Fall ist. Diese Möglichkeit scheidet für Sartre aus, da er an der Voraussetzung der intentionalen Gesamtstruktur des Bewußtseins-von-etwas als unhinterschreitbarer Basis für Seinsbedeutungen festhält – was unter der cartesischen Voraussetzung, daß Objekt primär res extensa besagt, nicht zu machen ist. Zugleich aber ist Sartre nicht bereit, die idealistische (und damit auch die Husserlsche) Konsequenz zu ziehen, das Objektmoment der unzerreißbaren synthetischen Struktur des intentionalen Bewußtseins, subjektiv, aus vorgängigen Bewußtseinseigenarten, zu deuten. – Dies ist unerläßlich, wenn die Erkenntnis qua Dingerkenntnis idealistisch begründet werden soll. Anstatt die cartesische oder die idealistische Konsequenz zu ziehen, bestimmt Sartre das Sein des Bewußtseins vielmehr durch einen vom Bewußtsein nicht vermittelbaren Bezug auf etwas, das niemals in die Bezüge eingeht, die Bewußtsein zu ihm aufnehmen kann, weil es derartige Bezüge von sich abweist. Sartre nennt das Bewußtsein auch präreflexives cogito und Bewußtsein-(von)sich im Sinne eines seiner selbst nicht reflexiv-thetisch Bewußten. Eine erkennende Selbstzuwendung kann dem Bewußtsein keine Seinsselbständigkeit sichern.

Das Strukturmoment des Etwas innerhalb des intentionalen Bewußtseins wird, sofern es alle Bezugsmöglichkeiten des Bewußtseins von sich abweist, Sein qua An-sich-Sein genannt. Diese Entscheidung Sartres steht im Gegensatz zur vorherrschenden Auffassung der Tradition des Abendlandes, daß das Seiende der Erkenntnis offenstehe und die Welt als All des Seienden erkannt werden könne. Sartre behält das nicht-setzende Urbewußtsein in seine cogitationes ein – mögen diese auch im Sinne älterer Philosophien empirisch sein –, um zu prüfen, wie sich das Sein des Bewußtseins in ihnen zeigt. Die Eigenart des nicht-positionalen, vor-reflexiven Bewußtseins läßt sich an Beispielen des Wahrnehmens und des Empfindens verdeutlichen: das Wahrgenommene ist wahrgenommen als dem Wahrnehmenden nicht bewußt, weil das Wahrnehmungsbewußtsein im Wahrgenommenen aufgeht. Und „Die Lust ist das Sein des Bewußtseins(von)sich und das Bewußtsein(von)sich ist das Seinsgesetz der Lust.“ (SN, 21/21)

Die durch das Gegenstandsmoment des intentionalen Bewußtseins eröffnete Aussicht auf das Andere seiner, das man im herkömmlichen Sinne des Wortes nicht Welt nennen kann, nimmt sich folgendermaßen aus: Bewußtsein-von-etwas wird durch die Eigenart des Etwas, wovon es Bewußtsein ist, auf sich zurückgeworfen, weil das Etwas als ein An-sich-Sein sich ihm nicht erschließt – weder seiner Erkenntnis noch seiner Erfahrung. Sein ist kein

Bestimmungsgrund für Subjektives. (Diese Eigentümlichkeit der Sartreschen Konzeption hängt damit zusammen, daß das Bewußtsein seinem Sein nach des Seins ermangelt, sich daher begehrend um sein eigenes Sein kümmern muß und nur in dieser Aneignungsweise sich mit dem sog. An-sich einigt, wie später deutlich werden wird.)

Die wesentliche Funktion des vom intentionalen Bewußtsein her als sein Vorgängiges „konstruierten" An-sich-Seins ist es, die Bestimmung des Bewußtseins als Für-sich-Sein zu ermöglichen. Das An-sich-Sein hat für das Bewußtsein das Auftreten des Nichts im Gefolge, weil das Bewußtsein als Sein so etwas ist wie ein Spalt im An-sich-Sein, durch den es zum Für-sich-Sein geworden ist. Sartre gibt dem An-sich-Sein drei Bestimmungen: Es ist. Es ist an sich. Und es ist, was es ist. (Vgl. SN, 34f./33f.) Diese Charakteristika nötigt das An-sich-Sein dem Bewußtsein auf, sofern es dieses abstoßend auf sein eigenes Sein zurückweist. So ist das Sein dessen, wovon Bewußtsein Bewußtsein ist im Unterschied zum Phänomensein verfaßt. Es ist das Phänomen des Seins, in dem sich dieses nicht-phänomenale Sein der Phänomene enthüllt; und zwar so, daß es sich, alles Sein der Phänomene einschließend, in sich verschließt.

Es können keine Wirkungen von einem derart transzendenten An-sich-Sein auf das Bewußtsein und keine Wirkungen vom Bewußtsein auf das An-sich-Sein statthaben. Sartre verwirft die Lösungsvorschläge von Realismus und Idealismus und schlägt einen anderen Weg ein. Das An-sich-Sein ist ohne Bezug auf sich; es ist nicht in sich reflektiert. Als von sich erfülltes hat es die Bedeutung logischer Identität; d.h. in es kann kein Unterschied und keine Bestimmung eintreten. Trotzdem sollen seine Bestimmungen synthetischer Art sein. Diese dubiose Charakterisierung läßt sich verständlich machen, wenn man das An-sich-Sein in der Entgegensetzung zu Seiendem, das zu sein hat, was es ist, ins Auge faßt. Ihm gegenüber ist das Sein an sich undurchschaubar, massiv: eine Synthese mit sich selbst. „Die Übergänge, das Werden, alles das, was die Aussage zuläßt, das Sein sei noch nicht das, was es sein wird, und es sei schon das, was es nicht ist, alles das ist prinzipiell ausgeschlossen. Denn das Sein ist das Sein des Werdens, und aus dieser Tatsache heraus steht es jenseits des Werdens." (SN, 34/33) Es kennt kein Anderssein und erschöpft sich darin, zu sein. Konsequent entgeht es auch der Zeitlichkeit. Es untersteht auch nicht den Modalkategorien der Möglichkeit und Notwendigkeit: Ihnen gegenüber ist von ihm nur das Sein zu sagen. Es ist ohne Grund; überzählig. „Ein phänomenales Seiendes kann nie von einem anderen Seienden abgeleitet werden, soweit es seiend ist. Das ist das, was wir die *Kontingenz* des An-sich-Seins nennen." (SN, 35/34) Es bleibt nur das Für-sich-Sein übrig, das weiterführen kann zu unserer erkennbaren Welt, in der gegliederte Fülle herrscht, in der sich vielfältige Strukturen finden, in der Menschen begehren, wollen usw.

Insofern das Ganze des Seienden, also auch die Welt qua Natur, durch diesen Ansatz betroffen wird, ist er nicht nur von begrenzt existenzial-anthropologischer Art. (Vgl. Mészáros *1979*, 156ff.) Der ontologischen Ordnung nach ist das Nichts im Für-sich-Sein für den „Aufgang" der uns vertrauten synthetischen Einheit Mensch-in-der-Welt verantwortlich, obwohl es sich der Erfahrung nicht unmittelbar als ein Erstes zeigt. Indem sich aufgrund des Nichts im Sein vom Typus des Für-sich-Seins eine einzigartige Beziehung zum An-sich-Sein herstellt, gründet sich die Ganzheit Mensch-in-der-Welt in dem beziehungslosen Bezugsganzen von An-sich-Sein und Für-sich-Sein. Zwar kann das An-sich nicht durch das Für-sich-Sein so angeeignet werden, als würde es mit ihm verschmelzen, aber dennoch strebt der innerste Lebenstrieb des Für-sich einen solchen unmöglichen, unsagbaren Zustand an. Daß Sartre eine solche „Identität“ nicht mehr über Geistigkeit des Seienden, Erkenntnis und Gott vermittelt sein läßt, sondern im begierlichen „Seinsaneignungstrieb“ verankert, der durch absolut kontingentes Bewußtsein in die Welt gekommen ist, trennt ihn von der im Abendland dominierenden Philosophie. Diese Entscheidung hat auch eine von der Tradition abweichende Fassung und Beurteilung der Erkenntnis im Gefolge.

b. Die Negativität der menschlichen Realität

Es muß zunächst die These plausibel gemacht werden, daß dem menschlichen In-der-Welt-Sein ein durch das Nichts infiziertes Für-sich-Sein zugrunde liegt. Sartre geht zur Stützung seiner These regressiv vor, d. h. er geht vom konkreten Bezugsganzen Mensch-in-der-Welt aus, sucht an ihm Negatives auf, um von ihm zur Fundamentalthese, daß Für-sich-Sein ein Nichts an Sein ist, zurückzuführen. Die Seinsweise des Für-sich-Seins soll der Ursprung aller Negativität sein. Sartre charakterisiert die Seinsweise des Menschen in der Welt näher als Verhalten. Grundsätzlich muß sich die Frage nach dem Negativen, der Negation und dem Nichts von jeder menschlichen Verhaltensweise aus angehen lassen. Sartre wählt die Verhaltensweise des Fragens als Ausgangspunkt. Er greift zur Demonstration seine eigene philosophische Frage auf. Das Fragen wird seiner Struktur nach analysiert: Es setzt 1) ein befragtes Seiendes voraus. In ihm liegt 2), daß ein Seiendes fragt. Es wird 3) das befragte Seiende auf etwas hin befragt. Dasjenige, woraufhin das Seiende befragt wird, sind Seinsarten oder das Sein des Seienden. Die

Fragebeziehung hält sich im Rahmen des transphänomenalen Seinsbegriffes.

Sartre verwurzelt das Fragen im Erwarten. Im Fragen liegt das Erwarten einer Antwort – die vom befragten Seienden gegeben werden soll, indem es sich enthüllt. Die Erwartung kann dem expliziten Fragen, auf das eine Antwort in Urteilsform erfolgt, vorhergehen. Fragen ist dadurch ausgezeichnet, daß es Antwortmöglichkeiten des Ja und des Nein aufwirft und offenläßt. Wenn Wissen besagt, über das, was der Fall ist, und damit zugleich über das, was nicht der Fall ist, Bescheid zu wissen, dann würde ein allwissendes Wesen keine Frage kennen. Es hätte alle Antworten auf alle Fragen vorweg zur Verfügung. Wird erst in einer Antwort über Sein und Nicht-Sein im Hinblick auf das Erfragte des Befragten entschieden, so ist eine Frage dadurch zu definieren, daß in ihr mit der Nicht-Existenz von etwas gerechnet wird. „Demnach ist die Frage eine Brücke zwischen zwei Nicht-Seienden: zwischen dem Nicht-Sein des Wissens im Menschen und der Möglichkeit des Nicht-Seins im transzendenten Seienden." (SN, 41 f./39) Ferner soll es außer diesem Nicht-Sein noch ein drittes Nicht-Sein geben; dasjenige, das die in der Frage als Antwort gesuchte Wahrheit mit sich bringt, indem sie ein So-und-nicht-anders-Sein besagt. Es liegt also in der Verhaltensweise des Fragens, die sich hinüberspannt zum transphänomenalen Sein, eine dreifache Weise von Nicht-Sein, die die Verhaltensweise des Fragens als eine solche des menschlichen In-der-Welt-Seins bedingt.

Zunächst wird geprüft, ob das Negative – da das An-sich-Sein keine negativen Antworten geben kann – nur im Urteilen liegt. Das Ergebnis dieser Prüfung ist: Die Verneinung als Struktur des beurteilenden Satzes ist nicht „der Ursprung des Nichts", sondern umgekehrt das

Nichts als Struktur des Realen ist Ursprung und Grundlage der Urteils-Negation. So werden wir vom Urteil als einer Verhaltung eines Seienden von der Art des Für-sich-Seins auf die Frage als ein anderes Verhalten, in dem das Nicht-Sein ursprünglicher auftritt, zurückverwiesen. Andere nicht-urteilsmäßige, vorprädikative Verhaltensweisen werden herangezogen, um auch in ihnen den Ursprung des Nicht-Seins aufzufinden: die Zerstörbarkeit der Dinge, mit der Für-sich-Sein rechnet, die es für das An-sich-Sein dagegen nicht gibt. Hier zeigt sich, wie Nicht-Sein als Möglichkeit und Wirklichkeit in dem für Für-sich-Sein gelichteten Seienden steckt. Aufgrund von Erwartung vermissen ist ein weiteres Phänomen, in dem Nicht-Sein in der Realität erfahren wird.

Sartre hat bisher nur gezeigt, wie Nicht-Sein vom Menschen-in-der-Welt in vielerlei Weise erfahren wird. Solche wesentlich zur Welterfahrung gehörigen „négatités" wie Zerstörbarkeit, Abwesenheit, Veränderung, Bedauern, Trennung, Entfremdung usw. sind Nicht-Seins-Phänomene, die zum Ursprung des Nicht-Seins im Für-sich-Sein zurückverfolgt werden müssen, so daß sich das Nicht-Sein in seiner ontologischen Ursprünglichkeit zeigt, nämlich als das, was das Sein des Für-sich-Seins ausmacht, als Nichts.

Sartres Versuche bergen Schwierigkeiten in sich. Das bekannte Kaffeehaus-Beispiel, das zeigt, wie eine vermißte Anwesenheit (= Abwesenheit) das Erwarten in vielerlei Weise durchdringt, kann den Weg zum ursprünglichen Nichts im Für-sich-Sein z. B. nicht weisen, da Nicht-Sein hier nur Nicht-da-Sein im Sinne von An-einem-anderen-Ort-Sein besagt. Die Erwartung des Kaffeehausbesuchers deckt zwar die Abwesenheit und damit das Nicht-(da)-Sein eines Bekannten auf, aber nur unter zahlreichen Seins-Konditionen, durch die es sich als subjektiv im Unterschied zu Andersgeartetem setzt und so die Abwesenheit als „objektiven Tatbestand“ seines Erfahrens durch Bezug auf andere Erfahrungsmöglichkeiten „subjektiviert“. Was nichts daran ändert, daß die erfahrene Abwesenheit das Verhalten des Kaffeehausbesuchers in seiner positiven Eigenart beeinflussen kann. Aber eben dies kann wiederum als subjektiv, erfahrungsbedingt im Unterschied zu objektiven positiven Gegebenheiten interpretiert werden.

Halten wir fest: In inhaltlichen Kontexten determiniertes Nicht-Sein ist in verschiedenen Systemen darstellbar, die den Weg zum ontologischen Nichts versperren, selbst wenn man die Urteilsnegation für abkünftig hält. Diese Feststellung muß auch für phänomenologische Deskriptionen gelten, welche ihre Gegenstände nicht auf dem Hintergrund der Einheit von Sein und Nichts ansehen, die aber gleichwohl den Anspruch erheben, die „Sachen selber“ zu treffen. Die Faszination des frühen Sartre durch das Nichts in seiner Bedeutung für das Sein entscheidet also mit darüber, wie sich ihm die „Sachen selber“ zeigen.

c. Das Für-sich-Sein als Nichts. Freiheit und Angst

Sartre schreitet vom Nicht-Sein im Sinne sekundärer Nichtungen, von denen die synthetische Einheit des Menschen-in-der-Welt durchsetzt ist, zurück zum Grunde; zum Akt, „durch den der Mensch sich selbst zu seinem eigenen Nichts wird“ (SN, 90/83). Die Einheit von Sein und Nicht-Sein muß im Bewußtsein als konstitutiv für dessen Sein auftreten. Es ist der Ort, durch den das Nicht in die Welt kommt. Es gibt Verhaltensweisen, die in dies Innerste des Bewußtseins führen. Die Unwahrhaftigkeit (mauvaise foi; vgl. SN, 91 ff./85 ff.) bildet den Gegenstand derjenigen Befragung, an dem die Einheit von Sein und Nicht-Sein zunächst aufgezeigt wird.

In der Unwahrhaftigkeit verschweige ich mir selbst die Wahrheit. (Das gilt, auch wenn diese Wahrheit durch Andere bedingt ist wie alle Phänomene der menschlichen Realität.) Sartre argumentiert gewalttätig gegenüber gewissen Verhaltensweisen und Sprechweisen, die ihm im Wege stehen. Ein Mensch, der von sich z. B. sagt, er sei dies und jenes, muß dieses Sein auf Verhaltensweisen beziehen, die an ihm auch von ihm selber zu konstatieren sind, er muß aber zugleich von sich sagen: Insofern sich die menschliche Realität als Zu-Sein dem Resultat getätigten Verhaltens entzieht, bin ich dies nicht. Die Bedeutung von Sein ist in diesem Zusammenhang durch Modifikationen wie Sein-wollen, Sein-können, Nicht-Sein-wollen, Nicht-Sein-dürfen belastet. Man ist geneigt zu sagen, was in einem Zusammenhang dieser Seinsmodi der praktischen Sphäre bestehe, dürfe nicht mittels einer einheitlichen Bedeutung von Sein und ihrer Negation artikuliert werden. Aber Sartre tut dies. Die vorliegende Schwierigkeit verrät sich unter anderem daran, daß eine (angeblich) ontologische Sachlage, die alle Verhaltensmöglichkeiten determinieren sollte, mittels inhaltlicher Begriffe aus dem Umkreis von Verhaltensmöglichkeiten dargestellt wird.

Worin besteht die Einheit von Sein und Nicht-Sein, welche die Unwahrhaftigkeit ermöglicht? Ein Beispiel möge die Antwort auf diese Frage verdeutlichen: wenn ich mich so als Feigling bestimme, daß ich nicht in der Lage bin, mich mit dem Gegenteil von Feigheit als etwas, das sein kann und sein soll, zu identifizieren, dann bin ich nicht feige. Dann bin ich höchstens in demselben Sinn feige, wie ein Tintenfaß eine Eigenschaft hat. In diesem Falle verstoße ich gegen das Für-sich-Sein. Aber es bleibt dabei, daß dies durch das Für-sich-Sein geschieht. Erfasse ich dagegen die Feigheit als etwas, das ich mir zusage, ohne es zu sein, weil ich mich auch anders verhalten kann, dann bin ich nicht feige, selbst wenn ich feige „war". In diesem Spiel mit Sein und Nicht-Sein beruht die Möglichkeit der Unwahrhaftigkeit. „Und diese Welt der Unwahrhaftigkeit, mit der das Subjekt sich plötzlich umgibt, hat als ontologisches Charakteristikum, daß in ihr das Sein ist, was es nicht ist, und nicht ist, was es ist." (Vgl. SN, 118/109.) An dieser Stelle ist endgültig die entscheidende Formel erreicht, mit der Sartre weiterhin arbeitet. Der Zusammenhang, in dem er sie einführt, ist allerdings argumentativ brüchig.

Das Bewußtsein spielt in der Unwahrhaftigkeit ein „Spiegelspiel", ohne daß Lüge und bewußte Täuschung vorlägen. Bewußtsein ist sich zwar seiner Unwahrhaftigkeit bewußt, aber es muß sich, um sie aufrecht halten zu können, vom entschiedenen Sich-überzeugen-Wollen fernhalten, sozusagen entschieden unentschieden bleiben. In der Unwahrhaftigkeit enthüllt sich ein Zerfall im Sein. Für diesen entscheidet sie sich. Diesem Zerfall im eigenen Sein sucht dagegen Vertrauensseligkeit zu entkommen. Sie überspielt ihn, leugnet ihn ab. Aber dadurch wird wiederum der unerreichbare Charakter des An-sich verdeckt. Bewußtsein versucht zum An-sich zu werden, ohne dies zu können.

Im Kapitel über die Unwahrhaftigkeit tritt die Fragwürdigkeit des Versuchs, aus der Beziehung des Für-sich auf das An-sich menschliche Realität zu konstruieren, besonders deutlich hervor. Die Unwahrhaftigkeit ist Flucht vor sich selber als nichtigem Für-sich-Sein; eine Flucht, in der man wechselweise auf Faktizität und Transzendieren ausweichen kann. Sie soll Flucht vor der eigenverantwortlichen Übernahme unserer Seinsweise sein. So gesehen aber, ist sie ethisch negativ charakterisiert und sollte nicht als ontologisch angesetzt werden. Ethisch-existenziell gesehen würde gelten: Unwahrhaftigkeit ist möglich und bedroht jeden Entwurf menschlicher Wirklichkeit, Bewußtsein birgt dies Risiko in sich. Also kann Bewußtsein der Bedrohung entgehen und muß auch in seiner Seinsweise (als „Sein, was es nicht ist, und Nicht-Sein, was es ist") gefaßt werden können, ohne daß Unwahrhaftigkeit oder vertrauensseliges Glauben auftreten.

Der positive, abstrakt-begriffliche Aufweis des Nicht-Seins des Für-sich verläuft über die Begriffe Zeit, Angst, Freiheit. Sartre fixiert seine eigene Auffassung vom Ursprung des Nichts gegen Hegel und Heidegger. Da das Nichts qua Nicht-Sein ein Charakter der Wirklichkeit ist, indem es nichtet und sich daher sich selber verdankt, muß es selber mitten im Sein den Ort seines Ursprungs haben. Da das An-sich-Sein als volle Positivität dafür nicht in Frage kommt, muß aufgewiesen werden, wie es im Menschen aufbricht. Das Nichts zeigt sich am Zusammenhang von Zeitlichkeit, Freiheit und Angst. Aus ihm erhellt, was in der Tradition das Wesen des Menschen genannt worden ist.

Sartre geht von der Annahme der Welt als eines Gesamtzusammenhangs von Seiendem aus, in dem immer nur Seiendes aus Seiendem hervorgehen kann. In Anbetracht seiner vermag ein Mensch sich außerhalb zu stellen, indem er sich nicht als im Gesamtzusammenhang des Seienden determiniert nimmt. Diese Möglichkeit des Menschen, sich aus dem Zusammenhang des Seienden in ein jenseitiges Nichts an Seiendem zurückzuziehen, trägt im Anschluß an Descartes und die Stoiker den Namen Freiheit. Freiheit macht das Sein des Menschen aus, „insofern es die Erscheinung des Nichts bedingt". (Vgl. SN, 65/61.) Auch an der menschlichen Zeitlichkeit läßt sich der Einbruch des Nichts ersehen. Aufeinanderfolgende Zustände determinieren sich im Falle des Menschen nicht. Zwischen jedem Vergangenen und jedem Gegenwärtigen hat ein Einschnitt statt. Dieser ereignet sich, insoweit ich Negiertheiten benutze, z. B. um Seiendes denkend zu bestimmen – denn dies besagt, daß das Wirkliche in die Möglichkeit des Nichts-Seins gehoben wird –, in einer Gegenwart, in der sich das menschliche Sein von aller Vergangenheit absondert durch ein Nichts. Gegenüber dem (determinierten) Vergangenheitszusammenhang ist die menschliche Realität notwendig durch ihre Freiheit ein Nichts im gegenwärtigen Augenblick. „Es gibt im Seelenleben keinen Augenblick, wo nicht, wenigstens in der Eigenschaft sekundärer Strukturen, verneinende oder befragende Verhaltensweisen erscheinen; und fortwährend erlebt sich das Bewußtsein selbst als Nichtung seiner Vergangenheit." (SN, 70/65)

In der Angst wird dem Menschen seine Freiheit, seine Vergangenheit zu sein und zugleich nicht zu sein, offenbar. Dies zeigt sich, wenn das bewußte Sein sich in seiner Gegenwärtigkeit gegenüber Zukunft und Gegenwart erfaßt, sofern Zukunft und Gegenwart als zeitliche Orte seiner eigenen Möglichkeiten genommen werden. Im Unterschied zur Furcht (als Furcht vor bedrohlichem, aus der Welt begegnendem Transzendentem) ist Angst „ein reflexives Ergreifen des Selbst", in dem ich mich um mich, um meine ungesicherten Möglichkeiten ängstige. In der Furcht läßt sich Tatsachen Rechnung tragen, um mit Gefahren fertig werden zu können. In der Angst ängstigt mich dagegen mein eigenes Möglichsein, das ein durch mich Durchgehalten-sein und ein durch mich Durchgehalten-sein-müssen ist. In ihr steht die Möglichkeit entgegengesetzter Verhaltensweisen offen. Alle werden nur von mir ins Sein gehalten, aber ich selbst bin auch Quelle ihres Nicht-Seins. (Vgl. SN, 73/68; vgl. auch Heidegger SZ, 184ff.)

Im angstvollen Schauder vor dem Abgrund gewahre ich, daß alle meine der Furcht entsprossenen Absicherungen gegen die Gefahr nur mögliche Verhaltensweisen betreffen, die nicht in der Lage sind, mich zu determinieren. So hat sich eine Beziehung zwischen meinem gegenwärtigen und meinem zukünftigen Sein eingestellt. Für sie gilt: „ich *bin* nicht der, der ich sein werde. Zunächst bin ich nicht er, weil mich die Zeit von ihm trennt. Ferner weil, was ich bin, nicht die Grundlage dessen ist, was ich sein werde. Endlich weil überhaupt kein aktuell Daseiendes unumstößlich bestimmen kann, was ich sein werde." (SN, 74/69) So stellt sich die Angst als gleichbedeutend mit der folgenden Zeitlichkeitsstruktur meines Seins heraus: Ich bin in der Angst das Bewußtsein, (im Vorgriff) meine Zukunft zu sein, in der Weise, sie (noch) nicht zu sein. Oder anders formuliert: Ich bin in die Zukunft hinein mich vorwegnehmendes Bewußtsein meines Nicht-Sein-könnens, so daß mein Sein oder Nicht-Sein von einem zukünftigen Ich abhängen, das ich noch nicht aktuell bin und das ich doch schon in der Weise des Vorgriffes bin.

Von der Angst vor der Zukunft als derjenigen meiner Möglichkeiten läßt sich die Angst vor der Vergangenheit unterscheiden, die mich als durch die Vergangenheit nicht determiniertes Wesen betrifft. Die sich durch die Angst bekundende Freiheit drängt sich dem Ich so auf, daß es sein eigenes Freisein immer wieder hervorzubringen hat. Dieser Freiheit gegenüber als einem Sich-auf-seine-noch-nicht-seienden-Möglichkeiten-hin-Transzendieren sinkt jede Gegenwart in die Vergangenheit ab und sedimentiert sich in ihr. Dem menschlichen Gewesen-sein gehören die Motive zu, auf die sich Freiheit und Angst nicht berufen können, die sie vielmehr als Verstellungen beurteilen müssen. Das Bewußtsein als freies kann nicht sein Motiv sein, da es aufgrund seines Nicht-Seins inhaltsleeres Seinsbewußtsein ist. Im Zusammenhang von Gegenwart, Freiheit und Zukunft steht das Sein des Bewußtseins in der Alternative von Sein-können und Nicht-Sein-können aus. Demgegenüber ist alles, was durch den Menschen gewesen ist, zu seinem Wesen geworden, d.h. es ist erfaßbar, weil es zum Gewesenen geworden ist. „Das Wesen ist alles das, was die menschliche Realität an sich selbst ergreift, als *gewesen seiend*. Und hier erscheint die Angst als Erfassen des Selbst, insofern das Selbst, als die Weise eines fortwährenden Entrissenseins von dem, was ist, existiert ...“ (SN, 78/72f.)

Sofern ich in meinen Akten unmittelbar dem, was durch mich sein soll, hingegeben bin, kann mich die Angst nicht ergreifen. Ich bleibe in die Welt verwickelt durch meine durchlebten Intentionen. Meine Möglichkeiten tauchen nicht als Möglichkeiten auf. Meine Freiheit, dies alles, wodurch ich mich bestimme, zu unterlassen, wird niedergehalten. Sie bricht erst auf der Ebene der Reflexion, auf der meine Möglichkeiten sich in der Angst melden, hervor. „Auf diese Art und Weise schließt das, was man die alltägliche Moralität nennen könnte, die ethische Angst aus. Ethische Angst tritt auf, wenn ich mich in meinem Urzusammenhang mit den Werten betrachte. Diese sind nämlich Forderungen, die eine Begründung verlangen. Aber diese Begründung kann auf keinen Fall das *Sein* sein, denn jeder Wert, der seine ideale Wesenheit auf sein Sein gründete, würde gerade deswegen aufhören, Wert zu sein, und würde die Heteronomie des Willens real setzen. Der Wert leitet sein Sein aus seiner Forderung her und nicht seine Forderung aus seinem Sein.“ (SN, 81/75f.)

Es ist zu prüfen, wie Sartre den Weltaufbau von der geschilderten Basis als einer Widerspruchseinheit von Sein und Nicht-Sein aus durchsichtig zu machen und dadurch seine phänomenologische Denkweise zu rechtfertigen vermag.

2. *Der Mensch als soziales Wesen*

a. Der Andere als objektivierender Blick

Die bisherigen Analysen waren insofern vorbereitend und abstrakt, als sie die eigentlichen Strukturen, aus denen sich die menschliche Welt aufbaut, welche für Sartre *die* Welt ausmacht, noch nicht erreicht haben. Die Welt dieses Sinnes gründet im Phänomen des Anderen. Die Bestimmtheit durch den Anderen ist ein ursprüngliches faktisch-ontologisches Moment des Für-sich. Ausschließlicher als bei Heidegger ist sie das eigentliche Weltbildungsmoment; d. h. durch sie wird (individuelles) Bewußtsein Mitglied einer (menschlich-gemeinschaftlichen) Welt, ohne daß einem freien Einzelwesen als solchem ein Selbstbezug und in ihm ein Bezug zum Absoluten gewahrt bliebe, das weder ein Für-sich noch ein An-sich noch ein das Für-sich objektivierender Anderer wäre. Für ‚Das Sein und das Nichts' ist charakteristisch, daß der ontologisch grundlegende Bezug von Für-sich und Anderem in eine negative Dialektik von Für-sich-Sein und An-sich-Sein, die zum Objekt-Sein des Für-sich-Seins führt, eingespannt wird. Es wird sich zeigen, welche Konsequenzen das für die sozial- und geschichtsphilosophischen Anliegen Sartres hat, die zwar schon in ‚Das Sein und das Nichts' virulent sind, aber denen hier begrifflich nicht Rechnung getragen werden kann. Daß die durch den Blick des Anderen bestimmte zwischenmenschliche Sphäre nur in einem euphemistischen Sinne eine einheitliche Welt genannt werden kann, weil sie in individuelles Für-sich-Sein auseinanderzufallen droht, sei am Rande vermerkt.

Das ein Für-sich-Seiendes betreffende Für-Andere-Sein ist ein Wesenszug des Seins des nicht-setzenden Bewußtseins. Es findet sich durch ihn betroffen und zugleich bedroht. Diese Bestimmtheit ist eine mich in meinem präreflexiven Sein betreffende durch mich selber angeeignete Abhängigkeit, die meine Ursprünglichkeit negiert. (Vgl. dazu Thiel *1987,* 450ff.)

Sartre weist auf die neuzeitliche Problematik des Solipsismus hin und setzt sich mit Husserls, Hegels und Heideggers Deutung des Anderen auseinander. Es ist ein schwerwiegender Mangel der philosophischen Tradition gewesen, daß sie aufgrund ihres Ansatzes beim transzendentalen (Einzel-)Subjekt und beim Selbstbewußtsein das Problem der Fremdexistenz auf der Ebene des Erkennens angesetzt hat, daß ein reflektierendes Ich prüft, ob der Andere ein gleichgeartetes Ich ist. Im Gegenzug gegen eine solche Art Vergewisserung muß vermieden werden, daß die Fremdexistenz nur als Wahrscheinlichkeit zugestanden wird, wie es geschieht, wenn sie relativ gesetzt wird auf unmittelbare Erfahrungen, die sich bestätigen und entkräften können. Solch ein mittelbarer Zugang zum Anderen leistet nicht das, worauf es Sartre ankommt. „Wenn ... der Andere mir nicht unmittelbar gegenwärtig ist und wenn seine Existenz nicht ebenso sicher ist wie meine, so ist jede Vermutung über sie völlig bar jeden Sinnes. Aber ich vermute ja die Fremdexistenz gar nicht: ich bejahe sie. Eine Theorie der Fremdexistenz muß mich also einfach in meinem Sein befragen, und muß vor allem – ... – die Grundlage dieser Gewißheit explizit machen.“ (SN, 335 f./308) Der Andere muß also im präreflexiven cogito aufgespürt werden. Das Für-sich muß das Sein des Anderen bezeugen, indem es sich in der Weise des Nicht-Setzens als durch den Anderen bestimmt erfährt.

Bekanntlich führt Sartre die Wirkmächtigkeit des Anderen über das Für-sich mittels des Blicks ein. Ein Für-sich erfährt sich, indem es angeblickt wird, als vom Anderen gesehen; von jenem Anderen, den es selber sieht. Indem ein Für-sich den Anderen sieht, ereignet es sich also – gemäß der antitranszendentalen Wendung Sartres –, daß es sich selber durch das Gesehen-werden in seinem eigenen Sein bestimmt weiß, ohne selber bezüglich des Anderen eine konstitutive Leistung zu vollbringen. Sartre setzt ein solches Ereignis des Erblickt-werdens gegen das Wahrnehmen ab, das nur zu einer Auffassung eines Blick-Objektes in der Welt fähig ist. Durch das Erblicktwerden werde ich dagegen auf mich verwiesen; z.B. als verletzlich. Diese Erfahrungen brauchen nicht einmal aktuell stattzufinden. Das Für-sich-Sein wird durch sie schon in der Möglichkeitssphäre betroffen.

Als präreflexives cogito bin ich in Situation. Nehmen wir als Ausgangspunkt z.B. eine Situation, in der ich eifersüchtig bin – im Sinne Sartres; nämlich so, daß eifersüchtig zu sein besagt: sein, was man nicht ist, und nicht sein, was man ist. Dieses In-Situation-Sein ist als nichtthematisch, als unmittelbar vollzugsganzheitlich gemeint. Ihm kommt also keinerlei Sein qua Objektiviertheit zu. Werde ich so situiert, treten wesentliche Veränderungen in der Struktur des Für-sich auf. Erst an diesem Punkt gibt es in Sartres Philosophie ein dem Bewußtsein gegebenes Ich, also ein Ich-Objekt, das gleichwohl mit dem präreflexiven cogito identifiziert ist. – Durch dieses? – Das geschieht, sofern ein Ich sich als Objekt für Andere findet, d.h. sofern es sich als noch nicht objektiviertes, nur durchlebtes Für-sich-Sein ohnmächtig entglitten ist. In diesem Geschehen finde ich meine Grundlage außerhalb meiner selbst – im Anderen. Dies entdeckt sich mir z.B., indem ich mich in einer Situation der Eifersucht schäme. Ich schäme mich zwar über mich; aber darin liegt die Anerkennung der Tatsache, daß ich jenes Objekt bin, das der Andere erblickt und beurteilt. Das besagt: „Ich kann mich nur über meine Freiheit schämen, insofern sie mir entgeht und ein *gegebenes* Objekt wird." (SN, 348/319) Durch solche Ereignisse wird die Welt des Menschen als eine Sphäre, für die der Bezug von als Für-sich interpretierten Wesen auf andere solche Wesen konstitutiv ist, „geschaffen".

Erläutern wir dieses Ereignis noch ein wenig weiter. Dem Für-sich widerfährt eine Objektivierung, indem es durch den Anderen erblickt wird. Das Resultat der Objektivierung entzieht sich meiner Freiheit, die im Nicht-Sein dessen, was ich bin, wurzelt. Diese Art von Objekt-Sein verschuldet sich nicht dem An-sich, sondern der durch das Erblickt-werden in mich einbrechenden Freiheit des Anderen, gegen das ich ohnmächtig bin. Es wird das nichtende Entweichen des Für-sich durch den Anderen zur Erstarrung gebracht. Meine Transzendenz geht durch den Anderen verloren. Sie wird zu einer transzendierten-objektivierten. (Vgl. SN, 350/320f.) Durch die Existenz des Anderen ereignet sich eine Art unverschuldeter Sündenfall des freien Für-sich-Seins, indem es sich nämlich aufgrund ihrer wie ein durch Natur bestimmtes Bewußtseinswesen erfährt. Die Natur, von der hier die Rede ist, ist die vom Ich mit sich identifizierte Außenseite seiner selbst, von der gilt: Das präreflexive cogito ist in die Natur übergegangen und weiß um *die* Natur, in die es transzendiert ist, als selbig mit dem cogito. Meine eigenen

Möglichkeiten lerne ich dadurch von außen in Objektiviertheit kennen. Ich finde mich, indem ich mich vom Anderen her sehe, z. B. selber als ein Zeug und Mittel im Zeugzusammenhang und als Ding im Dingzusammenhang vor. So ist der Andere der Tod meiner Freiheit.

Indem der Blick des Anderen mich erschüttert wie ein Stoß, durch den ich aus einem absoluten Bezugszentrum zu einem Naturding unter anderen herabgesetzt werde, werden mir meine Möglichkeiten entfremdet. Sie sind zu Wahrscheinlichkeiten geworden, mit denen der Andere kalkulieren kann. Ich bin nicht länger Herr der Situation. (Vgl. SN, 353/323 f.) Es wächst mir Gleichzeitigkeit mit Anderen zu, weil ich als erblickt mit dem Anderen zusammen anwesend bin. Unter dieser Voraussetzung bin ich Gegenstand von (wertenden) Urteilen anderer. Sofern Urteile „transzendentale Akte eines freien Wesens“ sind, bin ich in ihnen ein „wehrloses“ vergegenständlichtes Wesen für eine fremde Freiheit, ich bin zum Knecht geworden.

Sartre ist von seinem Konstruktionsprinzip der Einheit von Sein und Nicht-Sein her genötigt, das Für-Andere-Sein oder Objekt-Sein als ein verwandeltes Bewußtsein im Sinne eines Nicht-für-sich-Seins zu setzen; „es ist ein von mir durch ein unübersteigbares Nichts geschiedenes Ich, denn ich *bin* dieses Ich, aber ich bin nicht dieses Nichts, das mich von mir trennt ... Mein Für-Andere-Sein ist ein Sturz durch die absolute Leere hindurch auf die Gegenständlichkeit zu“ (SN, 364/334); auf diejenige Gegenständlichkeit zu, die ich selber als Objekt-Ich bin. Da zwischen den so Unterschiedenen durch so etwas wie ein Ich Selbigkeit gewahrt wird, übergreift diese die Negation, indem sie Identifiziertheit von ursprünglichem cogito und durch den Anderen objektiviertem, mundanem Ich besagt, die trotz der auslösenden Rolle des Anderen, durch das Bewußtsein selber getätigt sein muß. Übergreift in diesem Falle nicht synthetische Selbigkeit die Nichtung qua Objektivierung und Entfremdung des ursprünglichen Bewußtseins? Das würde bedeuten, daß Seinsselbigkeit sich dem Nicht-Sein überordnet. Diese Konsequenz ist nicht im Sinne der Konstruktionsmethode Sartres, aber kann er ihr entgehen? In seiner späteren Philosophie hat Sartre sich nicht mehr mit solchen ontologischen Problemen belastet.

Die vorgetragenen abstrakten Bestimmungen können Sartre zufolge als Explikationen von Erfahrungen gelesen werden, die jedermann vertraut sind. Sie explizieren z. B. den phänomenologisch-ontologischen Gehalt von Gefühlen wie Furcht, Stolz, Scham, die in der zwischenmenschlichen Sphäre das Leben von Individuen beherrschen. Ihre phänomenologische Deskription durch Scheler und Heidegger differiert von der Sartres. Auch die Intentionalitätsformel Husserls läßt eine Abweichung von Sartre in der Erfassung derartiger Gefühle zu, obwohl Sartre sie wie selbstverständlich in seinem Sinne benutzt. Sie ist bei ihm allerdings von vornherein nicht gegenständlich orientiert, sondern an der Seinsweise eines Wesens ausgerichtet, das durch andere seinesgleichen zu einem Menschen unter anderen in der Welt wird. Mit dieser Konzeption steht Sartre Heidegger näher als Husserl. Schelers Situierung des Emotionalen zwischen triebhafter Vitalität und personaler Geistigkeit entstammt älteren Denkweisen, die trotz Schelers Ansatz bei der Intentionalität keinen unmittelbaren Vergleich zulassen mit den anderen Phänomenologien. Es ist also im Falle der Gefühle keineswegs so, daß die Sachen selber als ihrem Sein nach eindeutig bestimmte und beschreibbare den Ausschlag geben für das, was die Methode sehen läßt. Sartres methodische Grundformel verdeckt den Blick für manches, anderes verfälscht sie, einiges, und zwar Wesentliches, macht sie aber auch sichtbar. Aber sieht man die Sachlage so, dann verwässert man den universellen ontologischen Anspruch Sartres zugunsten einer phänomenologischen Offenheit, die keine Sachdifferenzen sichernde methodische Bestimmtheit mehr besagt.

In der neuzeitlichen Bewußtseinsphilosophie – und sie ist es vor allem, die sich das Problem des Anderen als meinesgleichen aufgelastet hat – ist das alter ego nie in einer solchen zwiespältigen, mit der Ursprünglichkeit und Freiheit des Ich unverträglichen und dennoch zum Aufbau der Welt qua Menschenwelt unerläßlichen Weise interpretiert worden wie bei Sartre. Sie hat trotz ihres cartesischen Rückgangs auf das Selbstbewußtsein das Problem des Anderen eindeutig dem Aufbau einer gemeinsamen und solidarischen Menschenwelt eingeordnet. Eine Sozial- und eine Moralphilosophie, sofern sie auf eine positiv verfaßte Einheit des Einzelnen und der Vielen abzielen, lassen sich von einer Welt aus, die so strukturiert ist wie diejenige in Sartres phänomenologischer Ontologie, nicht aufbauen. Das wird durch Sartres folgende Lehre von der Freiheit zwar pathetisch verdeckt und ist nicht im Sinne des späteren Sartre, aber die Freiheitskonzeption von ‚Das Sein und das Nichts' kann diese Unverträglichkeit nicht eskamotieren.

b. Formen des „Wir"

Indem das Ich sich durch den Blick des Anderen objektiviert findet, ergeben sich zwei Möglichkeiten. Es kann sich der ihm fremden Freiheit des Anderen anpassen. Das geschieht in so differenten Phänomen wie Liebe, Sprache und Masochismus. Es vermag sich aber auch aktiv-aggressiv gegen die Freiheit des Anderen zu verhalten und diese zu objektivieren. Diese Negation der Freiheit des Anderen zeigt sich in Indifferenz, Begierde, Haß und Sadismus. Zwischen diesen beiden Möglichkeiten vermag ein Ich keinen bleibenden Halt finden, der sein Leben in einer gemeinschaftlichen Welt rechtfertigen könnte. Es hat keine andere Chance, als seine Freiheit zugunsten des Anderen preiszugeben oder die Freiheit des Anderen zugunsten seiner eigenen zu negieren. In diesen sich als ausschließlich gerierenden Beziehungen zum Anderen gibt es für ein Ich nur Scheitern. Es wird allerdings von Sartre die Möglichkeit angedeutet, daß es aus dem Taumelzustand zwischen den beiden Grundhaltungen zum Anderen aufgrund einer radikalen Umkehr „eine Erlösung" geben könne. (Vgl. SN, 527/484.)

Sartres anschließende Diskussion des Mitseins und des Wir bringt eine solche „Heilsmoral" allerdings nicht ins Spiel. Sie siedelt Gemeinsamkeit einerseits in der Objekt-Wir-Sphäre an, in der die Wir-Gesamtheit in analoger Weise wie im individuellen Fall durch einen auf sie von außen blickenden Anderen objektiviert und sich entfremdet worden ist. Andererseits läßt sie ein Subjekt-Wir entstehen, das aber als eine anonyme Sphäre der Selbstvergessenheit gefaßt und im Anschluß an das „Man" Heideggers beschrieben wird. Die Erfahrung des Subjekt-Wir erfolgt erst auf der Basis des „ursprünglichen Innewerdens des Anderen". Dieses aber hängt von den oben erwähnten Mechanismen ab. Im Subjekt-Wir liegt keine Lösung für das mit der transzendierten Transzendenz des Für-Andere-Seins aufgebrochene Problem. „Vergeblich würde man nach einem menschlichen Wir verlangen, in welchem die intersubjektive Ganzheit sich ihrer selbst als einer einsgewordenen Subjektivität bewußt würde." (SN, 546/501) Derartiges hat den Charakter einer Träumerei oder eines Ideals.

Zwischen dem Objekt-Wir und dem Subjekt-Wir besteht keine Symmetrie. Das Objekt-Wir bringt sich als eine reale Seinsdimension zur Erfahrung, das Subjekt-Wir bleibt eine nur psychologische Erfahrung, die von Menschen gemacht wird, die in einer bestimmten geschichtlich-ökonomischen Welt leben. Diese Erfahrung setzt voraus, daß sich die Existenz des Anderen schon enthüllt hat – als meine Objektiviertheit. Es bleibt ‚Sein und Nichts' zufolge für alle möglichen Beziehungen zum Anderen die ontologische Voraussetzung in Kraft: entweder den Anderen zu transzendieren oder sich von ihm transzendieren zu lassen. Aus dieser Alternative kann nur ein tödlicher Konflikt resultieren. (Vgl. Theunissen *1965*, 156ff.)

Sartres Versuch, die menschliche Realität in der Welt durch die Auswirkung des objektivierenden Blicks auf das Für-sich-Sein hervorgehen zu lassen, ist strikt genommen weder ontologisch noch ethisch, obwohl sich beide Gesichtspunkte in ihm finden. Schon an dieser Stelle des Werks mutet manches am ehesten psychoanalytisch an. Aber es ist die Frage offen, ob die Grundlagen der Psychoanalyse mit denen der Ontologie und der Ethik zusammenpassen. Diese sich aufdrängenden Bedenken verstärken den Verdacht, den der existenziell-psychoanalytische Schluß des Werkes erregt, daß es für Sartre eigentlich gar nicht auf den aus der deutschen Phänomenologie übernommenen philosophischen Radikalcharakter des Weltaufbaus vom Sein des Bewußtseins her ankommt, der eine bestimmt geartete philosophische Begrifflichkeit und Darstellungsweise notwendig macht.

Die Unaufrichtigkeit und die Objektivierung durch den Anderen sind eng mit der Leiblichkeit des Menschen verknüpft. Sartre thematisiert den Leib allerdings erst nach der Analyse der ontologischen Auswirkung des Anderen auf das Für-sich-Sein. Das ist insofern berechtigt, als das Leibliche im zwischenmenschlichen Verhalten zwar ein notwendiger Durchgang ist, aber in vielen Belangen unthematisch bleibt. Ohne leibliche Vermittlung finden die durch den Anderen ausgelösten Objektivierungsprozesse jedoch nicht statt.

3. Freiheit als Voraussetzung und Ziel der menschlichen Realität

Freiheit ist das zentrale Thema der Sartreschen Philosophie wie seines Werkes überhaupt. Die phänomenologische Ontologie von ‚Das Sein und das Nichts' kulminiert daher im Thema der Freiheit. Sie wird aus der leitenden Entgegensetzung von Sein und Nichts bestimmt. Eine scharfe Scheidung von Ontologie und praktischer Philosophie ergibt sich für Sartre nicht, da aufgrund der Einigung von Sein und Nichts im Für-sich die Menschen schlechthin zum Wählen und Handeln genötigt sind, so daß Wählen und Handeln keinen spezifischen Unterschied innerhalb der menschlichen Realität auszumachen scheinen. Werden Wählen und Handeln so genommen, reichen sie noch nicht aus zum Aufbau einer praktischen Philosophie als einer auf Sozialität und Geschichte bezogenen Disziplin, weil sie primär alles menschliche Verhalten als nicht näher bestimmtes und daher beliebiges Individuelles in den Blick treten lassen – wie schon oft bemerkt worden ist. Die Einseitigkeit der Sartreschen Freiheitsanalyse ändert nichts daran, daß durch sie manche Phänomene der menschlichen Realität in einer bislang unbekannten Weise erhellt worden sind.

Sartres Ausgang vom Modell des Intentionalen, um die Struktureigentümlichkeit des Handelns zu klären, geht über im engeren Sinne phänomenologisch deskriptiv erhebbare Charakteristika wie Motiv und Ziel hinaus zur phänomenologisch-ontologischen Grundlage. Zielsetzung des Handelns ist demnach Nichtung einer seienden Gegenwart und in Anbetracht dieser Gegenwart, deren Seinsmangel das Ziel aufdeckt, ist das vorentworfene Ziel ebenfalls ein Nichts. Freiheit hat dieses doppelte Nicht-Sein zur Bedingung, um nicht ihrer selbst durch Motivierungen u. ä. verlustig zu gehen. Dies ist die ontologische Charakterisierung der Seinsweise (oder Nichtseinsweise) der Freiheit. Sofern Freiheit aber auf zielgerichtete Veränderung oder Herstellung von etwas aus ist, muß sie auch ethisch geschichtsphilosophisch u. ä. bestimmt werden können, damit ihr Unterschied zu einem Oppositum, gegen das sie sich realisiert, Unfreiheit nämlich, sichtbar werden kann. Die Prüfung, ob Freiheit ontologisch universell und einsinnig genommen mit der inhaltlichen Bestimmtheit des aus ihr fließenden Entscheidens, Wählens und Handelns verträglich ist, ist eine Nagelprobe für die Konsistenz der Sartreschen Freiheitslehre. Besagt freies Handeln ein Überschreiten des Spielraums desjenigen, das als Vorgegebenes mich bestimmt, so daß ich erst entscheidend, handelnd zu dem Wesen werde, das sich seiner Selbstbestimmung verdankt? Oder bin ich meiner Seinsweise nach frei, so daß alle meine Verhaltungen, auch ein passives Hinnehmen des Lebens, von meiner Freiheit zeugen? Will man diese Undeutlichkeit in der Rede von der Freiheit vermeiden, so muß man gewisse Unterscheidungen treffen.

Es heißt bei Sartre: „Als *Faktum* der Freiheit zu existieren und ein Seiendes inmitten der Welt sein müssen, ist ein und dasselbe und bedeutet, daß die Freiheit ursprünglich *Bezug zum Gegebenen* ist.“ (SN, 616/576) Man möchte folgern: Also muß durch Freiheit der Bezug zum Gegebenen so gewahrt werden, daß sie sich gegenüber dem Gegebenen betätigt und bewährt. Indem Freiheit das Gegebene distanziert und im erreichten Ziel aufs Gegebene zurückkommt, hat sie Gegebenes durchdrungen und kehrt so ins Sein als durch sie bestimmtes zurück. So gesehen ergäbe sich eine Einheit von gegebenem Sein, Freisein, aufgegebenem Sein-Sollen und aus Freiheit realisiertem Sein, die insgesamt eine Seinsstruktur darstellte und in der es daher nur bestimmte, ins Sein einbehaltene Nichtungen gäbe. In einem solchen Zusammenhang ließe sich nicht mehr in radikaler Weise von der Unterscheidung Sein und Nichts Gebrauch machen, weil Freiheit von einer umfassenden Seinsbedeutung umgriffen wäre. Sartre folgt in einigen Ausführungen einer solchen Sicht, hält aber insgesamt an der Entgegensetzung von Sein und Nichts fest, um die Freiheit durch Seinsnichtung zu definieren.

„Die Freiheit ist Entrinnen einem Eingesetztsein in das Sein, sie ist Nichtung eines Seins, das sie *ist.*" (SN, 616/566) Von der Freiheit kann also Sein insofern nicht gesagt werden, als sie sich durch dessen von ihr getätigte Nichtung vollbringt. Diese Seinsnichtung ist zweifach. Sie betrifft dasjenige Sein, aus dem sie aufbricht, und sie selbst. Freiheit findet sich als doppelte Nichtung im Seinsplenum der Welt. Dadurch ist entschieden, daß ihr das Gegebene nur im Lichte eines durch ihre Nichtung getätigten Nichts erscheinen kann, dem seinerseits vom gewählten Ziel her eine inhaltliche Bestimmtheit zugehört, die aus dem „Nichts der Idealität" ins Sein gebracht werden soll. Sartre nennt den kontingenten, abhängigen Ausgangspunkt der Freiheit und ihren Bezug auf diese Situation. (Vgl. SN, 616ff./566ff.) Die Situation konkretisiert sich als mein Platz, mein Leib, meine Vergangenheit und grundlegend durch die Beziehungen, in denen ich zu den

Anderen stehe. Alle diese Faktoren gehören zusammen. Die Situation ist in der Freiheit auf Möglichkeiten hin, die das Ich zu sein hat, überstiegen. In diesem Überstieg ist Natur als bloße Natur zurückgelassen, da es in ihm um Seinsmöglichkeiten des Für-sich geht: „es gibt Freiheit nur in *Situation,* und es gibt Situation nur durch Freiheit. Die menschliche Realität trifft überall auf Widerstände, die sie nicht geschaffen hat; aber diese Widerstände und Hindernisse haben Sinn nur in der und durch die freie Wahl, die die menschliche Realität *ist.*" (SN, 619f./569f.) Noch bevor ich irgendwie Stellung nehmen kann, muß ich frei sein, weil frei zu sein dies Können bedingt. (Vgl. Danto *1986,* 139f.)

In einer solchen ontologischen Bedeutung von Freisein liegt nur, daß für ein freies Wesen die Welt in eine gewisse Potentialität hineingetaucht sein muß, damit seine Vermöglichkeit herausgefordert wird. Läßt sich seine Vermöglichkeit aber herausfordern, so tut sich dadurch ein Unterschied zwischen ihr und sich realisierender Freiheit auf. Und innerhalb dieser Differenz gewinnt die Rede vom Frei-sein diejenige Bedeutung, die besagt, frei ist man nur als getätigtes Resultat, das einer entgegengesetzten Möglichkeit abgerungen ist – wobei das Unterschiedene ein Sein qua Sein-können im ontologischen Sinn voraussetzt. Diese Andeutung eines Zusammenhangs, der in ‚Das Sein und das Nichts' zu kurz kommt, mag dazu dienen, auf zwei von Sartre nicht deutlich unterschiedene Bedeutungen der Rede von Freiheit aufmerksam zu machen.

Wenn Freiheit ontologisch nehmen heißt, sie indifferent sein lassen gegen mögliche Situationen, Entscheidungen und Zielsetzungen, dann beherrscht sie alle menschlichen Unfreiheiten und alle menschlichen Selbstauffassungen von substantieller Fortdauer, von einem Charakter

z. B., genauso wie die frei getätigte Herbeiführung von Handlungsentwürfen. In diesem Sinne besagt Freiheit nicht nur, eine Situation zu verändern, sondern auch eine Situation zu akzeptieren, d. h. sich durch sie ohne eigene Stellungnahme als seiend bestimmen zu lassen. In dem oben angedeuteten Bestimmungssystem ist das gleichbedeutend damit, das eigene Seinkönnen nicht zu ergreifen und deswegen nicht zu werden, was man der Möglichkeit nach ist – d. h. sein kann und evtl. sein soll. Sartres Begrifflichkeit zufolge liegt hier ein das eigene Nicht-Sein verfehlendes Verhalten vor, durch das man sich zu An-sich-Seiendem macht und das der ontologischen Grundstruktur gemäß erfolgt. Aber mit ihr ist im Falle der Freiheit nicht mehr auszukommen. Es müßten in sie die Seinsmodi des Seinkönnens und Seinsollens eingeführt werden. Das läßt sich im Rahmen der methodischen Konstruktionsformel von ‚Das Sein und das Nichts' nicht bewerkstelligen. Daher nehmen sich viele Ausführungen Sartres zur Freiheit mißlich aus.

Eine Veranschaulichung der handlungsirrelevanten ontologischen Universalität der Freiheit und ihrer Indifferenz gegenüber allen möglichen Zuständen sei an einem bekannten Satz aus ‚Das Sein und das Nichts' angeknüpft. „Bin ich es nicht, der über den Feindseligkeitscharakter der Dinge und bis in ihre Unberechenbarkeit hinein dadurch entscheide, daß ich über mich entscheide? Also gibt es in einem Leben keine *bösen Zufälle*; ... wenn ich in einem Kriege einberufen werde, ist dieser Krieg *mein* Krieg, weil ich jederzeit mich ihm hätte entziehen können, durch Selbstmord oder Fahnenflucht: diese äußersten Möglichkeiten sind diejenigen, die uns immer gegenwärtig sein müssen, wenn es darum geht, eine Situation ins Auge zu fassen. Da ich mich ihm nicht entzogen habe, habe ich ihn *gewählt* ...“ (SN, 697/639) Und warum sollte ich ihn nicht gewählt haben? Es gibt von der ontologischen Freiheitsbasis her nur Wahlverhalten. Von ihr aus gesehen ist der Unterschied, der sich in Sartres Satz andeutet, daß gegen den Krieg gewählt werden müßte, nicht machbar. Daß eine solche Sicht der Sachlage nicht im Sinne Sartres ist, zeigt sich deutlich in anderen Sätzen. Es heißt z. B.: „Aber das Ziel des Für-sich, so wie es in dem Entwurf erlebt und verfolgt wird, durch den es das Reale überschreitet und begründet, enthüllt sich dem Für-sich in seiner Konkretheit als eine besondere Veränderung der Situation, in der es lebt (seine Ketten zerbrechen, König der Franken sein, Polen befreien, für das Proletariat kämpfen).“ (SN, 693/636)

Geht Sartre die Möglichkeit einer Unterscheidung zwischen bestimmten Freiheitsmöglichkeiten und Situationen einerseits und einem universellen Zustand des Frei-Seins von jedermann als einer Voraussetzung für ein Frei-Sein aufgrund von Wählen und Handeln verloren? Heidegger hat der Nötigung, eine solche Unterscheidung einzuführen, mittels seines Begriffspaares Uneigentlichkeit und Eigentlichkeit Rechnung getragen. In Sartres Werk lassen sich unterscheiden: 1) ontologische Freiheit, 2) Freiheit als Freisein-können in Situationen, in denen man sich kontingent fremdbestimmt vorfindet, 3) getätigte, realisierte Freiheit. Freiheit im Sinne von 2) und 3) bleiben in ‚Das Sein und das Nichts‘ unterbelichtet, da die phänomenologisch-ontologische Begrifflichkeit dominiert. Sofern diese hintergründig stets gegen die Annahme eines Gottes gerichtet ist, ist diese Akzentuierung konsequent. Aber sie reicht nicht aus, um einen positiven Begriff von praktisch relevanter Freiheit zu formulieren. Konsequent rückt der auf Freiheit zurückweisende Begriff der Verantwortung in die Position eines Absolutum, so daß jeder Mensch jederzeit für den ganzen Weltzustand verantwortlich ist. Weil jede zu einer Handlung führende Wahl grundlos ist, ist sie – im Ganzen des Bezugs von An-sich und Für-sich gesehen – absurd.

4. Die existentielle Psychoanalyse als Konsequenz der phänomenologischen Ontologie

Sartre führt die phänomenologische Ontologie zu ihrem Ende, indem er den Übergang zur methodisch selbständigen existentiellen Psychoanalyse vollzieht. Diese faßt individuelle Seinsentwürfe ins Auge, die das Leben eines Menschen in allen seinen Einzeläußerungen durchdringen. Personen organisieren sich aufgrund einer getroffenen Grundwahl zu Totalitäten. Diese Sicht ihres Gegenstandes unterscheidet die existentielle Psychoanalyse von jener Psychologie, die im Rückgang auf einzelne Begierden als Eigenschaften seelisches Leben erklärt.

Konkretem-vereinzeltem Verhalten kann ein Für-sich nicht entgehen, allerdings hat es dieses jederzeit auch schon transzendiert. Das ereignet sich z.B., wenn ich mich in ein konkretes „projectum" wie das des Kahnfahrens hineinbegebe. In solchen Alltäglichkeiten drückt sich der das Ganze meines Seins betreffende Entwurf – „unter besonderen Umständen" – aus. Da das Individuelle sich aus empirischen Zusammenhängen aufbaut, muß aus ihnen der Grundentwurf einer Person erhoben werden können. „Deshalb muß eine besondere Methode es sich zur Aufgabe machen, jene grundlegende Bedeutung herauszuschälen, die der Entwurf enthält und die nichts anderes sein kann als das individuelle Geheimnis seines In-der-Welt-Seins." (SN, 709/651) In dieser Weise konkretisiert Sartre schließlich die Grundbegrifflichkeit seiner phänomenologischen Ontologie; denn ein derartiger

Entwurf ist nichts anderes als ein solcher eines Für-sich, dem es um sein Sein geht. (Vgl. Danto *1986*, 140ff.) Der Seinsentwurf resultiert aus dem Mangel, der Begierde, dem Trieb zu sein. Möglichkeiten und Werte suchen ein Für-sich notwendig so heim, daß es sie ins Sein setzen muß – eben weil es Seinsmangel ist. Sofern die Freiheit eins ist mit dem Seinsmangel, ist ihre Tätigung damit identisch, daß sich ein Individuum in einem Seinsentwurf hält. Jeder Seinsentwurf ist nichts anderes als sich vollziehende Freiheit – auch wenn das Individuum in Fremdbestimmtheit ersticken sollte.

Die ontologischen Voraussetzungen der existentiellen Psychoanalyse sollten in allen Begierden – als die ein Individuum existiert – enthalten sein. Nur durch sie hindurch läßt sich der Seinsentwurf erfassen. Durch diese Endthese steht Sartre im Gegensatz zu Husserl, Heidegger und Scheler, die alle irgendwie an der Bedeutsamkeit der Triebüberlegenheit des Menschen (aufgrund von Erkenntnis, eigentlichem Existieren, geistgelenktem Wollen) festgehalten haben. Die Erhebung des Menschen über seine (als schlechtes Sein interpretierte) praktische Sinnlichkeit ist bekanntlich ein Grundzug der abendländischen Philosophie überhaupt. Die ihm zugrundeliegende Unterscheidung, die mit der Auszeichnung der philosophischen Seinserkenntnis zusammenhängt, ist von Sartre preisgegeben, indem er Freiheit, Seinsmangel und Begierde in eine Bedeutungsebene rückt und die philosophische Erkenntnis, wie sich am Ende von ‚Das Sein und das Nichts' ergibt, zugunsten der Psychoanalyse depotenziert. Die Destruktion der philosophischen Erkenntnis als einer Leistung, die den Menschen über sich erhebt, indem er sich in ihr z. B. durch das Sein oder die Vernunft bestimmt, zeigt sich in krasser Weise in Sartres Interpretation der Erkenntnis als begierlicher Aneignung.

Jeder menschliche Seinsentwurf lebt sich in den Kategorien des Handelns, Habens und Seins dar. Wesentlicher als das transitorische Handeln sind nach Sartre die Weisen des Aneignens und die durch Aneignung erreichten Zustände. Die Begierde-zu-haben ist die Grundbestimmtheit der menschlichen Realität. Durch sie vollzieht sich die aufgrund des Seinsmangels begehrte Bereicherung des Für-sich mit Welthaftem, mit An-sich-Seiendem.

Sartre versucht alle wesentlichen menschlichen Verhaltensmöglichkeiten vom aneignenden Begehren her zu interpretieren: so z.B. auch künstlerisches Schaffen und Spielen. Das geht nicht ohne Gewalttätigkeiten ab. Alles Aneignen ist wesentlich von symbolischer Art. In ihm verleibt sich das Für-sich An-sich-Seiendes ein, um in ihm sein eigenes An-sich-Sein zu gewinnen. Diese ontologische Charakterisierung konkretisiert sich in der existentiellen Psychoanalyse folgendermaßen: Im Begehren versuche ich zu dem begehrten anzueignenden Gegenstand in eine Seinsbeziehung zu gelangen. Diese kann sich nur der Eigenart des Für-sich verdanken. Begehrend will man Zweck der Existenz des Begehrten sein. Man will sich selber im Besessenen spiegeln, sein eigenes Sein darin wiederfinden – wie ein Schöpfer in seiner Schöpfung. (Vgl. SN, 739ff./678ff.) In diesem Sinne ist die Aneignung ein ideales Symbol meiner ontologischen Nötigung, das An-sich-Sein in der Gestalt der Welt in mich einzubeziehen, indem ich die das An-sich umgreifende Beziehung von Für-sich und An-sich werde, um ein An-sich-für-sich zu sein.

Die Weltaneignung ist in jeder Begierde streng individuell. Begehren besagt, dies oder jenes Konkrete und Einzelne zu verlangen, und darin ist bereits Weltaneignung angelegt, da das Für-sich eine an konkret Begehrenswertes gebundene Totalisierungsbewegung ist. In dieser Weise sorgt Sartre (auch) dafür, daß die menschliche Realität in ihren Seinsentwurf keine Universalien und Ideen „einschmuggelt"; denn: „Das Sein des Für-sich ist ein individuelles Abenteuer, und die Wahl ist notwendig die individuelle Wahl, konkret zu sein." (SN, 750/688) Jeder Einzelne hat also frei sein eigenes Sein zu wählen. Und dies kann in unendlichen Weisen des Habens und Seins geschehen. Zu diesem Zielpunkt führt die phänomenologische Ontologie. Ihre allgemeine Begrifflichkeit ist daher als auf Vereinzelung und Individualisierung hin orientiert zu lesen.

Seinsentwürfe als Geheimnisse des individuellen In-der-Welt-Seins lassen sich in einer bestimmten Art von Biographik am angemessensten erfassen. Sartre selber hat in Arbeiten zu Mallarmé, Baudelaire, Genet und Flaubert Muster dessen, was eine existentielle Psychoanalyse zu leisten vermag, vorgelegt. In der Praxis der biographischen Analyse verknüpft Sartre das Individuelle und den Zeitgeist, in dem es sich entfaltet, so daß die Individualgeschichte mit einem Stück der Weltgeschichte zusammenrückt. Eine derartige biographische Forschung soll eine Fortsetzung des philosophischen Geschäftes mit anderen, wesentlicheren, weil wirksameren Mitteln sein, welche die Adressaten des schreibenden Engagements – nämlich die Menschen in ihren jeweiligen Lebensverhältnissen – unmittelbarer erreichen. Das literarische Werk Sartres reiht sich in diese Gesamtkonzeption ein, die Sartre selber im Alter folgendermaßen skizziert hat: „Ich betrachte die Philosophie heute dennoch als die Einheit dessen, was ich tue, das heißt, wenn Sie so wollen, die einzige Einheit, von der bei meinen verschiedenen Büchern aus den verschiedenen Epochen gesprochen werden kann, ist die philosophische Einheit. Sie sind alle auf dasselbe Zentrum ausgerichtet oder, wenn Sie lieber wollen, von demselben Gehäuse umgeben, nämlich von meiner Philosophie der Epoche." (Astruc/Contat (Mitarb.) *1978*, 30)

Trotz der empirisch-triebmäßigen Konkretisierung des Für-sich in seinem Seinsentwurf hält Sartre daran fest, daß die Begierde als Seinsmangel, radikal genommen, auf Gottwerdung abzielt, daß sie am idealen Ziel eines An-und-für-sich ausgerichtet bleibt, das ihr nicht als Erfüllung zuteil werden kann, da die Selbstgenügsamkeit eines An-und-für-sich die Seinsweise von Mangel und Begierde zerstören würde. Die auf die Einheit einer Welt gehende Totalisierung des Begehrens ist in ‚Das Sein und das Nichts' nicht ohne den Rückhalt an einer göttlichen Selbstgenügsamkeitsvorstellung zu fassen. Durch diese gegen die onto-theologische Tradition revoltierende These schließt Sartre Anfang und Ende seines Werkes zusammen. Menschliche Wirklichkeit ist Leidenschaft zur Aneignung der Welt als Ganzheit des An-sich-Seins, um der eigenen Seinskontingenz zu entgehen. Ihr entgeht das Für-sich aber letztlich nur in der Vernichtung durch das An-sich, das als grundloses von Kontingenz frei ist. „Die Leidenschaft ist somit die Umkehrung der Leidenschaft des Christus, denn der Mensch richtet sich als Mensch zugrunde, damit Gott entstehe. Aber die Idee Gottes ist widerspruchsvoll, und wir richten uns umsonst zugrunde; der Mensch ist eine nutzlose Leidenschaft." (SN, 770/708) Sartre hat später diesen theologischen Hintergrund seines Werkes als eine bloße, erledigte Voraussetzung unthematisch werden lassen. Der Gefahr der Sinnlosigkeit menschlichen Treibens aber hat er durch eine politisch-sozial relevante Theorie und durch ein entsprechendes Engagement als Intellektueller vorgebeugt. (Vgl. zum Gottesthema Hasenhüttl *1972*.)

Es besteht für Sartre nach der Produktion von ‚Das

Sein und das Nichts' eine Nötigung, in einer neuen Denkweise fortzufahren, zu der eine andere als die phänomenologisch-ontologische Methodik gehört.

Die sozialen und menschheitlichen Interessen brechen sich im Werk Sartres bereits ihre Bahn, bevor er zu einer ihnen adäquaten philosophischen Begrifflichkeit gefunden hat. Sie werden teilweise noch mit existenzphilosophischen Begriffen artikuliert. Es werden Anleihen bei einem noch nicht systematisch angeeigneten Marxismus gemacht, dessen engagierter Anhänger Sartre von jetzt an bleiben wird. In dem programmatischen, weltanschaulich-aggressiven Essay ‚Ist der Existentialismus ein Humanismus?' aus dem Jahre 1946 spricht sich die Sartresche Philosophie der Existenz gegen das Christentum und den orthodoxen Marxismus schon als eine Lehre aus, welche die Befreiung der Menschheit in einem auch politischen Sinn anvisiert.

In dem aus 1946 stammenden und in der Zeitschrift ‚Les temps modernes' erschienenen Essay ‚Materialismus und Revolution' hebt Sartre eine genuin marxistische Philosophie gegen den marxistisch-materialistischen Mythus ab. Er rechtfertigt die Philosophie als Anleitung zum politisch-revolutionären Handeln. Erkennen und sozial relevantes gemeinschaftliches Handeln bilden eine Einheit. Gegen die in der Gesellschaft Wirklichkeit gewordene Unterdrückung richtet sich die revolutionäre Bewegung, deren Wirklichkeit im gemeinsamen Kampf besteht, für den mit individuellen, frei getätigten Lebensentwürfen nichts getan ist. Nur ein Erkenntnisgebilde, das in sich diese Einheit mit der Praxis bewahrt, verdient den Titel Philosophie. Die auf das Einzelwesen konzentrierte Phänomenologie des frühen Hauptwerkes rückt jetzt in eine sozial-kritische Perspektive, aus der sie als bürgerlich-individualistisch gebrandmarkt wird, so daß seine phänomenologisch-ontologische Radikalität von Sartre selber nicht mehr positiv gewürdigt wird. (Vgl. z.B. Sartre *1971 b*, 98 ff.)[8]

[8] Sartre benötigt, nachdem er sich durch ‚Das Sein und das Nichts' „ausgeleert" fühlt, neue Anreize durch die Ideen des Materialismus und des Marxismus, ehe er zu einer materialistischen Geschichtsdialektik und einer Moralphilosophie fortschreiten kann. (Vgl. Sartre *1983*.) Aus dieser Retrospektive rücken ‚Das Sein und das Nichts' und seine phänomenologischen Quellen in den Anschein eines subjektivistischen, ungeschichtlichen Idealismus. (Vgl. Astruc/Contat (Mitarb.) *1978*, 51, 63 f.)

IV. Merleau-Pontys Phänomenologie des der Welt inkarnierten Daseins

Das Gesamtwerk Merleau-Pontys läßt sich im Unterschied zu demjenigen Sartres mit größerem Recht als phänomenologisch benennen. Der Grund dafür liegt nicht ausschließlich darin, daß Merleau-Ponty bis zu seinem Lebensende fruchtbar aus Husserlschen Textquellen geschöpft hat, sondern daß er seine eigene Weise zu philosophieren in seinem maßgebenden Hauptwerk, der ‚Phänomenologie der Wahrnehmung', als phänomenologisch bestimmt. Aber auch bei ihm tritt die Bezeichnung Phänomenologie im Laufe seiner Entwicklung stärker in den Hintergrund.

Die philosophische Entwicklung Merleau-Pontys läßt sich nicht wie die Sartres durch zwei große Werke sehr verschiedenen Charakters gliedern. Zwar sind die Entwicklungsdifferenzen von den dreißiger und vierziger zu den fünfziger Jahren beträchtlich, aber sie verlaufen weniger deutlich sichtbar und bedeuten keine radikale Verwandlung der Methodik. Das spätere Werk Merleau-Pontys ist nicht so breit dokumentiert wie diejenige Position, die in den beiden Büchern ‚Die Struktur des Verhaltens' und die ‚Phänomenologie der Wahrnehmung" ihre Ausprägung gefunden hat. Im Spätwerk zeichnen sich Linien ab, aber seine systematische Durchführung ist durch den frühen Tod Merleau-Pontys verhindert worden. Das politische Engagement und die Auseinandersetzung mit der politischen Aktualität, besonders des Kommunismus und Marxismus, sind auch für Merleau-Ponty wichtig gewesen, besonders in den vierziger Jahren, aber derartiges hat das Zentrum seines philosophischen Suchens nicht endgültig in Beschlag genommen.

Merleau-Pontys eigenes Philosophieren faßt Fuß, indem es eine tiefgreifende Krise als Resultat der neuzeitlichen Entwicklung von Philosophie und Wissenschaft diagnostiziert. Es steht wissenschaftlicher Objektivismus und Naturalismus gegen Bewußtsein, das sich seiner auf dem Wege der Reflexion als Für-sich-Sein vergewissert hat. Die Kritik des cogito-sum, die dazu nötigt, den Bewußtseinsbegriff der kontinentalen Philosophie als ontologischen Grundbegriff preiszugeben, trennt Merleau-Ponty seit seinen Anfängen von Husserl und Sartre, ohne daß er deswegen, etwa im Anschluß an Heidegger, auf eine Verstehenslehre eingeschwenkt wäre. Mit diesen Stellungnahmen ist die Problemsituation Merleau-Pontys vorgezeichnet. Da zugleich die objektivierende wissenschaftliche Außenperspektive für das Philosophieren ausscheidet, sind Lebens- und Welteigentümlichkeiten als grundlegend zu suchen, die bisher von der Bewußtseinsphilosophie wie von der objektivierenden Wissenschaft nicht angemessen gesichtet worden sind. Das aber ist der Fall gewesen, weil sie in der Wissenschaftskultur Europas als Selbstverständlichkeiten übersehen worden sind.

Merleau-Ponty macht sich auf den Weg einer Umbildung der Philosophie. Er hält der Tradition vor, das Seiende philosophisch oder wissenschaftlich in jeweiligen Erkenntnisabzielungen entstellt zu haben. Es gilt, das Nicht-Philosophische unverfälscht ins Philosophieren einzubeziehen. Das wissenschaftlich Erkannte, sofern es sich nicht objektivierender Wissenschaftlichkeit verdankt, ist eine wichtige Informationsquelle für die Philosophie. Phänomenologische Deskriptionen, in denen keine Vorentscheidungen zugunsten der Bewußtseinsphilosophie getroffen sind, sind ebenfalls eine Quelle, aus der die Philosophie schöpfen kann. Merleau-Ponty hat in der Phänomenologie Husserls diese ihre Seite gesucht und gegen ihren transzendentalen Charakter ausgespielt.

Es läßt sich gegen Merleau-Pontys Sicht der Sachlage – wenn man scharfe Entgegensetzungen bevorzugt – bemerken, daß Husserls Philosophie insgesamt Bewußtseinsphilosophie ist; d.h. daß sie die mundane Lebenssphäre als eine dem transzendentalen Bewußtsein gemäß verfaßte konzipieren muß, damit sie aus dem Blickpunkt des Transzendentalen ihrem Sein gemäß als konstituiert erkannt werden kann. In der Phänomenologie Husserls ist, so gesehen, Bewußtsein etwas dem Sein der Welt Korrespondierendes. Wahrnehmen und Leiblichkeit müssen daher in ihr als Wahrnehmungs- und Leibbewußtsein interpretiert werden. Es ist für eine Transzendentalphilosophie, die dadurch definiert ist, das nichttranszendental Subjektive und Objektive aus dem Subjektiven bestimmen zu müssen, konsequent, daß sie einen universalen Bewußtseinsbegriff konzipiert, welcher die Welt übergreift. Bevor Merleau-Ponty in der ‚Phänomenologie der Wahrnehmung' sich von der transzendentalen Bewußtseinsphilosophie distanziert, hat er sich selber ihre Möglichkeit noch offen gehalten. Sofern derartige transzendentalphilosophische Konsequenzen bei Husserl nicht ergriffen sind oder nicht ergriffen zu sein scheinen, eignet sich Merleau-Ponty das Werk Husserls später positiv an, als Hilfe für sein eigenes Vorhaben.

Bereits 1938 hatte Merleau-Ponty sein erstes, 1942 erschienenes, großes Werk ‚Die Struktur des Verhaltens' abgeschlossen. Ihm folgte 1945 sein berühmtestes Buch, die ‚Phänomenologie der Wahrnehmung', in das die Früchte eines Husserl-Studiums eingegangen sind.

Ab 1945 hat Merleau-Ponty mit Sartre in der Edition

der Zeitschrift ,Les temps modernes' zusammen gearbeitet. Das politisch aktuelle Hauptthema dieser Jahre ist der Streit um Existentialismus und Marxismus. Kampfgenossenschaft und kritische Distanzierung wechseln sich in der Zusammenarbeit mit Sartre ab. Die unterschiedlichen Einstellungen zur kommunistischen Politik führen schließlich zum endgültigen Bruch. In dem 1955 erschienenen Buch ,Die Abenteuer der Dialektik' rechnet Merleau-Ponty mit dem Totalitarismus und dem politischen Messianismus ab. Die Trennung von Sartre war jetzt unvermeidbar geworden.

Inzwischen haben neuartige ontologische Themen die Aufmerksamkeit Merleau-Pontys auf sich gezogen, von denen wir aus den wenigen Publikationen der fünfziger Jahre wissen. Die Humanwissenschaften absorbieren viel Arbeitskraft. Die moderne Linguistik und die Psychoanalyse sind philosophisch relevant. Auch der Strukturalismus rückt ins Blickfeld. 1959 hält Merleau-Ponty eine Husserl-Vorlesung. Es erscheint 1960 ein Essay-Band unter dem Titel ,Signes'. Vom späteren Denkweg Merleau-Pontys zeugt vor allem das 1964 postum erschienene Werk ,Le visible et l'invisible', das zu einem Sein befremdlichen Sinnes einkehrt, indem es eine dem Bewußtsein vorgelagerte Sphäre der Lebens- und Welteinheit aufdeckt.

Merleau-Ponty hat das Ziel seines Suchens die „dritte Dimension" genannt. Um diese dritte Dimension kreisen seine beiden Hauptwerke. Sie soll ein Milieu darstellen, „wo unsere Aktivität und unsere Passivität, unsere Autonomie und unsere Abhängigkeit einander nicht mehr widersprechen" (Merleau-Ponty: ,Titres et Travaux' in: Geraets *1971,* 36f.; Übers. d. Verf.).

In Anlehnung an gewisse Wissenschaften nähert sich Merleau-Ponty der gegenständlichen Seite der gesuchten

Dimension mit den Begriffen Gestalt, Struktur und ihrer subjektiven Seite mit Begriffen wie Verhalten und Sinn. Er sucht sich so einem ursprünglichen einheitlichen Zusammenhang zu nähern, der sich ganzheitlich ausgerichteter Organisation verdankt und in dem die Trennung nach Existenz als Ding und Existenz als Bewußtsein noch nicht vorliegt. Ein solcher Ansatz ist von den Voraussetzungen des Existenzdenkens zu unterscheiden. Denn das Existenzdenken gründet sich im Selbstbezug und steckt seinen Themenumkreis durch die Seinsmöglichkeiten des Existierenden, dem es um sein Sein geht, ab. Das spezifisch Existentielle würde z. B. nicht auf das lebendige Verhalten von Organismen ihrer Umwelt gegenüber passen. Auch das bloße menschliche Wahrnehmen, seine Angewiesenheit auf eine sinnliche Umwelt und eine Organisation dieser Umwelt, weisen nichts spezifisch Existentielles auf. Gleichwohl scheint es nach Merleau-Ponty zulässig zu sein, auf derartiges den Begriff Existenz anzuwenden. Sein Existenzbegriff ist nicht so eng und spezifisch wie der Heideggers und Sartres.

Waldenfels hat die methodische Differenz zwischen den beiden Werken ‚Die Struktur des Verhaltens' und ‚Phänomenologie der Wahrnehmung' durch den verschiedenartigen Zugangsweg zur ursprünglichen Dimension der Einheit von Lebensvollzug, Weltbezug und Welt gekennzeichnet. ‚Die Struktur des Verhaltens' geht demnach den Weg vom äußeren organismischen Leben und seiner Beschreibung durch eine ganzheitlich orientierte objektive Wissenschaft zu Eigentümlichkeiten des Bewußtseinslebens. Die ‚Phänomenologie der Wahrnehmung' setzt dagegen von der aus der Innenperspektive erlebten menschlichen Wahrnehmungserfahrung an. (Vgl. Waldenfels *1983*, 160.) Diese Unterscheidung macht auf jeden Fall deutlich, daß im Werk Merleau-Pontys vom

Ansatz her eine gewisse Einheit vorliegt, die sich nach verschiedenen Richtungen explizieren läßt und Untersuchungen komplementärer Art erforderlich macht. Dem reflexiven Rückgang ins Subjekt, wie er für Husserl und Sartre wesentlich ist, mutet Merleau-Ponty von vornherein keine Grundlegungskraft für die Philosophie zu. D. h. auch: Er verzichtet anders als Husserl auf das Ideal der Erkenntnissicherung in einer ausgezeichneten Gewißheit und Evidenz.

1. ‚Die Struktur des Verhaltens'

a. Verhaltensstrukturen und ihre Ordnungen

In seinem ersten großen Werk ‚Die Struktur des Verhaltens' geht Merleau-Ponty mittels des Begriffs Verhalten hinter den Unterschied von Bewußtsein und Natur zurück. Verhalten in einem für phänomenologische Zwecke brauchbaren Sinn darf nicht behavioristisch objektiviert verstanden werden. Es muß die subjektive Seite des Sinnes in sich tragen, auch wenn damit noch nichts über Sinn als Korrelat eines intentionalen Bewußtseins – also über ein hochstufiges Spezifikum – ausgemacht ist. Abgewiesen ist durch den Ansatz beim ganzheitlichen Verhalten jeder Erklärungsversuch mittels eines elementaristisch-atomistischen Modells. Auch lineare Kausalerklärungen sind dem Verhalten gegenüber unangemessen.

In den empirischen Wissenschaften finden sich Muster für Verhalten. Verhalten ist auf verschiedenen Ebenen am Werk. Es läßt sich bereits zuunterst am Reflexverhalten zeigen, wie einseitige wissenschaftliche Theorien mechanistischer oder assoziationistischer Art scheitern. Besonders an Verhaltensstörungen läßt sich der strukturierende, ganzheitlich fungierende Charakter des Organismischen aufzeigen. Umstellungen und Ersatzleistungen zeigen, wie der Organismus sich aktiv im Gleichgewicht erhält. So ist z. B. Lernen wesentlich ein Lernen von Fähigkeiten, die in die Lage versetzen, eine Umwelt zu bewältigen. „Sofern die Welt Lebewesen beherbergt, ist sie nicht mehr bloß eine Materie voller nebeneinandergeordneter Teile, sie höhlt sich aus (…) an der Stelle, wo Verhalten auftritt … Die Bewegungen des Verhaltens, die Intentionen, die es in dem Raum rings um das Tier einzeichnet, meinen nicht die wahre Welt oder das reine Sein, sondern das Sein-für-das-Tier, d. h. eine Umwelt, die für die Art charakteristisch ist …“ (SV, 141/136)

Merleau-Ponty betont, daß das Verhalten, so wie es sich der Wahrnehmung darbietet, für den Intellekt „undurchsichtig“ ist. Sicherlich bringt eine reflexive Rückwendung auf das cogito uns dem Verständnis des Verhaltens nicht näher, aber das ändert nichts an der Zugänglichkeit des Verhaltens für eine angemessene Begrifflichkeit, die z. B. diejenigen Beziehungen, in denen das Verhalten besteht, beschreibt. Besteht das Verhalten deswegen nicht an sich – weil ein Beziehungsgefüge kein in sich ruhendes Ding ist, sondern Verwandtschaft mit Bewußtsein und Denken hat?

Nachdem Merleau-Ponty die Strukturen von Verhalten auf einem elementaren Niveau, auf dem es naturwissenschaftlich-biologisch behandelt zu werden pflegt, geklärt und mittels des Gestaltbegriffes fixiert hat, vertieft er die ihm vorliegenden psychologischen Lehren von der Gestalt und weitet sie zu einer umfassenden philosophischen Konzeption aus. Er unterscheidet alsdann die physische, vitale und menschliche Ordnung. Die vitale und die menschliche Ordnung lassen keine Reduktion auf die physische Gestaltsphäre zu. Sie erfordern eine ihnen jeweils angemessene Begrifflichkeit, wenn ihnen im Erkennen angemessen Rechnung getragen werden soll. Überkommene Einheitsphilosophien, die sich daran erkennen lassen, daß ihnen andere universale Philosophien als Gegensatz gegenüberstehen – wie Materialismus – Vitalismus – Spiritualismus –, können daher weder dem gesamten Ordnungszusammenhang noch den einzelnen Ordnungen gerecht werden.

Der Begriff der Gestalt herrscht zwar in jeder Ordnung, aber er erlaubt keine Vereinheitlichung. Die Ganzheiten jeder Ordnung haben je ihren eigenen Sinn, der nicht durch eindeutig übergreifende Begriffe nivelliert werden darf. Gestalt verwirklicht sich in Materie, Leben und Geist in ungleichartiger Weise. Materie, Leben und Geist bilden unterschiedliche Integrationsstufen des Seienden. In den Stufen deutet sich eine Hierarchie an, welche auf eine wachsende Ausbildung der Individualität abzuzielen scheint. (Vgl. SV, 151/143.) Werfen wir einen kurzen Blick auf die gestalthafte Ordnung der außermenschlichen Realität, ehe wir uns der für Merleau-Ponty im Zentrum stehenden menschlichen Welt zuwenden.

Schon in der physischen Welt haben Gestalten die Eigenart, nicht in „Realitätsbegriffen", sondern nur „vom Wahrnehmen eines Ganzen" aus gefaßt werden zu können. Sofern die Physik sich durch die Wahrnehmungsgegebenheiten und den Wahrnehmungsraum hindurch Zugang zum physikalisch bestimmten Gegenstand verschafft, sind Gestalten für sie wesentlich. Mit dem Organischen tritt ein entscheidender Fortgang in der Reihe der Gestaltbildungen auf. Ein Organismus ist ein System, das sich selber im Gleichgewicht hält, weil sein Gleichgewicht von „virtuellen" Bedingungen abhängt – nämlich von solchen, die durch es selber in die Wirklichkeit eingeführt sind – indem es außerhalb seiner Grenzen wirkt und sich seine eigene Umwelt bildet. (Vgl. SV, 167/157f.) Merleau-Ponty bezeichnet in der ‚Struktur des Verhaltens' die durch organismische Wirksamkeit hergestellte Einigung zwischen Organismus und Umwelt als dialektisch.

Die traditionelle Bewußtseinsphilosophie und -psychologie ist unfähig, das Bewußtsein in Handlung und Arbeit zu verwurzeln. Die Folge ist gewesen, daß sie ihre Objekte zu Denkobjekten modifiziert hat. Eine angemessene Analyse menschlichen Wahrnehmens kann dazu beitragen, dies zu verhindern. Die Wahrnehmung muß zu diesem Zweck als Moment in der dialektischen Bewegung eines Subjekts in seiner Gesamtstruktur thematisiert werden. In diesem Zusammenhang ist die Wahrnehmung primär auf Menschliches und nicht auf Dinghaftes bezogen. Insgesamt determiniert sich unmittelbar vollzogenes Wahrnehmen daher durch Handlungsbezug in einem sozialen Kontext. So ist es z.B. möglich, daß einem Kind andere Wesen zunächst als Pole von Angst und Begierde gegeben sind, ehe die Deutungsleistung zustande kommt, durch die das Andere als durch Vorstellungen vermittelter Gegenstand begegnet.

Merleau-Ponty kommt es in seinem Frühwerk, wie angedeutet, darauf an, die menschliche Ordnungssphäre unter die Bestimmung Bewußtsein zu bringen. Aber dem Wahrnehmen kann der traditionelle am Denken orientierte Bewußtseinsbegriff nicht gerecht werden. Auf der anderen Seite ist das menschliche Wahrnehmen vom Ursprung an vom Gestalt-gebundenen Wahrnehmungsverhalten der Tiere unterschieden. Die Art und Weise, wie z.B. im Wahrnehmen sich Existenz ans Licht bringt, ist spezifisch menschlich. Sie ist relativ auf ein Wahrnehmen als „gelebtes Bewußtsein". Dieses aber ist durch die Fähigkeit, eine neu strukturierte Welt aufzubauen, ausgezeichnet. Die menschliche Dialektik ist im Unterschied zur tierisch-organismischen doppeldeutig: Sie bringt soziale und kulturelle Strukturen hervor, in die sie sich einpaßt. Gleichzeitig aber übersteigt sie dasjenige, worin sie sich findet und hält. Und innerhalb dieses dialektischen Prozesses spielt die Erkenntnis eine wesentliche Rolle. „An die Stelle der Erfahrung einer unmittelbaren Realität tritt die Erkenntnis einer Wahrheit. Der Mensch ist ein Wesen, das es vermag, die ‚Widerstands'- und Reaktionszentren seiner Umwelt, die das Tier allein hat und in die es ekstatisch aufgeht, zu ‚Gegenständen' zu erheben. Doch die Erkenntnis einer Welt ist schon vorgebildet im Wahrnehmungserlebnis, so wie die Negation aller Umwelten vorgebildet ist in der Arbeit, die sie hervorbringt." (SV, 202/190f.; man vgl. ähnliche Lehren Schelers.)

Jede höhere Ordnung wahrt einen Rückbezug auf die ihr vorausgehende. Diese ist jener partiell als einem übergeordneten Ganzen zugehörig und verliert in dem neuartigen Ganzen die relative Autonomie, die sie, für sich genommen, hat. Ihr Eigentümliches nimmt in der höheren Ordnung neue Bedeutung an. So sind tierischer und menschlicher Leib, unangesehen ihrer selbigen Bedeutung in der Ordnung des Vitalen in naturwissenschaftlicher Sicht, in ihrer jeweiligen Ordnung von verschiedenartiger Bedeutung. Die funktionelle Differenz ist im letzteren Fall entscheidend dafür, was der Leib jeweils ist. Entsprechendes gilt für den Geist. Es ist eine umgreifende neue Einheitsform, die alle übrigen Einheitsformen in einer spezifischen Weise in sich einbezieht.

b. Bewußtsein als Erlebnisfluß und als Ort der Bedeutungen

Merleau-Pontys Versuch, das intellektuelle Bewußtsein in seinen Weltentwurf einzubeziehen, macht Schwierigkeiten. Auf sie sei aus der Bewußtseinsretrospektive des Werks ein Blick geworfen. Der Zusammenhang zwischen dem Bewußtsein als einem begrenzten, fundierten Typ von Verhalten im Reich der Gestalten und dem Bewußtsein als Ort der Ideen, in dem sich alle Ordnungen und Verhaltenstypen darstellen, kommt im vierten, abschließenden Abschnitt der ‚Struktur des Verhaltens' zur Sprache. (Vgl. SV, 210f./199.)

Bisher scheint aufgrund des dialektischen Bezuges von Organismus und Umwelt folgende philosophische Interpretationsmöglichkeit offenzustehen. Der Organismus darf weder reduktiv als Produkt der äußeren materiellen Natur betrachtet noch darf ihm eine Lebenskraft unterstellt werden. Er ist vielmehr ein sich durch sich selber in einer Ordnung verwirklichendes Sinnganzes, ein „bedeutsames Ganzes" (ensemble significatif). Merleau-Ponty scheint hier gelegentlich einem objektiven Idealismus nicht fern zu stehen. (Vgl. z.B. SV, 182f./172f.) Rückgriffe auf Hegels Konzeption einer geistbestimmten Natur verstärken diesen Eindruck. Es fehlt allerdings eine umfassende Konzeption, um eine solche Bestimmung des Naturhaften rechtfertigen zu können. Mittels des zur Verfügung stehenden Bewußtseinsbegriffes läßt sie sich nicht leisten.

Merleau-Ponty greift wiederum das Wahrnehmen als Orientierungsphänomen auf. In bezug auf es werden verschiedene philosophische Positionen wie Realismus und Transzendentalismus diskutiert. Die perspektivisch Welt erschließende Leistung des Wahrnehmens ist zwar im

Anschluß an Husserl als leibhaftig selbst-gebend gefaßt, und damit als kausal von den Dingen her unerklärbar, aber sie wird zugleich der transzendental subjektiven Identifizierbarkeit entzogen, denn sie bietet auch dem Realismus die Möglichkeit, sie von Ereignissen zwischen Dinglichem her zu bestimmen. Wird diese Möglichkeit ergriffen und die Wahrnehmung kausal gedeutet, so wird sie in die Natur eingefügt und verliert ihren ursprünglichen Charakter als gelebtes Wahrnehmungsbewußtsein (von Natur). Der Naturalisierung der Wahrnehmung tritt die Objektivierung durch das Bewußtsein qua Ich-denke zur Seite. Das Ich-sehe-das-Ding verfälscht sich zu einem Ich-denke-das-Ding-zu-sehen. Gegen naheliegende transzendentalphilosophische und geistphilosophische Konsequenzen hält Merleau-Ponty an der dialektischen Doppeldeutigkeit (ambiguïté) des gestalthaft Existierenden fest. Die Doppeldeutigkeit ist in der Struktur verankert. Über sie vermag die Idee der Bedeutung nicht Herr zu werden. (Vgl. zu diesem bleibenden Grundthema Merleau-Pontys Waelhens *1951 a.*)

Die verschiedenartigen Gestaltungssphären sind zwar alle in der höchsten, geistigen Sphäre integriert, aber diese Integration macht sie nicht abhängig von einem absoluten Bewußtsein. Sie behalten ihre von einem solchen Bewußtsein unabhängige Leistungseigenart. Bewußtsein insgesamt muß in eins naturierende und konstituierende Leistungen vollziehen. Dem naturierenden Bewußtsein gehören Leib und Dinge/Natur als Korrelate an. Es gehört als Teil in die Welt hinein – für ein konstituierendes universelles Bewußtsein. Von ihm her sieht die Sachlage folgendermaßen aus: „Das kritizistische Denken drängt das Problem der Leib-Seele-Beziehungen allmählich zurück, indem es zeigt, daß wir es nie mit einem Körper an sich zu tun haben, sondern immer nur mit einem Körper für ein Bewußtsein, … für uns dagegen erfährt das Bewußtsein in jedem Augenblick sein Verhaftetsein an einen Organismus, denn es handelt sich nicht um ein Verhaftetsein an materielle Apparate, die in der Tat nur *Objekte* für das Bewußtsein sein können, sondern um die Tatsache, daß dem Bewußtsein seine eigene Geschichte und die dialektischen Etappen, die es zurückgelegt hat, gegenwärtig sind." (SV, 241/224 f.) So ist für die Seele der Leib das „Mittel", durch das sie sich verwirklicht. Erst in der Desintegration löst sich diese Einheit auf. Philosophisch entscheidend ist in der ‚Struktur des Verhaltens', daß das Wahrnehmungserfahrungsbewußtsein für die ontologischen Strukturen fundierend bleibt. Die Sphäre der Ideen und Bedeutungen läßt sich zwar von der der erlebten Existenzen abheben, wie es am Unterschied zwischen Wahrgenommenem und Geometrischem verdeutlicht werden kann, der Übergang erfolgt aber in einer Richtung, indem nämlich gelebte Beziehungen in Bedeutungen verwandelt werden. Es sind also zu unterscheiden das Wahrnehmungsbewußtsein als Fluß individueller Ereignisse, das mit ontologischen Weltstrukturen lebensmäßig verbunden ist, und das Bewußtsein als ein Gewebe ideeller Bedeutungen. Lassen sich diese beiden Arten von Bewußtsein vereinigen?

In der ‚Struktur des Verhaltens' hält Merleau-Ponty an einem transzendentalen Bewußtsein, das kraft aller seiner ideellen Bedeutungen koextensiv mit der Welt ist, fest. Das Wahrnehmungsbewußtsein dagegen bleibt ihm als Funktion des Leibes, der auf Welt-immanente Ereignisse bezogen ist, ein Teil der Welt. Wenn man jedoch das intellektuelle Bedeutungsbewußtsein als letzten Grund der Welt nimmt, so führt kein Weg mehr zum Wahrnehmen als einer innerweltlichen Welt erschließenden Leistung zurück, die sich als Sinn vollzieht und daher nicht realistisch-naturalistisch erfaßt werden kann. Die im Wahrnehmungssinn beschlossenen und erschlossenen Dinge sind jedoch keine Gegenstände im Sinne desjenigen Gegenstandsbegriffes, der einem intellektuellen Bewußtsein entspricht.

Halten wir abschließend fest: Es ist schwierig, das methodisch Eigentümliche der ‚Struktur des Verhaltens' scharf zu fassen. Dialektisch ist der von Merleau-Ponty selber am häufigsten benutzte Ausdruck, um den Aufbau der drei Ordnungen von Gestalten und ihren Zusammenhang zu charakterisieren. Und bevor im Schlußabschnitt ein universeller transzendental-subjektiver Standpunkt bezogen und zugleich problematisch gehalten wird, weist die Dialektik eindeutig das Moment einer Selbstbewegung der Sachen auf, z. B. des Organismus in der Auseinandersetzung mit seiner Umwelt. Auch die spezifisch menschliche Ordnung des Wahrnehmungsbewußtseins ist dialektisch verfaßt. Die verschieden gearteten dialektischen Bewegungen vollbringen Leistungen, die dem universellen transzendentalen Bewußtsein und dessen Erkenntnisansprüchen entzogen bleiben. Das besagt zumindest, daß ein universelles transzendentales Bewußtsein nicht ihr Seinsgrund ist und daß sie nicht von einem Für-sich-Sein aus, das sich durch das Nichts vom An-sich getrennt hat, verstanden werden können. So gesehen kann ‚Die Struktur des Verhaltens' nicht als ein phänomenologisches Werk im Sinne Husserls oder Sartres charakterisiert werden. Da aber Merleau-Ponty der dialektischen Eigenart der verschiedenen Ordnungen, die eine Relativierung auf Bewußtsein nicht zulassen, zum Trotz, den Versuch nicht aufgibt, den Aufbau der Welt gemäß dialektisch bewegten Strukturen in irreduziblen Ordnungen auf Bewußtsein als universelles Milieu zu beziehen – um die Einheit der Welt philosophisch zu sichern –, erweckt das Werk den Eindruck, als vermischten sich in ihm zwei verschiedene Darstellungsperspektiven: die einer geistig objektiven Naturdialektik, welche das Wahrnehmungsbewußtsein einschließt, und die einer transzendental-subjektiven Relativierung der Natur, die aber weder von Husserlscher noch von Sartrescher Art ist; denn das kritizistisch gewonnene letzte Bewußtsein vermag nicht für die Strukturen und die sie erhaltenden dialektischen Leistungen aufzukommen. Und in den Ordnungen steht nicht die Realisierung von Möglichkeiten an, in denen es der menschlichen Realität um das, was sie zu sein hat, geht. Es wird also zwar der Anschein erweckt, als sei auf einen umfassenden Bewußtseinsbegriff abgezielt, der dem dialektischen Ordnungsaufbau der Welt gerecht zu werden vermöchte, aber es wird zugleich die Möglichkeit einer konsistenten umfassenden Bewußtseinsphilosophie bestritten. In den folgenden Werken Merleau-Pontys wird diese „Doppeldeutigkeit" durch einen Verzicht auf das intellektuelle Bewußtsein als letzten philosophischen Blickpunkt auf die Welt beseitigt. Das geschieht in der ‚Phänomenologie der Wahrnehmung' im Namen der Phänomenologie. Es wird aber zugleich die Möglichkeit einer objektiven, Geist-orientierten Naturdialektik aus der Hand gegeben zugunsten eines menschlichen Zur-Welt-Seins. Vielleicht lassen sich derart disparate Blickweisen auf das Ganze des Seienden gar nicht systematisch vereinheitlichen. Es läßt sich in Zweifel ziehen, ob die ‚Struktur des Verhaltens' im Sinne einer eindeutigen Methodik als ein phänomenologisches Werk bezeichnet werden kann. (Vgl. Waldenfels *1983*, 158 ff.)

2. Die ‚Phänomenologie der Wahrnehmung'

a. Methodische Grundprobleme

Merleau-Ponty nutzt das der ‚Phänomenologie der Wahrnehmung' beigefügte Vorwort, um seinen methodischen Standpunkt im Anschluß an Husserls Spätphilosophie zu charakterisieren. Einige wesentliche Punkte seien herausgehoben, um der Position Merleau-Pontys in ihrer Eigenart gegenüber derjenigen Husserls schärfere Umrisse zu geben.

Es gilt, zur objektiven Wissenschaft auf Distanz zu gehen. Die Wissenschaft basiert auf der Lebenswelt, zu der eine noch nicht wissenschaftliche Erfahrung den Zugang eröffnet. Die in ihr erschlossene Welt ist zwar dieselbe Welt, von der auch die Wissenschaft handelt, aber in ihr ist die Welt ursprünglich gegeben, ohne objektiviert und naturalisiert zu werden. Dieser Rückgang auf eine subjektive Welterfahrung unterscheidet sich vom neuzeitlichen Rekurs aufs Subjekt qua Ichbewußtsein insofern, als er jede (Selbst-)Reflexion unterbindet und die (daseiende) Welt hinnimmt – so wie sie z. B. in der vorprädikativen Wahrnehmung erfahren wird. Anstatt sich in der reflexiven Selbstvergewisserung zu gründen – die für Husserl immer wesentlich geblieben ist – und also eine Wissensinstanz oberhalb des Menschen-in-der-Welt aufzurichten, wird der Mensch als ein zur-Welt-seiendes Wesen genommen (être-au-monde). (Vgl. die Anmerkung Boehms zum Vorwort der PW, 7/V und Waldenfels *1983*, 210.) Der so gekennzeichneten Welt und der in sie als Lebensmilieu einbehaltenen menschlichen Erfahrung ist die phänomenologische Deskription als Verfahren zugeordnet.

Merleau-Ponty interpretiert die phänomenologische Reduktion Husserls vor dem Hintergrund seiner These von einer fundamentalen präreflexiven Einheit von Leben und Welt und wendet sie gegen jeden transzendentalen Idealismus, der die Welt ihrer Undurchdringlichkeit und Transzendenz entledigt. (Vgl. PW, 8f./Vf.) Eine diese Voraussetzung unterstehende phänomenologische Reduktion läßt es nicht mehr zu, daß die Welt zum Phänomen wird, d.h. daß die Welt aufgrund einer bestimmt gearteten Reflexion ihren Seinssinn verwandelt. Merleau-Ponty sperrt sich gegen diese These Husserls – im Namen des späten Husserl. Er sagt: „Die wichtigste Lehre der Reduktion ist so die der Unmöglichkeit der *vollständigen* Reduktion." Diese Unmöglichkeit besagt, „daß Reflexion radikal nur ist als Bewußtsein der Abhängigkeit ihrer selbst von dem unreflektierten Leben, in dem sie erstlich, ständig und letztlich sich situiert" (PW, 11/VIIIf.).

Diesem Ansatz gemäß versteht Merleau-Ponty Husserls Begriff von Wesen. Es soll vom Dasein in der Weise aufs Wesen zurückgegangen werden, daß der Rückgang ein Mittel bleibt, durch das nur unser „seiendes" Engagement in der Welt enthüllt wird. Indem wir und weil wir existierend uns der Welt zuwerfen und von ihr benommen sind, bedarf es der Distanz, um uns in diesem Geschehen erkennen zu können. So wird die Welt sichtbar wie sie vor aller Blickverstellung (sensualistischer und idealistischer Art) ist.

Es soll offensichtlich die Leistung der Wesenserkenntnis darin liegen, das unreflektierte Sein des Zur-Welt-Seins und seiner Welt als erscheinend zu fassen. Es ist zu fragen, wohin soll der Akzent gelegt werden: auf die dem Sein angemessene Erkenntnisleistung, die im Beschreiben erbracht wird, oder auf die unmittelbar getätigte Leistung der Welterfahrung. Wenn das Letztere der Fall sein sollte, wird das Beschreiben als Erkenntnisleistung gegenüber dem Sein irrelevant und verdient nicht den philosophischen Namen der Wesenserfassung. Wenn dagegen die Wesenserfassung dem Sein entsprechen sollte, so wäre die Welterfahrungsleistung in dem Sinne für die philosophische Erkenntnisleistung irrelevant, als sie unter den Aspekt der Wesenserfassung gerückt und dieser die Seinserfassungsleistung zugesprochen würde.

Die angedeutete methodische Unentschiedenheit zieht sich durch die ‚Phänomenologie der Wahrnehmung' hin. Sie besagt eine Uminterpretation des Wesensbegriffes durch Merleau-Ponty. Durch sie kommt eine gewisse Unschärfe der Darstellung ins Spiel, die sich auf die Doppeldeutigkeit der Sachlage selber berufen kann. Wenn aber die Einheit von Existieren und Welt im Zur-Welt-Sein eine fundamentale Zweideutigkeit für alles Thematisieren mit sich bringen sollte – und das ist die These Merleau-Pontys –, dann besagt das: Die Welt ist nicht angemessen erkennbar auf der Basis der Voraussetzung einer Entsprechung von Logos und On. Also ist auch die Unterscheidung von Wesen und Dasein/Existenz ihr gegenüber unpassend. Indem Merleau-Ponty die ‚Phänomenologie der Wahrnehmung' auf Grundbegriffe der Phänomenologie Husserls zurückbezieht, die als transzendentale Bewußtseinsphilosophie an der Entsprechung von Erkenntnis und Sein festhält, kommt sein Konzept in die Gefahr, sich unangemessen zu artikulieren. Wir werden unsere Prüfung der das Werk durchherrschenden Methodik an diesem Gesichtspunkt ausrichten.

Wahrnehmung ist in der philosophischen Tradition ein Titel, der ein Ungenügen der Sinnlichkeit anzeigt, das Sein des Seienden zugänglich zu machen. Dies geht in der (übersinnlichen) Erkenntnis auf oder wird in ihr bestimmt. Der Begriff des Logos dient unter anderem dem

Zweck, der isolierten Wahrnehmung die Fähigkeit zur Überwindung subjektiver Sinnlichkeit zugunsten der Erkenntnis des Seienden im allgemeinen abzusprechen. Wenn der Wahrnehmung und ihrem Weltzugang eine eigene Art von fundamentalem Logos zugesprochen wird, so wirkt sich diese These auf den Aufbau einer Philosophie aus. Das ist bei Husserl und Merleau-Ponty der Fall. Aber es sollte ein gravierender Unterschied zwischen Husserl und Merleau-Ponty in der Beurteilung des Wahrnehmens nicht übersehen werden. Für Husserl ist natürliches Bewußtsein fundamental sinnliches Bewußtsein, das über seinen eigenen vorlogischen Logos verfügt, wie er z. B. in der Disziplin expliziert wird, die Husserl im Spätwerk im Anschluß an Kant transzendentale Ästhetik nennt. Die Wahrnehmung vermag daher gemäß ihrer spezifischen sinnlichen Struktur eine grundlegende Weltschicht aufzubauen, ohne daß nicht-sinnliches Bewußtsein (der Verstand) zu dieser Leistung herangezogen werden müßte. Aber das schließt höhere kategoriale Weltaufbauleistungen nicht aus, die genauso wie die elementaren der Wahrnehmung in einem anschauenden Erkennen Selbstgegebenheit erreichen, d. h. ihre Seinserfüllung finden. Es ist für Husserl selbstverständlich, daß die Wahrnehmung eine ihr nicht-abnehmbare Art von Weltkonstitution vollbringt; allerdings die Wahrnehmung qua Wahrnehmungsbewußtsein. Es ist für ihn genauso selbstverständlich, daß das Resultat dieser Leistung sich phänomenologisch erkennen läßt. Das intentionale Bewußtseinsleben legt seiner Wesenserfassung in Beschreibung und Reflexion kein grundsätzliches Hindernis in den Weg, da es auf anschauliche Erfüllung seiner Intentionen in der Verfassung des Seienden aus ist, sei diese von sinnlicher oder übersinnlicher Art. Das Wort Sein deutet an, daß eine synthetische Deckung von Erkenntnisintention und erfüllender Anschauung statt haben soll. Phänomenologisch nicht reduzierte Dinge können in eine derartige Entsprechung selbstverständlich nicht eintreten. Das ist bekanntlich der Grund, warum Husserl die Phänomenologie als Philosophie des intentionalen Bewußtseins aufbaut. Durch die Lehre von der Entsprechung von Wahrheit und Sein im Bewußtseinsleben und seiner Erkenntnis ist Husserl der Tradition zugehörig. Diese Doktrin sollte von Merleau-Ponty durch seine These von der Ambiguität eigentlich bestritten werden, denn Zweideutigkeit meint eine sich nicht der Erkenntnis erschließende Einheit von durchlebtem Wahrnehmen und Welt, die es verhindert, daß der Titel Sein ein Korrespondenztitel zum Erkennen wird. Verfolgen wir die angedeutete Differenz der Phänomenologien von Husserl und Merleau-Ponty am Beispiel des Wahrnehmens weiter.

Die Grundvoraussetzung einer Entsprechung von Erkennen und Sein kann nicht ohne weiteres durch Berufung auf die Wahrnehmung im Unterschied zu Bewußtsein und Denken umgestoßen werden. Es muß vielmehr die Wahrnehmung als eine durch das Bewußtsein und seine Weise, Sein zu setzen, nicht einholbare Welterschließungsleistung gefaßt werden, wie es sich schon in Merleau-Pontys erstem Werk abgezeichnet hat. Das besagt, das „veritative ist“, das gleichbedeutend ist mit der angemessenen Übersetzung der Wahrnehmungsleistung ins Wissen, muß zugunsten einer im Wissen nicht angemessen darstellbaren Welterschließungsleistung des Wahrnehmens diskreditiert werden. In diesem Sinne wäre die Wahrnehmung Zugang zur Wahrheit und nicht das Bewußtsein. (Vgl. PW, 13/IX.) Das Sein der Welt wird dann in den Wahrnehmungsvollzug und seine Leistung so hineinverlegt, daß es sich der Entsprechung zum Denken entzieht. „Die Welt ist nicht, was ich denke, sondern das, was ich lebe, ich bin offen zur Welt, unzweifelhaft kommuniziere ich mit ihr, doch ist sie nicht mein Besitz, sie ist unausschöpfbar. Nie kann ich von dieser ständigen These des Lebens: ‚Es gibt eine Welt' oder vielmehr ‚Es gibt die Welt', vollständig Rechenschaft geben." (PW, 14/XIf.) Mit dieser Entscheidung ist ein Übergang zum intellektuellen Bewußtsein als einem universellen Milieu, in dem alles, was ist, sich als gewußt wiederfindet, blokkiert, indem das Sein der Welt in die Faktizität dessen gelegt wird, wohin man wahrnehmend ständig übergeht. In diesem Fall kann keine Rede davon sein, daß im Wahrnehmungsvollzug etwas geleistet wird, das sich als Seiendes zeigt und daher in der Erkenntnis des Wahrnehmens erfaßt werden kann. Gegenüber einer solchen Sachlage ergibt eine Diskrepanz zwischen durchlebtem Wahrnehmungsbezug und Bewußtsein keinen Sinn. Es ist im folgenden aufzuweisen, daß dem angedeuteten Differenzpunkt verschiedene Konzeptionen von Phänomenologie zugehören.

Der von Merleau-Ponty ins Auge gefaßte Welt-erschließende Wahrnehmungsvollzug ist als ein „Gewebe" gemeint, in dem zwar aktuelle Abhebungen in Gestalt einzelner Akte statthaben, das aber einen einheitlichen Gesamtzusammenhang bildet, sofern dieser seine Leistung – das: es gibt die Welt – zustande bringt. Demgegenüber pflegt Merleau-Ponty den neuzeitlichen Rekurs auf Denken und Bewußtsein als an einzelhafte Aktvollzüge gebunden zu interpretieren. Solche Aktvollzüge haben sich vom Kontext der Welterfahrung abgelöst. Konsequenterweise rückt die von Husserl zunächst an Einzelakten entdeckte Intentionalität für ihn von vornherein in die ganzheitliche Gewebesphäre hinein, in der sie als fungierende Intentionalität die vorprädikative Einheit der Welt und des Lebens begründet. Das hat zur Folge, daß das Thema der Intentionalität sich unmittelbar mit dem der Totalität verbindet, die sich in der fungierenden Intentionalität erzeugt. „Wahrgenommene Dinge, Ereignisse in der Geschichte oder philosophische Lehren ‚verstehen' heißt die Totalintention erfassen: nicht allein das, was etwas in der Vorstellung ist, die ‚Eigenschaften' der wahrgenommenen Dinge, die Masse ‚historischer Fakten', die ‚Ideen' der philosophischen Lehren, sondern die einzigartige Weise des Seins, die je sich ausdrückt in den Beschaffenheiten des Kiesels, des Glases oder des Wachsstückes, in all den Tatsachen einer Revolution in allen Gedanken des Philosophen." (PW, 15/XIII) So gehören die weiten Themenfelder der Individualität und der Geschichte in den Umkreis dessen, was als eine phänomenologische Theorie der Wahrnehmung anhebt, hinein.

Philosophie hat sich nach Merleau-Ponty im Feld der Phänomene anzusiedeln. Phänomen ist, negativ gefaßt, solches, was sich der objektivierend-naturwissenschaftlichen Sicht und der idealistischen Bewußtseinsperspektive entzieht. Eine umfassende positive Definition der Phänomene läßt sich nicht so leicht geben. Wesentlich ist, daß Phänomene in der intentionalen subjektiv-objektiven Struktureinheit des Lebens ihren Ort haben. Der leiblich-sinnlich-seelische Lebensvollzug ist in seiner Einheit zu wahren, wenn die phänomenale Welt nicht verfehlt werden soll, denn sie entspricht seiner Eigenart. Das dem gegenständlich Phänomenalen korrespondierende Erleben kann also eigentlich nicht angemessen durch Begriffe wie Bewußtsein und cogito bezeichnet werden. Aber das geschieht trotzdem bei Merleau-Ponty. Diese Not der Namengebung hängt engstens mit dem Sachproblem zusammen, daß in der Einheit des Zur-Welt-Seins Momente unterschieden werden müssen, die sich vom Leib und einem vorichlichen Subjekt abheben. Sie verrät aber ferner, daß Merleau-Ponty das Zur-Welt-Sein gar nicht seinem Sein nach einheitlich konzipiert hat, was ihn von den anderen Phänomenologen trennt.

b. Inkarniertes Dasein

In psychologischen Analysen von Phänomenen wie Empfindung, Wahrnehmung, Gedächtnis, Urteil bereitet Merleau-Ponty eine Thematisierung des natürlich-mundanen Subjekts der Welterfahrung vor, welche die psychologische Deskription übersteigt. Der Leib gehört mit zu demjenigen Erfahrungszentrum, von dem her sich der Weltbezug entfaltet und auf das hin die Welt konzentriert ist. Mit Leib ist also nicht in erster Linie ein besonderer Gegenstand gemeint, sondern Leiblichkeit ist insofern von Interesse, als sie Durchgang zur Welt ist, Kontakt zur Welt vermittelt. Da, wie erwähnt, das Zur-Welt-Sein von Merleau-Ponty nicht mittels einer spezifischen expliziten Begrifflichkeit angegangen wird – wie etwa das Dasein von Heidegger und das cogito von Sartre –, finden sich immer wieder Formulierungen seiner Eigenart in der Gestalt von „weder-noch“ und „sowohl-als auch“ Sätzen. Zumeist werden Beschreibungen seiner Eigenschaften und Vermöglichkeiten im Feld der Phänomene gegeben. Am nächsten kommt der französische Phänomenologe der Angabe eines einheitlichen Grundes des zur-Welt-seienden Wesens in der Analyse der Zeitlichkeit. Aber die Zeitlichkeit, aus der heraus dies Wesen sich zur Welt entgleitet und doch zugleich bei sich selber anwesend bleibt, vermag nicht seine naturhafte, sinnlich-leibliche Seite verständlich zu machen. Wenden wir uns dieser zunächst zu und versuchen wir zu rekonstruieren, wie sie in die Einheit des Zur-Welt-Seins hineingehört. Um einen anschaulichen Anknüpfungspunkt für diese – gegen

Merleau-Pontys Intentionen – „spekulative“ Aufgabe zu sichern, seien einige Phänomene, an denen sich die wesentliche Leiblichkeit des Welt-erfahrenden Wesens zeigt, angeführt.

Die Perspektivität unseres Wahrnehmens ist z. B. Leib-bedingt. Die ständige Gegenwärtigkeit des Leibes ist eine Voraussetzung des Wandels der Perspektiven. Mein Leib selber entzieht sich der perspektivischen Variation. Zum Leib gehören Motorik und Räumlichkeit. Durch beide hindurch entfaltet sich das Existieren in die Welt hinein, indem sich Horizonte eröffnen und verschließen. Unser phänomenaler Leib trägt uns Dingen als sichtbaren, greifbaren entgegen, weil in ihn unsere Vermöglichkeit eingegangen ist. Immer wieder sind es krankhafte Störungen, an denen die Unerläßlichkeit des Leiblichen für das normale Welt-erfahrende Leben demonstriert wird. Schlichteste Bewegungen und Tätigkeiten werden unausführbar, wenn eine Störung in der leiblichen Koordination auftritt.

Dem leiblichen Lebensvollzug korrespondiert die wahrgenommene Welt. Die zu dieser Welt gehörigen Gegenstände resultieren aus dem „Durchgang durch die Synthese des eigenen Leibes“. (Vgl. PW, 241/237f.) In diesem Zusammenhang wird das Empfinden wieder aufgegriffen und positiv als „Kommunion“ zwischen natürlichem Ich, Leib und Welt bestimmt, als eine eigene Weise des Zur-Welt-seins. In ihr verdämmert das Ichliche zugunsten des Vorichlich-Vorbewußten einer noch nicht individuierten Sensibilität. Aber der Aufbau der Dingsphäre im Sinne einer vorwissenschaftlichen Objektivität vollzieht sich nicht vermittels eines solchen Empfindens. Für ihn ist das Fungieren der Sinne in spezifischen Sinnesfeldern und das Zusammenwirken aller Sinne zum Zwecke einer vorwissenschaftlichen Objektivierung des

Dings relevant. Die Einheit der Sinne und ihrer Leistungen ist durch den Leib gewährleistet. Ein Konstituieren findet im Empfindungs-Wahrnehmungsvollzug auf jeden Fall nicht statt – weil das reflexive transzendentale Bewußtsein ihn nicht in seiner Unmittelbarkeit einholen kann, sondern ihn aufgrund reflexiver Vermittlung verfehlt.

Der Aufbau des Raumes wird vom leiblichen Zugang her in einigen Schritten skizziert, z. B. von der Orientierung an Oben und Unten, von der Breiten- und Tiefenerfahrung aus. Anläßlich des Problems der erlebten Bewegung drängt sich das Zeitthema auf. Es folgen Dinganalysen. Sie gehen von den verschiedenen Wahrnehmungskonstanten aus. Die Tasterfahrung kommt wesentlich für das Ding als ein sich durch viele unterschiedliche Bekundungen hindurch konstant erhaltendes auf. Die Konstanz ist ebenfalls relativ auf meine Leiberfahrung und die in ihr beschlossenen Syntheseleistungen.

Im intersensorisch abgesicherten Ding kommt die Sinngenesis der naturalen Welt zu einem gewissen Abschluß. Dinge gehören einer Welt zu. Die Welt ist relativ auf unsere Erfahrungsmöglichkeiten, deren Realisierung und Synthetisierung zur Einheit der Welt führen. Niemals läßt sich die Welt als eine abgeschlossene Einheit erfassen. Sie bleibt offen und unvollendet. Und die scheinbar in sich abgeschlossenen Dinge haben an dieser unabschließbaren Erfahrungsoffenheit Anteil, die dem zeitlich verfaßten Lebensvollzug verschuldet ist. (Vgl. PW, 385/384 f.)

Eine kurze Analyse der Halluzination bestätigt die Eigenart unseres Zur-Welt-Seins. Der halluzinatorische Trug zeigt nämlich, wie sich der Weltzugang eines leiblich-sinnlichen Wesens ins Private versperren kann, ohne daß deswegen der Ausweg zu normaler Wahrnehmung ausgeschlossen würde. Aufs korrigierende Wahrnehmen von Welt läßt sich immer wieder zurückgreifen, solange man eine gewisse Reflexionsfähigkeit bewahrt. „Doch mein Vertrauen in die Kraft der Reflexion läuft letzten Endes auf die Übernahme des Faktums der Zeitlichkeit und des Faktums der Welt als unveränderlichen Rahmens aller Illusion und aller Desillusion hinaus: ich kenne mich nur in meinem In-sein in Zeit und Welt, d.h. in Zweideutigkeit." (PW, 396/397)

Dem in der skizzierten Weise leiblich verfaßten Leben wird von Merleau-Ponty diejenige Leistung zugeschrieben, die in der neuzeitlichen Philosophie dem transzendentalen Subjekt zugewiesen worden ist. Es soll wie ein transzendentales Subjekt Ursprung aller Transzendenzen sein; es soll die Welt erscheinen lassen. Gleichwohl bleibt es dabei, daß wir unfähig sind, uns auf transzendentales Bewußtsein zu reduzieren. (Vgl. z.B. PW, 73f./84ff.) Wenn die Leiblichkeit in der Transzendenzbildung mitwirkt, so sind einige Unterscheidungen zu treffen, die sich bei Merleau-Ponty nicht sonderlich deutlich finden, weil seine Weise zu sprechen ihre Artikulation oft beeinträchtigt. Erst durch diese Unterscheidungen wird die Funktion des Leibes im Zur-Welt-Sein angemessen formulierbar. Dadurch aber wird allererst die Neuartigkeit und Stärke der Phänomenologie Merleau-Pontys im Vergleich zu den verwandten Philosophien Husserls, Heideggers und Sartres deutlich.

Die Zielvorgabe ist klar: Merleau-Ponty muß das zur-Welt-seiende Wesen leiblich in der Welt situieren und zugleich für die Welt (dem Sein nach) aufkommen lassen, ohne die Möglichkeit zuzulassen, im Menschen-in-der-Welt eine Welt-transzendierende Instanz wie ein transzendentales Bewußtsein, das Dasein oder ein dem Ansich entsprungenes Für-sich-Sein zu unterscheiden. (Vgl.

Waelhens *1951 a*, 162ff.) Es soll der Leib so in das Geschehen der Genesis der Welt hineingehören, daß durch ihn spezifische Leistungen vollbracht sind, wenn sich ein Mensch in einer fertigen Welt vorfindet. Wie muß der Leib bestimmt werden, damit er dies vermag?

Die in gewissen Erkenntnisperspektiven auftretende Doppeldeutigkeit des Leibes als Dinghaftes oder Subjektartiges ist abkünftig gegenüber einem ursprünglichen Lebensvollzug, in dem Leibliches vorichlich-ichlich durchlebt wird. Sie ist den Blick verstellenden Seinssetzungen verschuldet, die sich darauf verlassen, sagen zu können, was ist. Dagegen gilt es, darauf aufmerksam zu machen, daß nur in einer funktionalen Vollzugsungeschiedenheit des Leiblichen und Ichlichen, in welcher der Leib nicht als seiend gesetzt wird, gewisse Leistungen vollbracht werden, denen in einem elementaren Sinn das Sein der Welt entspricht. (Vgl. PW, 441f./443ff.)

Merleau-Pontys Rede vom Leib als einem natürlichen Ich möge in dieser Weise präzisiert sein. Manche seiner Sätze verdunkeln dies Gemeinte, da in ihnen das Wort Leib auftritt, als bezeichne es das Welt-erfahrende Subjekt. Sofern hier kein (ichliches) Subjekt, sondern etwas vorichlich-vorpersonal Anonymes gemeint ist, kann sich das Wort Leib in Ermangelung einer anderen passenden Bezeichnung zur Andeutung eines Wesens, das ohne abgehobene ichliche Aktivität Erfahrungen macht, aufdrängen. Aber selbst ein solches Erfahrungszentrum wird durch das Wort Leib nicht gut angedeutet, da es im Leib und durch den Leib hindurch seine Erfahrung organisiert. Der Leib geht vielmehr als wesentlich, aber unthematisch in das Zur-Welt-sein qua Wahrnehmungsvollzug ein; d.h. so, daß sein Eigenwesentliches sich nicht zu einem Seienden verselbständigt.

Merleau-Ponty formuliert diese Sachlage einmal folgendermaßen: „*Als* die Welt sehender oder berührender ist so mein Leib niemals imstande, selber gesehen oder berührt zu werden. Weil er das ist, wodurch es Gegenstände überhaupt erst gibt, vermag er selbst nie Gegenstand, niemals ‚völlig konstituiert' zu sein." (PW, 117/108) Die Ausdrucksweise ist auch in diesem Satz nicht ganz glücklich. Das Mit-Fungieren von Leiblichem zu dem Zwecke, daß es Gegenständliches eines fundamentalen Sinnes gibt, besagt, daß es als konstituierend für den Seinssinn dieses Gegenständlichen in Anspruch genommen wird. Es ist das, was als im Vollzug Fungierendes für den Sinn von Gegenstand-sein (mit)aufkommt. Diesem Sinn untersteht eine ihm zugehörige Rede von Gegenständen im Singular und Plural. Aber selbstverständlich kann mittels des Wortes Leib eine Gegenstandssphäre von eigener Artung bezeichnet werden, in der Leiber als Gegenstände gelten.[9]

Durch die Fixierung des Leibes auf eine Art von Gegenstand braucht das Fungieren und Leisten des Leiblichen in der Bildung des Sinnes von Gegenstand-sein nicht bestritten zu sein. Das Leibliche wird in diesem Falle aber in seiner Eigentümlichkeit im Unterschied zu anders geartetem Gegenständlichen erfaßt. Zu dessen Konstitution braucht es nicht auszureichen. Es ist näherliegender, in dieser Weise vom Leib zu handeln, wenn von dem Leib gesprochen wird. Wenn diese Bedeutung

[9] Die bisher unterschiedenen Bedeutungen von Leib sagen noch nichts über den Leib als ein kompliziertes lebendiges „Ding", das z. B. biochemisch erforscht werden kann. Isoliert man ihn als solches, so begibt man sich außerhalb der Sphäre des phänomenologisch Relevanten. Nichtsdestoweniger bleibt der Zusammenhang des Leib-Dinges mit dem existentiellen Leibsein ein philosophisches Problem. Zu seiner Behandlung dürften die methodischen Möglichkeiten Merleau-Pontys nicht ausreichen.

von Leib zu der zuvor skizzierten (modifiziert transzendentalen) in ein Verhältnis gesetzt werden soll, so ist zu sagen: Alle Analysen des Leibes in der Bedeutung eines bestimmt gearteten Gegenständlichen unterstehen der transzendental-funktionalen Vollzugsbedeutung, daß Leibliches mit-fungiert haben muß, damit fundamentale vergegenständlichende Objektivierungsleistungen ihr Werk haben vollbringen können. Die Diskussion der Frage, wieweit es gelingen kann, das Leibliche in eine transzendentale Rolle zu rücken, muß hier ausgespart werden. Im übrigen ist über die Relevanz des Leibes für Objektivierungen von Sartre Zutreffendes gesagt, ohne daß der Leib in eine transzendentale Funktion genötigt worden wäre.

Das in der Gegenstandskonstitution mit-fungierende Leibliche sollte es verbieten, die Einheit leiblich-natürliches Ich als Bewußtsein oder als Subjekt zu bezeichnen. Die Bedeutungen beider Begriffe sind durch den Unterschied zu jenem Leiblichen in sich einbehaltenden Vollzug, der das Zur-Welt-Sein ist, in der Tradition festgelegt. Für Husserl als Transzendentalphilosoph bleibt Wahrnehmen z. B. Bewußtsein, weil diejenigen methodischen Operationen, die in die umgreifende transzendentale Weltsicht hineinführen als Bewußtseinsleistungen vollbracht sein müssen. Andernfalls ließe sich die Wahrnehmungssphäre nicht transzendental unterfangen. In diesen Bewußtseinsleistungen erfolgt die Unterscheidung und Identifizierung zweier Weisen, von der Welt zu handeln, wie noch einmal erinnert sei. Mit derartigen reflexiven Bewußtseinsleistungen, die über das Sein der Welt „entscheiden", hat das naturhaft leiblich-ichliche Fungieren nichts zu schaffen. Sofern der Seinssinn der Welt bei Merleau-Ponty in es einbehalten bleibt, muß er für sein Philosophieren jeden transzendentalphilosophischen Anspruch ablehnen. Seine Anknüpfung an Husserl darf nicht die grundsätzliche Differenz im Seinsverständnis übersehen lassen, welche ihn auch von der Spätphilosophie Husserls, soweit diese Transzendentalphilosophie geblieben ist, trennt.

Letztlich will Merleau-Ponty auf keine der unterschiedenen Leibbedeutungen hinaus. Das geht aus den Meditationen des geplanten Spätwerks ‚Das Sichtbare und das Unsichtbare' hervor. (Vgl. die Vorrede Boehms zur PW, XVII f.)

Auch in der Sphäre von Kultur und Geschichte, die uns bei der Prüfung dessen, was Merleau-Ponty unter phänomenologisch-ontologisch versteht, nicht primär interessiert, bleibt die ganzheitliche Sicht auf das leiblich-sinnliche, der Natur und der Kultur integrierte Wesen gewahrt. Relativ auf eine bestimmte Vergangenheit und Gegenwart geben die Menschen ihrer Zukunft Sinn – in existentiellen Entwürfen. Diese sind abhängig von sozialen Lebensbedingungen. Der Spielraum der Freiheit ist dadurch vorgeprägt. Sinngebungen der Geschichte unterstehen diesen Voraussetzungen. „In unentwirrbarer Konfusion sind wir der Welt und den Anderen beigemischt. Die Idee der Situation schließt eine absolute Freiheit im Ursprung unserer Engagements aus." (PW, 516/518)

Besonders beim Freiheitsthema wird deutlich, daß Merleau-Ponty die Situation des Menschen in der Welt gegen die mit Sein und Nicht-Sein operierende Begrifflichkeit Sartres artikuliert. Es wird der anonyme, das Einzelwesen übergreifende Charakter des Lebensflusses betont, aus dem schöpferische Leistungen auftauchen und in den sie zurücksinken. Eine transzendentale Freiheitslehre, die den Quell einer die Natur überbietenden Weltgestaltungsaufgabe aufdeckte, liegt nicht in der Denkrichtung Merleau-Pontys. Es bleibt bis zum Schluß der ‚Phänomenologie der Wahrnehmung' der Eindruck überwiegend, daß die dem Seinssinn nach zweideutige Einheit des leiblich-sinnlichen Zur-Welt-Seins auch nach der Seite ihrer Freiheit und Zeitlichkeit genommen werden kann und in ihrer Ganzheit Ursprung aller Transzendenzen und also das Transzendentale sein soll. (Vgl. PW, 417/418f.)

c. Das Problem der „Seinseinheit" des Zur-Welt-Seins und ihrer Erkennbarkeit

Der Rückgriff auf die Zeitlichkeit als Ursprung des „Ist-Sinnes" verbindet Merleau-Ponty zwar auch mit Husserl, mehr aber mit Heidegger und Sartre, denn bei ihnen ist der Sinn von Sein so als Zeit-abhängig gefaßt, daß sich umstürzende Auswirkungen für die Beurteilung des Erkennens ergeben, sofern dieses an der Maßgabe gemessen wird, dem, was ist, gewachsen zu sein. Das läßt sich im Fall Husserls nicht ohne weiteres sagen.

In der Zeitigung springt die Reflexivität des Um-sich-Wissens auf, die einem undeklinierbaren Ich Urpräsenz sichert; zugleich aber wird dieses Ich durch den Zeitfluß aus sich herausgeworfen, sich entgegenwärtigt. (Vgl. PW, 416/417f. u. 480ff./482ff.) Sein im Sinne von Zeit-entzogenem geistigem Selbstbesitz wird dadurch unmöglich gemacht, daß Zeitlichkeit allem, was ein Subjekt zu sein vermag, zugrunde liegt. Es ist allerdings nicht zufällig, daß Merleau-Ponty im Anschluß an Husserl die *Subjektivität* zeitlich verfaßt sein läßt, anstatt den Begriff des (seiner selbst bewußten) Subjektes im neuzeitlichen Sinne durch reflexive Zeitüberlegenheit zu definieren. Er hat insgesamt für die zum natürlich-leiblichen Lebensvollzug gehörende unsichtbare Seite einer „Innerlichkeit", die sich nicht verselbständigen kann, keine anderen Namen als die überkommenen (cogito, Subjekt, Ich, Für-sich-

Sein), welche ihrer Herkunft nach auf eine gewisse Seinsautonomie abzielen. Diese Sprechweise legt die Annahme nahe, als wäre das durch Zeitlichkeit bestimmte Seiende dasselbe wie ein Subjekt usf. Solche Titel benennen aber nur zum Schein dasselbe Wesen, dessen Seinsweise Merleau-Ponty als Zeitlichkeit bestimmt, denn sie bezeichnen kein Moment einer Einheit, die gleichursprünglich leiblich, in der Welt qua Natur befindlich, zeitlich und Ursprung der Welt sein soll – was für das Zur-Welt-Sein gilt – zu dem als Moment das Für-sich gehört. Das durch die tradierten Termini Bezeichnete ist vielmehr dadurch definiert, derart Disparates nicht in sich geeinigt zu haben. Die Sachlage selber ist es, welche die Schwierigkeiten der Darstellung bedingt. Es ist zu prüfen, ob die Seinsweise des mannigfaltig strukturierten Zur-Welt-Seins in ihrer Einheit zur Selbstgegebenheit gebracht und erkannt werden kann. Welcher Art ist die phänomenologische Deskriptions- und Reflexionsmethode in Anbetracht des Zur-Welt-Seins als ihres komplexen Gesamtgegenstandes? Diese Frage läßt sich nur auf Umwegen beantworten, da wesentliche Züge dessen, was Merleau-Ponty intendiert, durch die Strukturen seiner Sätze eher verdeckt als enthüllt werden.

Das Zur-Welt-Sein läßt sich folgendermaßen charakterisieren: Es ist das im Sinne Heideggers als zeitliche Ekstase genommene intentionale Bewußseins Husserls, das von Merleau-Ponty als inkarniert gefaßt ist. Für ein diesen Bestimmungen gemäß verfaßtes Wesen ist die Welt als Ort von Sinn und Bedeutungen ein notwendiges Moment seiner. (Vgl. PW, 488f./491.) Die Art und Weise, wie Menschen in der Welt leben, zeugt davon, daß sie so verfaßte Wesen sind. Das zweideutige Leben in der natürlichen und sozialen Lebenswelt ist, wie wir gehört haben, der transzendentale Ursprung aller Transzendenzen.

Dagegen ist zu bedenken: Im zweideutigen Leben liegt die Problemlage nicht vor, aus der die Unterscheidung von transzendental und transzendent erwachsen ist. Sie betrifft nämlich eine durch philosophisches Denken bedingte Wandlung des Sinnes von Sein, unter der traditionellen Voraussetzung, daß das Sein die Sache des Denkens ist. Es scheint nach Merleau-Ponty, daß wir im Vollzug des Lebens zugleich Ursprung der Welt und Welt-abhängig sind, indem wir in der natürlichen Einstellung dahinleben. Ist diese Eigenart des Lebens beschreibend hinzunehmen oder muß sie philosophisch in einer eigentümlichen Art von Denkbewegung ausgewiesen werden? Viele Äußerungen Merleau-Pontys erwecken den Anschein, als zeige sich dies deskriptiv. Zwar mahnt er eine tiefer dringende, reflexive Phänomenologie der Phänomenologie an, die sich vor allem in der Zeitanalyse ausspricht, aber seine vertiefte Zuwendung zum cogito kann den Verdacht nicht zerstreuen, daß der bloßen Deskription zu viel zugemutet wird. (Vgl. PW, 418/419.)

Unterscheiden wir zwei Möglichkeiten: 1) Der Lebensvollzug mag so erfolgen können, daß seine philosophische Bestimmung für seine Leistung außerwesentlich ist. 2) Die philosophische Darstellungsweise mag etwas für den Lebensvollzug Wesentliches aufdecken, das aber nicht in seiner Interessenrichtung liegt und dessen Erfassung sich nur der Philosophie verdankt, die daher weiß, was er nur *ist*. Im zweiten Falle verlangt die Philosophie vom Leben, ihre Gedankenbewegung mitzuvollziehen und sich in deren Resultat wiederzuerkennen. Dadurch würde ausgeschlossen, daß die philosophische Bestimmung des Lebens aus dessen Perspektive als bloß gewußt, als bloß gedacht indiziert und abgetan werden könnte. Das in der philosophischen Thematisierung Geleistete steht in einem solchen Fall nicht so zum Leben qua unreflektiertem Sein, daß sie seiner nicht mächtig ist und es außerhalb ihrer läßt. Man denke an Husserls Begriff des Transzendentalen, an Heideggers Seinsdenken und an die Bedeutung von Sartres Aufdeckung des Nichts im Für-sich-Sein für die Gottesvorstellung. Wie steht es mit Merleau-Pontys Beurteilung der Leistungskraft des philosophischen Gedankens gegenüber dem ins Sein eingelassenen Lebensvollzug?

Es ist daran zu erinnern, daß es nach Merleau-Ponty die Eigenart der Bewußtseinsphilosophie sein soll, die Phänomene durch den Index der Bewußtheit, Gedachtheit usw. zu entstellen. Einer Phänomen-angemessenen Begrifflichkeit, wie sie die Phänomenologie anstrebt, kann derartiges wohl nicht widerfahren, da sie erfaßt, wie die Sachen an sich selber, also ihrem Sein gemäß sind. Aber so einfach liegen die Dinge bei Merleau-Ponty nicht. Seine Philosophie ist selber mehrdeutig. Was das besagt, ist zu zeigen.

Im Gefolge der stetigen Auseinandersetzung mit der Bewußtseinsphilosophie, die das Wesen des Zur-Welt-Seins verfehlt haben soll, drängen sich bewußtseinsphilosophische Begriffe in die Beschreibung der Phänomene hinein. Dies geschieht zuweilen so, daß vom Leben etwas in bewußtseinsphilosophischer Terminologie ausgesagt und zugleich eingeschränkt oder sogar sein Gegenteil ergänzt wird.

Das cogito konstituiert z. B. die Welt und konstituiert sie nicht oder nicht vollständig. (Vgl. z. B. PW, 417f. Anm. /418f.) Hier liegt keine Zweideutigkeit vor. Vielleicht ist der Begriff der Konstitution überhaupt nicht geeignet, die Seinsweise des cogito zu charakterisieren. Vielleicht ist er von untergeordneter Art. Man denke an Heideggers Kritik der Husserlschen Intentionalität. Manchmal bleibt es in der ‚Phänomenologie der Wahrnehmung' bei der Konstatierung des Zusammenhangs von zwei Momenten, deren jedes sich nicht verselbständigen kann (zum Sein) – wie es sich am Beispiel des Sehens verdeutlichen läßt. Zum Sehen von etwas erfasse ich mich auch selber, aber nur zweideutig und dunkel und nicht ganz. Zwar erfüllt sich das Sehen im gesehenen Ding, aber das Ding geht nicht im Sehen auf. Dem Sein nach entzieht es sich dem Sehen in die horizonthaft offene Welt hinaus. Besagen solche Feststellungen nicht, daß sich im Sehen etwas vollzieht, dem gar keine begriffliche Darstellung gerecht werden kann. Wenden wir uns diesem Problem zentral zu.

Für die Gewißheit des Denkens, die sich des Sehens zu bemächtigen sucht und das Gesehene als ein gedachtes Seiendes fassen will, ist im Sehen kein Raum. Sehen ist ein Vollzug, in dem keine Selbstgewißheit des Denkens liegt. Gleichwohl teilt das Sehen nach Merleau-Ponty mit allen anderen modi cogitandi den Charakter, zu ein und demselben Bewußtsein zu gehören. Aber es gibt kein Ich-denke-Ich-bin, das in der Vielheit der Vollzüge eine Seinseinheit stiftet. Trotzdem liegt in allen Vollzügen eine Einheit. Sie trägt sogar den Namen cogito. (Vgl. PW, 429f./432.) Die ursprüngliche Bewegung des Transzendierens ist mein Sein selbst. In ihr berühre ich das Sein der Welt. Aber dieses doppelte Sein „entdecke und erkenne" ich – qua um mich und um es wissendes cogito – als mir entzogen und der sehenden Bewegung des Transzendierens vorbehalten. Ebenso ist die Einigung des doppelten Seins in der Berührung, in der sich allererst die Seinseinheit von Zur-Welt-Sein und Welt herstellt, dem cogito entzogen; jenem cogito, in dem die philosophische Darstellung angesiedelt ist. Also ist für die Erkenntnis dessen, worin das Sein des Zur-Welt-Seins und der Welt liegt, der phänomenologische Anspruch der Selbstgebung einer Sache nach dem, was und wie sie in sich selber eindeutig bestimmt ist, nicht zu erheben, weil Sein in einem Vollzug des Zur-Welt-Seins liegt, dem keine Erkenntnis angemessen ist. Diese Sachlage hat mit Zweideutigkeit nichts zu tun. Letztere betrifft die auf das Seinsgeschehen nicht zutreffenden Begriffe, die Merleau-Ponty aus der vorausgehenden Philosophie übernimmt. Der Vollzug des Zur-Welt-Seins, in dem die Seinseinheit sich herstellt, ist nicht zweideutig. Als was die Bewußtseinsphilosophie dies Seinsgeschehen gedacht hat, ist nicht relevant.

Das Ergebnis besagt unter anderem, daß die philosophische Erkenntnis als Aufdeckung des Seinsgeschehens sich nicht die Aufgabe stellt, Methoden herauszustellen, welche die angemessene Erkenntnis der Welt ermöglichen und sichern. Sie faßt das Seinsgeschehen ja so, daß dies nicht möglich ist, weil die Erkenntnis sich dem Sein gar nicht anmessen kann, sondern, falls sie sich zu einem Unternehmen des Erkenntniserwerbs verselbständigt, eine methodische Veranstaltung wird, die sich aus dem Sein heraushält und sich deswegen evtl. in einem modernen Sinn als wissenschaftlich versteht.

Selbstverständlich finden sich in der ‚Phänomenologie der Wahrnehmung' auch zahlreiche Aussagen, in denen beschrieben wird, wie sich etwas verhält; und zwar auch in der Abhängigkeit vom Seinsvollzug des Zur-Welt-Seins. Dieser Fall betrifft jedoch nicht den Vollzug des Sehens und des Engagements als Sein. In ihm ist das Erkannte dem, was ist, gemäß; in ihm entspricht der Logos dem On. Hier muß von Sein in einer anderen als der oben analysierten vollzugsgebundenen Bedeutung gesprochen werden. Nennt man solche Aussagen phänomenologisch deskriptiv, so sollte man diesen Titel nicht gleichzeitig für Hinweise auf das im Vollzug sich ereignende Sein verwenden.

Aber solche Hinweise werden doch ebenfalls in Sätzen artikuliert; z.B. in folgender Weise: Das Subjekt ist in der Welt situiert und verwirklicht sich als Leib-seiendes und als durch diesen Leib in die Welt eingehendes in Verhältnissen, in denen es engagiert ist. (Vgl. PW, 464/467.) In solchen Pseudobeschreibungen wird das Leisten und sein Geleistetes – als das, was ist – in den Vollzug des Engagements gelegt, der in ihnen nicht geleistet werden kann. Sie scheiden sich also vom Sein, indem sie auf es verweisen – was möglich und sinnvoll ist. Indem sie darauf verweisen, daß sie die Leistung des Erkennens als Selbstgebung der Sache ihrem Sein nach nicht vollbringen können, bedeuten sie eine Zurückweisung eines älteren philosophischen Wissensanspruches und seiner methodischen Absicherung zum Zwecke einer standhaltenden Welterkenntnis.

Die ‚Phänomenologie der Wahrnehmung' möge nach der verborgenen Verschiedenartigkeit der Leistungen ihrer Sätze in der skizzierten Weise aufgeschlüsselt sein. In ihr zeigt sich unter den analysierten Voraussetzungen, wie die Erkenntnis insgesamt, die philosophische wie die wissenschaftliche, problematisch wird – im Namen einer Phänomenologie, die sich am späten Husserl orientiert, der m.E. den Anspruch auf die Selbstgebungsleistung des Erkennens nie preisgegeben hat. Ähnliches zeigt sich im Werk Heideggers und Sartres, denen Merleau-Ponty näherstehet als Husserl.

Bleibt nicht für Merleau-Ponty die Möglichkeit offen, daß sich die Human-Wissenschaften des Zur-Welt-Seins bemächtigen? Wenn in ihren Sätzen erfaßt wird, wie die menschliche Realität und ihre Welt verfaßt sind, so ist aufgrund der Erkenntnispraxis konzediert, daß es seinsgemäßes Erkennen gibt. Soll die Philosophie qua Phänomenologie sich ihrer Art von Erkenntnisleistung anschließen? Oder liegt die Aufgabe der Philosophie außerhalb des Umkreises der Wissenschaften überhaupt? Im Spätwerk verstärkt sich der Eindruck, daß Merleau-Ponty noch weiter vom überkommenen Anspruch des Erkennens auf Seinserfassung als dem Sein unangemessen abrückt. Die Art und Weise, wie die Philosophie das Sein aufdeckt, darf jedenfalls nicht zu einem Wissen führen, dessen sich der Mensch als eines methodisch zugänglichen Besitzes vergewissern kann.[10]

3. Die Ontologie des wilden, präreflexiven Seins

Unter dem Titel ‚Das Sichtbare und das Unsichtbare' ist ein Manuskript Merleau-Pontys veröffentlicht worden, an dessen Ausgestaltung zu einem Buch er in den letzten Jahren seines Lebens gearbeitet hat. Aus den Fragmenten lassen sich die Umrisse einer Konzeption ablesen, von der hier nur die Konsequenzen für die philosophische Erkenntnis und ihren Anspruch interessieren.

Im Manuskript wird im Anschluß an eine kritische Auseinandersetzung mit Sartres ontologischer Begrifflichkeit – ähnlich wie in der ‚Struktur des Verhaltens' – der Begriff der Dialektik als Methodenbezeichnung des gesuchten Seinsdenkens eingeführt. (Vgl. SU, 123 ff./

[10] Die ‚Phänomenologie der Wahrnehmung' schließt mit dem Hinweis auf die Verwirklichung der Philosophie durch ihre Aufhebung (als für sich getrennt seiende Philosophie). Im Rückblick hat Merleau-Ponty die Probleme, wie sie in der ‚Phänomenologie der Wahrnehmung' gestellt sind, als unlösbar bezeichnet, weil sie aus der Perspektive der Unterscheidung von Bewußtsein und Objekt gestellt sind. Unter diesem Blickwinkel ist das ursprüngliche ontologische Ereignis des Zusammengehörens des Sichtbaren und Unsichtbaren verstellt. (Vgl. SU, 257/253 f.)

123 ff.) Diese Dialektik hat es allerdings in der Geschichte noch nie in reiner Form gegeben, und sie ist gegen Hegel als eine Dialektik der Endlichkeit konzipiert. Sie denkt von der Situation her und hält dechiffrierend zum Sein Kontakt. Als *These*, als Doktrin wird sie von der Seinsart des Seins zum Lügengeist; „die gute Dialektik ist jene, die weiß, daß jede These eine Idealisierung darstellt, daß das Sein nicht aus Idealisierungen oder aus Gesagtem besteht, wie noch die alte Logik glaubte, sondern aus verbundenen Ganzheiten, wo die Bedeutung immer nur als Tendenz vorhanden ist, ..." (SU, 129/129). Die Erfahrung der Welt und das sie explizierende philosophische Denken wahren zwar den einheitlichen Titel des Seins, mittels dessen Hegel alle Differenzen in (gewußter) Identität übergreift, aber das Sein im Sinne Merleau-Pontys läßt keine im absoluten Wissen zutage tretende Selbigkeit von Wissen und Gegenstand zu. Bereits die sinnliche Welt weist die Seinsart dessen, was zum dialektischen Denken nötigt, in Überfülle auf. Das zeigt sich, wenn man all das, was ihr philosophische und wissenschaftliche Ontologien hinzugefügt haben, in einem Rückgang auf das ursprüngliche Erfahren, im Wahrnehmungsglauben z. B., zur Seite läßt. Bringt es eine solche Dialektik noch zum Wissen in irgendeinem methodisch-wissenschaftlichen Sinn des Wortes? Merleau-Ponty notiert: „Die Philosophie stellt keine Fragen und findet keine Antworten, durch die sich die Lücken nach und nach schließen würden. Die Fragen stecken in unserem Leben und in unserer Geschichte: dort entstehen sie, und dort vergehen sie, sobald sie ihre Antwort gefunden haben, meistens formen sie sich um, auf alle Fälle endet eine Vergangenheit aus Erfahrung und Wissen eines Tages bei dieser klaffenden Offenheit." (SU, 142/142) Es handelt sich in der Philosophie also gar nicht um Wissensfragen. Aber nähert sie

sich in diesem Falle nicht der Seinsweise von Lebensproblemen an? Dies soll nicht der Fall sein. Ihre Seinsverbundenheit entbindet sie nicht von einer ihr eigenen Weise des Sehen-lassens. Akzeptiert die Philosophie ihre Befangenheit im Sein, so daß sie nicht mehr wissend über das Sein verfügt, dann bleibt ihr die Aufgabe „zurückzutreten, um die Welt und das Sein zu sehen oder um sie in Anführungszeichen zu setzen, so wie man es mit fremden Äußerungen macht, um sie sprechen zu lassen und ihnen Gehör zu schenken …" (SU, 144/144).

Merleau-Ponty benennt das Thema seiner Philosophie als das wilde, rohe, vertikale Sein (être brute, sauvage, vertical). In dieses Sein ist der Leib qua Fleisch einbehalten. Er ist Sichtbarkeit, der sich der Sicht entziehende Unsichtbarkeit zugehört, weil das Sein selber unfaßliche Einheit von Sichtbarkeit und Unsichtbarkeit ist. Durch Leiblichkeit und Sinnlichkeit bin ich also dem Sein verhaftet. Die Welt ist, indem sie sich in mein Fleisch einschreibt, und mein sinnliches Verhalten ist, wie wenn etwas meinem Fleisch entrissen würde. (Vgl. SU, 326f./313.) Die Welt ist sozusagen von demselben Stoff, aus dem der Leib qua Fleisch ist. Das mich als leibliches Sinnenwesen und die Welt umgreifende Sein ist (Lebens-) Element. Es ist kein Zufall, daß diese Welt durch die Art und Weise, wie Künstler die Welt sehen, erläutert werden kann. Künstler fühlen sich von der Welt angesehen und antworten ihr. Die Rede vom Fleisch legt auch die Vorstellung von einem Gesamtorganismus nahe, innerhalb dessen sich zwar Differenzen auftun, die aber alle in derselben Lebenseinheit aufbewahrt bleiben.

Das wilde Sein ist aller Aktivität und allen Akten des Subjekts vorweg. Es wirkt sich und spricht sich im Menschen aus – z.B. im Wahrnehmen und in der Kunst, aber als anonyme, nichtindividuierte Seinsmacht. Sie wird von

Merleau-Ponty gegen Husserls Akt- und Bewußtseinsphilosophie ausgespielt. Die Intentionalität wird in dieses Sein hineinverlagert. „Das ist nicht mehr vereinbar mit der ‚Phänomenologie', das heißt mit einer Ontologie, die alles, was nicht nichts ist, dazu verurteilt, sich dem *Bewußtsein* durch *Abschattungen* hindurch zu präsentieren und als etwas, das sich von einer originären Sinngebung herleitet, die ein *Akt*, d.h. ein *Erlebnis* unter anderen ist ..." (SU, 308f./298)

Es ist vor allem die Sinnlichkeit, die den Menschen dem Sein verhaftet sein läßt. Sie wird daher konsequent Zentrum des Philosophierens für Merleau-Ponty. Damit ist eine Umkehrung gegenüber der abendländischen Tradition vollzogen, die den Menschen als ein Wesen ausgezeichnet hat, das sich im erkennenden Überstieg über die eigene Sinnlichkeit und die (Sinnen-)Welt zum Sein zu erheben vermag. Die Sinnlichkeit ist nicht stumme, subjektive Zuständlichkeit, die den Menschen von der Welt absperrt, sondern unerschöpflicher Quell des Sagens – für den Philosophen oder Schriftsteller. „Dies hängt damit zusammen, daß die Welt und das Sein Polymorphismus, Geheimnis sind und keineswegs eine Schicht flächig ausgebreiteter oder an sich existierender Seiender[.]" (SU, 318/306) Drängt das Sein danach, gesagt zu werden? Machen Philosophie und Literatur deswegen durch Worte sichtbar?

Es ist fraglich, ob die Gedankenwelt des späten Merleau-Ponty in ein eindeutiges Begriffssystem übersetzbar ist. Ein solcher Übersetzungsversuch wäre sicherlich gegen die Intentionen ihres Urhebers. Und es finden sich auch häufig statt abstrakter Begriffe bildhaft anmutende Ausdrücke – so, als mache er Ernst mit der These, Philosophie sei (künstlerische) Schöpfung. Aber liefe diese These nicht darauf hinaus, daß die Philosophie individuelle Werke zu produzieren hätte, die nicht an der Sinnselbigkeits- und Abstraktionsmaßgabe des Denkens orientiert wären? Das ungeteilte Sein fordert eventuell eben dies. Wahrt es so seine Unerschöpfbarkeit trotz des Dranges in die Offenbarkeit des Sagens? Aber man möge sich nicht täuschen, Merleau-Ponty benutzt zumeist Begriffe und denkt in Strukturen. Und sofern das geschieht, ist er aller Literatur fern und fixiert nur das „logische Gerüst" des präreflexiven Seins. Dies ist eine theoretische Leistung, die sich in sinnidentisch wiederholbaren Sätzen niederschlägt und mit der es zusammenstimmt, daß methodische Wissenschaften wie Gestaltpsychologie, Psychoanalyse und Linguistik das Sein erforschen können. Das wissenschaftliche Sagen aber ist nicht dem ungeteilten Sein verhaftet, sondern strebt Gesetzeserkenntnis von ihm an. Ihr entsprechen Strukturen, die das Sein durchherrschen. Diese ermöglichen es also, daß das wilde Sein unter eine methodischem Erkennen korrespondierende Seinsbedeutung gebracht werden kann, durch die es verfügbar wird. So gesehen kann dem Sein auch eine durch Erkenntnisleistungen qualifizierte Ontologie zugehören. Selbstverständlich sagen diese Möglichkeiten nichts gegen die Seinsverhaftung, in der Menschen ihr Leben vollziehen, und gegen ein dieser Seinsverhaftung gemäßes (dichterisches) Sagen.

Bleibt das Philosophieverständnis Merleau-Pontys bis zum Schluß zweideutig in dem gerade angedeuteten Sinn? Läßt das Ziel, die Welt im Sinne des wilden Seins wiederherzustellen, zwei Möglichkeiten offen: Wissenschaftliche Ontologie, die auch methodisch muß gesichert werden können, oder situatives, individuierendes schöpferisches Sagen des Seins unter der philosophisch gewonnenen Voraussetzung, daß die Seinsverhaftetheit des Lebens dies fordert? Immerhin heißt es noch in einer Notiz, die wahrscheinlich aus der Mitte des Jahres 1959 stammt: „Die Philosophie ist Schöpfung, gerade als ‚Sein', ‚das in uns spricht', und Ausdruck der stummen Erfahrung durch sich selbst. Schöpfung, die zugleich Reintegration des Seins ist: ... Die Literatur in diesem Sinne analysieren: als *Einschreibung* ins Sein." (SU, 253f./250f.) Kann die Philosophie auf dem schmalen Grat zwischen diesen beiden Möglichkeiten stehen bleiben? Sie kann nicht beide Möglichkeiten zugleich ergreifen.

Man kann dies Resultat einer Entwicklungslinie der Phänomenologie positiv formulieren, indem man sagt, Merleau-Ponty sei (ähnlich wie Heidegger) auf dem Weg zu einer neuen Weise philosophischen Denkens. Es ist allerdings in beiden Fällen schwierig anzugeben, worin das Eigentümliche dieses Philosophierens als bestimmendes Erkennen liegen soll, da das Sein von sich her nicht das Erkennen bestimmt, sondern sich gegen die Erkenntnis und ihre Festlegungen zu sträuben scheint.

Angesichts der Unabgeschlossenheit des Werks von Merleau-Ponty im ganzen und erst recht angesichts des fragmentarischen Charakters, in dem ‚Das Sichtbare und das Unsichtbare' auf uns gekommen ist, ist es unangebracht, endgültige Fixierungen vorzunehmen und den französischen Denker einzuordnen. Nichtsdestoweniger zeichnet sich auch in seinem Werk eine Richtung ab, die mit einer gewissen Konsequenz an die Grenze der Phänomenologie als einer wissenschaftlichen Philosophie führt.

V. Im Gefolge der Phänomenologie: Emmanuel Lévinas

An Lévinas läßt sich studieren, welche Probleme einen Denker, der sich wesentlich der Phänomenologie Husserls und Heideggers zugehörig weiß, nötigen, die Phänomenologie kritisch zu prüfen und zu neuen Ufern aufzubrechen. Zwar verbinden Lévinas allgemeine Grundzüge mit der Phänomenologie, aber die Bestimmtheit seiner Hauptthesen läßt sich oft scharf gegen Thesen seiner phänomenologischen Vorgänger abheben. (Vgl. Strasser, in: Waldenfels *1983,* 254 ff. und Huizing *1988.*) Die kritische, dekonstruktive Auseinandersetzung mit ihnen steht in dem weiteren Rahmen des Anliegens, den „Nichthellenismus der Bibel“ in „hellenistische Termini“ zu übertragen. (Vgl. Lévinas *1985 a,* 107/137.) Ein kurzer Vergleich einiger Gedanken von Lévinas mit Grundüberzeugungen Husserls und Heideggers, welche die methodische Basis der Phänomenologie betreffen, mag Eigentümliches einer französischen Umbildung der Phänomenologie durch Kontrastierung aufdecken.

Die Bildungsbasis, auf der sich die Entwicklung von Lévinas zum Phänomenologen vollzieht, sind ein strenggläubiges Judentum und die Klassiker der russischen Literatur. Für seinen Blick bestimmend ist die von geschichtlicher Erfahrung getragene Überzeugung, daß das abendländische Einheitsdenken Totalitarismen, vor allem auch politischer Art, begünstigt hat. Die humanistischen und idealistischen Traditionen haben versagt.

1949 hat Lévinas mit einer Sammlung philosophischer

Studien (‚Die Entdeckung des Seins mit Husserl und Heidegger‘) die großen deutschen Phänomenologen in Frankreich vorgestellt. Die kritische Distanzierung gegenüber dem Idealismus Husserls und Heideggers Fundamentalontologie ist von vornherein wirksam. Bereits in einer kleinen Programmschrift von 1947 (‚De l'existence à l'existant‘) hatte er eine Abkehr vom Klima der Heideggerschen Philosophie im Namen des platonischen Guten, das jenseits des Seins liegt, gefordert. Obwohl Lévinas den Seinsbegriff (von Heidegger her) aufnimmt, interpretiert er ihn von vornherein anders. Er stellt den Menschen in die Aufgabe, gegenüber dem als Last erfahrenen Sein, das Gute zu verwirklichen. Dieses Ziel rechtfertigt immer wieder die Übernahme des Seins.

Das Werk ‚Totalité et Infini. Essai sur l'extériorité‘ von 1961 enthält eine These, die für Lévinas' weiteres Werk bestimmend geblieben ist. Der philosophischen Tradition wird vorgehalten, den Transzendenzen des menschlichen und göttlichen Anderen niemals gerecht geworden zu sein. Auch in diesem Werk wird die Ontologie zurückgewiesen, aber unter dem Gesichtspunkt ihres Anspruchs auf Seinstotalität. Diese Idee nivelliert das Unendlich-anders-Sein, das uns, sofern wir uns nicht philosophisch ins Seinsdenken verlegt haben, in der Gestalt des (personal gefaßten) Anderen begegnet. Derart Anderes fügt sich in keine Totalität ein. Es ist radikale Exteriorität. Diejenige Philosophie, die der Exteriorität Rechnung trägt, heißt Metaphysik.

In einem anderen großen Werk hat Lévinas seine Position vertieft und verwandelt. Es ist 1974 erschienen und trägt den Titel ‚Autrement qu'être ou au-delà de l'essence‘. Das Andere wird jetzt als das Andere des Seins bestimmt. Und dies ist das Gute, das, als vom sinnlosen „es gibt“ unterschieden, zur Herrschaft berufen ist. Der ethische Gesichtspunkt gewinnt gegenüber dem metaphysischen den Vorrang.

Lévinas richtet sich gegen die phänomenologische Immanenzthese, die besagt, daß alles, was ist, im Bewußtsein muß ausgewiesen werden können, weil die Vorstellung von einem Außerhalb des Bewußtseins widersinnig ist. Er begrenzt zunächst die Reichweite der Intentionalität, so daß Seinssinn nicht mehr Korrelatsinn ist. Demnach geht der Andere seinem Sein nach nicht in die Korrespondenz zum intentional Vermeinten ein. Der Andere bezeugt sich vielmehr als ein von mir getrenntes, das noch jenseits des Seins im Sinne Heideggers liegt.

Es wird ein Grundgedanke Descartes', der in der Tradition der vorneuzeitlichen Ontologie steht, von Lévinas genutzt, um seine Konzeption zu verdeutlichen. Gott ist für Descartes dasjenige Sein, das die Idee, die wir in uns von ihm finden, unendlich überschreitet. (Vgl. Lévinas *1987*, 60 ff./19 ff.)

Descartes muß die Möglichkeit ausschließen, daß das Ich als Seinsgrund für sich selber und für Anderes in Frage kommt – was besagt, daß er kein phänomenologischer Idealist ist. Der Blick aus der Perspektive des Unendlichen auf die Welt dient ihm dazu, für alles Seiende ein durch Gott bedingtes Sein zu retten. Die Erkennbarkeit der Welt hängt für ihn, metaphysisch gesehen, vom Unendlichen ab. Keine spätere Subjektivitätsphilosophie kann diese These mitvollziehen, da sie den Umkreis des theoretischen Erkennens auf eine spezifisch menschliche Erkenntnis beschränkt und ontologisch depotenziert. Husserl steht im Gefolge dieser Philosophie, die konsequent Seinssinn durch Bewußtsein vermittelt und daher dem Bewußtsein keine Begrenzung durch ein andersartiges Seiendes zudenken kann. Für Lévinas dagegen bedeutet die phänomenologische Methode – wie für die meisten anderen Phänomenologen – die Ermöglichung des Überstiegs der Grenzen des Bewußtseins. (Vgl. Lévinas *1983 b,* 150f.)

Lévinas beruft sich für sein Vorgehen auf eine sehr allgemein aufgefaßte phänomenologische Methode („das Verstehen durch das Ans-Licht-Bringen"), die aber nicht „das höchste Geschehen des eigentlichen Seins" darstellt (Lévinas *1987,* 30/XVI). Er läßt die transzendentale Dimension beiseite und legt den Nachdruck auf die nicht gegenständliche Horizonthaftigkeit, die allem Denken seinen Sinn gibt. Gegen diese Annäherung in der Methode an Husserl ist zu betonen, daß sich der Husserlschen Phänomenologie, wenn man sie als universale Korrelationslehre nimmt, das transzendente Unendliche als ein Anderer entzieht.

Es heißt bei Lévinas: „Indem es das Unendliche denkt, denkt das Ich von vornherein mehr, als es denkt. Das Unendliche geht nicht ein in die *Idee* des Unendlichen, wird nicht begriffen; diese Idee ist kein Begriff. Das Unendliche ist das radikal, das absolut Andere." (Lévinas *1983 c,* 197) Die Getrenntheit des Anderen von mir macht die Eigenart seines Seins aus. Diese Absprungsbasis der Lévinasschen Philosophie muß näher bestimmt werden, damit sie nicht im Sinne traditioneller Positionen mißverstanden wird, auf die es Lévinas nicht ankommt. Sie führt ihre eigentümliche Problematik mit sich.

Für Descartes hat der Rückgriff auf Gott die Funktion, den Versuch der Sicherung des Erkennens erfolgreich zu beenden, da Gott als ontologische Garantie dafür aufkommt, daß das Denken dem Sein zu entsprechen vermag. Für Husserl als transzendental-phänomenologischen Idealisten erfolgt die Rechtfertigung der Erkenntnisleistung durch Rückbezug auf das intentional verfaßte Bewußtsein. In Anbetracht seiner Art von Absolutheit ist ein fremdes, anderes Absolutes nicht ohne weiteres zugänglich. Aber es kommt Husserl auch in erster Linie auf die Absicherung des Umkreises zulässiger Erkenntnismöglichkeiten für das Subjekt an, nicht dagegen auf den in seinen Augen keine wissenschaftlichen Erkenntnismöglichkeiten sichernden originären Zugang zu einem (personalen) unendlichen Anderen. (Vgl. z. B. Hua III, 121 f./138 ff.)

Indem Lévinas zentral auf die Alterität des unendlichen Anderen abzielt, sprengt er nicht nur die phänomenologische Intentionalitätskonzeption, sondern er beginnt auch – und das ist wichtiger – entschieden die theoretische Sphäre der traditionellen Philosophie zu verlassen, sofern sie das Unendliche mittels des Seinsbegriffes angeht und zu Zwecken der Erkenntnisangemessenheit „manipuliert". Für die Ontologie und Metaphysik der Tradition hängt diese Sicht des Unendlichen engstens damit zusammen, daß sie darauf aus ist, das philosophierende Wesen im Wissen – also in etwas, das in seine eigene Verfügung gestellt ist –, genügsam bei sich selber einkehren zu lassen. Denn es bleibt, indem es die Welt durchdringt und zum Unendlichen gelangt, dem in ihm angelegten „Trieb" des Seinsdenkens treu und kehrt, durch philosophisches Wissen gesättigt, in sich zurück. In anderer Weise ist in der transzendentalen Phänomenologie Husserls durch einen sich in sich schließenden Kreisgang dafür gesorgt, daß trotz der Fundamentalität der Zeit für das Subjekt und trotz der Offenheit der Erfahrung nichts radikal Fremdes dem Bewußtsein begegnen kann. Die transzendentale Reduktion, welche den sie Übenden dank eines neuen Seinssinnes über den Seinssinn der Welt verfügen läßt, garantiert, daß alles, was ist, als gewußtes, seine Entsprechung im Bewußtsein finden kann. (Vgl. z. B. Lévinas *1983 e,* 100 ff.; zur Reduktion im besonderen vgl. Lévinas *1985a,* 66ff./53ff., 109ff./139ff., 243ff./28ff.; zum Vergleich mit Husserl s. Th. de Boer *1976,* 15.)[11]

Gegen eine derartige Denkweise und den sie dirigierenden Aneignungstrieb richtet Lévinas das metaphysische Verlangen (désir) nach dem völlig Anderen. Die Begegnung mit ihm ist keine Rückkehr in mich selber, wie sie für die Kreisbewegung des apriori abgestützten philosophischen Wissens charakteristisch ist. Ein solches Anderes ist der Andere. Er ist eine nicht mehr immanente Transzendenz, die sich den „Fangarmen" des transzendentalen Subjekts, durch die es angeeignet werden könnte, entzieht. Der transzendente Andere ist also auch kein konstitutives Problem.

Das metaphysische Verlangen im Sinne von Lévinas ist eine Art Gegenstück zum metaphysischen Verlangen nach wissender Aneignung und wissender Selbstvergewisserung im Sinne der Tradition. Es ist nicht auf Sättigung aus, sondern hält die Trennung zum Ersehnten als Unterpfand seiner Wirklichkeit aufrecht. Die Alterität des Anderen bleibt anerkannt, wenn ich ihm metaphysisch begegne. Zwischen mir und ihm stellt sich keine Totalität und keine sich aufgrund wissender Übereinstimmung ergebende Einheit her.

All das heißt – mit anderen Worten gesagt, damit die Differenz der Vorgehensweise von Lévinas zur neuzeitlichen Tradition deutlich wird: Das Problem des Anderen als ein solches, das im Rahmen der Wissenssicherung ansteht, ist verschwunden, indem es nicht mehr auf bestimmte philosophische Voraussetzungen zurückbezogen

---

[11] Es ist charakteristisch, wie Lévinas den Husserlschen Begriff der Reduktion, die als Methode ein bestimmt geartetes Wissen ermöglicht, umdeutet als Widerruf des Ausgesagten; denn die Aussage entstellt. Vgl. Strasser *1978*, 355.

wird. Der Titel Anderer bezeichnet kein Erkenntnisproblem mehr, das sich z.B. aufgrund des universal intentionalen Charakters eines Bewußtseins ergibt. Anstatt daß der Andere thematisch als Problem auftritt, zeigt er sich in bestimmten Verhaltensweisen. In ihnen ist er anerkannt. Und nur in ihnen ist er – der Andere. Diese Verhaltensweisen lassen sich beschreiben. Aber phänomenologische Beschreibungen dieser Art leisten keine Seinserkenntnis, da sie auf etwas hinweisen, das sich ereignet und im Ereignis ist. Derartiges aber kann keinem Satz als eine in ihm vollbrachte Leistung korrespondieren.

Wenn die Trennung und die Begegnung zwischen mir und dem Anderen so radikal anti-erkenntnistheoretisch angesetzt wird, ist die rechte Antwort auf die Frage nach der Beziehung zwischen mir und den Anderen entscheidend wichtig. Zwischen meinem metaphysischen Verlangen und mir als einem ichlich-egoistischen Wesen bestehen Spannungen. Ein Ich eignet sich seine Umwelt an. Alterität wird im Umkreis des Ich nicht geduldet. Die ichliche Aneignung der Umwelt beruht auf essentiellen anthropologischen Strukturen. Sie ist daher unvermeidlich. Zum Wissen führendes Identifizieren und Objektivieren gehören ihr zu, aber ebenso die pragmatisch-praktische Lebenssphäre. Ein solcher ichzentrierter Weltaufbau wird durch die Anderen daran gehindert, sich in sich abzurunden. Andere stellen ihrem Seinssinn nach das Aneignen und Besitzergreifen, das wesentlich zum Ich gehört, in Frage.

Gegen die neuzeitliche Philosophie des sich selbst setzenden, freien Subjektes und gegen die (nicht-christliche) Existenzphilosophie behauptet Lévinas, daß der Mensch als Freiheit eingesetzt sei. (Vgl. Lévinas *1987,* 116ff./57ff. und zur Abhebung gegen Heidegger und Sartre 440f./280.) Der Gedanke der „Investitur" der menschlichen

Freiheit nötigt zur Überschreibung der Spontaneität und des Sich-zu-sich-Verhaltens des Subjekts durch eine philosophische Konzeption von Erschaffung. Lévinas geht zu einer philosophischen Theologie über, die eine schöpferische Tat Gottes als „Selbsteinschränkung“ ansetzt. Diese wird als Totalitätsverzicht interpretiert, aus dem die Möglichkeit der Anderen – auch für Gott – resultiert. Freisetzung von Gemeinschaft selbständiger Wesen durch Gott, so daß Gott sich selber sozusagen sozialisiert, ist der Inhalt einer so verstandenen Schöpfung.

Lévinas verwendet den Ausdruck Antlitz zur Bezeichnung eines Seienden von der Seinsart des Anderen. Das Antlitz (visage) verhindert meine Besitzergreifung, indem es sich ihr wesensmäßig entzieht. Im Gegensatz zu Sartres Verständnis des Blicks als Objektivierung zeigt mir das Antlitz die Grenzen der Objektivierbarkeit. In ihm findet in der Welt eine Epiphanie statt, welche jenseits der ichlichen Aneignungssphäre liegt. Es ist nicht so, als ob das Antlitz der Einbeziehung in den Ichumkreis Widerstand entgegensetzen würde. Es entzieht sich ihr, indem es verfehlt wird, wenn das sich in ihm offenbarende Seiende dem ichlichen Egoismus unterworfen wird. Von einem Antlitz geht ein wehrloser, ein ethischer Widerstand aus gegen die Tendenzen des Ich, den Anderen zu übermächtigen. Der Andere bekundet sich also im ohnmächtigen Menschenwesen. Sein Elend stiftet Nähe zu mir. Die Gesprächsbeziehung ist ihm angemessen. Er ist dasjenige, was in der Lage ist, ein egoistisches Ich zu verwandeln, so daß es sich seines Besitzes entäußert. Im schlichten Phänomen der Gastlichkeit zeigt sich die ungewirkte Wirkung der Nähe des Anderen. Daß die meisten zwischenmenschlichen Verhältnisse nicht Verhältnisse zum Anderen, sondern Machtverhältnisse sind, liegt auf der Hand.

Es drängt sich eine Frage auf: Ist die metaphysische Bedeutung solchen Beziehungen nicht nur von außen zugesagt – vor dem Hintergrund einer andersartigen metaphysischen Tradition und gegen diese –, ohne daß das Zugesagte in eine philosophische Seinsbestimmung dieser Beziehungen einginge? Sie haben sich unter Menschen ja immer schon ereignet. Sie sind Menschen vertraut gewesen, ohne daß sie sie in der Weise von Lévinas gedeutet haben. Nun soll diese Deutung aber nicht durch den Anspruch auf wissende Seinserfassung charakterisiert sein. Sie gehört einem eigentümlichen phänomenologischen Sagen zu, das nicht angemessen unter dem Gesichtspunkt des Wissenserwerbs beurteilt werden kann. In ihm erfolgt ein Aufdecken von Sinndimensionen, die nicht methodisch in Systemen des Wissens fixiert und zu irgendeinem Zweck verfügbar gemacht werden können aufgrund eines Ist-Sinnes, der sich ihrer im Wissen bemächtigt hat. (Vgl. Lévinas *1985 a*, 110f./140, 155ff./177ff.) Husserls philosophisches Sagen hat m.E. jederzeit dem Anspruch der Wissenssicherung und des Wissenserwerbs unterstanden. Aber das ändert nichts an dem erstaunlichen Phänomen, daß seine Methode der phänomenologischen Beschreibung und Analyse sich geistesgeschichtlich als Eröffnung einer andersartigen Sageweise ausgewirkt hat, die nicht mehr angemessen als eine solche, die zu wissenschaftlichem Wissen führt, gekennzeichnet werden kann.

Durch sein Verständnis der Zeit als Zeitigung ist Lévinas der Phänomenologie verwandt, zugleich aber zeigt sich auch in ihm seine abweichende Eigentümlichkeit sehr deutlich. Zeitlich-zu-sein ist für ihn in Anlehnung an Heidegger gleichbedeutend damit, die Last des Seins auf sich nehmen zu müssen. In schwerer körperlicher Arbeit hat man ein Muster für die Anstrengung, welche damit verbunden ist. Leiblichkeit ist also ins Zeitlich-Sein eingebaut. Ein solcher Last- und Kraftfaktor geht in die Bewußtseinszeit Husserls nicht ein. Insofern die zeitlichen Bewußtseinsstrukturen Fundamente des Erkennens sind, dürfen sie diesem Faktor nicht unterliegen. Das würde ihrem Erkenntnisgrundlegungsanspruch in der Seinsverfassung des transzendentalen Subjekts zuwiderlaufen. Für Lévinas ist zeitlich-zu-sein von vornherein nicht phänomenalisierbar, da es untrennbar von Kraftverbrauch in angestrengter Tätigkeit ist. (Vgl. Strasser *1978*, 82 ff.)

Die Zeitigung erfolgt auf diskontinuierliche Weise. Sie läßt daher Neuanfang zu. Auch die Charakterisierung der Zeit durch diese beiden Züge besagt, daß Lévinas die Zeit nicht unter dem Gesichtspunkt der Grundlegung der Erkenntnis ansieht; denn Erkennen zielt darauf ab, Sinnselbigkeit (durch Erkenntnisfortschritt z. B.) zu sichern und Diskontinuitäten, die den Zusammenhang eines Systems sprengen würden, zu vermeiden. Außerdem ist für Lévinas seiner Auffassung vom (personalen) Anderen entsprechend die Pluralität der Zeitigungen gegenüber der Universalstruktur der einen Zeit, die für Husserl im Zentrum des Interesses steht, sofern es ihm um Universalität und Einheit der Welterkenntnis geht, vorrangig. Seine größere Nähe zu Heidegger in der Zeitlehre darf nicht übersehen lassen, daß er andere Wege geht als dieser. (Vgl. Bleijendaal *1984* und Krewani *1983*, 107 ff.) Die Frontstellung gegen die sich in *der* Geschichte ereignende Totalisierung aller Ereignisse dirigiert die Konzeption eines „Eschaton“, durch das die sich-zeitigenden Wesen der Geschichte qua Totalisierung zu entkommen vermögen. Sie müssen zu diesem Zweck in der Lage sein, dem Unendlichen in der Zeit entgegenzuwachsen. Das geschieht im generativen Verlauf der Geschichte. Die Einzelwesen werden durch den Tod ihrer Vermöglichkeit und damit aller Möglichkeiten beraubt. Aber über sie hinaus findet ein qualitatives Wachstum statt. „In der Vaterschaft in der sich das Ich – durch das Definitive eines unvermeidlichen Todes hindurch – in den Anderen verlängert, siegt die Zeit kraft ihrer Diskontinuität über das Alter und das Schicksal.“ (Lévinas *1987*, 411 f./258.) Durch das Sterben als immanente Konsequenz der Zeitigung wird Platz frei für einen neuen Anfang durch eine neue Generation. Nähert sich Lévinas einer Geschichtsphilosophie, die an einem zukünftigen Zielzustand menschlichen Lebens orientiert ist? Eine solche traditionell naheliegende Auskunft ist nicht an seine Intentionen heranzutragen. Seine Zeitauffassung steht dem im Wege, denn ein solcher geschichtlicher Zustand soll sich weder gemäß dem Husserlschen Schema der Zeitstruktur und der Teleologie noch als Gabe des die Zeit durchherrschenden Seinsgeschicks ins Auge fassen lassen. Die Gefahr der Totalisierung würde für ein solches Geschichtsdenken akut werden. Es bleibt eine ontologische Trennung zwischen demjenigen, was die staatlich organisierte Menschheit als Gerechtigkeit erreichen kann, und den moralischen Leistungen, in denen sich das Dasein von Einzelnen in personalen Gemeinschaften vollenden kann. (Vgl. Lévinas *1987*, 435 ff./276 ff. u. 445 f./283 f.) Die Zeit wird nicht zu einer Einheit universalisiert, die den philosophischen Blick auf das Ganze erlaubt, wie es für Husserl und Heidegger im Gefolge des abendländischen Seinsdenkens typisch bleibt.

Ein Ausblick auf den von Lévinas im Durchgang durch die Aneignung der abendländischen Philosophie intendierten Umsturz dieser Philosophie, der sich immer gebieterischer in seinem Werk abzeichnet, möge diese Skizze beschließen. (Vgl. Lévinas *1985 a*, 150 ff./173 ff.)

In seinem Werk ‚Autrement qu'être ou au-delà de l'essence‘ (*1974*) greift Lévinas den Seinsbegriff als Fundament der abendländischen Philosophie an. Die Auseinandersetzung betrifft vor allem auch Heidegger, für den der Seinsbegriff das Spezifikum des philosophischen Denkens darstellt. Lévinas versucht über das Andere des Seins (l'autre de l'être) zu handeln; also über etwas, das schlechthin jenseits des Seins liegt. – Dies kann nicht das platonische Gute sein, denn jenes Gute fügt ins Sein und eröffnet so dem Erkennen seinen Weg der Entsprechung. Es gründet ja gerade die dem Menschen zugehörige Entsprechung von Logos und On. – Zwar galt Lévinas schon in ‚Totalité et Infini' das Sein als unzulänglich, sofern es sich mit der Totalität zusammenschloß. Schon dort dominierte das (ethisch, unplatonisch verstandene) Gute über das Sein, aber anläßlich des neuen Angriffes auf das Fundament philosophischen Sagens wird es noch drängender zu fragen, welche Möglichkeiten dem Philosophieren jenseits des Seins noch bleiben. (Vgl. Lévinas *1974*, 23.)

Der Terminus essence steht bei Lévinas für das verbal verstandene Sein, das Seiendes sein läßt, aus dem dieses in seinen Stand gelangt. Diese Unterscheidung erinnert an die ontologische Differenz Heideggers. Aber es geht Lévinas mit ihr um etwas Unheideggerisches. Vom Sein läßt sich nur sagen, daß es hervorgeht und sich ereignet. Es ist unartikuliert anonym, in sich sinnlos und weist kein „Wertrelief" auf. (Vgl. Strasser in: Waldenfels *1983*, 239f.) Dagegen ist festzuhalten: Bei Heidegger ist gemeint: Das Sein ist das alles in seine Bestimmtheit bringende, demgemäß das Seiende in einer Philosophie jeweils seine Prägung erfährt.

Lévinas versteht unter dem Sein der Seienden ein Interesse als eine Art Trieb, der im Falle des Menschen als Selbstsucht im Dienste der Existenzbewahrung steht. Diese Seinsweise der Seienden bringt es mit sich, daß die Seienden gegeneinander gerichtet sind. Antagonismen sind die Folge, die in der Menschenwelt letztlich sich als Kriege äußern. Von der ethisch bedeutunglosen essence her ergibt sich aus dem „Interesse“ der Seienden ein Weltzustand des Konflikts.

Gegen diese Zusammenhänge machen sich in der Welt Gegenkräfte bemerkbar. Das Sprechen und Denken kann zunächst im Dienste der essence stehen. Es dient dann dem interessierten Seienden. Aber es gibt einen Überschuß im Sagen, der über diese Indienstnahme hinausgeht. Dieser zeigt sich, wenn ich mich sprechend an einen Anderen wende, ihm etwas „vorsetze“, und zwar so, daß ich mich ihm öffne. Sich-öffnen wird von Lévinas mit Sich-bloß-stellen zusammengebracht. Durch dieses Sprachgeschehen liefere ich mich dem Anderen aus. Sofern und solange dies im Dienste des Esse und des Interesse geschieht, bricht sich das Ethische in der Menschenwelt keine Bahn. Erst wenn das Sprachgeschehen unter dem Vorzeichen der Güte steht, rückt es in die wahrhaft menschliche Dimension. Dieses Ereignis der „Reduktion“ ist eine Verwandlung der Lebensweise eines Menschen und keine theoretisch-reflexive Operation oder Offenlegung zu schauender Wesenheiten. (Vgl. Lévinas *1974*, 17ff.)

Eine solche Öffnung zum Anderen behält dem Sprechenden keine Innerlichkeit mehr vor. Sie ist vorbehaltlos. Selbstbewußtheit und Sorge um das eigene Seinkönnen sind für dieses Ereignis nicht wesentlich. Der sich dem Anderen öffnende Mensch ist von sich abgelenkt und dem Anderen hingegeben. Seine Auslieferung an den Anderen erstreckt sich bis in die Leiblichkeit hinein. Im Leib ist die Betreffbarkeit am unmittelbarsten gegeben. Er wird von Lévinas als dasjenige Lebenszentrum thematisiert, in dem sich die Last aller Art niederschlägt und aufbewahrt. Lévinas nennt ihn daher auch „die Geduld des Lebens". Sein Blickpunkt auf ihn ist theologisch. Der Leib ist Ausdruck der Passivität des Geschöpfes und kann dem Selbstopfer des Einzelnen als Opfergabe dienen. Im Ertragen von Leid und im Opfer wird der Leib zum Ort des Umschlages des sinnlosen Seinsgeschehens, das aus der essence hervorgeht in die Sphäre der Güte, in der dem egoistischen Drang des Seienden Widerpart geboten wird. Anders als bei Sartre und Merleau-Ponty und über sie hinaus rücken Sinnlichkeit und Leib bei Lévinas in eine ethische Zentralstellung hinein, indem sie es dem Menschen ermöglichen, jenseits des Seins seiner Bestimmung zu leben. In diesem Sinne gilt: „Subjektivität ist Sensibilität." (Vgl. Lévinas *1974*, 97.) Konsequent wird eine anarchische Passivität der Kreatur allen ontologischen Unterscheidungen von Aktivität und Passivität vorgeordnet. Eine solche Sicht auf die Sinnlichkeit liegt den deutschen Phänomenologen fern.

Der Mensch ist der Möglichkeit des Wandels vom egoistischen Seienden in die dem anderen geöffnete Selbstlosigkeit aufgeschlossen. Erst aus bestimmt gearteten Verhältnissen zum Mitmenschen erwächst sein echter „Selbstand". Dieser besteht also nicht in der Rückbezogenheit auf sich selber, sondern in der Aufnahme der Verantwortung für andere. Sie zeigt sich als Bürgschaft und Stellvertretung. In diese Übernahme der Verantwortung für andere wird das selbständige-substantielle Wesen, das der Tradition als wahrhaft Seiendes gilt, von Lévinas überführt.

Lévinas versucht mittels des Begriffes der Spur der aus der Phänomenologie vertrauten methodischen Argumentation zu entgehen, daß die thematischen Phänomene je in ihrer Weise präsent zu sein haben, weil andernfalls die Phänomenologie ihre Maxime „zu den Sachen selbst" nicht realisieren kann. Wie soll von radikal Abwesendem

Erkenntnis möglich sein? Ist derartiges nicht Nicht-Seiendes? Lévinas sucht das Vor-ursprüngliche, das An-archische zu Wort zu bringen. Etwas, was sich entzogen hat und meiner Verfügungsgewalt unzugänglich ist, kann eine von ihm kündende Spur hinterlassen haben. In ihr macht sich die Abwesenheit von etwas bemerkbar. Dasjenige, was sich in der hinterlassenen Spur entzogen hat, läßt sich nicht in ein Wissen und damit in die Präsenz des Seins einholen. Mittels der Spur des abwesenden Anderen zielt Lévinas auf ein neues Verständnis des „transzendenten" Göttlichen, das seine Spuren so in der Welt hinterlassen hat, daß es die Ordnung der Welt stört – indem es „vorbeigegangen" ist. (Vgl. Lévinas *1983 d*, 209 ff.) Auch dieser Gedanke läuft strikt der phänomenologischen Selbstgebungsforderung zuwider.

Halten wir als Ergebnis unserer Skizze fest: Die von Lévinas angezielte Differenz zu Husserl und Heidegger betrifft nicht die Betonung des praktisch Ethischen, sondern ein neuartiges Sagen bekannter Dinge, das weder im Dienste des wissenden Schauens noch im Dienste des Seins steht. (Vgl. Lévinas *1985 a*, 195 ff./231 ff.) Für dieses Sagen beruft sich Lévinas in einer ambivalenten Weise auf die Phänomenologie, die er benutzt, um die abendländische Seinslehre insgesamt zu durchbrechen. Der Versuch, die an-archische „Subjektivität", die im ethischen Bezug existiert, so ins Wort zu bringen, daß das gesamte Bestimmungsarsenal der europäischen Philosophie auf die Seite gerückt wird, kann aber gleichwohl die Referenz auf den Logos, das Sein und die Präsenz nicht entbehren. (Vgl. Huizing *1988*, 174.) Ob er sich noch mit irgendeinem Recht auf die phänomenologische Analyse berufen kann, müßte in einer prinzipiellen Untersuchung des Sagens und seiner Möglichkeiten geprüft werden.

Literaturverzeichnis

Das Erscheinungsjahr jeweils zitierter Auflagen ist der mittleren Spalte zu entnehmen. Erscheinen an dieser Stelle Buchstabensiglen, so verweist die nicht-eingeklammerte Jahresangabe in der rechten Spalte auf die zitierte Auflage. Neuauflagen im Rahmen der Sekundärliteratur wurden – soweit den Verfassern bekannt – vermerkt. Vollständigkeit konnte jedoch nicht angestrebt werden. Häufig aufgelegter Primärliteratur wurden in der Regel keine Hinweise auf Neuauflagen beigefügt.

Siglen der Periodika

AGP	Archiv für Geschichte der Philosophie
BSFP	Bulletin de la Société Française de Philosophie
HSt	Husserl Studies
JBSP	The Journal of the British Society for Phenomenology
JPPF	Jahrbuch für Philosophie und phänomenologische Forschung
KSt	Kant-Studien
PJ	Philosophisches Jahrbuch
PPR	Philosophy and Phenomenological Research
PRdsch	Philosophische Rundschau
RM	Revue of Metaphysics
RMM	Revue de Métaphysique et de Morale
RPL	Revue Philosophique de Louvain
TM	Les Temps Modernes
TP/TF	Tijdschrift voor Philosophie/Tijdschrift voor Filosofie
ZPF	Zeitschrift für Philosophische Forschung

Aguirre, A. *1970* Genetische Phänomenologie und Reduktion. Zur Letztbe-

		gründung der Wissenschaft aus der radikalen Skepsis im Denken Husserls, Den Haag.
–	*1982*	Die Phänomenologie Husserls im Licht ihrer gegenwärtigen Interpretation und Kritik, Darmstadt.
Andrew, W.K.	*1982*	The Givenness of Self and Others in Husserl's Transcendental Phenomenology, in: Journal of Phenomenological Psychology 13 (1982) 85–100.
Apel, K.O.	*1968*	Heideggers philosophische Radikalisierung der „Hermeneutik" und die Frage nach dem „Sinnkriterium" der Sprache, in: Die hermeneutische Frage in der Theologie, hrsg. von O. Loretz und W. Strolz, Freiburg/Barcelona u.a. 1968, 86–152.
Arlt, G.	*1985*	Subjektivität und Wissenschaft. Zur Psychologie des Subjekts bei Natorp und Husserl, Würzburg.
Asemissen, H.U.	*1957*	Strukturanalytische Probleme der Wahrnehmung in der Phänomenologie Husserls, Köln.
Astruc, A./ Contat, M. (Mitarb.)	*1978*	Sartre. Ein Film von Alexandre Astruc und Michel Contat, Reinbek. (Franz.: Sartre. Un film réalisé par A. Astruc et M. Contat, Paris 1977.)
Audry, C.	*1966*	Jean-Paul Sartre et la realité humaine, Paris.
Avé-Lallemant, E.	*1975 a*	Die Antithese Freiburg – München in der Geschichte der Phänomenologie, in: Kuhn et al. (Hrsg.) *1975*, 19–38.
–	*1975 b*	Literaturverzeichnis [zu Max

		Scheler], in: Good (Hrsg.) *1975*, 281–284.
–	*1975c*	Die phänomenologische Reduktion in der Philosophie Max Schelers, in: Good (Hrsg.) *1975*, 159–178.
–	*1977*	Hedwig Conrad-Martius (1888–1966) – Bibliographie, in: ZPF 31 (1977) 301–309.
–	*1987*	Bibliographisches Verzeichnis, in: Scheler GW, Bd. 12, 366–373.
Avenarius, R.	*1927*	Der menschliche Weltbegriff, Leipzig. (1. Aufl. Leipzig 1891.)
Bassenge, F.	*1963*	Drang und Geist. Eine Auseinandersetzung mit Max Schelers Anthropologie, in: ZPF 17 (1963) 385–417.
Bast, R. A.	*1986*	Der Wissenschaftsbegriff Martin Heideggers im Zusammenhang seiner Philosophie, Stuttgart – Bad Cannstatt.
Beaufret, J.	*1973–1974*	Dialogue avec Heidegger. 3 Vol., Paris. (Dt. teilw. in: Wege zu Heidegger. Bd. 1, Frankfurt a. M. 1976.)
Becker, O.	*1923*	Beiträge zur phänomenologischen Begründung der Geometrie und ihrer physikalischen Anwendung, in: JPPF 6 (1923) 385–560.
–	*1927*	Mathematische Existenz. Untersuchungen zur Logik und Ontologie mathematischer Phänomene, in: JPPF 8 (1927) 339–809.
–	*1930*	Die Philosophie Edmund Husserls, in: KSt 35 (1930) 119–150. (Auch in: Noack (Hrsg.) *1973*, 129–167.)

Berlinger, R.	*1982*	Sartres Existenzerfahrung. Ein Anlaß zu philosophischer Nachdenklichkeit, Würzburg.
Biemel, W.	*1950a*	Husserls Encyclopaedia-Britannica-Artikel und Heideggers Anmerkungen dazu, in: TP 12 (1950) 246–280.
–	*1950b*	Le concept de monde chez Heidegger, Louvain/Paris.
–	*1959*	Die entscheidenden Phasen in der Entfaltung von Husserls Philosophie, in: ZPF 13 (1959) 187–213.
–	*1964*	Jean-Paul Sartre in Selbstzeugnissen und Bilddokumenten, Reinbek, [3]1988.
– (Hrsg.)	*1972*	Phänomenologie heute. Festschrift für Ludwig Landgrebe, Den Haag.
–	*1972*	Reflexionen zur Lebenswelt-Thematik, in: Biemel (Hrsg.) *1972*, 49–77.
Birault, H.	*1978*	Heidegger et l'expérience de la pensée, Paris.
Bleijendaal, H. L. K.	*1984*	Heidegger en Lévinas over de tijd, Amsterdam.
Boeder, H.	*1988*	Das Vernunft-Gefüge der Moderne, Freiburg/München.
Boehm, R.	*1959*	Zum Begriff des „Absoluten" bei Husserl, in: ZPF 13 (1959) 214–242.
–	*1963*	De kritiek van Levinas op Heidegger, in: TP 25 (1963) 585–604.
–	*1968*	Vom Gesichtspunkt der Phänomenologie. Husserl-Studien, Den Haag.
Boer, K.	*1978*	Maurice Merleau-Ponty. Die Entwicklung seines Strukturdenkens, Bonn.
Boer, Th. de	*1976*	Tussen filosofie en profetie.

		De wijsbegeerte van Emmanuel Levinas, Baarn. (Mit Bibliographie der Sekundärliteratur bis 1975.)
–	*1978*	The Development of Husserl's Thought, The Hague/Boston/London.
Bourdieu, P.	*1976*	Die politische Ontologie Martin Heideggers, Frankfurt a. M. (Franz. in: Actes de la recherche en sciences sociales 1 (1975) No. 5/6, 109–156.)
Brague, R.	*1982*	Heideggers Einfluß auf das französische Geistesleben. Elemente eines Rückblicks auf die bisherige Rezeptionsgeschichte, in: Zeitschrift für Theologie und Philosophie 57 (1982) 21–42.
Brand, G.	*1978*	Edmund Husserl. Zur Phänomenologie der Intersubjektivität, in: Husserl, Scheler, Heidegger in der Sicht neuer Quellen (= Phänomenologische Forschungen, Bd. 6/7), Freiburg/München 1978, 28–117.
Brecht, F. J.	*1948*	Bewußtsein und Existenz. Wesen und Wege der Phänomenologie, Bremen.
Breda, H. L. van (Hrsg.)	*1952*	Problèmes actuels de la phénoménologie. Actes du colloque international de phénoménologie, Bruxelles 1951, Paris.
–	*1959*	Die Rettung von Husserls Nachlaß und die Gründung des Husserl-Archivs in: Breda/Taminiaux (Hrsg.) *1959a*, 42–77.
Breda, H. L. van/	*1959a*	Husserl et la pensée moderne.

Taminiaux, J. (Hrsg.)		Husserl und das Denken der Neuzeit. Actes du deuxième colloque international de phénoménologie. Krefeld 1.–3. November 1956, La Haye.
–/– (Hrsg.)	*1959 b*	Edmund Husserl. 1859–1959, La Haye.
Brenk, B.	*1975*	Metaphysik des einen und absoluten Seins. Mitdenkende Darstellung der metaphysischen Gottesidee des späten Max Scheler, Meisenheim.
Brentano, F.	*1955*	Psychologie vom empirischen Standpunkt. Bd. 1, hrsg. von O. Kraus, Hamburg. (Wiederabdruck der Aufl. von 1924.)
–	*1959*	Psychologie vom empirischen Standpunkt. Bd. 2. Mit neuen Abhandlungen aus dem Nachlaß, hrsg. von O. Kraus, Hamburg. (Wiederabdruck der Aufl. von 1925.)
Broekman, J. M.	*1963*	Phänomenologie und Egologie. Faktisches und transzendentales Ego bei Edmund Husserl, Den Haag.
Buber, M.	*1945/ 1946*	The Philosophical Anthropologie of Max Scheler, in: PPR 6 (1945/1946) 307–321.
Burggraeve, R.	*1981*	Emmanuel Levinas. The Ethical Basis for a Humane Society. Bibliography 1929–1977, 1977–1981, Leuven. (Z. Zt. umfangreichste Bibliogr. d. Primär- und Sekundärlit., 59–154.)
Carr, D.	*1974*	Phenomenology and the Problem of History. A Study of Husserl's Transcendental Philosophy, Evanston (Ill.).
–	*1987*	Interpreting Husserl. Critical

		and Comparative Studies, Dordrecht/Boston/Lancaster.
Casper, B.	*1984*	Denken im Angesicht des Anderen, in: Verantwortung für den Anderen und die Frage nach Gott – Zum Werk von Emmanuel Levinas, hrsg. von H.H. Henrix, Aachen 1984, 17–36.
Caws, P.	*1979*	Sartre, London.
Celms, Th.	*1928*	Der phänomenologische Idealismus Husserls, in: Acta Universitatis Latviensis 19, Riga, 251–441.
Chapelle, A.	*1962*	L'ontologie phénoménologique de Heidegger. Un commentaire de Sein und Zeit, Paris.
Claesges, U.	*1972*	Zweideutigkeiten in Husserls Lebenswelt-Begriff, in: Claesges/Held (Hrsg.) *1972*, 85–101.
Claesges, U./ Held, K. (Hrsg.)	*1972*	Perspektiven transzendentalphänomenologischer Forschung. Für Ludwig Landgrebe zum 70. Geburtstag von seinen Kölner Schülern, Den Haag.
Conrad, Th.	*1911*	Über Wahrnehmung und Vorstellung, in: Münchener Philosophische Abhandlungen. Theodor Lipps zu seinem 60. Geburtstag gewidmet von früheren Schülern, Leipzig 1911.
–	*1968*	Zur Wesenslehre des psychischen Lebens und Erlebens, Den Haag.
Conrad-Martius, H.	*1916*	Zur Ontologie und Erscheinungslehre der realen Außenwelt. Verbunden mit einer

		Kritik positivistischer Theorien, in: JPPF 3 (1916) 345–542.
–	*1923*	Realontologie, in: JPPF 5 (1923) 159–333.
–	*1954*	Die Zeit, München.
–	*1958*	Der Raum, München.
–	*1959*	Die transzendentale und die ontologische Phänomenologie, in: Breda/Taminiaux (Hrsg.) *1959 b*, 175–184.
Contat, M./ Rybalka, M.	*1970*	Les écrits de Sartre. Chronologie, bibliographie commentée, Paris. (Erw. engl. Ausg.: The Writings of Jean-Paul Sartre, Evanston (Ill.) 1974.)
Danto, A. C.	*1986*	Jean-Paul Sartre, Göttingen. (Auch München 1977; engl.: Jean-Paul Sartre, New York/ London 1975.)
Demske, J. M.	*1963*	Sein, Mensch und Tod. Das Todesproblem bei Martin Heidegger, Freiburg/München, [3] 1984.
Descombes, V.	*1979*	Le même et l'autre. Quarante-cinq ans de philosophie française (1933–1978), Paris. (Dt.: Das Selbe und das Andere, Frankfurt a. M. 1981.)
Diemer, A.	*1959*	Die Phänomenologie und die Idee der Philosophie als strenge Wissenschaft, in: ZPF 13 (1959) 243–262.
Dreyfus, H. L. (Hrsg.)	*1982*	Husserl, Intentionality and Cognitive Science, Cambridge (Mass.)/London.
Dupuy, M.	*1959 a*	La philosophie de Max Scheler. Son évolution et son unité. 2 Tom., Paris.
–	*1959 b*	La philosophie de la religion chez Max Scheler, Paris.

Eberle, Th. S.	*1984*	Sinnkonstitution in Alltag und Wissenschaft. Der Beitrag der Phänomenologie an die Methodologie der Sozialwissenschaften, Bern/Stuttgart.
Eley, L.	*1962*	Die Krise des Apriori in der transzendentalen Phänomenologie Edmund Husserls, Den Haag.
Elliston, F. A./ McCormick, P. (Hrsg.)	*1977*	Husserl. Expositions and Appraisals, Notre Dame (Ind.)/ London.
Embree, L. E. (Hrsg.)	*1984*	Essays in Memory of Aron Gurwitsch. 1983, Washington.
Farber, M.	*1928*	Phenomenology as a Method and as a Philosophical Discipline, Buffalo.
–	*1943*	The Foundation of Phenomenology, Cambridge (Mass.).
– (Hrsg.)	*1950*	L'activité philosophique contemporaine en France et aux Etats-Unis. 2 Tom., Paris.
Figal, G.	*1988*	Martin Heidegger. Phänomenologie der Freiheit, Frankfurt a. M.
Fink, E.	*1966*	Studien zur Phänomenologie. 1930–1939. Eugen Fink zu seinem 60. Geburtstag, Den Haag.
–	*1976*	Nähe und Distanz. Phänomenologische Vorträge und Aufsätze, hrsg. von F.-A. Schwarz, Freiburg/München.
–	*1988*	VI. Cartesianische Meditation, Teil 1 u. 2, Dordrecht/Boston/London.
Føllesdal, D.	*1969*	Husserl's Notation of Noema, in: The Journal of Philosophy 66 (1969) 680–687.
–	*1986*	Rationalität in Husserls Phänomenologie, in: Vernunft

		und Kontingenz. Realität und Ethos in der Phänomenologie (= Phänomenoloische Forschungen, Bd. 19), Freiburg/München 1986, 35–52.
Franzen, W.	*1975*	Von der Existenzialontologie zur Seinsgeschichte. Eine Untersuchung über die Entwicklung der Philosophie Martin Heideggers, Meisenheim.
Frings, M. S.	*1965*	Max Scheler. A Concise Introduction into the World of a Great Thinker, Pittsburgh (Pa.).
–	*1969*	Person und Dasein. Zur Frage der Ontologie des Wertseins, Den Haag.
–	*1973*	Max Scheler: Drang und Geist, in: Grundprobleme der großen Philosophen. Philosophie der Gegenwart. Bd. 2, hrsg. von J. Speck, Göttingen 1973, 9–42. (2., erg. Aufl. 1981.)
–	*1974*	Bibliography (1963–1974) of primary and secondary literature, in: Max Scheler (1874–1928). Centennial Essays, ed. by M.S. Frings, The Hague 1974, 165–173.
Funke, G.	*1957*	Zur transzendentalen Phänomenologie, Bonn.
–	*1966*	Phänomenologie – Metaphysik oder Methode?, Bonn.
Gadamer, H.-G.	*1963*	Die phänomenologische Bewegung, in: PRdsch 11 (1963) 1–45.
Geiger, M.	*1933*	Alexander Pfänders methodische Stellung, in: Neue Münchener Philosophische Abhandlungen, hrsg. von E. Hel-

ler und F. Löw. Alexander Pfänder zu seinem 60. Geburtstag, Leipzig 1933, 1–16.

– *1976* Die Bedeutung der Kunst. Zugänge zu einer materialen Wertästhetik. Gesammelte, a. d. Nachlaß erg. Schriften zur Ästhetik, hrsg. von K. Berger und W. Henckmann, München.

Geraets, Th. F. *1971* Vers une nouvelle philosophie transcendantale. La genèse de la philosophie de Maurice Merleau-Ponty jusqu'à la „Phénoménologie de la perception", La Haye.

Gethmann, C. F. *1974* Verstehen und Auslegung. Das Methodenproblem in der Philosophie Martin Heideggers, Bonn.

– (Hrsg.) *1987* Lebenswelt und Wissenschaft. Studien zum Verhältnis von Phänomenologie und konstruktiver Wissenschaftstheorie, Bonn.

Giuliani-Tagmann, R. *1983* Sprache und Erfahrung in den Schriften von Maurice Merleau-Ponty, Bern/Frankfurt a. M./New York.

Good, P. *1975* Anschauung und Sprache. Vom Anspruch der Phänomenologie auf asymbolische Erkenntnis, in: Good (Hrsg.) *1975*, 11–126.

– (Hrsg.) *1975* Max Scheler im Gegenwartsgeschehen der Philosophie, Bern.

Grathoff, R. (Hrsg.) *1985* Alfred Schütz, Aron Gurwitsch. Briefwechsel 1939–1959, München. (Mit Bibliographien.)

Grathoff, R./ Sprondel, W. (Hrsg.) | *1976* | Maurice Merleau-Ponty und das Problem der Struktur in den Sozialwissenschaften, Stuttgart.

Grathoff, R./ Waldenfels, B. (Hrsg.) | *1983* | Sozialität und Intersubjektivität. Phänomenologische Perspektiven der Sozialwissenschaften im Umkreis von Aron Gurwitsch und Alfred Schütz, München.

Greef, J. de | *1971* | Levinas et la phénoménologie, in: RMM 76 (1971) 448–465.

Gregori, I. | *1977* | Merleau-Pontys Phänomenologie der Sprache, Heidelberg.

Grünewald, B. | *1977* | Der phänomenologische Ursprung des Logischen. Eine kritische Analyse der phänomenologischen Grundlegung der Logik in E. Husserls ‚Logischen Untersuchungen' Kastellaun.

Gurvitch, G. | *1930* | Les tendances actuelles de la philosophie allemande. E. Husserl, E. Lask, N. Hartmann, M. Heidegger, Paris. (Nachdruck 1949.)

Gurwitsch, A. | *1957* | Théorie du champ de la conscience, Bruges/Paris 1957. (Engl.: The Field of Consciousness, Pittsburgh (Pa.)/ Louvain 1964; dt.: Das Bewußtseinsfeld, Berlin/New York 1975.)

– | *1959* | Beitrag zur phänomenologischen Theorie der Wahrnehmung, in: ZPF 13 (1959) 419–437.

– | *1964* | Der Begriff des Bewußtseins bei Kant und Husserl, in: KSt 55 (1964) 410–427.

– | *1966* | Studies in Phenomenology

		and Psychology, Evanston (Ill.).
–	*1974*	Phenomenology and the Theory of Science, ed. by. L. Embree, Evanston (Ill.). (Aufsätze von 1937–1973.)
–	*1977*	Die mitmenschlichen Begegnungen in der Milieuwelt, hrsg. von A. Métraux, Berlin/New York.
Hammer, F.	*1972*	Theonome Anthropologie? Max Schelers Menschenbild und seine Grenzen, Den Haag.
Hartmann, K.	*1971*	Abstraction and Existence in Husserl's Phenomenological Reduction, in: JBSP 2 (1971) 10–18.
–	*1983*	Die Philosophie J.-P. Sartres. Zwei Untersuchungen zu L'être et le néant und zur Critique de la raison dialectique, Berlin/New York. (2., durchges. Aufl. d. Einzelveröff. d. Autors: Grundzüge der Ontologie Sartres in ihrem Verhältnis zu Hegels Logik, Berlin 1963; Sartres Sozialphilosophie, Berlin 1966.)
–	*1985*	Metaphysics in Husserlian Phenomenology, in: JBSP 16 (1985) 279–293.
Hasenhüttl, G.	*1972*	Gott ohne Gott. Ein Dialog mit J.-P. Sartre, Graz/Köln.
Heffernan, G.	*1983*	Bedeutung und Evidenz bei Husserl. Das Verhältnis zwischen der Bedeutungs- und Evidenztheorie in den „Logischen Untersuchungen" und der „Formalen und transzendentalen Logik". Ein Ver-

		gleich anhand der Identitätsproblematik, Bonn.
Heidegger, M.	GA	Gesamtausgabe. 1.–4. Abt., Frankfurt a. M. 1975 ff.
–	SZ	Sein und Zeit, Tübingen [9]1960. (Erstveröff. in JPPF 8 (1927) 1–438; als Sonderdruck Halle 1927.)
–	*1965*	Kant und das Problem der Metaphysik, Frankfurt a. M. (4. erw. Aufl. 1973; 1. Aufl. Bonn 1929.)
–	*1969*	Zur Sache des Denkens, Tübingen.
Helbo, A.	*1978*	L'enjeu du discours. Lecture de Sartre, Paris/Bruxelles.
Held, K.	*1966*	Lebendige Gegenwart. Die Frage nach der Seinsweise des transzendentalen Ich bei Edmund Husserl, entwickelt am Leitfaden der Zeitproblematik, Den Haag.
–	*1972*	Das Problem der Intersubjektivität und die Idee einer phänomenologischen Transzendentalphilosophie, in: Claesges/Held (Hrsg.) *1972*, 3–60.
Hering, J. (auch Héring)	*1946*	Von der phänomenologischen Bewegung. Ein Beitrag zur zeitgenössischen Philosophiegeschichte, in: Theologische Zeitschrift 2 (1946) 292–296.
Herrmann, F. W. v.	*1974*	Subjekt und Dasein. Interpretationen zu „Sein und Zeit", Frankfurt a. M.
–	*1981*	Der Begriff der Phänomenologie bei Heidegger und Husserl, Frankfurt a. M.
Hildebrand, D. von	*1916*	Die Idee der sittlichen Handlung, in: JPPF 3 (1916) 126–251.

–	*1922*	Sittlichkeit und ethische Werterkenntnis, in: JPPF 5 (1922) 462–602.
Hoche, H.-U.	*1982*	Beziehungen zwischen der Semantik Freges und der Noematik Husserls, in: AGP 64 (1982) 166–197.
Hoche, H.-U./ Strube, W.	*1985*	Analytische Philosophie, Freiburg/München.
Holenstein, E.	*1971*	Passive Genesis. Eine begriffsanalytische Studie, in: TF 13 (1971) 112–153.
–	*1972*	Phänomenologie der Assoziation. Zu Struktur und Funktion eines Grundprinzips der passiven Genesis bei E. Husserl, Den Haag.
Hoyos Vásquez, G.	*1976*	Intentionalität als Verantwortung. Geschichtsteleologie und Teleologie der Intentionalität bei Husserl, Den Haag.
Huch, K.J.	*1967*	Philosophiegeschichtliche Voraussetzungen der Heideggerschen Ontologie, Frankfurt a.M.
Hüni, H.	*1973*	Rekonstruktion des Fragens. Ein systematischer Versuch zum Ansatz von M. Heideggers Frage nach dem Sinn von Sein, Phil. Diss. Köln.
Huizing, K.	*1988*	Das Sein und der Andere. Lévinas' Auseinandersetzung mit Heidegger, Frankfurt a.M.
Husserl	*1939*	Revue Internationale de Philosophie 1 (1938/1939) No. 2 (1939). (Gedächtnis-Nummer zu Husserls Tod.)
–	*1959*	Husserl. Troisième colloque philosophique de Royaumont, 23–30 avril 1957, Paris.

Husserl, E.	Hua	Husserliana. Edmund Husserl. Gesammelte Werke, Bd. 1 ff., Haag 1950 ff.
–	*1919*	Erinnerungen an Franz Brentano, in: Kraus *1919*, 151–167.
–	*1972*	Erfahrung und Urteil. Untersuchungen zur Genealogie der Logik, red. und hrsg. von L. Landgrebe, mit Nachw. und Reg. von L. Eley, Hamburg. (1. Aufl. Prag 1939.)
Hutcheson, P.	*1980*	Husserl's Problem of Intersubjectivity, in: JBSP 11 (1980) 144–162.
Hyppolite, J.	*1971*	L'intersubjectivité chez Husserl, in: J. Hyppolite: Figures de la pensée philosophique. Ecrits, 1931–1968. Tom. 1, Paris 1971, 499–512.
Ihde, D./ Zaner, R. M. (Hrsg.)	*1977*	Interdisciplinary Phenomenology, The Hague.
Ingarden, R.	*1925*	Essentiale Fragen, in: JPPF 7 (1925) 125–304.
–	*1929*	Bemerkungen zum Problem Idealismus – Realismus, in: Festschrift, Edmund Husserl zum 70. Geburtstag gewidmet (= JPPF, Ergänzungsband 1929), 159–190. (Stuttgart ^{2}1974.)
–	*1931*	Das literarische Kunstwerk. Eine Untersuchung aus dem Grenzgebiet der Ontologie, Logik und Literaturwissenschaft, Halle.
–	*1950*	Kritische Bemerkungen von Professor Dr. Roman Ingarden, Krakau, in: Husserl Hua, Bd. 1, 205–218.
–	*1959*	Über den transzendentalen Idealismus bei E. Husserl, in:

		Breda/Taminiaux (Hrsg.) *1959a*, 190–204.
–	*1962*	Untersuchungen zur Ontologie der Kunst. Musikwerk, Bild, Architektur, Film, Tübingen.
–	*1964–1965*	Der Streit um die Existenz der Welt. 2 Bde., Tübingen.
– (Hrsg.)	*1968*	Edmund Husserl. Briefe an Roman Ingarden. Mit Erläuterungen und Erinnerungen an Husserl, Den Haag.
Janssen, P.	*1970*	Geschichte und Lebenswelt. Ein Beitrag zur Diskussion von Husserls Spätwerk, Den Haag.
–	*1972*	Ontologie, Wissenschaftstheorie und Geschichte im Spätwerk Husserls, in: Claesges/Held (Hrsg.) *1972*, 145–163.
–	*1976*	Edmund Husserl. Einführung in seine Phänomenologie, Freiburg/München.
–	*1979*	Die Problematik der Rede von der Lebenswelt als Fundament der Wissenschaft, in: Ströker (Hrsg.) *1979*, 56–67.
–	*1985*	Zeit und Zeitlichkeit. Zeit als Realisierungsbedingung der Erkenntnis und die Zeitlichkeit des Erkennens, in: Perspektiven der Philosophie. Neues Jahrbuch 11 (1985) 73–90.
–	*1987*	Zum Lebensweltproblem bei Merleau-Ponty, in: Begegnung der Kulturen in Ost und West. Festschrift für H. Kwon, Seoul 1987, 223–243.
Jeanson, F.	*1952*	La phénoménologie, Paris.

–	*1955*	Sartre par lui-même, Paris. (Reprint 1974.)
Kaelin, E. F.	*1962*	An Existential Aesthetics. The Theories of Sartre and Merleau-Ponty, Madison (Wis.).
Kampits, P.	*1975*	Sartre und die Frage nach dem Anderen. Eine sozialontologische Untersuchung, Wien/München. (Auch zu Heidegger 76–87.)
Kaufmann, Fr.	*1940*	Art and Phenomenology, in: Farber (Hrsg.) *1940,* 187–202. (Auch in: Essays in Phenomenology, ed. by M. Natanson, The Hague 1969, 144–156.)
–	*1960*	Das Reich des Schönen. Bausteine zu einer Philosophie der Kunst, Stuttgart.
Kelkel, L.	*1956*	Le problème de l'autre dans la phénoménologie transcendental de Husserl, in: RMM 61 (1956) 40–52.
Kern, I.	*1962*	Die drei Wege zur transzendentalphänomenologischen Reduktion in der Philosophie Edmund Husserls, in: TP 24 (1962) 303–349.
Kersten, F./ Zaner, R. M. (Hrsg.)	*1973*	Phenomenology. Continuation and Criticism. Essays in Memory of Dorion Cairns, The Hague.
Kockelmans, J. J.	*1967*	A First Introduction into Husserl's Phenomenology, Pittsburgh (Pa.)/Louvain.
–	*1972*	Gestalt Psychology and the Phenomenology in Gurwitsch's Conception of Thematics, in: Life-World and Consciousness. Essays for Aron Gurwitsch, ed. by L. E.

		Embree, Evanston (Ill.) 1972, 263–285.
–	*1979*	Deskriptive oder interpretierende Phänomenologie in Schütz' Konzeption der Sozialwissenschaft, in: Sprondel/Grathoff (Hrsg.) *1979*, 26–42.
Kolakowski, L.	*1975*	Husserl and the Search for Certitude, New Haven/London. (Dt.: Die Suche nach der verlorenen Gewißheit. Denk-Wege mit Edmund Husserl, Stuttgart 1977.)
Kraus, O.	*1919*	Franz Brentano. Zur Kenntnis seines Lebens und seiner Lehre mit Beiträgen von Carl Stumpf und Edmund Husserl, München.
Kreis, F.	*1930*	Phänomenologie und Kritizismus, Tübingen.
Krewani, W. N.	*1982*	Zum Zeitbegriff in der Philosophie Emmanuel Lévinas', in: Studien zum Zeitproblem in der Philosophie des 20. Jahrhunderts (= Phänomenologische Forschungen, Bd. 13), Freiburg/München 1982, 107–127.
Küng, G.	*1975*	Zum Lebenswerk von Roman Ingarden. Ontologie, Erkenntnistheorie und Metaphysik, in: Kuhn et al. (Hrsg.) *1975,* 158–173. (Mit Bibliographie.)
Kuhn, H. et al. (Hrsg.)	*1975*	Die Münchener Phänomenologie. Vorträge des Internationalen Kongresses in München 13.–18. April 1971, Den Haag.
Kwant, R. C.	*1963*	The Phenomenological Philosophy of Merleau-Ponty, Pittsburgh (Pa.).

Landgrebe, L. *1963* Der Weg der Phänomenologie, Gütersloh.

– *1964* Husserl, Heidegger, Sartre. Trois aspects de la phénoménologie, in: RMM 69 (1964) 365–380.

– *1968* Phänomenologie und Geschichte, Darmstadt. (Auch Gütersloh 1967.)

– *1975* Geschichtsphilosophische Perspektiven bei Scheler und Husserl, in: Good (Hrsg.) *1975*, 70–90.

– *1976* Die Phänomenologie als transzendentale Theorie der Geschichte, in: Phänomenologie und Praxis (= Phänomenologische Forschungen, Bd. 3), Freiburg/München 1976, 17–47.

– *1977* Lebenswelt und Geschichtlichkeit des menschlichen Daseins, in: Waldenfels et al. (Hrsg.) *1977–1979,* Bd. 2, 13–58.

– *1980* Phänomenologische Analyse und Dialektik, in: Dialektik und Genesis in der Phänomenologie (= Phänomenologische Forschungen, Bd. 10), Freiburg/München 1980, 21–88.

– *1982* Faktizität und Individuation. Studien zu den Grundfragen der Phänomenologie, Hamburg.

Langan, T. *1966* Merleau-Ponty's Critique of Reason, New Haven.

Lapointe, F. H. *1980* Edmund Husserl and his Critics. An International Bibliography (1894–1979). Preceded by a Bibliography of Husserl's

		Writings, Bowling Green (Ohio).
Lapointe, F. H./ Lapointe, C. C.	*1976*	Maurice Merleau-Ponty and his Critics. An International Bibliography (1942–1976). Preceded by a Bibliography of Merleau-Ponty's Writings, New York/London.
–/–	*1981*	Jean-Paul Sartre and his Critics. An International Bibliography (1938–1980), Bowling Green (Ohio). (Erw. Aufl. d. 1. Aufl. v. 1975.)
Lefeuvre, M.	*1976*	Merleau-Ponty au-delà de la phénoménologie, Paris.
Lembeck, K.-H.	*1987*	„Faktum Geschichte" und die Grenzen phänomenologischer Geschichtsphilosophie, in: HSt 4 (1987) 209–224.
–	*1988*	Gegenstand und Geschichte. Geschichtswissenschaftstheorie in Husserls Phänomenologie, Dordrecht/Boston/Lancaster.
Lenz-Medoc, P.	*1951*	Max Scheler und die französische Philosophie, in: PJ 61 (1951) 297–303.
Leonardy, H.	*1976*	Liebe und Person. Max Schelers Versuch eines „phänomenologischen" Personalismus, The Hague.
Levinas	*1980*	Levinas. Exercices de la patience, Paris. (Mit Bibliographie bis 1979.)
Lévinas, E. (auch Levinas)	*1930*	La théorie de l'intuition dans la phénoménologie de Husserl, Paris, ^{4}1978.
–	*1947 a*	Le temps et l'autre, in: Wahl et al. (Hrsg.) *1947*, 125–196. (Als Einzelveröff.: Montpellier 1979, Paris 1983; dt.: Die

Zeit und der Andere, Hamburg 1984.)
– *1947 b* De l'existence à l'existant, Paris. (2., erw. Aufl. 1978; dt.: Vom Sein zum Seienden, Freiburg/München 1990 [in Vorb.].)
– *1967* En découvrant l'existence avec Husserl et Heidegger, Paris. (2., erw. Aufl. d. Erstveröff. von 1949; [4]1982; dt. teilw. in: Lévinas *1983 a*.)
– *1968* Un Dieu homme, in: Qui est Jésus Christ?, Paris 1968, 186–192.
– *1974* Autrement qu'être ou au-delà de l'essence, La Haye. (Dt.: Jenseits des Seins oder anders als Sein geschieht, Freiburg/München 1990 [in Vorb.].)
– *1980* Totalité et infini. Essai sur l'extériorité. La Haye. (Erstaufl. 1961; dt.: Lévinas *1987*.)
– *1982 a* De Dieu qui vient à l'idée, Paris. (Dt.: Lévinas *1985 a*.)
– *1982 b* Ethique et infini. Dialogues avec Philippe Nemo, Paris.
– *1983 a* Die Spur des Anderen. Untersuchungen zur Phänomenologie und Sozialphilosophie, hrsg. von W. N. Krewani, Freiburg/München, [2]1987.
– *1983 b* Intentionalität und Metaphysik, in: Lévinas *1983 a*, 140–153. (Franz. Erstveröff. in: Revue philosophique de la France et de l'Etranger 84 (1959) 471–479.)
– *1983 c* Die Philosophie und die Idee des Unendlichen, in: Lévinas

		1983a, 185–208. (Franz. Erstveröff. in: RMM 62 (1957) 241–253.)
–	*1983d*	Die Spur des Anderen, in: Lévinas *1983a*, 209–235. (Franz. Erstveröff. in: TP 25 (1963) 605–623.)
–	*1983e*	Überlegungen zur phänomenologischen „Technik“, in: Lévinas *1983a*, 81–102. (Franz. Erstveröff. in: *Husserl 1959*, 95–107, Diskussion: 108–119.)
–	*1985a*	Wenn Gott ins Denken einfällt. Diskurse über die Betroffenheit von Transzendenz, Freiburg/München. (Franz.: Lévinas *1982a*.)
–	*1985b*	Fragen und Antworten, in: Lévinas *1985a*, 96–131. (Franz. in: Lévinas *1982a*, 128–157.)
–	*1987*	Totalität und Unendlichkeit. Versuch über die Exteriorität, Freiburg/München. (Franz.: Lévinas *1980*.)
Linke, P. F.	*1931*	Gegenstandsphänomenologie, in: Philosophische Hefte 2 (1931) 65–90.
–	*1953*	Die Philosophie Franz Brentanos, in: ZPF 7 (1953) 89–99.
Lipps, H.	*1976–1977*	Werke. 5 Bde., Frankfurt a. M.
List, E./Srubar, I. (Hrsg.)	*1988*	Alfred Schütz. Neue Beiträge zur Rezeption seines Werkes, Amsterdam.
Löwith, K.	*1928*	Das Individuum in der Rolle des Mitmenschen, München. (Auch Darmstadt 1962 sowie in: Karl Löwith. Sämtliche

		Schriften, Bd. 1, hrsg. von K. Stichweh und M. B. de Launay, Stuttgart 1981, 9–197.)
Lorscheid, B.	*1962*	Das Leibphänomen. Eine systematische Darbietung der Schelerschen Wesensschau des Leiblichen in Gegenüberstellung zu leibontologischen Auffassungen der Gegenwartsphilosophie, Bonn.
Lowit, A.	*1954*	Pourquoi Husserl n'est ce pas platonicien, in: Les Etudes Philosophiques 9 (1954) 324–336.
Lübbe, H.	*1954*	Das Ende des phänomenologischen Platonismus. Eine kritische Betrachtung aus Anlaß eines neuen Buches, in: TP 16 (1954) 639–666.
–	*1960*	Positivismus und Phänomenologie (Mach und Husserl), in: Beiträge zu Philosophie und Wissenschaft. Wilhelm Szilasi zum 70. Geburtstag, hrsg. von H. Höfling, München 1960, 161–184.
–	*1972*	Bewußtsein in Geschichten. Studien zur Phänomenologie der Subjektivität. Mach, Husserl, Schapp, Wittgenstein, Freiburg.
Lyotard, J.-F.	*1954*	La phénoménologie, Paris.
Mach, E.	*1886*	Beiträge zur Analyse der Empfindungen. 1. Abt., Jena. (Weitere Aufl. unter d. Titel: E. Mach: Die Analyse der Empfindungen und das Verhältnis des Physischen zum Psychischen, Jena; [9]1922.)
Madison, G. B.	*1973*	La phénoménologie de Merleau-Ponty. Une recherche

		des limites de la conscience, Paris.
Marbach, E.	*1974*	Das Problem des Ich in der Phänomenologie Husserls, Den Haag.
Marcel, G.	*1935*	Etre et avoir, Paris. (Dt.: Sein und Haben, Paderborn 1954.)
Marx, Werner	*1961*	Heidegger und die Tradition. Eine problemgeschichtliche Einführung in die Grundbestimmungen des Seins, Stuttgart. (2., durchges. Aufl. Hamburg 1980.)
–	*1969*	Das Problem der Sonderwelten bei Husserl, in: Gegenwart und Tradition. Strukturen des Denkens. Eine Festschrift für Bernhard Lakebrink, hrsg. von C. Fabro, Freiburg i. Br. 1969, 167–180.
–	*1987*	Die Phänomenologie Edmund Husserls. Eine Einführung, München.
Mayer-Hillebrand, F.	*1959*	Franz Brentanos ursprüngliche und spätere Seinslehre und ihre Beziehung zu Husserls Phänomenologie, in: ZPF 13 (1959) 316–339.
McGinn, C.	*1984*	What is the Problem of Other Minds?, in: Proceedings of the Aristotelien Society, Suppl. Vol. 58 (1984) 119–137.
Meinong, A.	*1988*	Über Gegenstandstheorie. Selbstdarstellung, hrsg. von J. M. Werle, Hamburg.
Meist, K. R.	*1980*	Monadologische Intersubjektivität. Zum Konstitutionsproblem von Welt und Geschichte bei Husserl, in: ZPF 34 (1980) 561–589.
Melle, U.	*1983*	Das Wahrnehmungsproblem

		und seine Verwandlung in phänomenologischer Einstellung. Untersuchungen zu den phänomenologischen Wahrnehmungstheorien von Husserl, Gurwitsch und Merleau-Ponty, The Hague/Boston/Lancaster.
Merker, B.	*1988*	Selbsttäuschung und Selbsterkenntnis. Zu Heideggers Transformation der Phänomenologie Husserls, Frankfurt a. M.
Merleau-Ponty	*1961/ 1962*	TM 17 (1961/1962) No. 184/ 185, 193–436. (Zu Merleau-Ponty.)
–	*1971*	L'Arc 46 (1971). (Zu Merleau-Ponty.)
–	*1982*	Esprit (1982) No. 6. (Zu Merleau-Ponty.)
Merleau-Ponty, M.	*1945*	Phénoménologie de la perception, Paris. (Dt. Übers.: Merleau-Ponty PW.)
–	*1948*	Sens et non-sens, Paris. (Engl.: Sense and Non-Sense, Evanston (Ill.) 1964.)
–	*1952*	Les sciences de l'homme et la phénoménologie. Les cours de Sorbonne, Paris. (1. Teil d. 2jähr. Vorl.; dt. Übers. beider Teile in: Merleau-Ponty *1973*, 129–226.)
–	*1953*	Eloge de la philosophie, Paris. (Dt. in: Merleau-Ponty *1973*, 15–50.)
–	*1955*	Les adventures de la dialectique, Paris. (Dt.: Die Abenteuer der Dialektik, Frankfurt a. M. 1968.)
–	*1960*	Signes, Paris. (Engl.: Signs,

Evanston (Ill.) 1964; dt. teilw. in: Merleau-Ponty *1984*.)

– *1961* L'œil et l'esprit, in: Art de France 1 (1961) 187–208. (Auch in: TM 17 (1961/1962) No. 184/185, 193–227; Buchausgabe: Paris 1964; dt. in: Merleau-Ponty *1984*, 13–43.)

– *1964 a* Le visible et l'invisible, éd. par C. Lefort, Paris. (Dt.: Merleau-Ponty SU.)

– *1964 b* Maurice Merleau-Ponty à la Sorbonne. Résumés de ses cours établi par des étudiants et approuvé par lui-même, in: Bulletin de Psychologie 18 (1964) 109–336.

– PW Phänomenologie der Wahrnehmung, Berlin 1966. (Dt. Übers. von: Merleau-Ponty *1945*.)

– *1967* La structure du comportement, Paris. (1. Aufl. 1942; 2., erw. Aufl. 1949; dt.: Merleau-Ponty SV.)

– *1968* Résumés de cours. Collège de France 1952–1960. Avertissement par C. Lefort, Paris. (Dt. in: Merleau-Ponty *1973*, 51–128.)

– *1969* La prose du monde, éd. par C. Lefort, Paris. (Dt.: Die Prosa der Welt, München 1984.)

– *1973* Vorlesungen. Bd. 1, Berlin/New York.

– SV Die Struktur des Verhaltens, Berlin/New York 1976. (Dt. Übers. von: Merleau-Ponty *1967*.)

– *1984* Das Auge und der Geist. Philosophische Essays, hrsg. von

		H. W. Arndt, Hamburg. (Durchges. Neuaufl. d. 1. Aufl. Reinbek 1967.)
–	SU	Das Sichtbare und das Unsichtbare. Gefolgt von Arbeitsnotizen, München 1986. (Dt. Übers. von: Merleau-Ponty *1964 a*.)
Mészáros, I.	*1979*	The Work of Sartre. Vol. 1, Brighton (Sussex) / Atlantic Highlands (N.J.).
Métreaux, A.	*1973*	Max Scheler ou la phénoménologie des valeurs, Paris.
–	*1975*	Edmund Husserl und Moritz Geiger, in: Kuhn et al. (Hrsg.) *1975*, 139–157.
Metzger, A.	*1915*	Untersuchungen zur Frage der Differenz der Phänomenologie und des Kantianismus. Versuche einer erkenntnistheoretischen Studie am Gegenstandsbegriff, Jena.
–	*1925*	Der Gegenstand der Erkenntnis. Studien zur Phänomenologie des Gegenstandes (1. Teil), in: JPPF 7 (1925) 613–770.
Meyer, R. W.	*1955*	Merleau-Ponty und das Schicksal des französischen Existentialismus, in: PRdsch 3 (1955) 129–165.
Misch, G.	*1967*	Lebensphilosophie und Phänomenologie. Eine Auseinandersetzung der Diltheyschen Richtung mit Heidegger und Husserl, Stuttgart. (1. Aufl. Bonn 1939.)
Mohanty, J. N.	*1976*	Edmund Husserl's Theory of Meaning, The Hague. (1. Aufl. 1964.)

– *1982* Husserl and Frege, Bloomington (Ind.).

– *1985* The Possibility of Transcendental Philosophy, Dordrecht/Boston/Lancaster.

– *1986* Phänomenologische Rationalität und die Überwindung des Relativismus, in: Vernunft und Kontingenz. Realität und Ethos in der Phänomenologie (= Phänomenologische Forschungen, Bd. 19), Freiburg/München 1986, 53–74.

Müller, M. *1949* Existenzphilosophie im geistigen Leben der Gegenwart, Heidelberg. (3., wesentl. erw. u. verb. Aufl. 1964; 4., erneut erw. Aufl. unter d. Titel: Existenzphilosophie. Von der Metaphysik zur Metahistorik, hrsg. von A. Halder, Freiburg/München 1986.)

Müller, W. H. *1956* Die Philosophie Edmund Husserls nach den Grundzügen ihrer Entstehung und ihrem systematischen Gehalt, Bonn.

Müller-Lauter, W. *1960* Der Vorrang der Möglichkeit vor der Wirklichkeit im Denken Martin Heideggers, Berlin.

Natanson, M. (Hrsg.) *1970* Phenomenology and Social Reality. Essays in Memory of Alfred Schutz, The Hague. (Mit Bibliographie.)

Nitta, Y. (Hrsg.) *1984* Japanische Beiträge zur Phänomenologie, Freiburg/München.

Noack, H. *1962* Scheler und die phänomenologische Schule, in: H. Noack: Die Philosophie Westeuropas

		im zwanzigsten Jahrhundert, Basel/Stuttgart 1962, 224–243.
– (Hrsg.)	*1973*	Husserl, Darmstadt.
Orth, E.W.	*1977*	Anthropologie und Intersubjektivität. Zur Frage von Transzendentalität oder Phänomenalität der Kommunikation, in: Mensch, Welt, Verständigung. Perspektiven einer Phänomenologie der Kommunikation (= Phänomenologische Forschungen, Bd. 4), Freiburg/München 1977, 103–129.
Passweg, S.	*1939*	Phänomenologie und Ontologie. Husserl – Scheler – Heidegger, Zürich.
Patočka	*1985*	Studien zur Philosophie von Jan Patočka (= Phänomenologische Forschungen, Bd. 17), Freiburg/München.
Patočka, J.	*1988*	Le monde naturelle et le mouvement de l'existence humaine, Dordrecht/Boston/London.
Patzig, G.	*1971*	Kritische Bemerkungen zu Husserls Thesen über das Verhältnis von Wahrheit und Evidenz, in: Phänomenologie und Sprachanalyse (= Neue Hefte für Philosophie, H. 1), Göttingen, 12–32.
Pazanin, A.	*1972*	Wissenschaft und Geschichte in der Phänomenologie Edmund Husserls, Den Haag.
Peursen, C. A. van	*1972*	Phenomenology and Reality, Pittsburgh (Pa.) / Louvain.
Pfänder, A.	*1900*	Phänomenologie des Wollens. Eine psychologische Analyse, Leipzig. (3. Aufl. Tübingen

		1963 innerhalb der Gesammelten Schriften Pfänders.)
–	*1904*	Einführung in die Psychologie, Leipzig.
–	*1913/ 1916*	Zur Psychologie der Gesinnungen, in: JPPF 1 (1913) 325–404; JPPF 3 (1916) 1–125.
–	*1933*	Die Seele des Menschen. Versuch einer verstehenden Psychologie, Halle.
–	*1973*	Schriften aus dem Nachlaß zur Phänomenologie und Ethik. 2 Bde., hrsg. von H. Spiegelberg, München.
Pietersma, H.	*1967*	Husserl and Frege, in: AGP 49 (1967) 298–323.
Pitte, M. M. van de	*1977*	Husserl's Solipsism, in: JBSP 8 (1977) 123–125.
Plessner, H.	*1985*	Gesammelte Schriften, hrsg. von G. Dux et al., Bd. 9, Frankfurt a. M. (Zu Husserl: Phänomenologie. Das Werk Edmund Husserls, 122–147; Bei Husserl in Göttingen, 344–354; Husserl in Göttingen, 355–372.)
Pöggeler, O.	*1963*	Der Denkweg Martin Heideggers, Pfullingen.
– (Hrsg.)	*1969*	Heidegger. Perspektiven zur Deutung seines Werks, Köln/ Berlin.
–	*1983*	Heidegger und die hermeneutische Philosophie, Freiburg/ München.
Pugliese, O.	*1965*	Vermittlung und Kehre. Grundzüge des Geschichtsdenkens bei Martin Heidegger, Freiburg/München, [2]1986.
Reinach, A.	*1921*	Gesammelte Schriften, hrsg. von seinen Schülern, Halle.

–	*1951*	Was ist Phänomenologie?, München.
Richardson, W.J.	*1963*	Heidegger. Through Phenomenology to Thought, The Hague.
–	*1964/ 1965*	Heideggers Weg durch die Phänomenologie zum Seinsdenken, in: PJ 72 (1964/1965) 385–396.
Richir, M.	*1981*	Recherches phénoménologiques, Bruxelles.
Ricœur, P.	*1957*	Phénoménologie existentielle, in: Encyclopédie Française, Vol. 19, Paris 1957, 19.10.8–19.10.12.
Rodi, F. (Hrsg.)	*1987*	Dilthey-Jahrbuch für Philosophie und Geschichte der Geisteswissenschaften. Bd. 4, 1986–1987, Göttingen. (Zu Heidegger.)
Rombach, H.	*1962*	Die Gegenwart der Philosophie. Eine geschichtsphilosophische und philosophiegeschichtliche Studie über den Stand des philosophischen Fragens, Freiburg/München. ([2]1964; 3. grundleg. neubearb. Aufl. 1988.)
–	*1975*	Die Erfahrung der Freiheit. Phänomenologie und Metaphysik in Widerstreit und Versöhnung, in: Good (Hrsg.) *1975*, 57–78.
Rosales, A.	*1970*	Transzendenz und Differenz. Ein Beitrag zum Problem der ontologischen Differenz beim frühen Heidegger, Den Haag.
–	*1984*	Zum Problem der Kehre im Denken Martin Heideggers, in: ZPF 38 (1984) 241–262.
Sallis, J.	*1971*	On the Limitation of Tran-

		scendental Reflection or is Intersubjectivity Transcendental?, in: The Monist 55 (1971) 312–333.
Sartre	*1966*	L'Arc 30 (1966). (Zu Sartre.)
–	*1970*	JBSP 1 (1970) No. 2. (Zu Sartre.)
–	*1975 a*	L'Arc 61 (1975). (Zu Sartre.)
–	*1975 b*	Magazine littéraire No. 103/104 (1975). (Zu Sartre.)
Sartre, J.-P.	*1936*	L'imagination, Paris. (Dt. in: Sartre *1982 a*, 97–242.)
–	*1936/1937*	La transcendance de l' ego. Esquisse d'une description phénoménologique, in: Recherches philosophiques 6 (1936/1937) 85–123. (Dt.: Sartre *1982 b*.)
–	*1939*	Esquisse d'une théorie des émotion, Paris. (Dt. in: Sartre *1982 a*, 255–318.)
–	*1940*	L'imaginaire. Psychologie phénoménologique de l'imagination, Paris. (Dt.: Das Imaginäre, Reinbek 1971.)
–	*1943*	L'être et le néant. Essai d'ontologie phénoménologique, Paris. (Dt.: Sartre SN.)
–	*1946*	L'existentialisme est un humanisme, Paris. (Dt. in: Sartre *1971 a*, 7–51.)
–	*1947–1949*	Situations. Vol. 1–3, Paris.
–	*1948*	Conscience de soi et connaissance de soi, in: BSFP 42 (1948) 49–91. (Dt.: Bewußtsein und Selbsterkenntnis. Die Seinsdimension des Subjekts, Reinbek 1982.)
–	*1960*	Critique de la raison dialectique, précédé de ‚Question de

methode'. T. 1, Paris 1960. (Dt.: Kritik der dialektischen Vernunft, Reinbek 1967.)

– *1961/1962* Merleau-Ponty vivant, in: TM 17 (1961/1962) No. 184/185, 304–376. (Auch in: Sartre *1964*, 189–287; dt. in: J.-P. Sartre: Porträts und Perspektiven, Reinbek 1968, 152–230 sowie in: Freundschaft und Ereignis. Begegnung mit Merleau-Ponty, Frankfurt a. M. 1962.)

– SN Das Sein und das Nichts. Versuch einer phänomenologischen Ontologie, Reinbek 1962. (Dt. Übers. von: Sartre *1943*.)

– *1971 a* Drei Essays, Frankfurt a. M., Berlin/Wien.

– *1971 b* Materialismus und Revolution, in: Sartre *1971 a*, 52–107. (Erstveröff. franz. in: TM 1 (1946) No. 9, 1537–1563; No. 10, 1–32.)

– *1971–1972* L'idiot de la famille. 3 Vol., Paris. (Dt.: Der Idiot der Familie. 5 Bde., Reinbek 1977–1980.)

– *1982 a* Die Transzendenz des Ego. Philosophische Essays 1931–1939, hrsg. von B. Schuppener, Reinbek.

– *1982 b* Eine fundamentale Idee der Phänomenologie Husserls: die Intentionalität, in: Sartre *1982 a*, 33–37.

– *1982 c* Die Transzendenz des Ego, in: Sartre *1982 a*, 39–92.

– *1983* Cahiers pour une morale, Paris.

Sass, H.-M. *1982* Martin Heidegger. Bibliography and Glossary, Bowling Green (Ohio).

Schapp, W. *1910* Beiträge zur Phänomenologie der Wahrnehmung, Halle/Göttingen. (3., gegenüber d. 1. unveränderte Aufl. Frankfurt a.M. 1981.)

– *1953* In Geschichten verstrickt. Zum Sein von Mensch und Ding, Hamburg ³1985.

– *1959* Philosophie der Geschichten, Leer. (Wiederabdr. Wiesbaden 1975; 2. durchges. Aufl., hrsg. von J. Schapp und P. Heiligenthal, Frankfurt a.M. 1981.)

– *1965* Metaphysik der Naturwissenschaft, Den Haag. (2. Aufl.: W. Schapp: Wissen in Geschichten. Zur Metaphysik der Naturwissenschaft, Wiesbaden 1976; 3., gegenüber d. 2. unveränderte Aufl. Frankfurt a.M. 1981.)

Scheler, M. GW Gesammelte Werke. Bd. 1ff., Bern 1954ff.

Schilpp, P.A. (Hrsg.) *1981* The Philosophy of Jean-Paul Sartre, La Salle (Ill.).

Schmücker, F.G. *1956* Phänomenologie als Methode der Wesenserkenntnis. Unter besonderer Berücksichtigung der Göttinger Phänomenologenschule, München.

Schütz, A. (auch Schutz) *1957* Das Problem der transzendentalen Intersubjektivität bei Husserl, in: PRdsch 5 (1957) 81–107. (Auch in: Schütz *1971–1972*, Bd. 3, 86–118.)

– *1959* Husserl's Importance for the Social Sciences, in: Breda/Taminiaux (Hrsg.) *1959b*, 86–98.

– *1971a* Max Schelers Philosophie, in: Schütz *1971–1972*, Bd. 3, 171–183. (Zuerst franz. in: Les philosophes célèbres, éd. par M. Merleau-Ponty, Paris 1956, 330–335.)

– *1971b* Schelers Theorie der Intersubjektivität, in: Schütz *1971–1972*, Bd. 1, 180–206. (Zuerst engl. in: PPR 2 (1941/1942) 323–347.)

– *1971c* Max Schelers Erkenntnistheorie und Ethik, in: Schütz *1971–1972*, Bd. 3, 184–219. (Erw. Fassung d. engl. Erstveröff. aus: RM 11 (1957/1958) 304–314, 486–501.)

– *1971–1972* Gesammelte Aufsätze. 3 Bde., Den Haag. (Dt. Übers. von: A. Schutz: Collected Papers. 3 Vol., The Hague 1962–1966.)

– *1974* Der sinnhafte Aufbau der sozialen Welt. Eine Einleitung in die verstehende Soziologie, Frankfurt a. M. (1. Aufl. Wien 1932.)

Schütz, A./Luckmann, Th. *1970–1984* Strukturen der Lebenswelt. 2 Bde., Frankfurt a. M.

Schuhmann, K. *1971* Die Fundamentalbetrachtung der Phänomenologie. Zum Weltproblem in der Philosophie Edmund Husserls, Den Haag.

– *1973* Die Dialektik der Phänomenologie. 2 Bde., Den Haag.

– *1977* Husserl-Chronik. Denk- und Lebensweg Edmund Husserls, Den Haag.

– *1984* „Phänomenologie“: Eine be-

		griffsgeschichtliche Reflexion, in: HSt 1 (1984) 31–68.
–	*1987 a*	Koyré et les phénoménologues allemande, in: History and Technology 4 (1987) 145–163.
–	*1987 b*	Husserl und Reinach, in: Speech Act and Sachverhalt. Reinach and the Foundations of Realist Phenomenology, ed. by K. Mulligan, Dordrecht/Boston/Lancaster 1987, 239–256.
Schuhmann, K./ Smith, B.	*1984/ 1985*	Against Idealism: Johannes Daubert vs. Husserl's Ideas I, in: RM 38 (1984/1985) 763–793.
–	*1986/ 1987*	Questions: An Essay in Daubertian Phenomenology, in: PPR 47 (1986/1987) 353–384.
–	*1987*	Adolf Reinach (1887–1917): An Intellectual Biography, in: Speech Act and Sachverhalt. Reinach and the Foundations of Realist Phenomenology, ed. by K. Mulligan, Dordrecht/Boston/Lancaster 1987, 3–27.
Schulz, W.	*1953/ 1954*	Über den philosophiegeschichtlichen Ort Martin Heideggers, in: PRdsch 1 (1953/1954) 65–93, 211–232. (Auch in: Pöggeler (Hrsg.) *1969*, 95–139.)
Seebohm, Th. M.	*1962*	Die Bedingungen der Möglichkeit der Transzendental-Philosophie. Edmund Husserls transzendental-phänomenologischer Ansatz, dargestellt im Anschluß an seine Kant-Kritik, Bonn.

–	*1984*	The Other in the Field of Consciousness, in: Embree (Hrsg.) *1984*, 283–303.
–	*1985*	Die Begründung der Hermeneutik Diltheys in Husserls transzendentaler Phänomenologie, in: Dilthey und die Philosophie der Gegenwart, hrsg. von E.W. Orth, Freiburg/München 1985, 97–124.
Seel, G.	*1971*	Sartres Dialektik. Zur Methode und Begründung seiner Philosophie unter besonderer Berücksichtigung der Subjekts-, Zeit- und Werttheorie, Bonn.
Sepp, H.R. (Hrsg.)	*1988*	Edmund Husserl und die phänomenologische Bewegung. Zeugnisse in Text und Bild, Freiburg/München. (1. u. 2. Aufl. 1988.)
Shimomissé, E.	*1971*	Die Phänomenologie und das Problem der Grundlegung der Ethik. An Hand des Versuchs von Max Scheler, Den Haag.
Silverman, H.J./ Elliston, F.A. (Hrsg.)	*1980*	Jean-Paul Sartre. Contemporary Approaches to his Philosophy, Pittsburgh (Pa.).
Smid, R.N.	*1982*	„Münchener Phänomenologie" – zur Frühgeschichte des Begriffs, in: Spiegelberg/Avé-Lallemant (Hrsg.) *1982*, 109–153.
–	*1985*	An Early Interpretation of Husserl's Phenomenology: Johannes Daubert and the Logical Investigations, in: HSt 2 (1985) 267–290.
Sokolowski, R.	*1964*	The Formation of Husserl's Concept of Constitution, The Hague. (Reprint 1970.)

–	*1971*	The Structure and Content of Husserl's Logical Investigations, in: Inquiry 14 (1971) 318–347.
–	*1974*	Husserlian Meditations. How Words Present Things, Evanston (Ill.).
–	*1984*	Intentional Analysis and the Noema, in: Dialectica 38 (1984) 113-129.
–	*1987*	Husserl and Frege, in: JP 84 (1987) 521–528.
– (Hrsg.)	*1988*	Edmund Husserl and the Phenomenological Tradition. Essays in Phenomenology, Washington.
Solomon, R. C.	*1970*	Sense and Essence: Husserl and Frege, in: International Philosophical Quarterly 10 (1970) 378–401.
–	*1977*	Husserl's Concept of the Noema, in: Elliston/McCormick (Hrsg.) *1977*, 168–181.
Sommer, M.	*1984*	Fremderfahrung und Zeitbewußtsein. Zur Phänomenologie der Intersubjektivität, in: ZPF 38 (1984) 3–18.
–	*1985*	Husserl und der frühe Positivismus, Frankfurt a. M.
Spiegelberg, H.	*1936*	Der Begriff der Intentionalität in der Scholastik, bei Brentano und bei Husserl, in: Philosophische Hefte 5 (1936) 75–91.
–	*1940/ 1941*	Critical Phenomenological Realism, in: PPR 1 (1940/ 1941) 154–176.
–	*1963*	Alexander Pfänders Phänomenologie nebst einem Anhang: Texte zur phänomenologischen Philosophie aus dem Nachlaß, Den Haag.

–	*1975*	Doing Phenomenology. Essays on and in Phenomenology, The Hague.
–	*1981*	The Context of Phenomenological Movement, The Hague/Boston/London.
–	*1982a*	The Phenomenological Movement. A Historical Introduction. 3rd rev. and enl. ed., The Hague. (1. Aufl. 1960.)
–	*1982b*	The Phenomenology of Essences: Max Scheler (1874–1928), in: Spiegelberg *1982a*, 268–305.
Spiegelberg, H./ Avé-Lallemant, E. (Hrsg.)	*1982*	Pfänder-Studien, Den Haag/ Boston/London.
Sprondel, W. M./ Grathoff, R. (Hrsg.)	*1979*	Alfred Schütz und die Idee des Alltags in den Sozialwissenschaften, Stuttgart.
Srubar, I. (Hrsg.)	*1981*	Alfred Schütz: Theorie der Lebensformen. Frühe Manuskripte aus der Bergson-Periode, Frankfurt a. M.
Stegmüller, W.	*1978*	Angewandte Phänomenologie: Max Scheler, in: W. Stegmüller: Hauptströmungen der Gegenwartsphilosophie. Bd. 1, Stuttgart [6]1978, 96–134.
Stein, E.	*1917*	Zum Problem der Einfühlung, Halle. (Reprint München 1980.)
–	*1922*	Beiträge zur philosophischen Begründung der Psychologie und der Geisteswissenschaften, in: JPPF 5 (1922) 1–283. (2. Aufl. Tübingen 1970.)
–	*1925*	Eine Untersuchung über den Staat, in: JPPF 7 (1925) 1–123. (2. Aufl. Tübingen 1970.)
–	*1929*	Husserls Phänomenologie und

die Philosophie des hl. Thomas von Aquino. Versuch einer Gegenüberstellung, in: Festschrift, Edmund Husserl zum 70. Geburtstag gewidmet (= JPPF, Ergänzungsband 1929), 315–338. (Auch in: Noack (Hrsg.) *1973*, 61–86.)

Stern, A. *1953* Sartre. His Philosophy and Existential Psychoanalysis, New York. (2., durchges. Aufl. New York/Los Angeles 1967, London 1968.)

Strasser, St. *1975* Grundgedanken der Sozialontologie Edmund Husserls, in: ZPF 29 (1975) 3–33.

– *1977* Antiphénoménologie et phénoménologie dans la philosophie d'Emmanuel Levinas, in: RPL 75 (1977) 101–124. (Engl./franz. Zusammenf.: 124–125.)

– *1978* Jenseits von Sein und Zeit. Eine Einführung in Emmanuel Levinas' Philosophie, Den Haag.

– *1983* Das Problem der Leiblichkeit in der phänomenologischen Bewegung, in: Soul and Body in Husserlian Phenomenology. Man and Nature, ed. by A.-T. Tymieniecka (= Analecta Husserliana, Vol. 16), Dordrecht/Boston/Lancaster 1983, 19–36.

Ströker, E. *1976* Zur phänomenologischen Theorie der Wahrnehmung. Husserls Konstitutionsproblematik der Dingwahrnehmung, in: Ajatus 36 (1976) 106–124.

– (Hrsg.) *1979* Lebenswelt und Wissenschaft

		in der Philosophie Edmund Husserls, Frankfurt a. M.
–	*1985*	Systematische Beziehungen der Husserlschen Philosophie zu Dilthey, in: Dilthey und die Philosophie der Gegenwart, hrsg. von E. W. Orth, Freiburg/München 1985, 63–96.
–	*1987 a*	Husserls transzendentale Phänomenologie, Frankfurt a. M.
–	*1987 b*	Phänomenologische Studien, Frankfurt a. M.
–	*1987 c*	Zur Problematik der Letztbegründung in Husserls Phänomenologie, in: Zur Selbstbegründung der Philosophie seit Kant, hrsg. von W. Marx, Frankfurt a. M. 1987, 107–129.
–	*1987 d*	The Husserlian Foundations of Science, ed. by L. Hardy, Washington.
–	*1988 a*	Husserl and Philosophy of Science, in: JBSP 19 (1988) 221–234.
–	*1988 b*	Phenomenology as First Philosophy: Reflections on Husserl, in: Sokolowski (Hrsg.) *1988,* 249–263.
–	*1988 c*	Edmund Husserls Phänomenologie: Philosophia Perennis in der Krise der europäischen Kultur, in: HSt 5 (1988) 197–217.
Taminiaux, J.	*1956*	De Bergson à la phénoménologie existentielle, in: RPL 54 (1956) 26–85.
Theunissen, M.	*1962/ 1963*	Intentionaler Gegenstand und ontologische Differenz. Ansätze zur Fragestellung Heideggers in der Phänomenolo-

		gie Husserls, in: PJ 70 (1962/1963) 344–362.
–	*1965*	Der Andere. Studien zur Sozialontologie der Gegenwart, Berlin, 187–240.
Thévenaz, P.	*1966*	De Husserl à Merleau-Ponty. Qu'est ce que la phénoménologie?, Neuchâtel.
Thiel, M.	*1987*	Jean-Paul Sartre – Schriftsteller oder Philosoph? oder Schriftsteller für alle sucht Publikum, Heidelberg.
Tilliette, X.	*1970*	Merleau-Ponty ou la mesure de l'homme, Paris.
Toulemont, R.	*1962*	L'essence de la societé selon Husserl, Paris.
Trotignon, P.	*1985*	Les philosophes français d'aujourd'hui, Paris. (1. Aufl. 1967.)
Tugendhat, E.	*1967*	Der Wahrheitsbegriff bei Husserl und Heidegger, Berlin, ²1970.
Twardowski, K.	*1894*	Zur Lehre vom Inhalt und Gegenstand der Vorstellungen. Eine psychologische Untersuchung, Wien.
Volpi. F. et al. (Hrsg.)	*1988*	Heidegger et l'idée de la phénoménologie, Dordrecht/Boston/London.
Wälde, M.	*1985*	Husserl und Schapp. Von der Phänomenologie des inneren Zeitbewußtseins zur Philosophie der Geschichten, Basel/Stuttgart.
Waelhens, A. de	*1942*	La philosophie de Martin Heidegger, Louvain ⁷1971.
–	*1951 a*	Une philosophie de l'ambiguïté. L'existentialisme de Maurice Merleau-Ponty, Louvain. (4. Aufl. Paris/Louvain 1970.)

–	*1951 b*	Husserl et la phénoménologie, in: Critique 8 (1951) 1044–1057.
–	*1953*	Phénoménologie et vérité. Essai sur l'évolution de l'idée de vérité chez Husserl et Heidegger, Paris. (Louvain/Paris [3]1969.)
Wagner, H.	*1953/ 1954*	Kritische Bemerkungen zu Husserls Nachlaß, in: PRdsch 1 (1953/1954) 1–22. (Auch in: H. Wagner: Kritische Philosophie. Systematische und historische Abhandlungen, hrsg. von K. Bärthlein und W. Flach, Würzburg 1980, 362–408.)
Wahl, J.	*1932*	Vers le concret. Etudes d'histoire de la philosophie contemporaine, Paris.
–	*1962*	Tableau de la philosophie française, Paris.
Waldenfels, B.	*1971*	Das Zwischenreich des Dialogs. Sozialphilosophische Untersuchungen im Anschluß an Edmund Husserl, Den Haag.
–	*1980*	Der Spielraum des Verhaltens, Frankfurt a. M., 29–54 u. 145–162. (Zu Merleau-Ponty.)
–	*1983*	Phänomenologie in Frankreich, Frankfurt a. M.
–	*1988*	Phänomenologie in Deutschland: Geschichte und Aktualität, in: HSt 5 (1988) 143–167.
Waldenfels, B. et al. (Hrsg.)	*1977–1979*	Phänomenologie und Marxismus. 4 Bde., Frankfurt a. M.
Warnock, M.	*1965*	The Philosophy of Sartre, London/New York.
Welton, D. C.	*1977*	Structure and Genesis in Husserl's Phenomenology, in: El-

		liston/McCormick (Hrsg.) *1977*, 54–69.
Wiemer, Th.	*1988*	Die Passion des Sagens. Zur Deutung der Sprache bei E. Lévinas und ihrer Realisierung im philosophischen Diskurs, Freiburg/München.
Wilcocks, R.	*1975*	Jean-Paul Sartre. A Bibliography of International Criticism, Edmonton (Alb.).
Woityla, K.	*1980*	Primat des Geistes. Philosophische Schriften, hrsg. von J. Stroynowsky, Stuttgart. (Zu Scheler.)
Wyschogrod, E.	*1974*	Emmanuel Levinas. The Problem of Ethical Metaphysics, The Hague.
Yamaguchi, I.	*1982*	Passive Synthesis und Intersubjektivität bei Edmund Husserl, The Hague/Boston/London.
Zecchi, S.	*1978*	La fenomenologia dopo Husserl nella cultura contemporanea. 2 Vol., Firenze.

Personenregister

Aristoteles 29, 212
Aron, R. 248
Avenarius, R. 32f.

Beaufret, J. 249
Becker, O. 135f.
Bergson, H. 132, 142f.
Berkeley, G. 33
Birault, H. 249
Breda, H.-L. van 136, 249
Brentano, F. 22ff., 26ff., 34, 37, 40f., 46, 48, 162, 205

Comte, A. 29
Conrad, Th. 64, 67
Conrad-Martius, H. 64, 67f.

Daubert, J. 64
Descartes, R. 210, 257, 267, 277, 338f.
Dilthey, W. 16, 129, 138, 205

Ehrenfels, Chr. v. 163

Farber, M. 155
Fink, E. 136ff.

Geiger, M. 61, 64, 69f., 120, 129
Gurvitch, G. 247
Gurwitsch, A. 148ff.

Hartmann, N. 58
Hegel, G. W. F. 15, 230, 232, 234, 240f., 245, 267, 272, 303, 331
Heidegger, M. 58, 119, 129, 135, 137f., 203–242, 245, 247ff., 251f., 254f., 267, 271f., 276, 278, 285, 287, 294, 297, 315, 318, 323f., 326, 329, 335ff., 342, 344ff., 350
Héring, J. 62, 247
Hildebrand, D. v. 69
Hume, D. 150
Husserl, E. 15–157, 161ff., 166, 169, 203ff., 215, 219, 226f., 230, 232, 234f., 238ff., 244ff., 249, 251ff., 256f., 272, 276, 287, 293ff., 298, 306ff., 318, 321ff., 326, 329, 333, 336ff., 341 Anm., 344ff., 350

Ingarden, R. 132f., 156

Jaspers, K. 251

Kant, I. 73, 150, 163, 174, 180f., 215, 224, 229ff., 254
Kaufmann, Fr. 129f., 135
Kierkegaard, S. 245
Koyré, A. 62, 247, 249
Krueger, F. 163

Landgrebe, L. 136, 138ff.
Lavelle, L. 247
Lévinas, E. 243, 247, 249, 336 bis 350
Lipps, H. 63
Lipps, Th. 56, 64, 68f., 121
Locke, J. 150

Mach, E. 32ff., 37, 174

Marcel, G. 247f.
Marty, A. 24
Marx, K. 245
Meinong, A. 24, 48, 70, 163
Merleau-Ponty, M. 243, 245ff., 293–335, 349
Mill, J. St. 29
Münsterberg, H. 163

Natorp, P. 123
Nietzsche, F. W. 245

Parsons, T. 153
Patočka, J. 156
Pfänder, A. 56, 61, 64, 69, 118, 120ff., 127, 155
Platon 212f., 224f.
Plessner, H. 63

Reinach, A. 56, 59, 61, 64ff., 121, 130
Rickert, H. 70
Ricœur, P. 243ff., 247, 249

Sartre, J.-P. 209, 216, 243ff., 248, 251–292, 293, 295ff., 306f., 315, 318, 321ff., 326, 329f., 343
Schapp, W. 61f.
Scheler, M. 31, 58, 61f., 69, 130, 161–202, 206ff., 212, 230, 247f., 251, 255, 276, 287, 302
Schütz, A. 142ff., 153f.
Sokrates 182 Anm.
Spiegelberg, H. 155
Stein, E. 130ff.
Stumpf, C. 24

Twardowski, K. 24, 46, 132, 156

Waelhens, A. de 249
Wahl, J. 248f.
Wartenburg, P. Yorck v. 129
Weber, M. 142f.
Wundt, W. 69

Sachregister

Abstraktion, ideierende 85
adäquat 80, 81
Ästhetik, transzendentale 311
Aisthesis 217
Akt(e) 23, 26ff., 39, 42ff., 90f., 100, 166, 168, 178f., 189ff., 194, 264, 270, 313, 332 (s. a. Erlebnisse, intentionale)
– -analyse 36, 41, 46, 121f.
– -bestände 46
– des Bewußtseins 25, 31, 40, 43, 80
– der Erkenntnis 36
–, fühlende 182, 188
– -gefüge 46
–, höherstufige 47
– -inhalte, intentionale 44
–, intentionale/-intentionalität 24ff., 45f., 79, 169, 208
– -komponenten s. -momente
– -leben 82
– -momente, doxisch-thetische 75, 91, 97
– -momente, hyletische 132
– -momente, noetische 132
– -qualität 44
– -reflexion 80
– des Schauens 166f., 182
–, schlichte 47
– -sphäre 189
– -synthesen 42
–, transzendentale 275
– -vollzug/-vollzieher 178f., 188ff., 313
– -wesen 169, 188ff.
– -zentrum 178, 189

Aktualität 98
Alterität 340ff.
Analyse 20, 25, 46
–, deskriptive 65, 146
–, eidetische 40
–, genetisch-konstitutive 99f., 102, 106, 109, 111f., 114f., 139, 145 (s. a. Methode, gen.-kon.)
–, noetisch-noematische 48, 95f., 98
–, phänomenologische 26, 35, 40, 42f., 46f., 55, 75f., 99, 139
–, regionalontologische 103
–, sinngeschichtliche 112 (s. a. Aktanalyse)
analytisch 20, 40
Andere, der/das 245, 271ff., 277ff., 283, 322, 337ff., 348f. (s. a. Blick)
–, absolutes/–, unendlicher 339f.
– als das Andere des Seins 337, 347
– Existenz des 279
–, göttlicher 337
–, menschlicher 337
– Sein des 273
–, transzendenter 341
Angst 254, 267ff.
Anschauung(s) 38, 50, 53, 58, 66, 84f., 161f., 163f., 168f.
–, erfüllende 50f., 53, 170, 312
– des Gegebenen 169
–, kategoriale 51, 161, 169, 205, 238
–, kategoriale, formale 54

–, kategoriale, materiale 54, 84
–, selbstgebende 238, 240
–, sinnliche 53, 238
– -synthese 53
(s. a. Wesensanschauung)
An-sich/An-sich-Sein 215 f., 256, 258 ff., 262 f., 266 f., 271, 274, 286, 288, 290, 306
An-(sich-/und-)für-sich 288, 290
Antizipation 152
Antlitz 343
Appräsentation 103
Apriori 167, 182, 186, 198, 205, 246
–, lebensweltliches 114
–, materiales 65 f., 87, 114, 180 f.
– psychischer Strukturen 122
Auffassungscharaktere 44
Aussage(sätze) 217, 219, 237, 341
Ausweisung, vernünftige 94
Axiologie 183

Bedeutung(s) 92, 305, 331
– -erfüllung 50, 220 Anm.
– -intention 50
Begierde 278, 286 ff., 290
Begriff(s) 84
– -realismus 84
Begründung der Wissenschaft s. Wissenschaft
Beobachtung 28
–, innere 27 f.
Beschreibung s. Deskription
Bewährungssynthesen 52, 94
Bewußtsein(s) 21, 28 ff., 43 ff., 78, 82, 96, 121, 150, 188, 199, 209 ff., 219, 226 f., 244, 251 passim, 303 ff., 312 ff., 333, 339 f.
–, absolutes 79, 241, 244, 253, 304
– -akte s. Akte des Bewußtseins
– Einheit des 45
–, empirisches 79, 125
– Erfahrungsfeld des reinen 83
– -erlebnisse s. Erlebnisse
– -feld s. Feld
– Freiheit des 255, 270
–, gelebtes 301
–, ichlos-unpersonales 244
– -immanenz 47
–, individuelles 271
– -inhalt 43
–, intellektuelles 303, 306 f., 313
–, intentionales 45, 100, 203, 216, 252 f., 257 ff., 298, 317 f., 339
– konstituierende Leistungen des 98
–, kontingentes 261
– -leben, intentionales 96
– -leistungen 210, 321
– -modi 99
–, natürliches 311
–, nicht-setzendes/–, nicht-reflexives 253, 258, 272
– -phänomen 46
– -philosophie 277, 294, 301, 307, 310, 326, 328, 333
– -psychologie 301
–, reines, transzendentales 79, 81, 89, 93, 96, 100 f., 125 ff., 206 f., 209 f., 226, 230, 239, 241, 295, 305 f., 317 f.
– Sein des 252, 256 ff., 267, 270, 272, 279
– von Sein, inhaltsleeres 270
– von sich selbst, nicht setzendes 257
–, sinnliches 311
– -strom 101
– -transzendenz 47
– -von-etwas 257 f.
– -(von)sich 258
– -weisen 47 ff., 77, 82
Wesensstrukturen des 41
Beziehung
–, gegenständliche 27
–, intentionale 24 f., 27, 30, 40, 48, 121

Blick, objektivierender/– des Anderen 272f., 275, 277ff., 343

cogito 254, 299, 304, 314f., 323, 325ff.
–, präreflexives 258, 273ff.
– -sum 257, 294

Dasein(s) 168, 172, 174, 199ff., 205, 211f., 222f., 229, 231, 254, 309f., 315, 318
– -abhängigkeit 171
– -analyse 203, 213, 235
– Endlichkeit des 211
– Gestimmtheit des 255
– -relativität 167, 171, 175
– Seinssinn des 211, 222f.
– Seinsverständnis des s. Seinsverständis
Daten, hyletische 43, 132
Deckungssynthesis 51, 86
Deskription 20, 27, 32, 34, 58, 95, 120, 206, 238, 325
–, mundan gerichtete 208
–, phänomenologische 28f., 32, 39f., 71, 77, 128, 252, 255, 264, 276, 281, 294, 308, 324, 328, 342, 344
–, psychologische 315 (s. a. Methode, deskriptive)
Dialektik 302ff., 306f., 330f.
– der Endlichkeit 331
– der Natur 307
–, negative 271
Ding-an-sich 215, 232, 256
Dingwahrnehmung 31
Drang 182, 185, 201

Ego 102ff., 147 (s. a. Ich)
–, anderes (alter Ego) 103f., 144, 277 (s. a. Konstitution anderer Egos)
–, transmundanes 115
–, transzendentales102f.

Eidetik 41, 84
–, transzendentale 89
Eigentlichkeit 285
Einbildungskraft 252, 255
Einfühlung 103, 130
Einstellung 24
–, natürliche 75, 77, 88, 92, 98, 146, 168, 208, 325
–, phänomenologische 166
–, philosophische 167
–, transzendentale 77
Emotion/Emotionales 164ff., 181f., 184f., 187, 247, 254f., 276
Empfindung 30f., 43, 173f., 315ff. (s. a. Daten, hyletische)
Entdecken 217ff.
Entwurf s. Seinsentwurf
Epoché 77f., 81, 87, 91ff., 97, 102, 109, 111, 114, 125ff., 145, 148 (s. a. Reduktion, transzendentale)
Ereignis 237ff., 330 Anm.
Erfahrung(s) 82, 138, 140, 143f., 169, 184, 253, 258, 272, 276, 279, 331
–, ausweisende 94
– -evidenz 87
– -feld, transzendentales 82, 103, 116
–, natürliche 22
–, reflektive 82
– -synthesen 96
–, unmittelbar eigene 23
– -zusammenhänge 94
Erkenntnis 48, 52, 78, 91ff., 107, 117, 162 passim, 190f., 204 passim, 246, 253 passim, 272, 287, 291 passim, 319, 323, 328 passim, 342, 345
– -akte s. Akte der Erkenntnis
– -kritik 117
– -theorie 20, 26, 43, 49, 72, 133, 187, 342 (s. a. Wesenserkenntnis)

Erlebnis(se) 31, 39, 45, 49, 81, 101, 206, 210, 333 (s. a. Akte)
–, intentionale 31, 41, 47, 50, 100
–, nichtintentionale 31
– -strom 45, 81 f.
Erscheinung/Erscheinendes 31 f., 93, 214 ff., 227, 231 f., 256
Eschaton 345
essence 347 ff.
Ethik 163 f., 176 ff., 182 Anm., 255, 267, 279, 281
Evidenz 49 ff., 54, 79 f., 94, 181, 209, 219, 237, 241, 298
–, adäquate 80
–, apodiktische 80
– -erlebnis 49
–, phänomenologische 78
–, -prinzip 38
(s. a. Wesensevidenz)
Existentialismus 251, 296
Existentialphänomenologie (phénoménologie existentielle) 244 f.
Existenz/Existieren 222 ff., 236, 245, 252, 260, 267, 270, 283, 287 f., 297, 304, 310, 316, 322
– Analytik der s. Existenzialanalyse
–, eigentliches 225, 287
– -philosophie 236, 245, 248, 291, 297, 342
– Seinssinn des 224 f.
Existenzialanalyse 213, 224 f., 227 f.
Exteriorität 337

Feld 82, 151 f.
– -intentionalität 151
–, thematisches 152
– transzendentaler Erfahrung 82
Fleisch, Leib als 332
Frage(ns), Struktur der/Verhaltensweise des 261 f.
Freiheit 232 Anm., 245, 252, 267 ff., 274 f., 277 f., 280 ff., 287, 322 f., 342 f.
Fremdseelisches 103, 131, 145
Fremdverstehen 144 ff.
Fühlen der Werte s. Wertfühlen
Für-andere-Sein 272, 275, 278
Für-sich/Für-sich-Sein 216, 256, 259 ff., 263, 265 ff., 271 ff., 279 f., 283, 285 ff., 294, 318, 323 f., 326
Fundamentalontologie 221 f., 229
Furcht 268, 276

Gegebenes/Gegebenheit(s) 20, 27, 32, 38 f., 50, 79, 92, 102, 166 passim, 206 f., 209, 233, 252, 281 f.
–, absolute 79 f.
– -weisen 20, 30, 47 ff., 82, 98, 124
Gegenstand(s)/Gegenständlichkeit(s) 23, 91 ff., 97, 124, 255
–, absoluter/–, geschauter 167, 172
–, allgemeiner 84
–, bewußtseinsimmanenter 46
–, (bewußtseins)transzendente(r) 47, 73, 87
– -bezug 25, 39, 92
– -identität 90
–, intendierte(r) 39, 46 f., 77, 97, 101
–, intentionale(r) 25, 46
– -konstitution 99 f., 321
– -noema 93 f., 97
– -phänomen, transzendentales 91 f., 97
– -sinn s. Sinn, gegenständlicher
– -wesen 191
Geist/Geistiges/Geistigkeit 172, 186 ff., 189, 192, 199 ff., 287, 302
Geisteswissenschaften 16
Generalthesis 75, 95

Geschichte 108 f., 139, 154
–, mundane 108 f.
–, sedimentierte 154 (s. a. Sinngeschichte/-sedimente)
Geschick 239
Gestalt(psychologie/theorie) 149 f., 297, 299 f., 303 f., 306, 334
Gott 164, 195, 261, 285, 290, 326, 337 ff., 343, 350
Gültigkeit 26, 80, 90
Güter 183 f.
Gute, das/Güte, die 182 Anm., 337, 347 f.

Haben 288 f.
Habitualität(en) 102, 123
Handeln/Handlung 142 ff., 150, 280 f., 284 ff., 288, 291, 301
Hassen/Haß 181, 278
Heilige, das 178, 180, 185, 193 f.
Hermeneutik 213 f., 221 ff., 225, 231, 236, 243
Horizont(intentionalität) 81 f., 98, 113, 123, 151

Ich 45, 78, 100 ff., 122 f., 131, 145, 188, 244, 252 ff., 269, 272, 274, 277 f., 283, 319, 323, 342 f. (s. a. Ego)
–, anderes 78, 102, 131
–, empirisches, menschliches, mundanes, natürliches 78, 103 f., 115, 123, 275, 316, 319, 321
– Individualität des 123
–, konkretes 102
– Leistungen des 102
–, personales 101, 123
–, phänomenologisches 45
–, psychisches 253 f.
–, psychophysisches 254
–, reines, transzendentales 101 f., 104, 123, 125, 253 f.
–, undeklinierbares 323
Ideal/Idealität 282, 288, 290, 305, 331
Idealismus 95, 126, 244, 257, 259, 292 Anm., 314
–, konstitutiver/-, sinnkonstitutiver 95, 97, 127, 134
–, objektiver 303
–, (transzendental)phänomenologischer 56, 95, 132, 134, 256, 309, 338 f.
Ideation 71, 85
Ideen 52, 80, 84, 87, 116, 191, 201 f., 289, 303, 305
Imagination 255
Immanenz 93, 123, 253, 338
Inadäquatheit 80
In-der-Welt-Sein 245, 252, 286, 289
Individuelles/Individuation 123, 190, 202, 272, 280, 286 ff., 291, 300, 314, 316, 334
Inhalt, intentionaler/-, reeller 43 f.
Inhibierung aller Seinsgeltung/ - der Daseinsthesis 78, 111 (s. a. Epoché; Reduktion, transzendentale)
Inkarnation 251
Intention/intentional/Intentionalität 23, 27, 44 f., 56, 100, 150 f., 165, 205 f., 209, 220 Anm., 227, 252 passim, 269, 276, 280, 299, 311 f., 314, 326 passim, 342 (s. a. Beziehung, intent.; Sein d. Intent.)
Intentionalanalyse 82, 87, 90, 97, 99
Intersubjektivität 102, 104 ff., 115, 144 ff.
–, mundane 105 f.
–, transzendentale 104, 108, 147

Kehre 232 Anm.
Konstitution(s) 42, 85 ff., 95 f., 97 ff., 103 ff., 108, 116 f., 133,

147, 150, 226, 233, 254, 264, 273 f., 304, 317, 320 f., 326, 341
– -analyse s. Analyse, gen.-kon.
– anderer Egos 105, 145
–, genetische 97, 99, 102, 116, 143 (s. a. Methode, gen.-kon.)
– -phänomenologie 97, 109, 122
–, transzendentale 106
– der Welt 115, 146, 311 (s. a. Sinnkonstitution)
Kontingenz 252, 260 f., 282, 290
Korrelation 96, 98, 124, 166, 231, 338 f.
Krise der europäischen Wissenschaften 108, 138
Kritik, transzendentale 117

Leben(s) 100, 138, 142
–, intentionales 45, 100, 102
–, personales 115
–, unreflektiertes 309
– -welt 106 f., 109 ff., 140, 144, 146, 150, 153, 173 f., 245, 308, 324
– und Welt, Einheit von 309 f., 313
–, weltkonstituierendes s. Konstitution der Welt
Leerintention 53
Leib(lichkeit) 168, 173 f., 245, 279 f., 282, 295, 302, 304 f., 314 ff., 329, 332, 344, 348
Letztbegründung der Wissenschaften s. Wissenschaft, (Letzt-)Begründung
Lichtung 241
Liebe(n) 181, 185, 188, 191, 194 f., 277 (s. a. Verstehen, liebendes)
Logik 20, 26, 36, 40, 72
– Grundlegung der 26 (s. a. Psychologismus i. d. Logik)
Logos 170, 214, 217 ff., 222, 224, 235, 310 f., 328, 347, 350
Lust 181, 183, 258

Man 278
Marxismus 251, 291, 292 Anm., 293, 296
Masochismus 277
Materialismus 292, 300
Mensch-in-der-Welt 260 ff., 308, 318 (s. a. Realität, menschliche)
Metaphysik 15, 17, 95, 164, 199 ff., 223, 231, 237 ff., 338, 340 f., 344
Methode
–, deskriptive 25, 72, 252
–, empirische/–, experimentelle 21 f.
–, genetisch-konstitutive 118
–, phänomenologische 37, 58, 72, 96, 138, 170, 217, 251 f., 338
–, phänomenologisch-ontologische 291
–, transzendentale 148
–, wesensphänomenologische 189 f., 192
Mitwelt 144
Möglichkeit/Vermöglichkeit 211 f., 239 f., 254, 260 passim, 283 f., 287, 297, 316, 345
Monade(nall) 102, 105
Motiv 269, 281

Naturalismus 294, 306
Naturwissenschaften 21 f., 24
Negiertheiten (négatités)/ Negativität 261 ff., 268
Neutralität(spostulat) 37, 46, 116, 126
Nichts/Nichtung/Nicht-Sein 252, 254 f., 259 ff., 274 ff., 280 ff., 284, 306, 322, 326
Noema 90 ff., 99 (s. a. Korrelation; Analyse, noemat.; Gegenstandsnoema)
Noesis 90 ff., 97 ff. (s. a. Korrelation; Analyse, noet.)

Notwendigkeit 260

Objekt 23
– -Ich 273, 275
– -Sein 275
– -Wir 279
Objektivierung s. Blick, objekt.
Objektivität/Objektivismus 25, 27, 56, 106, 108f., 128, 144, 294
On 214, 235, 310, 328, 347
Ontologie 128, 133, 137, 147, 164, 187, 200, 213 passim, 229ff., 236, 263ff., 271, 276 passim, 294, 305, 331 passim, 349
–, hermeneutische 214, 230
– der Lebenswelt 113f.
–, phänomenologische 127, 160, 230, 232f., 251, 256, 277, 280 passim, 291, 322
–, regionale 87f., 114, 229
–, wissenschaftliche 331, 334
Organismus/Organismisches 299, 303, 305f.

Person 168, 177ff., 185, 188ff., 201f., 208, 286
– als einzige Existenzform des Geistes 189
– als Höchst- und Selbstwert 179f., 193f.
–, individuelle 179f., 188, 194ff.
– Sein der 189, 191, 193, 196
–, überindividuelle 196
–, unendliche 195
– -Werte s. Werte der Person
Phänomen 19, 23f., 42, 57, 214ff., 222, 246, 254, 256, 263, 265, 309, 314, 326
–, physisches 23, 25, 30f.
–, psychisches 23ff., 34, 65
–, transzendentales, reines 78f., 84, 127
(s. a. Sein der Phänomene; Sein, phän. etc.)
Philosophie
– Grundlage der 26
– als Grundwissenschaft/prima philosophia 78, 83, 117, 122, 126
–, phänomenologische 18f., 22, 45, 78, 95, 100, 112, 233, 255
–, wissenschaftliche 17, 24, 57, 59, 73, 116, 232, 234f., 240, 246, 335
Platonismus 84, 200
Positivismus 20, 29, 32, 205
Potentialität 98, 151
Prinzip der Phänomenologie/ – der Prinzipien 206, 238, 240
Psychoanalyse 279, 287, 334
–, existentielle 279, 286f.
Psychologie 16, 20ff., 28f., 43, 121
–, deskriptive 24, 29, 41
–, eidetische 122
–, personalistische 208
–, phänomenologische 26, 69, 121, 254
– als Wissenschaft 29, 35
Psychologismus 25, 40
– in der Logik 26, 36

Realismus 87, 126, 128, 164, 256, 259, 303ff.
–, ontologischer 69
–, phänomenologischer 56, 129, 134, 244
Realität(s) 172
–, menschliche (réalité humaine) 244, 265ff., 270, 279f., 288ff., 307, 329 (s. a. Mensch-in-der-Welt)
– -setzung 168, 174
– -widerstand s. Widerstand
Reduktion (s. a. Epoché)
–, eidetische 82f., 88f.
–, (transzendental)phänomenolo-

gische 74 ff., 83, 88 ff., 97, 101, 115 f., 120 passim, 134, 167, 172, 177, 185 f., 201 f., 208, 254, 308 f., 340, 341 Anm., 348
reell 43 f., 122
Reflexion 28, 39, 75, 80 f., 83, 139, 253, 257, 259, 268, 270, 308 f., 317 f., 321, 323 f.
Region/regionale Kategorien 87 f., 114

Sadismus 278
Scham 276
Schau, phänomenologische 163, 165 ff., 170 f., 179, 185 ff., 190 ff., 196, 199 ff., 212, 219, 350 (s. a. Sehen, phän.)
Schmerz 183
Seele/Seelisches 21 ff.
Sehen, phänomenologisches 37 ff., 58, 79, 116 f. (s. a. Schau, phän.)
Sein(s) 95, 98, 139, 163, 172 passim, 236 f., 239 f., 255 ff., 265 ff., 276, 280 passim, 296, 309 ff., 318 passim, 337 ff., 346 f., 350
–, absolutes 206
– -charaktere 77, 93
– -denken 239, 248, 326, 330, 337, 340, 346
– -entwurf 285 ff., 322
– -frage 204 ff., 211, 223, 236
– -geltung 75, 77 f. (s. a. Inhibierung aller Seinsgeltung)
– des Intentionalen 211 ff.
– -mangel 281, 287 f., 290
– -meinung 76, 84
– -modus 75, 86, 88, 97
– -phänomen 83
–, phänomenales 256, 259
– des Phänomens, transphänomenales 256 f., 259
–, präreflexives/–, unreflektiertes 325, 334
– des Seienden 205, 213, 217, 224 passim, 239 f., 310
– -setzung 75, 86
– -sinn 91 f., 152 (s. a. Sinn v. Sein)
–, transphänomenales 262
–, veritatives 312
– -verständnis 211, 221 ff., 225 f., 229 ff., 236
– -weise 25, 48, 75, 134
–, wildes, rohes, vertikales 332, 334
Selbst 270
– -auslegung 144
– -begründung 78, 112, 117
– -bewußtsein 272, 277
– -erfahrung 140
– -gebung/-gegebenheit 38, 49 ff., 54, 56, 80 ff., 168, 170, 175, 182 Anm., 184 f., 189 f., 196, 199, 215, 304, 311, 324, 327, 329, 350
– -konstitution 103 f., 116
– -reflexion 115
– -verantwortung 117
Sensibilität 349
Setzung 95, 98, 152
Sinn 48, 91, 93, 98, 142, 297 f., 305
– -apperzeption 48
–, gegenständlicher 39, 41, 91 94
– -geschichte 109, 112
– -implikate 100
– -konstitution (noetisch-noematische) 98 f., 105
– -sedimente 99, 154
– von Sein (überhaupt) 127, 213, 222 f., 323, 325
– -stiftungen 99, 111 (s. a. Subjektivität, sinnstift.)
– von Wahrheit 39, 49, 107, 117
Sinne/Sinnlichkeit/Sinnliches 169, 174 f., 181, 187, 219, 287,

310f., 315, 317, 322f., 332f., 349
Sittliche, das 181f., 182 Anm., 193
Situation 273ff., 282ff., 322, 331
Solipsismus 104f., 254, 272
Sollen, das 179, 183
Sorge 211, 223
Sosein 172, 182, 202
Sozialwelt 144, 148f.
Sozialwissenschaften 142, 144, 147f., 154
Sprache/Sprechen 169f., 238, 277, 348
Spur 349f.
Sterben/Sterblichkeit s. Tod
Struktur 297
Subjekt/Subjektivität 23, 39, 78, 100, 112, 114f., 122, 140, 144, 147, 214, 232 Anm., 240, 278, 319, 323f., 329
– -gemeinschaft s. Monadenall
–, menschliche(s)/–, (natürlich-) mundane(s) 106, 140, 315
– Phänomenologie der 45
–, sinnstiftende, transzendentale 113
–, transzendentale(s) 108, 115, 128, 240, 272, 318, 341, 345
– -Wir 278f.
Symbol 169, 174, 215, 288
Synthesis/Synthesen
– der Anschauung s. Anschauungssynth.
– der Bewährung s. Bewährungssynth.
–, höherstufige 53
–, identifizierende 42, 51, 85, 97, 124, 151f.
–, kontinuierliche 152
–, passive 100, 108, 143, 152 (s. a. Deckungssynthesis)

Tatsachen 167, 172, 246
– der Lebenswelt/–, natürlich-weltanschauliche 173f.
–, phänomenologische, reine 167ff., 174
–, wissenschaftliche 173
Thematisierung 113, 124
– aller Seinsgeltung 78 (s. a. Inhibierung aller Seinsgeltung)
Tod/Sterben 211f., 346
Totalisierungsbewegung (des Für-sich) 289f.
Totalität 314, 347
Tradition, philosophische 37, 109f., 137ff.
Transzendenz 73, 87, 93ff., 123f., 190, 226ff., 236, 268f., 274, 278f., 286, 309, 318, 323ff., 327, 337, 341, 350
Transzendental/transzendental 55, 73, 98, 162, 222f., 226f., 321, 323ff., 339
– -phänomenologie (auch reine Phän.) 41, 48, 54ff., 69, 73, 84, 89, 96, 113f., 117, 120, 125, 137, 139, 149, 211, 225, 235, 254
– -philosophie 207, 295, 303f., 321f.
– -subjektiv 207, 211, 228, 254, 304, 306f.
Trieb 185, 199, 201, 287, 290, 347

Umwelt, soziale 144
Uneigentlichkeit 285
Unwahrhaftigkeit (mauvaise foi) 264ff., 279
Urseiendes 201f.
Urteil 188, 217f., 262ff., 275, 315 (s. a. Wahrheit d. Urteils)

Variation, eidetische 86f.
Verborgenheit 241
Verdecken 215ff., 220, 224

Verhalten 181, 182 Anm., 261 ff., 265, 268 f., 280 f., 284 ff., 297 ff., 303, 332
Verlangen, metaphysisches (désir) 341 f.
Vermöglichkeit s. Möglichkeit
Vernunft 94 f.
Verstehen, liebendes 179, 194 ff.
Vorhandenheit 231
Vorurteils-/Voraussetzungslosigkeit s. Neutralität(spostulat)
Vorziehen (der Werte) 176 f., 180 f., 183 f.

Wählen/Wahl 182 Anm., 280 ff., 285 f., 289
Wahrheit/Wahrsein 26, 49 ff., 54, 80, 90, 93 f., 117, 139, 184, 217, 220 Anm., 239, 241, 262, 265, 302, 312
– Möglichkeit von 217 ff.
– als regulative Idee 52, 80
–, ursprüngliche(s) 218, 220
– des Urteils 218, 220
(s. a. Sinn von Wahrheit)
Wahrnehmung(s) 30 f., 33 ff., 61, 124, 148 ff., 161, 239, 252, 255 f., 273, 297, 299 passim, 321, 331 f.
–, äußere 33
– -bewußtsein 256, 295, 304 ff., 311
– Deutung, kausale, der 304
–, immanente 81
–, innere 27 f., 81
– Perspektivität der 316
Welt 39, 75 f., 78, 93, 108, 110, 127, 134, 140, 147, 167, 170 ff., 189, 198 ff., 208, 210, 224, 226 ff., 244 f., 253 passim, 270 ff., 276 ff., 281 ff., 288 passim, 324 ff., 332 ff., 340, 342
– -anschauung, natürliche 167 f., 170, 172 ff.
– -glaube 75 f.
(s. a. Konstitution der Welt)
Wert(e) 162, 164, 176 ff., 191 ff., 201, 270, 287, 347
– Absolutheit der 176 f.
–, ästhetische 183
– des Angenehmen (u. Unangenehmen) 183 ff.
– -ethik, materiale 164, 180, 187 f.
– -fühlen 176 f., 179 ff., 198
–, geistige 178, 183, 186
– -idealbild 194 f.
– der Kultur 184
– -modalitäten 183 f.
– des Nützlichen 197
– Ordnung der 176, 180, 182, 185 ff., 191 ff., 197 f.
– der Person 178 f., 188, 193 f.
– -qualitäten 183
– der Sachen 192
– Schau der 179, 181, 186 f.
– Träger der 177, 179, 191 ff.
– des Vitalen 184 ff.
– -wesensschau 178
– des Zustandes 192
Wesen(s)/Wesenheiten 65 f., 71, 83 ff., 122, 162 passim, 208, 227 ff., 267, 270, 309 f.
– -allgemeinheit 83 f.
– -analyse/-bestimmung 41, 67, 84, 127
– -anschauung/-intuition/-schau 71, 83 ff., 120, 171, 187 f., 192, 194 f., 198 f., 201 f., 202 Anm., 348
– -apriori, materiales s. Apriori, mat.
– -erkenntnisse/-einsichten 55, 85 f., 162, 171, 174 f., 184, 186, 195, 309 ff.
– -evidenz 87
– -gesetze/-zusammenhänge 66 f.
– -ideation s. Ideation
– als konstituierte Gegenstände eidetischer Variation 86

– -lehre 65, 85, 87, 96
– -ontologie 87
– -phänomenologie 41, 68, 86, 88
– -strukturen des Bewußtseins s. Bewußtsein, Wesensstrukturen
– -Tatsachen 163 f., 167, 169, 173, 191 f.
Widerstand 168, 172, 182, 201, 283, 302
Wir 278
Wirklichkeit 94, 139, 182, 263, 267 f.
–, soziale 145 f., 148
Wissen, absolutes 235, 241, 331
Wissenschaft
– (Letzt-)Begründung, philosophische/phänomenologische, der 88, 113, 229 f., 234
–, objektive/–, positive 16 f., 112 f., 294, 297, 308
–, philosophische 16, 74, 230
–, strenge 17, 116 (s. a. Philosophie als Grundwiss.; Naturwiss.)
Wollen, das 180 f., 182 Anm., 193, 270, 287

Zeit(lichkeit) 45, 168, 204, 211 f., 223, 232 passim, 239, 245, 249, 260, 267 ff., 315, 317 f., 323 f., 340, 344 ff.
– -analyse 143, 325
– -bewußtsein (inneres) 55, 98, 132, 345
– -konstitution 100
– -modi 98
– -überlegenheit 323
Zur-Welt-Sein (être-au-monde) 307 ff., 314 ff., 321, 323 f., 326 ff.
Zweideutigkeit (ambiguïté) 304, 307, 310, 312, 318 f., 323 f., 326, 328, 334